21世纪高等院校管理学主干课程
丛书主编：王方华

现代企业管理
——理念、方法、技术
（第3版）

MODERN ENTERPRISE MANAGEMENT

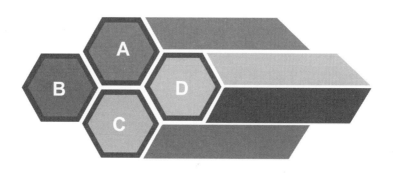

主　编：曹　扬　王志坚
副主编：曾艺生　包凤达

清华大学出版社
北京

内 容 简 介

本书运用先进的现代管理理论,结合中国企业管理的实践,从管理理念、管理方法、管理技术三个方面系统地介绍了企业的各项管理工作;涉及战略、营销、生产、财务、人力资源、技术管理、物流管理等各个领域。全书分 11 章,从各个方面帮助读者树立现代、先进、合理的管理理念,掌握简便、实用、科学的管理方法和技术,通过学习,可以有效地提高企业管理的水平,以适应市场竞争的需要。本书还配有专论导读,便于读者提纲挈领地学习,每章还有习题和案例,帮助读者自学和加深理解。

本书封面贴有清华大学出版社防伪标签,无标签者不得销售。
版权所有,侵权必究。举报:010-62782989,beiqinquan@tup.tsinghua.edu.cn。

图书在版编目(CIP)数据

现代企业管理:理念、方法、技术/曹扬,王志坚主编. —3 版. —北京:清华大学出版社,2014(2025.2重印)
(21 世纪高等院校管理学主干课程)
ISBN 978-7-302-37438-1

Ⅰ. ①现… Ⅱ. ①曹… ②王… Ⅲ. ①企业管理—高等学校—教材 Ⅳ. ①F270

中国版本图书馆 CIP 数据核字(2014)第 170741 号

责任编辑:刘志彬
封面设计:王新征
责任校对:宋玉莲
责任印制:丛怀宇

出版发行:清华大学出版社
    网　　址:https://www.tup.com.cn,https://www.wqxuetang.com
    地　　址:北京清华大学学研大厦 A 座　　　邮　编:100084
    社 总 机:010-83470000　　　　　　　　　　邮　购:010-62786544
    投稿与读者服务:010-62776969,c-service@tup.tsinghua.edu.cn
    质 量 反 馈:010-62772015,zhiliang@tup.tsinghua.edu.cn
印 装 者:三河市龙大印装有限公司
经　　销:全国新华书店
开　　本:185mm×260mm　　印张:24.5　　插页:1　　字　数:595 千字
版　　次:2004 年 6 月第 1 版　　2014 年 9 月第 3 版　　印　次:2025 年 2 月第 9 次印刷
定　　价:65.00 元

产品编号:060178-03

21世纪高等院校管理学主干课程

编 委 会

丛书主编：王方华

副 主 编：汪　泓　顾宝炎

委　　员：陈力华　陈心德　陈玉菁

　　　　　葛玉辉　邬适融　赵洪进

总 序

冬去春来，一转眼间，伴随我国实行改革开放从西方发达国家引入现代企业管理理论已经有 40 年了。40 年来，从引进、消化、吸收到创新、发展，我们走了一条"洋为中用，融合提炼"的道路，许多先进的管理理论，在逐步引进、消化的过程中与中国企业本土的管理经验相结合，创造出许多具有中国特色的管理学的理论和方法。这些理论和方法，不仅为中国的管理学界所接受，为众多的中国企业所应用，还随着中国企业走出国门，走向世界，而为世界各国所瞩目、所应用。中国企业管理的工作者与研究者从理论和实践两个方面都对世界管理学的发展作出了重要的贡献。总结他们的经验，提炼具有中国特色的创新的管理理论，在面临经济全球化的今天显得很有必要。尤其是，把这些理论和方法吸收到大学的经济管理教材中去更为迫切和重要。这是我们组织编写本套丛书的主要动因，也是最直接的推动力。

在组织这套丛书的时候，我们是循着这样的思路设计编写指导思想的。

首先，我们确定了丛书的读者对象为高等院校尤其是理工科院校经济与管理专业的本科生以及非管理专业但选修管理作为第二学位的本科生，还有与他们有相近经历的理工科出身的企业管理者。

"定位"对于一切工作很重要，它是取得成功的重要因素。作为大学教师，应懂得因材施教这个道理，知道不同的对象要用不同的方法来开展教学活动。但是以往编写的教材，往往把读者笼统地看成一个无差异的群体，结果教学常常是事倍功半，难以取得预期的效果。这套丛书把读者定位作为一个很重要的写作前提，力求在因材施教上做一番努力。

理工科院校学生一般都有较扎实的理工基础，长于逻辑思维，并有较强的信息技术的知识和能力。所以在本书写作过程中我们力求突出主题，讲清概念，并尽量应用现代数理工具解决管理的实际问题。如应用计算机语言解决许多管理中的算法问题，既直观又简便，避免了许多传统、烦琐的计算，使学生学以致用，进而喜欢使用，用得其所。

其次，丛书突出了经济全球化下企业管理的基本特征。众所周知，我国加入世界贸易组织后，中国经济已经融入了世界经济，实际上我国的各类企业都自觉不自觉地参与了全球的商业竞争。作为新形势下的企业管理人员必须具备国际竞争的能力。同样,用于新一代企业管理人才教学与培训的教材,也必须突出全球化的管理要求。我们深知,现在培养的学生在学成毕业后,大多都要成为企业业务骨干,他们要担负起中国企业走向世界、参与世界竞争的责任。他们在激烈的市场竞争中,将充分应用大学学到的知识,敢于竞争,善于竞争,并在竞争中脱颖而出,成为新一代企业家。这套丛书力求用最新的管理理论,用全球化的经营理念,用国际化战略设计解决企业在发展中急需解决的各类问题,因此适应全球化竞争是丛书写作的重点,是力求全面反映的重要方面。

最后,丛书要体现信息化时代的各种需求。在信息化时代,知识爆炸、信息泛滥,各种新事物层出不穷,作为反映企业管理实践的管理科学也日益受到来自各方面的挑战。许多原理不断得到新的修正,许多概念变得更加简洁明了。为了适应这种变化,我们采取了三条措施,形成了丛书的三个特色。一是我们在每章的开头部分都列出了关键词和相关的网址,这主要是便于学生利用关键词到这些网站上去查阅最新的资料,这样做不仅便于学生查阅自己感兴趣的资料,同时也扩大了教材的内容,这些网站成为书的一个组成部分,使教材的内容随着信息化平台的不断扩大而获得了无限的增量。二是我们在部分章节中,突出了计算机软件语言的功能,帮助学生运用新的信息技术去解决管理中的数量化的问题。三是在书中列出了不少专论、标杆文章、案例分析等与教材的主要内容相配套的辅助读物,这样做扩大了学习的信息量,为教师提高教学质量提供了帮助和增加了手段,教师在教学中随时可以运用信息技术从各方面获取新的资料,及时加以调整,这样便可以在教材的主要内容和基本原理不发生大的改动的同时,通过专论和标杆文章的更新而使教学内容更加丰富,以跟上时代发展的步伐。

本丛书由上海交通大学安泰管理学院院长、博士生导师王方华教授任主编,由上海工程技术大学校长汪泓教授与上海理工大学商学院院长顾宝炎教授为副主编,参与丛书编写的有上海交通大学、上海理工大学、上海工程技术大学和上海应用技术学院二十多位长期从事理工科院校管理专业教学的教师,丛书的写作是在这四所学校老师共同努力下完成的,形成了理工科管理教学的特色,突出经济全球化需要的特点,反映信息技术革命的特征。我们希望这套丛书的出版能填补管理专业教材中的一些空白,能受到相关学校老师与同学的重视,为中国企业管理学科的发展发挥一点作用,作出应有的贡献。

本书的写作与出版得到了上述四所学校领导与教师的鼎力相助,也得到了清华大学出版社的高度重视和帮助,在此一并表示感谢。

王方华

2005年5月于上海交通大学安泰楼

第3版序

《现代企业管理——理念、方法、技术》自2005年第1版问世后就以其定位清晰、体例新颖、结构科学的特色受到了我国应用型高校的欢迎。2008年本书第2版入选了国家"十一五"规划教材。2011年荣获上海市普通高校优秀教材一等奖。

2013年年初,原主编、上海市教学名师邬适融教授对我说,她已经退休了,不再从事本科生的教学任务,她建议由我来担任本教材第3版的主编。我诚惶诚恐、忐忑不安、推托再三,在邬适融教授、刘志彬编辑的热情鼓励下,我接下了这项优秀教学成果的接力棒。本书的修改凝结了上海应用技术学院经济与管理学院两代教师的心血和经验。本书的第1版已非常成熟,第2版更为完善,第3版修改实为一个挑战。所以,我唯有以十二万分的热情,倾心投入,潜心修订以求做得更好,来答谢广大读者的支持。

前不久,以美国著名趋势学家杰里米·里夫金为代表的学者关于"第三次工业革命"的呼声引起了全球范围内的极大关注。西方有人预言,如果中国继续满足于做缺乏创造力的制造业大国,那么"中国崛起"有可能被"第三次工业革命"所终结。可见我们正处在一个不断变革的时代,移动互联网带来的变化就会使我们每个人强烈地感受到这一点。有一句话说得好:"今天你如果不生活在未来,那么,明天你将生活在过去。"在《财富》评选的2004年世界500强企业中,中国企业数量有15家,而到2013年已达到89家,预计很快就会超过100家。因此,补充国内优秀企业的最新实践案例,反映信息化革命和企业环境变化带来的挑战,注定是本次改版的修改重点。

已经过去的20世纪被人们称为管理的世纪。因为经过整整一个世纪的诞生、成长、发展,企业管理已在人类文明进程和知识宝库中占有了重要地位。同样,作为管理教学所必须的教材发展也十分迅猛,定位于工科院校管理专业的本书在不知不觉中,也已走过十年。企业管理既是理论又是实践,很难用几句话来描述我们对企业管理的全面认识,借用美国管理学大师德鲁克的一段话与读者们共勉。"管理是一种实践,其本质不在于'知',而在于'行';其验证不在于逻辑,而在于结果;其唯一权威就是成就。"

最后,感谢邬适融教授对本次改版内容进行了全面、细致的审定;感谢在第

3版修改中作出重要贡献的王志坚、陈其林老师;感谢本书的其他作者曾艺生、包凤达、李秋琳、龚有容、徐群和卞毓生老师对本书编写所作出的贡献,感谢在编写过程中提供参阅材料和相关文献的企业和原作者们。欢迎各位读者不吝指正,更欢迎使用本教材的高校师生和读者对本教材提出批评和建议!

曹 扬

2014年3月29日

第1版序

对于面临全球竞争的中国企业来说，提升企业竞争力最直接、最有效的途径是加强企业管理。管理，作为企业发展的软要素正在发挥越来越重要的作用，加强管理，向管理要效率已经被一切有识之士广泛认同，同时也为众多的企业所身体力行。本书就是在这样的背景下组织编写的，是形势发展的需要，也是企业增强竞争力的需要。

提升企业的管理水平，首先需要转变观念，树立现代管理理念，这是本书力求反映的最重要的内容。管理者，他的行为首先受制于他的价值观及他的经营理念。对于"发展"这个永恒的主题来说，资源的有效配置及资源的利用效果，在任何时候都是不可缺少的。而如何配置和如何利用却因理念的差异而不同。比如，对于采用某项技术，是越先进越好还是只要适用就可以了；再如，企业发展所需要的资金是多用自有资金好，还是尽量向银行借贷。这里面都有一个经营理念的问题。采用先进技术固然好，但与此同时必须有一系列与之相适应的支持系统，不然的话再先进的技术也发挥不出应有的作用。然而，采用适用技术，听起来很稳妥很保险，但难免有保守之嫌。尤其是科学技术日新月异的今天，常常会早一步步步主动，慢一拍想想心疼。到底选择哪一种策略，与管理者的价值判断有关，也与企业所处的环境与企业生命周期有关。这里涉及的就是一个用什么样的理念来分析、判断，并据此采取相应的措施的问题。同样，企业发展所需的资金也存在一个收益和风险的问题，不同的企业也会有不同的做法。有的追求高收益，有的则希望低风险。可是，风险与收益是正比的，要收益高就要准备冒高风险，要低风险就有可能收益低，何去何从是需要费一番心思的。这里也涉及经营者的理念问题。

本书在编写过程中采用最新的管理理论，总结国内外企业的经验教训，帮助读者树立先进的管理理念。以现代、先进、科学、合理的管理理念来分析企业管理过程中的各种问题，来应对各种来自方方面面的挑战，使企业立于不败之地。

提升企业的管理水平，还必须掌握先进的管理方法。这就好比人们要过河必须解决桥和船的问题一样。造桥时间长，但牢固，可以有很多人用来过河，而且可以随时就能用；而用船来过河，则轻巧、灵活，实现起来快，但不如桥那么牢固和方便。二者各有优点和不足。在管理中常常也会有类似的情况。做某件工作,可以有好多种方法,究竟用哪一种好,则是智者见智,仁者见仁,各取所需。在本书的写作中,我们介绍了许多先进的现代管理的方法,也介绍了不少虽然比较传统,但很实用的方法。我们认为,对于正在走向世界的中国企业来说,它们所需要的不是一两件新式武器,而是要掌握各种本领,十八般武艺都要会。有时在激烈竞争的市场里,最有效的不一定是最先进的,有时可能是很传统的方法,对付外国公司有时用"中国功夫"反而能打胜仗。我们在教材里力求把各种经过实践检验是有效的方法尽量详细地告诉大家,便于读者选择和使用。这也是本书的特色之一,即兼容并蓄,左右逢源,广泛适用,讲求实效。

提升企业的管理水平,还应该注意尽量广泛地采用信息技术,因为我们的企业已经处于知识经济和信息社会的包围之中,信息泛滥,知识爆炸,技术更新,使得企业管理者自觉不自觉地受到它的影响,在悄悄地发生一场伟大的变革。信息技术正在改变着企业及其所生存的各种空间。然而,很多时候,很多地方,企业管理教科书还停留在传统的技术层面上。有的管理计算十分烦琐,有的内容还很陈旧。在本书写作的过程中,我们尝试用简单、实用的计算机软件来解决一些复杂的管理计算。我们在自己的教学中先使用,经反复操练后得到了同学们广泛的认同,然后整理出来放进相应的章节中去。为了便于读者学习和使用,我们还把操作步骤详细地列举了,力求做到清楚、方便、实用、有效。我们希望这些尝试能得到读者的认可,尤其是高校管理专业教师和同学们的认可。

现代企业管理的理念、方法、技术,三者是一个整体,都是加强管理、提升竞争力不可缺少的。本书从这三个方面切入以形成区别于一般教科书的特色,以利于读者学习和应用。因此,本书既适合作为理工科院校管理专业的教材,也适合非管理专业的教学用书,同时可以用于企业管理干部的培训教育。

作　者

2005 年 5 月

第2版序

本书是为了适应理工科院校管理专业学生学习企业管理课程的需要,经过充分的酝酿准备组织具有相应知识背景,且有丰富教学经验的教师进行编写的。2005年8月正式出版以后,在不到3年的时间里发行了3万多册,在21个省市、50多所高校使用后,受到众多院校师生的广泛好评,普遍认为本教材"定位"准确,体现了因材施教的理念,特别适合理工科院校学生数理基础扎实,长于逻辑分析理性思维,尤其是运用信息技术解决管理实际问题的能力较强的特点,突出了21世纪经济全球化的要求,体现了现代管理的基本规律,是一本既先进又实用的教材。

根据广大读者的要求,本书在对文字进行精炼、修改的同时,对部分内容进行筛减和调整。如,第1章"管理与企业管理"在原有的基础上,增加了管理新发展的内容;第2章"企业战略管理",增加了新的管理案例,使之更形象易读;第3章"市场营销管理",对营销的促销策略进行了改写,增加了品牌管理方面的内容;第4章"企业生产管理",对传统的管理方法进行调整,增加了大规模客户化定制方面的内容;第5章"企业质量管理";第6章"企业技术管理";第7章"企业财务管理";第8章"人力资源管理",在文字和内容上都作了适当的修改使之更正确、更灵活;第9章"价值工程",对内容进行大量压缩,增加了一些实务性强的案例;第10章"网络计划技术",增加了运用Excel工具对企业管理进行分析和处理的内容;第11章"物流管理",将标题改为"现代企业物流",在内容上相应地作了修改。这些修改的目的,是使教材的内容及时更新,使教材的可读性更明显,实用性更突出,可操作性更科学。

本书第2版有幸被列为教育部普通高等教育"十一五"国家级规划教材,在再版时,围绕现代企业管理的理念、方法、技术三方面作了进一步修改和补充。在理念上,突出经济全球化背景下的战略性思维和信息化时代发散性思维,力求用清晰而简洁的语言表达创新的管理理念;在方法上,更加突出现代管理方法体系的介绍,把各种方法有机地穿插到各个章节中去,与理念的传播形成互补的组合;在技术上,大量地采用Excel等计算机语言,发挥逻辑演绎强的功能,对掌握先进的理念、实用的方法起到了很好的支撑作用。

总之,再版后的本书,体现了现代企业管理理论发展的动态变化,突出了学习企业管理方法系统实用的需要,更好地满足高校理工科专业开展企业管理教学的需要,是一本创新与务实相结合的教材。

再版后的本书由上海应用技术学院邬适融教授任主编,由曾艺生副教授、包凤达副教授、曹扬副教授任副主编,参加再版编写的有王志坚、陈其林、李秋琳、龚有容、徐群和卞毓生。

本书的写作得到了上海交通大学安泰经济与管理学院院长王方华教授、上海工程技术大学校长汪泓教授、清华大学出版社刘志彬先生的鼎力支持和帮助,在此表示衷心的感谢。

作　者

2008 年 6 月

目 录

总序 ··· Ⅲ

第 1 章　管理与企业管理 ·· 1
  1.1　管理综述 ·· 2
  1.2　管理的职能 ·· 7
  1.3　企业与现代企业制度 ·· 23
  1.4　管理理论的沿革 ··· 29
  本章小结 ·· 38
  复习与思考 ··· 39
  案例分析 ·· 39
  参考文献 ·· 41

第 2 章　企业战略管理 ·· 42
  2.1　企业战略管理概述 ·· 43
  2.2　企业核心竞争力 ··· 50
  2.3　企业战略管理中的一些主要技术 ··· 56
  2.4　企业战略管理的基本过程 ··· 66
  本章小结 ·· 73
  复习与思考 ··· 73
  案例分析 ·· 74
  参考文献 ·· 76

第 3 章　市场营销管理 ·· 77
  3.1　营销与营销管理 ··· 78
  3.2　市场细分与目标市场策略 ··· 80
  3.3　市场调查与市场预测 ··· 84
  3.4　市场营销策略 ·· 98
  本章小结 ··· 115
  复习与思考 ·· 116

案例分析 ··· 117
　　参考文献 ··· 117

第 4 章　企业生产管理 ·· 118
　　4.1　生产管理概述 ··· 120
　　4.2　生产系统的类型 ··· 125
　　4.3　生产过程组织 ··· 128
　　4.4　生产计划和控制 ··· 135
　　4.5　生产管理的历史发展 ··· 155
　　4.6　生产管理面临的形势及出现的新技术 ·· 157
　　本章小结 ·· 162
　　复习与思考 ··· 162
　　案例分析 1 ··· 163
　　案例分析 2 ··· 164
　　参考文献 ·· 165

第 5 章　企业质量管理 ·· 166
　　5.1　质量管理概述 ··· 167
　　5.2　全面质量管理 ··· 169
　　5.3　质量管理体系的标准化 ·· 170
　　5.4　工序质量控制与质量改进方法 ··· 173
　　5.5　质量成本管理 ··· 188
　　本章小结 ·· 192
　　复习与思考 ··· 193
　　案例分析 ·· 194
　　参考文献 ·· 195

第 6 章　企业技术管理 ·· 196
　　6.1　技术引进 ·· 197
　　6.2　技术创新 ·· 200
　　6.3　产品开发 ·· 204
　　6.4　设备更新 ·· 208
　　本章小结 ·· 216
　　复习与思考 ··· 217
　　案例分析 ·· 218
　　参考文献 ·· 218

第 7 章　企业财务管理 ·· 219
　　7.1　企业财务管理综述 ··· 220

7.2 筹资管理 ………………………………………………………………… 223

7.3 投资管理 ………………………………………………………………… 230

7.4 资产管理 ………………………………………………………………… 239

7.5 财务分析 ………………………………………………………………… 246

本章小结 …………………………………………………………………… 256

复习与思考 ………………………………………………………………… 257

案例分析 1 ………………………………………………………………… 257

案例分析 2 ………………………………………………………………… 259

参考文献 …………………………………………………………………… 261

第 8 章 人力资源管理 ……………………………………………………… 262

8.1 人力资源规划 …………………………………………………………… 263

8.2 工作分析与工作设计 …………………………………………………… 270

8.3 绩效考评 ………………………………………………………………… 278

8.4 薪酬管理 ………………………………………………………………… 283

8.5 人力资源优化管理 ……………………………………………………… 289

本章小结 …………………………………………………………………… 295

复习与思考 ………………………………………………………………… 295

案例分析 …………………………………………………………………… 295

参考文献 …………………………………………………………………… 297

第 9 章 价值工程 …………………………………………………………… 298

9.1 价值工程的基本原理 …………………………………………………… 299

9.2 对象选择和收集情报 …………………………………………………… 304

9.3 功能分析与评价 ………………………………………………………… 310

9.4 方案创新与方案择优 …………………………………………………… 316

本章小结 …………………………………………………………………… 318

复习与思考 ………………………………………………………………… 318

案例分析 …………………………………………………………………… 320

参考文献 …………………………………………………………………… 321

第 10 章 网络计划技术 ……………………………………………………… 322

10.1 网络计划技术概述 ……………………………………………………… 323

10.2 网络图 …………………………………………………………………… 324

10.3 网络时间参数的计算 …………………………………………………… 328

10.4 网络计划的优化与调整 ………………………………………………… 335

10.5 网络计划的计算机方法 ………………………………………………… 343

本章小结 …………………………………………………………………… 345

复习与思考 ………………………………………………………………… 346

参考文献 ………………………………………………………………………… 347

第 11 章 现代企业物流 ………………………………………………………… 348

11.1 物流和企业物流 ……………………………………………………… 349
11.2 物料采购与供应管理 ………………………………………………… 351
11.3 生产物流管理 ………………………………………………………… 359
11.4 物资储备的管理 ……………………………………………………… 363
11.5 第三方物流管理 ……………………………………………………… 369
11.6 物流管理中运输策略的计算机求解 ………………………………… 371
本章小结 …………………………………………………………………… 372
复习与思考 ………………………………………………………………… 373
案例分析 …………………………………………………………………… 375
参考文献 …………………………………………………………………… 376

管理与企业管理

第 1 章

管理（management）　　　　　　　管理者（manager）
管理职能（manage function）　　　管理理论（manage theory）
企业（enterprise）　　　　　　　　企业管理（enterprise management）
现代企业制度（modern enterprise system）

www.zwgl.com.cn
www.guanlixuejia.com
www.managen.com
business.vsharing.com
www.oubo.com.cn
bbs.pinggu.org

> 为什么要学管理？
> 　　管理是神奇的。人们之所以要学管理的首要原因,是由于改进管理关系到我们每个人的切身利益,是人类共同劳动和生活的需要。学习管理的第二个原因是,当你从学校毕业开始你的职业生涯时,你所面对的现实是,不是管理别人就是被别人管理。对于那些选择管理作为职业生涯的人来说,理解管理过程是培养管理技能的基础。不过,把每个学习管理的人都假定成打算从事管理职业未免太天真了。选修一门管理课程也许只是你取得学位的必须要求,也许是你一时的兴趣,但是不要把学习管理当作无关紧要的事情。只要你为了生活不得不工作,那么几乎总得在某个组织中生存,于是或者你是管理者,或者你为管理者工作。如果你打算做个管理者,那么通过学习管理,你会从你的老师的行为中和组织的内部运作中,领悟到许多道理。不过有一点需要指出的是,你不要指望仅从一门管理课程中就能学会怎样做管理者。
> 　　资料来源:斯蒂芬·P.罗宾斯.管理学.北京:中国人民大学出版社,1997年,第 16 页.(编者略作整理)

1.1 管理综述

1.1.1 管理

管理是普遍存在的人类行为。有文字记载的人类历史表明,管理活动贯穿于整个人类历史过程,以及社会生活的各个方面。社会的发展使人类社会生活与以往相比有实质性的改变,这更使得管理活动越来越必需和普遍。现代社会从个人、家庭、组织、国家乃至国际社会,在政治、经济、军事、科技、教育、文化的每一个社会侧面,无不和管理紧密相连。管理无处不在,无时不在。

现代意义上的管理是指对一个组织所拥有的资源——人力资源、财力资源、物质资源和信息资源进行有效的计划、组织、领导和控制,用最有效的方法去实现组织目标。这个概念包含以下四层含义:

(1) 管理是为实现组织目标服务的,是一个有意识、有目的的行动过程。

(2) 管理工作要通过综合运用组织中的各种资源来实现组织的目标。

(3) 管理工作过程包括计划、组织、领导和控制等基本职能,这些职能是相互关联和连续进行的。

(4) 管理工作处于一定的环境中,有效的管理必须充分考虑组织面临的内外环境。

1.1.2 企业管理

企业管理是社会化大生产的客观要求和直接产物。随着现代企业生产经营规模扩大、分工细化、技术与协作复杂程度提高,企业管理也日益显示出其重要性。管理的基本原理和方法虽然对各类组织都适用,但目前对管理研究最多的社会组织还是企业,现代管理学科本身也是主要从企业管理实践中总结和提炼出来的。企业管理是企业生产力诸要素的组织者与协调者,从这个意义上讲,管理本身就是一种生产力。

1. 企业管理的概念

企业管理是指企业的经营管理者和全体员工,为了充分利用各种资源,保证生产经营活动的统一协调,实现企业经营目标而进行的计划、组织、领导与控制等一系列活动的总称。企业管理是涉及企业经营活动的生产力诸要素的组织和协调,从这个意义上讲,企业管理本身就是一种生产力。

企业管理的含义包括以下几个内容。

(1) 企业管理的主体是企业的经营管理者和全体员工。没有经营管理者和全体员工的参与,没有他们主人翁的主动性、积极性和创造性,就谈不上管理。

(2) 企业管理的客体是企业整个生产经营活动。企业管理实际上就是对企业的人财物、供产销、内外贸进行综合统筹的管理。

(3) 企业管理的目的是充分利用各种资源,保证整个生产经营活动统一协调,使企业的投入、转换、产出形成良性循环,以实现提高经济效益的根本目的。

(4) 企业管理的基本职能是计划、组织、领导和控制。

2. 企业管理的要素

企业管理的基本要素可简要地概括为"7M"。

(1) 人力(men)，包括员工的招聘、培训、考核、奖惩、任免。

(2) 金钱(money)，包括资金筹措、预算控制、成本核算、财务分析等。

(3) 方法(methods)，包括生产规划、质量标准、作业研究等。

(4) 机器(machines)，包括工厂布局、设备配置、仪器维修、工艺装备等。

(5) 物料(material)，包括原辅材料的采购、运输、储存等。

(6) 市场(market)，包括市场需求预测、客户行为分析以及价格和销售策略制定等。

(7) 工作精神(morale)，包括提高工作效率，把员工的兴趣、热情、志向引导到生产或工作上，发挥人的积极性、创造性等。

3. 企业管理的作用

(1) 确定目标、制定政策并加以落实。在企业管理中，目标的制定、贯彻与落实的全过程，都是企业的力量和智慧的体现，领导者个人的才智、能力和知识对企业整体活动固然有很大的影响力，但这种力量只有融于企业的经营活动整个过程才能形成持续发展的生产力。

(2) 组织生产活动，实现企业目标。为实现企业经营目标，需要不断地对企业各种物质资料、劳动力、资金和信息做出合理安排和配置，在时间、空间各个方面做出平衡，企业才能取得预期的成效。

(3) 协调企业各职能部门、各环节的工作。企业的人、财、物、供、产、销各个环节之间，各个管理部门和生产部门之间，经常会出现各种脱节和不平衡现象，企业管理组织的功效，就是经常发现和解决各种脱节和不平衡现象，协调它们的活动，使其处于良性循环状态。

(4) 发挥组织凝聚力和群体效应。加强企业管理能够将分散的、个别的企业员工，通过组织和激励措施，凝聚成一个强大的整体，使全体职工的各项活动紧紧围绕企业的任务、目标进行，从而产生巨大的群体效应，促进企业效益的不断提高。

1.1.3 管理者

1. 管理者的分类

因为管理是普遍存在的，因此管理者也普遍存在。但并非拥有一定社会地位和运用知识工作的人都是管理者。在社会组织中，能够指挥下属人员，能够促进组织工作有效运转，并负有行动和决策责任的人是管理者。为进一步理解管理者的概念，需要将管理者置于一个抽象的组织模型中加以分类(见图 1-1)。

在图 1-1 模型中，去尖顶三角形整体为抽象的社会组织，自上而下三条水平线各为高层管理、中层管理和基层管理。其中圆圈表示高、中、基层的管理者。可以看出，组织中的某些管理者既是管理者又是被管理者(如中层和基层管理者)。在社会组织中，不同层次的管理者的作用是不同的。

高层管理者是一个组织整体行动的决策者，必须从战略高度长期关注组织的生存、成长和总体有效性。高层管理者还必须将组织与外部环境密切联系起来。如企业中的总裁、总经理等，他们是高层管理者。

中层管理者负责将高层管理者制定的组织和计划的总体目标和长远目标转化为较具体

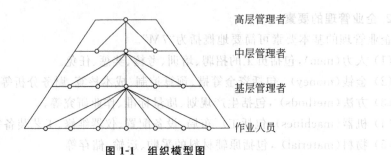

图 1-1 组织模型图

的目标和活动。中层管理者是组织开展管理工作的承上启下的纽带,他们必须有效地管理控制下属人员,以实现他们所在管理层面或环节的具体目标,如企业中的按职能分工负责的部门经理,可以看作中层管理者。

基层管理者,也称运作管理者。他们实施、执行中层管理者制定的目标和计划。基层管理者与从事作业性的非管理人员直接联系,组织和监督他们的工作。在管理杰出的企业内,基层管理者往往被赋予一定的自由度和激励手段,以利于带领工作人员开展工作创新。企业中的工长、部门主管属于此类管理者。

2. 管理者的工作

管理者的价值在于创造出一个大于其各组成部分的总和的真正的整体,创造出一个富有活力的整体,这就要求管理者在其每一行动中同时注意到作为整体的企业的成就和成果,以及为取得综合成就而必需的各种不同的活动。管理者的工作中有五项基本工作。这五项工作合起来就把各种资源综合成为一个活生生的、成长中的有机体。

(1) 制定目标

管理者要提出组织的目标是什么,为了实现这些目标应该做什么,这些目标在每一领域中的具体目标又是什么。他把这些目标告诉那些相关的人员,以便目标得以有效地实现。制定目标是一个不断平衡的工作:在企业成果同一个人信奉的原则的实现之间进行平衡;在企业的当前需要同未来需要之间进行平衡;在所要达到的目标同现有条件之间平衡。因此,制定目标显然要求管理者具有较强的分析和综合的能力。

(2) 组织工作

管理者要对工作进行分类,把工作划分成各项可以管理的单位和作业,再把这些单位和作业组合成为一个完整的组织机构,选择合适的人员来管理这些单位并执行这些作业。组织工作不仅要求管理者有分析能力,而且要有正直的品格。因为它要求最经济地利用稀缺资源,但它又是同人打交道的,所以要从属于公正的原则,具有正直的品格。

(3) 激励和沟通

管理者把担任各项职务的人组织成为一个团队,通过报酬、安置和提升的"人事决定",通过同其下级、上级和同级之间经常的相互信息交流等使得管理工作能够有效实现。激励和沟通所需的主要是社会协调方面的技能。

(4) 绩效评估

管理者要为组织内每一个人确定一种绩效评估标准,不但要专注于组织的绩效,而且还要专注于个人的工作,并帮助他做好工作。管理者要对下属的工作业绩进行分析、评价和解释,并把绩效评估的意义和结果通报给他的下级、上级和同级,促进组织的有序运作和效率最大化。

3. 管理者在工作中扮演的角色

明茨伯格将经理们的工作分为10种角色。这10种角色分为3类,即人际关系方面的角色、信息传递方面的角色和决策方面的角色。

(1) 人际关系角色

① 挂名首脑角色。这是经理所担任的最基本的角色。由于经理是正式组织的权威,是一个组织的象征,因此他必须履行这方面的职责。作为组织的首脑,每位管理者有责任主持一些仪式,比如接待重要的访客、与重要客户共进午餐等。很多职责有时可能是很普通的日常事务,然而,它们对组织能否顺利运转非常重要,不能被忽视。

② 领导者角色。由于管理者是一个企业的正式领导,要对该组织负责,在这一点上就构成了领导者的角色。有些行动直接涉及领导关系,所以管理者要负责雇佣和培训职员,负责对员工进行激励和引导,以某种方式使他们的个人需求与组织目的达到和谐。在领导者的角色里,我们能清楚地看到管理者的影响,正式的权力赋予了管理者强大的潜在影响力。

③ 联络者角色。通过对每种管理工作的研究发现,管理者花在同事和单位之外的其他人身上的时间与花在自己下属身上的时间一样多。这样的联络通常都是通过参加外部的各种会议,参加各种公共活动和社会公益事业来实现的。实际上,联络角色是专门用于建立管理者自己的外部信息系统的——它是非正式的、私人的,却常常是有效的。

(2) 信息方面的角色

① 监控者角色。作为监控者,管理者为了得到信息而不断审视自己所处的环境。他们要通过各种内部事务、外部事情和分析报告等主动收集信息。担任监控角色的管理者所收集的信息很多都是口头形式的,通常是传闻和流言。当然也有一些董事会的意见或者是社会机构的质问等。

② 信息传播者角色。组织内部可能会需要这些通过管理者的外部个人联系收集到的信息。管理者必须分享并分配信息,要把外部信息传递到企业内部,把内部信息传给更多的人知道。当下属彼此之间缺乏便利联系时,管理者有时会分别向他们传递信息。

③ 发言人角色。这个角色是面向组织的外部的。管理者把一些信息发送给组织之外的人。而且,经理作为组织的权威,要求对外传递关于本组织的计划、政策和成果信息,使得那些对企业有重大影响的人能够了解企业的经营状况。例如,首席执行官可能要花大量时间与有影响力的人周旋,要就财务状况向董事会和股东报告,还要履行组织的社会责任等。

(3) 决策方面的角色

① 企业家角色。指的是经理在其职权范围之内充当本组织变革的发起者和设计者。管理者必须努力组织资源去适应周围环境的变化,要善于寻找和发现新的机会。作为创业者,当出现一个好主意时,经理要么决定一个开发项目,直接监督项目的进展,要么就把它委派给一个雇员。这就是开始决策的阶段。

② 危机处理者。企业家角色把管理者描述为变革的发起人,而危机处理者角色则显示管理者非自愿地回应压力。在这里,管理者不再能够控制迫在眉睫的罢工、某个主要客户的破产或某个供应商违背了合同等变化。在危机的处理中,时机是非常重要的。而且这种危机很少在例行的信息流程中被发觉,大多是一些突发的紧急事件。实际上,每位管理者必须花大量时间对付突发事件。没有组织能够事先考虑到每个偶发事件。

③ 资源分配者。管理者负责在组织内资源的分配责任,他分配的最重要的资源也许就是他的时间。更重要的是,经理的时间安排决定着他的组织利益,并把组织的优先顺序付诸实施。接近管理者就等于接近了组织的神经中枢和决策者。管理者还负责设计组织的结构,即决定分工和协调工作的正式关系的模式,分配下属的工作。在这个角色里,重要决策在被执行之前,首先要获得管理者的批准,这能确保决策是互相关联的。

④ 谈判者。组织要不停地进行各种重大的、非正式化的谈判。这些谈判多半由经理带领进行。对在各个层次进行的管理工作研究显示,管理者花了相当多的时间用于谈判。一方面,因为经理的参加能够增加谈判的可靠性;另一方面因为经理有足够的权力来支配各种资源并迅速做出决定。谈判是管理者不可推卸的工作职责,而且是工作的主要部分。

这 10 种角色形成了一个完全形态,是一个整体,它们是互相联系、密不可分的。没有哪种角色能在不触动其他角色的情况下脱离这个框架。比如,人际关系方面的角色产生于经理在组织中的正式权威和地位;这又产生出信息方面的 3 个角色,使他成为某种特别的组织内部信息的重要神经中枢;而获得信息的独特地位又使经理在组织作出重大决策(战略性决策)中处于中心地位,使其得以担任决策方面的四个角色。这 10 种角色形成了一个完全形态,并不是说所有的管理者都给予每种角色同等的关注。不过,在任何情形下,人际的、情报的和决策的角色都不可分离。从组织的角度来看企业经理是一位全面负责的人,但事实上他也却要担任一系列的专业化工作,所以,管理者既是通才又是专家。

1.1.4 管理对象和管理过程

1. 管理对象

管理的对象,可分为两个相互关联的方面:其一为组织拥有的资源;其二为组织的目标。组织拥有一定的资源条件是任何社会组织存在的前提,组织的资源条件因组织社会功能不同而异(如企业表现为资产、技术、人才等,而学校表现为师资、教学设施、财力等)。组织的目标方面,应把具体目标与其社会功能(履行其社会责任)相统一。组织的各种具体目标,可以是利用、增加资源的数量、提高资源的质量,也可以是从结构和形态等方面将各种资源加以协调和合理配置。在组织的一切资源中,组织成员——组织中的人是最主要、最宝贵的资源。因此组织管理最主要的任务是对人力资源的管理。

2. 管理过程

管理是管理者运用一系列管理职能来实现管理目标的过程。管理工作过程的计划、组织、领导、控制四项职能并不是独立起作用的,它们是管理统一体中的各个侧面,有着密切的内在联系,是交融在一起起作用的。首先,计划不能脱离组织、领导来制定和执行,计划同时也应该考虑到控制的标准和措施;领导是组织一部分,计划在领导管理下做出,也通过领导、组织职能得以实施和控制;同样,组织职能本身也包含了领导的岗位和职责。一般而言,管理者是同时贯彻执行四项管理职能,围绕着组织目标的实现而开展管理活动并产生综合的效果。图 1-2 表明管理过程的基本原理。

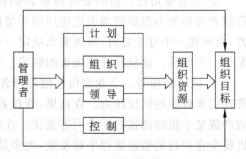

图 1-2 管理过程图

分粥中的学问

有一个7个人的小团体,其中每个人都是平凡而平等的,但都不免自私自利,因此,他们想通过制定一项制度来解决每天的吃饭问题——要分食一锅粥,但并没有称量用具,于是,大家想出了各种办法。

第一种办法:指定一个人负责分粥事宜。但很快大家发现,这个人为自己分的粥最多。于是又换了一个人,结果却总是主持分粥的人碗里的粥最多、最好。

第二种办法:大家轮流主持分粥,每人一天。虽然看起来平等了,但是每个人在一周中只有一天吃得饱而且有剩余,其余6天都得忍饥挨饿。大家都认为这种办法造成了资源浪费。

第三种办法:大家选出一个信得过的人主持分粥。开始这位品德高尚的人还能公平分粥,但不久他就开始为自己和溜须拍马的人多分了。

第四种办法:选举一个分粥委员会和一个监督委员会,形成监督制约。公平基本上是能做到了,但由于监督委员会经常提出种种议案,而分粥委员会又据理力争,等分粥完毕时,粥早就凉了。

在上述种种办法都没有有效解决这一简单的分粥问题后,他们不得不求助于管理大师。大师给了他们一个最简单的方案:每个人轮流值班分粥,但是分粥的那个人必须最后一个领粥。于是,令人惊奇的结果出现了:7只碗里的粥每次都是一样多。因为每一个主持分粥的人都认识到,如果7只碗里的粥不相同的话,那他确定无疑将享用那份最少的。

所以,著名管理大师彼得·德鲁克说:"管理,从根本上讲,意味着用智慧代替鲁莽,用知识代替习惯与传统,用合作代替强制。"

从这一案例中我们看到,只要是在一个群体中,哪怕是简单的一件分粥工作,没有管理技术,不实施管理,也难以做到公平公正,难以实现最初设想的目标。因此,管理作为一门科学,具有其独特的重要性。

资料来源:赵继新等.管理学.北京:清华大学出版社、北京交通大学出版社,2006年,第1页。

1.2 管理的职能

对于管理活动具有哪些最基本的职能这一问题,至今仍是众说纷纭。在管理学发展的历史上,首先对管理职能进行研究的是法国管理学先驱法约尔,他首先提出管理有五种基本职能,即计划、组织、指挥、协调、控制。此后许多管理专家纷纷提出不同的职能组合,从一项职能到十几项职能组合均有,但从中也可以发现基本职能要素相似,只是在组合构成上有所不同。本书采用最常用的提法,即把管理职能划分为计划、组织、领导、控制四种职能。

1.2.1 管理的计划职能

1. 计划的概念与特征

法约尔将计划职能列在管理职能之首,认为计划"是所有管理职能中最基本的职能"。美国管理学家孔茨的解释是:"计划工作就是预先决定做什么,如何做和谁去做。计划工作就是在我们所处的地方和要去的地方之间铺路搭桥。"孔茨将组织的宗旨、方针、政策、目标、程序、规章、预算等的制定和实施都纳入计划工作,使计划的含义广泛而丰富。这和本书中计划包含的内容比较相近,是较宽泛的概念。由此可以给出计划的概念:计划是合理地使用现在的资源,有效地把握未来的发展,以组织目标的实现为目的的一系列预测未来、确立目标、决定政策、选择方案的行动过程。

计划的特征主要有以下三个方面:
(1) 计划职能处于各职能的首要位置;
(2) 计划职能围绕着组织目标展开;
(3) 计划职能涵盖了管理的各个方面。

2. 计划的内容和类型

(1) 计划职能的内容

① 调查和分析组织的外部环境和内部条件,预测和分析组织未来情况变化。

② 制定组织目标。包括确定组织发展战略目标、方针和政策,实现目标必须遵循的原则和保证措施。

③ 拟订实现计划目标的方案,做出决策。对各种备选方案进行可行性研究和技术经济论证,选出可靠的满意方案。

④ 编制组织的综合计划。各部门的具体计划以及实现计划的行动方案和步骤。

⑤ 检查计划的执行情况。通过对计划的进程实施控制、保证计划完成,同时通过检查总结,进一步提高计划水平。

(2) 计划的类型

组织计划可按不同的标志分为以下几种类型:

① 按组织的范围分类。一般分为战略计划与战术计划。

② 按时间长短分类。一般可分成中长期计划、年度计划、季度计划、月度计划和旬、日、班次计划。

③ 按组织业务分类。此种分类因社会组织的不同而有所差异,如在企业中一般可分成销售计划、生产计划、财务计划、人事计划、物资计划、设备计划和技术计划等。组织的业务计划通过计划指标形成一个体系,彼此之间相互制约又相互促进,构成一个有机整体。

3. 计划制订的原则和程序

(1) 计划制订的原则

计划工作的根本目的在于对组织的发展产生有价值的实际指导意义。然而,在实际工作中计划有效性并不是都能体现出来,处理得不好,有些计划可能会产生消极的作用,甚至给组织带来灭顶之灾。所以,管理者对于计划工作必须持极其谨慎的态度。在计划制订中应该遵循下列原则,才能有助于计划工作的科学合理。

① 战略计划与战术计划相衔接的原则;
② 创新性与可行性相结合的原则;
③ 灵活性和稳定性相结合的原则。

(2) 计划制订的程序

如图1-3所示,计划的制订一般按以下程序进行:

① 确定目标。在制订计划开始时,先要做的工作是确定目标,社会组织的一切活动都是为了达到组织目标,计划中所拟订的一切行动方案,也都是为了有效地实现目标而设计的。

② 确定前提条件。计划工作的前提条件就是计划工作的假设条件,即计划执行时的预期环境。但是,环境是复杂的,影响因素很多,有可控制因素、不可控制因素和相当范围内可以控制的因素等,所以要想对每一细节都考虑周全是不现实的,也是不经济的。因此,所要确定的计划前提实际上只能限于那些对计划来说是关键性的、有战略意义的前提,即对计划的贯彻实施影响最大的那些前提。

③ 确定备择方案。实现目标的途径往往不止一条。越是带有战略性的计划,方案的数量越多。而具体化的执行计划,由于期限短、任务具体、条件明确。而无须设定多种方案,以节约计划的成本。在计划工作的这一程序中,对于一些可变因素和限定条件多,选择面广的复杂方案可以运用现代计算方法和电子计算机进行决策支持。

④ 确定最佳方案。在确定最佳方案时应考虑两方面的因素:一是应选可行性、创新性和达到目标三者结合得最好的方案;二是方案的投入产出比率尽可能大的方案。在企业中往往把成本最低、时间最短、风险最小、利润最大等作为考虑的因素,选出最优方案。此外,管理者在选择方案时,还必须选出一个或几个方案,以供备用。

⑤ 拟订辅助计划。计划是一个体系,一个基本计划确定后需要有辅助计划或执行计划来扶持和操作,尤其是战略性的计划确定后,必须有策略性计划作相应的配套辅助。例如企业中经营计划确定后,需要有相应的市场开发计划、产品开发计划、生产计划、设备维修计划、工艺装备计划与之相衔接。

⑥ 事后评价。完整的计划程序,还应加上事后对计划工作的评价,检查计划是否完满,有没有缺陷,这些都只能在事后评价中获得答案,以备日后进行新一轮的计划工作时,作为考虑资料备用。

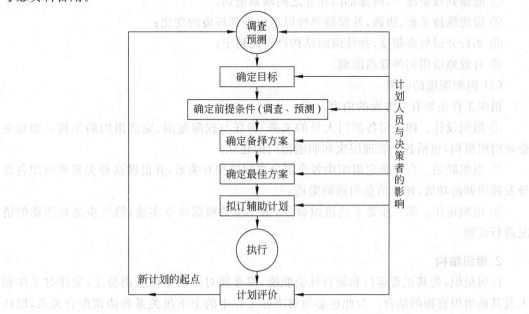

图 1-3

1.2.2 管理的组织职能

管理的第二大职能是组织职能。组织职能要求组织中的每个管理者都参与建设、发展和维持好工作中的各种关系,调动组织中人、财、物等各种资源,用最有效的组织方式,实现组织目标。

1. 组织职能概述

（1）组织的概念

组织职能是指为了实现组织目标、互相结合、明确职责、沟通信息、协调行动的人造系统及其运转的过程。自从人类有了集体活动,就有了管理,同时也就出现了组织。通过设计和维持组织内部的结构和相互之间的关系,使成员为实现组织的目标而有效地协调工作,这是组织管理的目的所在。具体的任务有按工作目标进行垂直及水平的部门组合,分配决策权力,设立制约及协调的机制与渠道等。通过组织内部上上下下责、权、利的划分,完成从组织构架设计到组织内部结构完善等一系列工作,使组织形成一个有职位层次关系的系统。在这个系统中要突出两点,即组织的内部结构和组织成员的相互关系。一定的组织结构和一定的组织权责关系相结合,就构成了一定的组织模式。

（2）组织有效性的特征

有效组织能让每个员工明确自己实施的工作,明确个人在组织中的工作关系和隶属关系,明确完成工作所必需的权利和承担的义务,从而确保每人都能有效完成各自任务。同时,有效组织能使组织中各部分保持和谐关系,从而提高工作效率和取得利益。组织的有效性有以下几方面的特征：

① 自动调整各自所面临的特殊需要;
② 建立"以责任为中心的责、权、利统一"的组织;
③ 能做到政企统一、内部部门相互之间联系密切;
④ 应能维持平衡、协调,并保持弹性以适应外部环境的变化;
⑤ 实行分层负责制度,并使组织结构严密而精干;
⑥ 有效地沿用例外管理原则。

（3）组织职能的内容

组织工作主要有三方面的内容：

① 组织设计。即决定各部门人员的义务、责任与权限范围、完成组织的架构。如建立企业组织机构,包括各个管理层次和职能部门的建立。

② 组织联系。合理确定组织中各个部分之间的相互关系,并借助这种关系使组织各部分发挥协调的功效,建立信息沟通的渠道。

③ 组织运作。第一步是下达组织命令,第二步是根据命令实施,第三步是对活动的情况进行反馈。

2. 组织结构

任何组织,为其正常运行和履行社会职能,都必须对组织工作做出分工,安排好工作和人及其他组织资源的结合。为此还必须解决好工作中的上下级关系和协调配合关系,以达到组织活动与组织目标的统一。此外,还需要进一步制定统一和协调组织全体成员行动的规则,使得整个组织像机器一样有效地运转。

(1) 正式组织和非正式组织

任何正式组织,在正面意义上,它必须有公开、合法的社会前提。在此意义下,组织还应具备几项条件:

① 有明确的目标;
② 组织成员为一个群体;
③ 有公开、明确的章程(成文或非成文形式);
④ 具有为开展组织活动,实现目标所必需的各种资源和条件。

非正式组织是相对于正式组织而言的。没有明确的、自觉的共同目的的群体就是非正式组织。非正式组织成员之间有着共同的凝聚力,这不是共同的目标,而是共同的社会理念、价值观、感情、爱好和习惯等。他们之间没有共同的约束行为的规范。非正式组织是一种广泛的社会现象,它普遍地存在于各种合法的社会组织内外。

非正式组织对于正式组织一般会产生正负两方面影响。正面影响主要有:非正式组织成员的行为经常会与正式组织目标一致,可以促进并能强化协调组织的作用,有利于组织稳定。但是,非正式组织也会有不利影响,有时它会削弱组织功能的效率。因此,重视组织内部非正式组织的存在,正确处理非正式组织与正式组织的关系,有利于组织全体成员的目标和行为的统一。

(2) 工作专业化和部门化

亚当·斯密在《国富论》中曾专门描述过一个制针厂为了提高劳动生产率而进行专业化的过程。实行了专业化分工后,该厂每个工人的工作效率提高了4 800多倍。专业化分工通过把复杂的工作分解成一个个简单工作,并由较固定的群体或个人承担一个部分的工作,大大提高了生产效率。这在那些追求高效率的大规模生产企业中显得尤为突出。

工作专业化的广泛采用在于它有许多优点:

① 有利于提高员工的工作效率;
② 有利于缩短工作时间;
③ 有利于使用专门设备;
④ 有利于降低培训成本。

专业化也有其许多负面影响,如高度的专业化会使员工对工作产生厌烦和不满情绪,造成员工缺勤、离职和工作质量下降等后果。

部门化就是把组织工作分成若干自治的单位或部门。划分部门时应注意下列的一些原则:

① 相似的职能应组合在一起;
② 应有满负荷的工作量;
③ 尊重传统的习惯以及工作守则;
④ 有联系的相关职能可归并一处,有利害冲突的职能应分开;
⑤ 有时可合并不同的职能以利协作。

在这些原则中实现组织目标是组织工作考虑的基本因素。

虽然一个组织围绕实现目标而进行的各项活动的特性会随着目标的不同而有所不同,但是组织部门化的类别都具有普遍的适用性。常见的部门化类型有:

① 生产部门化。即根据生产产品的活动或产品的种类来安排组织机构。
② 职能部门化。即以相同或类似的工作进行组织安排。
③ 地区部门化。即按地理区域成立专门的部门。
④ 用户部门化。即根据顾客的需要或顾客群设立相应的部门。
⑤ 部门化的其他形式。如按时间、按项目、按人数、按序列等划分部门。

(3) 层次与幅度

所谓层次即纵向的组织环节,通常指各级行政指挥机构。幅度是指一个管理人员能有效地直接管理的下属人员数。在既定的组织规模下,层次与幅度两者呈反比关系,即管理幅度小了,层次就会增加;管理幅度大了,层次就会减少。一般情况下人们总希望组织中管理层次越少越好,因为层次多了既增加了管理成本,也使上下沟通和控制增加难度。但层次减少却意味着扩大管理幅度,幅度过宽则沟通及协调也同样会出现问题。这两者之间是一个辩证的关系,一般认为管理幅度是两者中较灵活的因素,应根据具体情况而变化。

影响管理幅度的因素主要有:
① 管理者胜任工作的能力;
② 下属人员在地域上集中与分散的程度;
③ 工作的复杂和难易程度;
④ 工作的标准化程度及相似性;
⑤ 组织与环境变化的速度;
⑥ 组织的凝聚力程度;
⑦ 是否属于监督性工作等。

3. 组织关系

一个组织在稳定、明确的管理结构形成后,还需要进一步制定统一和协调组织全体成员行动的规则,使得整个组织像机器一样有效地运转。这种规则主要表现为组织中各个层次、各个部门以及管理者个人的组织关系。

(1) 分权与集权

分权是把决策和计划工作的权力委托给下级部门和机构的过程。当组织规模较大时,高层领导很难掌握组织中所有的情况和具备各种各样的专门知识,下属人员往往是具备某专业知识的人员,可能对某个领域、地区、专业更熟悉,处理具体问题时可能比高层领导更有针对性。分权能使组织中的最高领导人有更多的精力去考虑组织的重大事项,同时,可以发现和培养人才,下属人员通过参与决策和解决问题,也可以更全面地了解组织状况,提高全局意识和自己的管理才能。

分权往往通过授权来进行,授权大致经过三个过程:
① 分派职责,即让下级明白所履行的任务及应负有相应的义务;
② 委任职权,即让下级具有从事此项工作应具备的职权;
③ 建立责任,即让下级明白应负的责任。

集权是分权的对立面,集权就是一切权力都由最高领导掌握。在组织或企业的实际运行中,绝对的集权与分权也许并不存在,这两者往往相互结合,关键在于掌握一个度。组织管理职权的集中和分散,取决于管理的需要。权力集中或分散到何种程度,需要高层管理者做出全局性思考,权衡利弊。组织集权和分权也需要动态管理,高层管理者可以根据组织和环境态势做出权变,分权不利则强调集中,集中不利再重新分权。如高层管理者感到难以控制全局,或者组织处于困难时期或高速发展时期,就需要对分散的权力重新再集中起来。

(2) 直线与参谋

处于直线岗位上,拥有指挥权,为完成组织的任务负直接责任的负责人员称为直线人员。而处于给直线人员提供专门的技术顾问或援助的人员可称为参谋人员。直线管理人员具有组织法定的权力和权威性,拥有本职能范围内的一切权力,而参谋人员则处于顾问和参谋的地位。除了参谋人员的强制性建议(即由上级直接领导认可的建议)以外,对参谋人员的意见,直线人员可以采纳,也可以拒绝。

组织中的直线人员和参谋人员是不可缺少的两类管理人员。两者之间的互相配合、支持和协调非常重要,反之则会产生很大的负作用。在实际工作中,由于各种原因,造成直线人员和参谋人员之间的许多矛盾,值得引起重视。构成其矛盾的主要因素有:

① 年龄、教育等因素。参谋人员与直线人员相比一般年龄较轻,受教育程度较高,并对自己的专业过分关注,这是两者之间产生矛盾的因素。

② 对直线权威的威胁。直线人员往往把参谋人员看成是对自己权威的一种威胁,造成不愿使用和发挥参谋人员的特长的情况,而参谋人员也常常抱怨他们没被充分发挥作用。

③ 对知识的依赖因素。当直线人员对参谋的专长和知识过于依赖时,部分直线人员会感到不满和沮丧。特别是当知识差距太大,如果直线人员一窍不通时,则会对最终结果产生怀疑。

④ 其他因素。观念不同也是导致直线与参谋冲突的因素。如直线人员认为参谋的意见脱离实际,太理想主义;而参谋人员又常常认为直线管理人员过于经验主义和思想僵化等。

如何解决直线管理人员与参谋人员之间的矛盾是管理中的重要方面。解决的方法主要有:

① 应把直线与参谋的活动结合起来,双方共同工作组成团队;
② 加强教育,以便直线人员充分理解参谋人员的作用;
③ 分清各自的职责,避免互相干扰与冲突;
④ 直线和参谋都要对自己的工作负完全的责任。

总之,要使组织中的直线领导都能懂业务,尊重知识和人才,否则他的工作肯定做不好;同时参谋也要注意理论联系实际,否则难以起到参谋应尽的责任。

4. 组织设计

(1) 组织设计任务

组织设计是执行组织职能的基本工作,组织设计的主要任务是提供组织结构系统图和编制职务说明书。具体工作有以下三个步骤:

① 职务分析与设计。组织系统图是自上而下绘制的,同时,在研究现有组织的改进时,也往往从自上而下地重新划分各个部门的职责来着手。但是,设计一个合理的组织结构都需要从最下层开始,也就是说,设计一个全新的组织结构是自下而上的。职务设计是在组织目标活动逐步分解的基础上,设计和确定组织内从事具体管理工作需要的职务类别和数量,分析担任每个职务的人员应负的责任,应备的素质要求。

② 部门划分。根据各个职务所从事的工作内容的性质以及职务间的相互关系,依照一定的原则,可以将各个职务组合成被称为"部门"的管理单位。

③ 结构的形成。首先根据组织内外能够获取的现有人力资源,对初步设计的部门和职务进行调整,并平衡各部门、各职务的工作量,以使组织机构合理。在此基础上,再根据各自工作的性质和内容,规定各管理机构之间的职责、权限以及义务关系,使各管理部门和职务形成一个严密的网络。

《职务说明书》要求能简单而明确地指出:该管理职务的工作内容、职责与权力、与组织中其他部门和职务的关系,要求担任该项职务者所必需具备的基本素质、技术知识、工作经验、处理问题的能力等条件。

(2) 组织结构基本模型

① 直线制。直线制是最简单和最早的组织形式。在这种结构中,每一管理职位对结构中的下级行使全面职权。这种组织结构的管理与被管理关系像一条直线那样简单明了,它使得职责分明,指挥统一有效。直线制适合产品单一、技术简单、小规模生产的情况。直线制的最大不足是没有体现专家的作用,没有管理分工,使主要管理者工作繁忙,并且组织经营情况有赖于主要管理者的稳定(见图 1-4)。

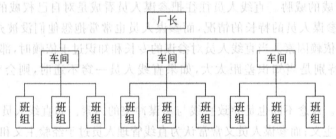

图 1-4 直线制组织机构图

② 职能制。职能制是在直线管理的同时,根据不同的业务范围,设立相应的职能机构。这些职能机构在自己的业务范围内,有权对下属下达命令和指示。职能制有利于提高企业专业化管理水平,减轻直线主管人员的工作负担。但职能制的缺点也十分明显,最大的不足是容易形成多头领导,使下属无所适从,造成管理的混乱(见图 1-5)。

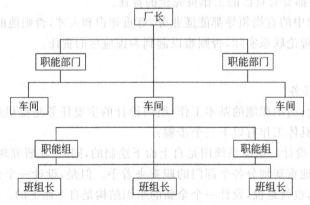

图 1-5 职能制组织机构图

③ 直线职能制。直线职能制将"直线制"和"职能制"的特点相结合,既按统一原则设置直线行政领导人,又按分工原则设置各级职能机构和人员。在关系上,各职能机构和人员服

从上级行政领导,作为参谋和助手。但他们对下属部门无权指挥,仅仅行使服务和参谋职能。直线职能制好处是吸收直线制和职能制两种优点,既体现直线统一指挥,又体现发挥管理分工优势,而且还克服了职能制多头领导之弊。但对主要行政领导能力和协调要求很高,容易导致陷入日常事务。这种组织形式适合于为数众多中小企业,并且技术、业务等因素要求较为稳定(见图1-6)。

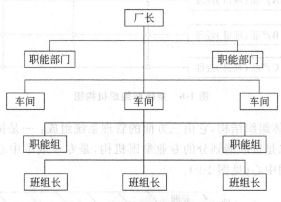

图1-6 直线职能制组织机构图

④ 事业部制。事业部制的特点是,有利于公司高层领导集中精力作好战略决策和研究长远发展,有利于促进事业部之间开展竞争,发挥主动性、创造性,有利于适应市场变化,提高公司总体竞争力,有利于培养全面型高级人才。事业部制组织形态不足之处在于,资源重复配置,不利于事业部之间协调(见图1-7)。

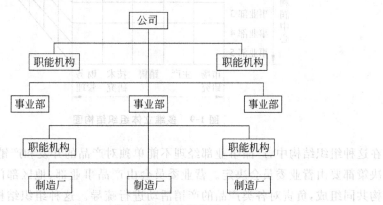

图1-7 事业部制组织机构图

⑤ 矩阵制。矩阵组织结构也称为规划—目标结构。这种组织形态吸收了职能制和事业部制分权自治的特点,矩阵结构分为两个基本组织单元:一个为高层职能部门;另一个为按产品或项目设立的产品或项目经理部。两大基本单元必须很好协同配合,开展管理活动必须按两个方向同时行进。矩阵组织结构较适合于大型、小批量、高技术产品或大型工程项目和新产品开发(见图1-8)。

⑥ 多维立体组织结构。多维立体组织结构是直线职能制、矩阵制、事业部制和地区、时间结合为一体的复杂机构形态。多维立体组织机构适用于多种产品开发、跨地区经营的跨国公司或跨地区公司,可以为这些企业在不同产品、不同地区增强市场竞争力提供组织保

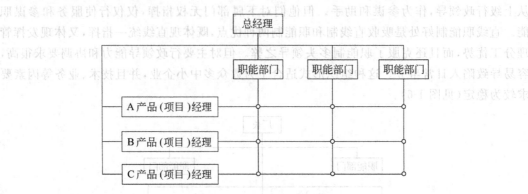

图 1-8　矩阵制组织机构图

证。常见的是三维立体组织结构，它由三方面的管理系统组成：一是按产品划分的事业部，是产品的利润中心；二是按职能划分的专业参谋机构，是专业成本中心；三是按地区划分的管理机构，是地区利润中心（见图 1-9）。

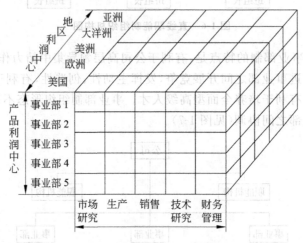

图 1-9　多维立体组织结构图

在这种组织结构中，产品事业部经理不能单独对产品的开发和产销工作作出决策；任何重大决策都要由营业委员会决定。营业委员会由产品事业部、地区部门代表机构和专业参谋机构共同组成，负责对各类产品的产销活动进行疏导。这种组织结构便于把产品事业部经理、地区部门经理与参谋机构三者的管理协调起来，有利于使产品事业部和地区部门以利润为中心的管理与参谋机构以成本为中心的管理较好地结合起来，协调产品事业部之间、地区部门之间的矛盾，有助于及时互通信息，集思广益，共同决策。这种组织形式适合于跨国公司或者跨地区的大公司。

1.2.3　管理的领导职能

1. 领导的性质和作用

（1）领导的含义

领导一词通常有两种含义。一是领导者，即组织中的首领。一个组织的领导者，犹如一个交响乐队的指挥,在他的指挥下,整个乐队协调配合,从而能奏出优美动听的乐章。二是领导力,即领导者影响集体和个人以达到组织目标的能力。领导过程就是引导、指挥、指导和示范,使得群体中的每一个成员的能力都得以发挥并形成最大的合力来实现组织目标。管理学大师彼得·德鲁克认为:"领导就是创设一种情境,使人们心情舒畅地在其中工作。有效的领导应能完成管理的职能,即计划、组织、指挥、控制。"著名学者哈罗德·孔茨是这样定义领导的:"领导是管理的一个重要方面。有效地进行领导的本领是作为一名有效的管理者的必要条件之一。"毛泽东指出:"领导依照每一具体地区的历史条件和环境条件,统筹全局,正确地决定每一时期的工作重心和工作秩序,并把这种决定坚持地贯彻下去,务必得到一定的结果,这是一种领导艺术。"美国前总统尼克松对"领导"是这样描述的:"伟大的领导能力是一种独特的艺术形式,既要求有非凡的魄力,又要求有非凡的想象力。经营管理是一篇散文,领导能力是一篇诗歌。"在学术界引用较为广泛的是斯蒂芬·罗宾斯的定义:"领导就是影响他人实现目标的能力和过程。"

综合各方对领导定义的表述,领导可以定义为:管理者,凭借其合法的职位权力以及威信,自上而下地采取激励、指导、命令、指挥等多种手段,来影响下属活动和工作,使之充分发挥积极性和潜力,更好地实现组织目标的过程。

(2) 领导的权力

权力是领导的基础。领导者影响下属的心理与行为主要靠两个方面的权力:一是职位权力,这种权力是由于领导者在组织中所处的位置而由上级和组织赋予的,并随职务的变动而变化。二是非职位权力,即个人权力。这种权力由领导者产生于自身的某些特殊条件。如经验、专长、人际关系和人格魅力等。这种权力不随职位的变动而变化,而且对下属影响深刻和长远。

在一个组织内部,权力按其来源不同可分为五种:

① 法定权。法定权力指组织内各领导职位所固有的、正式的权力,即组织机构正式授予的法定地位。

② 奖赏权。奖赏权力指提供奖金、提薪、升职、表扬和其他令人产生积极性的奖励权。

③ 强制权。强制权是一种对下属在精神和物质方面具有威慑力,迫使下属服从的权力。

④ 专长权。专长权力来自领导者具有某种专门的知识、技能和专长的权力。

⑤ 表率权。表率权力来自于个人优秀品质、人格魅力的权力。

在以上五种权力中,法定权、奖赏权、强制权来源于组织授予领导者的法定职位,并按职权相符的原则加以规定,职位越高,权力也越大,因而在一个组织系统中形成职位等级。专长权、表率权来自领导的优良素质。

(3) 领导的作用

在带领、引导和鼓舞部下为实现组织目标而努力的过程中,领导者要具体发挥指挥、协调和激励三个方面的作用。

① 指挥作用。在社会组织的运行中,需要有头脑清晰、胸怀全局、运筹帷幄的领导者帮助人们认清所处的环境和形势,指明活动的目标和达到目标的途径。

② 协调作用。在许多人协同工作的集体活动中,因各人的才能、理解能力、工作态度、性格、作风、地位等不同,加上外部各种因素的干扰,人们之间在思想上发生各种分歧、行动

上出现偏离目标的情况是不可避免的。因此需要领导者协调人们之间的关系和活动,朝着共同的目标前进。

③ 激励作用。在社会组织中,要使每一个职工都保持旺盛的工作热情,最大限度地发挥他们的工作积极性,必须要有通情达理、关心群众的领导者来为他们排忧解难、激发和鼓舞他们的斗志,发掘、充实和加强他们积极进取的动力。

2. 领导理论

有关领导的理论很多,随着管理理论的发展,领导理论大致有四种学派,分别是特质理论、行为理论、权变理论以及当前的领导风格理论。按照时间的顺序,在20世纪40年代末,也就是领导理论出现的初期,研究者主要从事的是领导的特质理论的研究,其核心观点是:领导能力是天生的;从20世纪40年代末至60年代末,主要进行的是领导行为理论的研究,其核心观点是:领导效能与领导行为、领导风格有关;从20世纪60年代末至80年代初,出现领导权变理论,其核心观点是:有效的领导受不同情景的影响;从20世纪80年代初至今,主要是领导风格理论的研究,其主要观点是:有效的领导需要提供愿景、鼓舞和注重行动。

(1) 领导特质理论

早期的领导理论着重在找出杰出领导者所具有的某些共同的特性或品质上,称为特性论(或品质论)。传统的领导特质论认为,领导特质是天生的。在早期美国管理学家吉塞利(Edwin E. Ghiselli)提出了八种个性特征和五种激励特征,八种个性特征为:才智、首创精神、督察能力、自信心、决断力、适应性、性别、成熟程度等,五种激励特征为:对工作稳定的需求、对金钱奖励的需求、对指挥别人权力的需求、对自我实现的需求、对事业成就的需求。在1969年心理学家吉普(J. R. Gibb)的研究认为天才领导者应该具有7种特质:善于言辞、外表英俊、高超智力、充满自信、心理健康、支配趋向、外向敏感等。近年来,另一位心理学家斯托格迪尔(R. M. Stogdill)把这些领导特性归纳为六类:①身体性特性;②社会背景性特性;③智力性特性;④个性特性;⑤与工作有关的特性;⑥社交性特性。

(2) 领导行为理论

领导行为理论的真正萌芽于19世纪40年代,那时,许多管理心理学家在调查研究中发现了领导者在领导过程中的领导行为与他们的领导效率之间有密切的关系,基于此,为了寻求最佳的领导行为,许多机构对此进行过大量的研究。

① 利克特的"工作中心"与"员工中心"理论

利克特的"工作中心"与"员中心"理论又称利克特的四种领导方式理论。1961年,美国管理学家利克特(Rensis Likert)及密歇根大学社会研究所的有关研究人员把领导者分为两种基本类型,即"以工作为中心"(Job-centered)的领导与"以员工为中心"(Employee-centered)的领导。

前者的特点是,任务分配结构化、严密监督、工作激励、依照详尽的规定行事;而后者的特点是,重视人员行为反应及问题,利用群体实现目标,给组织成员较大的自由选择的范围。据此,利克特倡议员工参与管理。他认为有效的领导者是注重于面向下属的,他们依靠信息沟通使所有各个部门像一个整体那样行事。群体的所有成员(包括主管人员在内)实行一种相互支持的关系,在这种关系中,他感到在需求价值、愿望、目标与期望方面有真正共同的利益。由于这种领方式要求对人采取激励方法,因此利克特认为,它是领导一个群体的最为有效的方法。利克特假设了四种管理方法,以此作为研究和阐明他的领导原则。

管理方法之一:"利用—命令式"方法。主管人员发布指示,决策中有下属参与;主要用恐吓和处分,有时也偶尔用奖赏去激励人们;惯于由上而下地传达信息,把决策权局限于最高层等。

管理方法之二:"温和—命令式"方法。用奖赏兼某些恐吓及处罚的办法去鼓励下属;允许一些自下而上传递的信息;向下属征求一些想法与意见并允许把某些决策权授予下属,但加以严格的政策控制。

管理方法之三:"商议式"方法。主管人员在做决策时征求、接受和利用下属的建议;通常试图去酌情利用下属的想法与意见;运用奖赏并偶尔用处罚的办法和让员工参与管理的办法来激励下属;既使下情上达,又使上情下达;由上级主管部门制定主要的政策和运用于一般情况的决定,但让低一级的主管部门去作出具体的决定,并采用其他一些方法商量着办事。

管理方法之四:"集体参与"方法。主管人员向下属提出挑战性目标并对他们能够达到目标表示出信心;在诸如制定目标与评价目标所取得的发展方面,让群众参与其事并给予物质奖赏;既使上下级之间的信息畅通,又使同级人员之间的信息畅通;鼓励各级组织作出决定,或者将他们自己与下属合起来作为一个群体从事活动。

② 管理方格理论

行为科学家们创造了一种描述领导方式的形象化工具——管理方格图。在领导方式的运用中需要程度不等的注意到任务导向和员工导向两个方面。由于对工作任务和对员工关注的程度不等,就存在很多种具体的领导方式。(见图1-10)

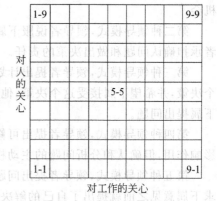

图1-10 管理方格图

管理方格图反映了81种领导方式,其中具备典型意义的为五种。它们是:1-1型、1-9型、9-1型、5-5型和9-9型。1-1型,以最消极的方式对待人和工作。1-9型,充分关注人的需要和处理与下属的关系,但对工作关注很少。9-1型,专注于工作而严重忽视对待下属的关心。9-9型,几乎达到完美的领导方式,较为少见。5-5型,注意工作和人的需要的平衡,并且都做出了相当努力。

管理方格图对于管理实践有指导意义,有助于领导者结合主、客观情况来确定应采取的类型。

(3)领导权变理论

"权变"一词有"随具体情境而变"或"依具体情况而定的意思"。领导权变理论主要研究与领导行为有关的情境因素对领导效力的潜在影响。该理论认为,在不同的情境中,不同的领导行为有不同的效果,所以又被称为领导情境理论。

① 领导连续统一体理论

坦南鲍姆(R. Tannenbaum)和沃伦·施密特(Warren H. Schmidt)于1958年提出了领导连续统一体理论。他们认为,经理们在决定何种行为(领导作风)最适合处理某一问题时常常产生困难。他们不知道是应该自己做出决定还是授权给下属做决策。在高度专制和高度民主的领导风格之间,坦南鲍姆和施米特划分出 7 种主要的领导模式(见图 1-11)。

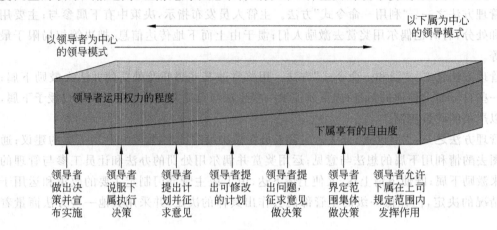

图 1-11　领导连续统一体图

第一种领导模式,领导做出决策并宣布实施。在这种模式中,领导者确定一个问题,并考虑各种可供选择的方案,从中选择一种,然后向下属宣布执行,不给下属直接参与决策的机会。

第二种领导模式,领导者说服下属执行决策。在这种模式中,同前一种模式一样,领导者承担确认问题和做出决策的责任。

第三种领导模式,领导者提出计划并征求下属的意见。在这种模式中,领导者提出了一个决策,并希望下属接受这个决策,他向下属提出一个有关自己的计划的详细说明,并允许下属提出问题。

第四种领导模式,领导者提出可修改的计划。在这种模式中,下属可以对决策发挥某些影响作用,但确认和分析问题的主动权仍在领导者手中。

第五种领导模式,领导者提出问题,征求意见做决策。在以上几种模式中,领导者在征求下属意见之前就提出了自己的解决方案,而在这个模式中,下属有机会在决策做出以前就提出自己的建议。

第六种领导模式,领导者界定问题范围,下属集体做决策。在这种模式中,领导者已经将决策权交给了下属的群体。

第七种领导模式,领导者允许下属在上司规定的范围内发挥作用。这种模式表示了极度的团体自由。如果领导者参加了决策的过程,他应力图使自己与团队中的其他成员处于平等的地位,并事先声明遵守团体所做出的任何决策。

在上述各种领导模式中,坦南鲍姆和施米特认为,不能抽象地认为哪一种模式一定是好的,哪一种模式一定是差的。成功的领导者应该是在一定的具体条件下,善于考虑各种因素的影响,采取最恰当行动的人。当需要果断指挥时,他应善于指挥;当需要员工参与决策时,他能适当放权。领导者应根据具体的情况,如领导者自身的能力、下属及环境状况、工作性质、工作时间等,适当选择连续体中的某种领导风格,才能达到领导行为的有效性。

② 菲德勒模型

伊利诺大学的菲德勒(Fred Fiedler)经过长达 15 年的调查试验,提出了"有效领导的权变模式",即菲德勒模型。他认为任何领导形态均可能有效,其有效性完全取决于是否与所处的环境相适应。他把影响领导者领导风格的环境因素归纳为三个方面：职位权力、任务结构和上下级关系。

职位权力。职位权力指的是与领导者职位相关联的正式职权和从上级和整个组织各个方面所得到的支持程度，这一职位权力由领导者对下属所拥有的实有权力所决定。领导者拥有这种明确的职位权力时，则组织成员将会更顺从他的领导，有利于提高工作效率。

任务结构。任务结构是指工作任务明确程度和有关人员对工作任务的职责明确程度。当工作任务本身十分明确，组织成员对工作任务的职责明确时，领导者对工作过程易于控制，整个组织完成工作任务的方向就更加明确。

上下级关系。上下级关系是指下属对一位领导者的信任爱戴和拥护程度，以及领导者对下属的关心、爱护程度。这一点对履行领导职能是很重要的。因为职位权力和任务结构可以由组织控制，而上下级关系是组织无法控制的。

③ 领导生命周期理论

该理论的基本观点是：如果将领导方式分为以工作为中心和以人际关系为中心这两种领导类型，则有效的领导方式应随着下属的逐渐成熟而不断调整工作型和关系型这两种领导方式的比例。所谓成熟程度，是指被领导者具有的知识技能和经验的多寡、独立工作能力的强弱所承担责任的态度和对成就的向往等。该理论认为每一个人都有一个从不成熟到成熟的发展过程：不成熟→初步成熟→比较成熟→成熟四个阶段。面对分别处于这四个阶段的员工，领导行为不能一成不变，而应随他们成熟度的变化而变化，如图1-12所示。

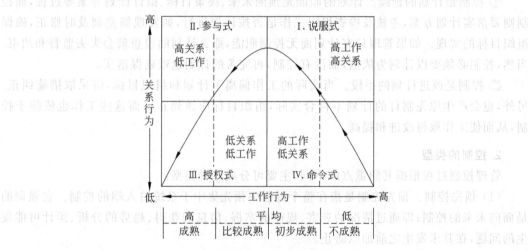

图1-12 领导生命周期图

第Ⅳ象限表示的是命令式。当员工的平均成熟度处于不成熟阶段时，领导者应采取"高工作、低关系"的行为。命令式即领导者以单向沟通方式向部属规定任务：干什么，怎样干。

第Ⅰ象限表示的是说服式。面对处于初步成熟阶段的员工，领导者应采取任务行为和关系行为均高的领导方式。说服式即领导者与部属通过双向沟通，互通信息，达到彼此支持。

第Ⅱ象限表示的是参与式。当员工进入比较成熟阶段时，领导者的任务行为要适当放松，关系行为要加强。参与式与说服式有一定的相似之处，一方面领导者与部属相互沟通；

另一方面领导者鼓励部属积极参与管理。

第Ⅲ象限表示的就是授权式。当员工发展到成熟阶段时,领导者应采取低任务、低关系的领导方式。授权式是领导者给部属以权力,让他们有一定的自主权,而领导者本人只起检查监督作用。

1.2.4 管理的控制职能

管理工作是否有成效,是否能达到预期的目标,除了成功地运用计划、组织、领导职能外,还必须发挥控制的职能。

1. 控制的概念与作用

(1) 控制的概念。控制是指由管理人员对实际运作是否符合计划要求进行测定,并促使组织目标达成的过程。组织控制的根本目的,在于保证组织活动的过程和实际绩效与既定的计划目标和任务保持一致,有效地实现组织的目标和任务。具体地说,为了确保组织目标和任务的圆满实现,组织就必须保证组织的全体成员在合适的时间,以正确的方式从事各种必要的工作活动。一旦出现偏差,要通过调整的措施来修正各种活动和行为。组织控制的基础和手段是信息,建立和完善管理信息系统,是组织实现有效控制的重要保证。

(2) 控制的作用。控制是在计划状态与实际状态之间实现一致的过程。控制的作用体现在以下几个方面:

① 控制是计划的延续。计划的职能是预测未来、决策目标、拟订计划方案等过程,而控制则要落实计划方案,考核及检查组织工作是否按计划进行,如发现偏差则及时修正,确保组织目标的实现。如果管理只有计划而无控制职能,那么计划的设想就会失去监督和约束。当然,控制必须要以计划为依据,而没有控制,再完善的计划也难确保落实。

② 控制是改进计划的手段。当实际的工作偏离了计划和组织目标,应采取措施纠正。另外,也会产生原先制订的计划不符合实际,组织目标应该修正。而这些工作也依赖于控制,从而使工作取得改进和提高。

2. 控制的类型

管理控制过程根据其侧重点的不同,主要可分成三种类型:

(1) 预先控制。预先控制是指在整个过程中预先集中于系统输入端的控制。它强调的是面向未来的控制;即通过情况的观察、规律的掌握、信息的获得、趋势的分析、预计可能发生的问题,在其未发生之前加以防止。

(2) 同步控制。同步控制是指当工作正进行的过程中所实施的控制活动。这种控制主要是由基层管理人员在现场直接进行监督,如企业中车间主任、工段长对生产第一线的现场监控,也包括领导亲临现场进行监督和指导,如厂长到现场值班也是同步控制。

(3) 反馈控制。反馈控制是指工作或一项活动完成后所进行的控制活动。反馈控制也称事后控制,是把实行计划的结果与预定计划目标相比,找出偏差,并分析产生偏差的原因,以保证下一周期的工作中能采取措施加以改进和提高。建立健全的反馈系统并加强信息反馈,是做好反馈工作的关键。

3. 控制的基本程序

控制工作的过程涉及三个基本步骤:制定标准、衡量成效和纠正偏差。

(1) 制定标准。进行控制,首先就要制定衡量各种工作的标准。衡量的标准应该是有利于组织目标的实践,而且必须有具体、明确的时间界限、内容或标准要求。在控制过程中,衡量实际业绩的标准大致有:实物标准、成本标准、资金标准、技术标准、工作方案标准等。

(2) 衡量成效。要以制定的实际标准来检查衡量每个员工的工作完成和其实际表现,而且这种检查是经常而持续性的。衡量成效应针对不同考核对象采取不同要求。对中高层管理者应以组织目标为衡量的标准,侧重衡量有关计划的成绩或全体绩效。对操作层要衡量单位直接的劳动量。一般来讲,对高层的成效较难衡量,而对操作层的成效较易衡量;对富有创新、变化较快的工作的成效较难衡量,而对高度重复的、比较稳定的工作的成效较易衡量。

(3) 纠正偏差。衡量成效后,如果没有发生偏差,或偏差在规定的界限之内,则一轮的控制过程已告完成。但如果发现了超出界限的偏差时,则管理者应采取第三个步骤——纠偏行动,使组织的运行回到正常的轨道。通常纠偏行动可分别采取两种不同的措施:一种是临时性的应急措施;另一种是永久性的根治措施。当出现的偏差可能迅速、直接影响组织正常活动时,多数应立即采取应急措施;当偏差尚未影响组织正常活动或危机克服之后,可转向永久性的根治纠偏措施。如果产生偏差的原因在于标准本身的不合理,那么应该考虑相应地修改标准。纠正偏差,作为控制程序最后一步,不单纯是一个事后的纠偏问题,真正的控制在于发掘存在问题的根源,从而清除偏差,做到主动、超前控制。

惠普之道

威廉·休利特,惠普的创始人之一,曾这样总结惠普的精神:"惠普之道,归根结底就是尊重个人的诚实和正直。"

惠普是最早实行弹性工作制的企业,公司没有作息表,也不进行考勤,职工可以从早上6点7点或8点开始上班,只要完成8小时工作即可,每个人都可以按照自己的生活需要来调整工作时间。在惠普,存放电器和机械零件的实验室备品库是全面开放的,不仅允许工程师在工作中任意取用,而且还鼓励他们拿回家供个人使用。惠普的观点是:"不管这些零件是否用在工作相关之处,反正只要他们摆弄这些玩意儿就总能学到点东西。"惠普的包容性很强,它只问你能为公司做什么,而不是强调你从哪里来。在处理问题时只有基本的指导原则,却把具体细节留给基层经理,以利于作出更加合适的判断,这样公司可以给员工保留发挥的空间。

资料来源:改写自张平华.中国企业管理创新.北京:中国发展出版社,2004年,第311页。

1.3 企业与现代企业制度

1.3.1 企业

1. 企业的特征

企业是以营利为目的,运用各种生产要素(土地、劳动力、资本和技术),向市场输出产品和服务的合法的社会经济组织。企业有以下特征:

（1）企业是以营利为目的经济组织。盈利是企业设立的出发点，是得以生存的条件，也是与其他社会组织最本质的区别。

（2）企业应该依法设立，独立享有民事权利，承担民事义务。根据不同企业制度的类型，如个人业主制、合伙制和公司制企业，应符合相应的企业法（个人业主制企业法、合伙制企业法、公司法）所规定的设立条件和程序。同时，企业作为独立的商品生产者和经营者，必须依法向国家纳税。

（3）企业应该实行独立核算、自负盈亏。企业在利润动机驱使下，实行独立核算，以尽可能少的人、财、物和时间投入，获得尽可能多的盈利。如果企业盈利，企业就将得到发展；如果亏损严重，以至于资不抵债，则将会导致企业倒闭、破产。

（4）企业是从事生产经营活动的社会经济单位。企业是国民经济的基本经济单位和微观经济基础，从事生产经营活动是其天然的使命和社会职责，同时企业又是一个自主经营的经济实体。

2. 企业与市场、国家的关系

（1）企业与市场的关系

企业是市场上资本、土地、劳动力、技术等生产要素的提供者或购买者，又是各种消费品的生产者和销售者，是市场最重要的经营主体。离开企业之间、企业与其他经济活动当事者之间的生产经营活动，市场就成了无源之水、无本之木。同时，企业的生存和发展也依赖于市场，尤其是需要有一个统一的、开放的和竞争有序的市场体系，包括商品市场和由资本市场、劳动力市场、技术市场、信息市场、房地产市场等构成的要素市场。离开市场，企业缺乏存在的前提条件和赖以生存的"阳光"和"空气"（见图 1-13）。

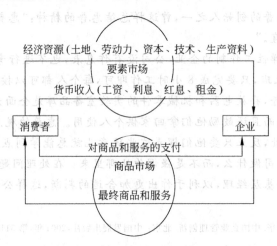

图 1-13　市场经济体制条件下经济活动中的企业与市场（消费者）的关系

（2）企业与国家的关系

在完全竞争的市场经济条件下，企业作为商品经济的生产者和经营者，与国家最直接的关系是必须依法照章向国家纳税。另外，国家的经济发展战略、宏观经济政策和经济监督等行为对企业将产生各种影响，鼓励、引导、规范企业的发展，这是企业与国家的间接关系。在现代市场经济中，国家还具有一定的微观经济组织功能，即国家在微观层面的一定领域内对经济活动的直接介入。国家通过兴办国有企业直接介入社会再生产过程,在国有独资企业和国家控股、参股企业中,国家又以投资者的身份行使权力。在某些基础性的公共设施和产业中(公路、铁路、邮电、航空、能源、教育)国家还可直接建设、经营和管理企业以弥补市场机制在提供公共产品方面供给不足的缺陷。

3. 企业的类别

企业类别划分的目的是便于我们针对不同的企业采取相适应的管理模式和方法。各种类别的企业除了具有企业的一般特征以外,都有各自的特点和运行规律。对此进行科学分类、掌握其科学内涵和外延,能为研究企业管理奠定必要的前提和基础。

(1) 按不同的企业制度划分,可将企业分为个人业主制企业、合伙制企业和公司制企业三种基本类型。

(2) 按所属产业的位置来划分。按照不同的产业分类方法,如两大部类或三次产业分类法,据此构成不同类型的企业。

第一产业为广义的农业,具体可以细分为种植业企业、畜牧业企业、林业企业和捕捞业企业等;

第二产业为广义的制造业或称为工业,具体可细分成采矿业企业、制造业企业、建筑业企业等;

第三产业为广义的服务业,具体可细分出商业企业、金融保险业企业、运输业企业及其他服务提供类企业。

这种分类方法可以由粗到细进一步划分出纵向有从属关系,横向有分工协作关系的许多企业,如在制造业中可以进一步细分出纺织企业、钢铁企业、机械制造企业、日用品生产企业等。在纺织企业中又可分出纺纱企业、织布企业、印染企业等。按产业划分企业类别,有助于企业明确在社会经济活动中所处的位置,以及同其他企业之间的分工协作关系,指导企业制定出相应的经营战略。

(3) 按占用资源的集约度来划分,企业可分为劳动密集型企业、资金密集型企业、技术密集型企业和知识密集型企业。

这种分类方法便于企业明确对具体资源的依赖程度,进而明确经营管理的重心和与其相适应的一整套策略。目前一般把纺织、服装、食品、家用电器等企业划为劳动密集型企业;把钢铁、造船、汽车等企业划分为资本密集型企业;把飞机制造、精密机械、光学仪器等企业划分为技术密集型企业;而把航天、电子计算机、生物工程等企业划分为知识密集型企业。

(4) 按企业规模划分,可分为超大型企业、大型企业、中型企业和小型企业。

衡量企业生产规模大小的标准有企业的生产能力、固定资产原值、职工人数、总投资或注册资本以及销售收入等,不同工业部门有其不同的分类标准。如汽车行业一般以生产能力的大小即汽车的年产量作为划分标准,而综合经营的公司一般以年销售收入作为划分标准。规模不同的企业,其内部组织结构与运行方式以及在市场竞争中占优劣势地位各不相同,对经营者素质的要求也不同。另外,企业规模的划分也为企业确立合理的经济规模,获得规模经济效益创造了条件。

(5) 按使用技术的先进程度划分,可分为高新技术企业和传统技术企业。

一般把所应用技术代表了技术发展的历史潮流的企业称为高新技术企业,如新材料、新能源、生物工程、大规模集成电路等企业。把那些技术已经陈旧,不代表世界新技术发展的企业称为传统技术企业,如钢铁、纺织、造船、一般机械制造等企业。

(6) 按企业所在产业的基本形态及其生产与市场特点划分,企业可划分为公益型企业、垄断型企业、竞争型企业和新兴企业。

① 公益型企业以提高社会发展水平和社会福利为目标,主要包括城乡基础设施、城乡居民福利设施等企业,往往以高投入与低回报为特点。

② 垄断型企业包括自然垄断型和经营垄断型两种,要求投入规模和产出规模大,有很强的资本、技术和组织壁垒,生产经营组织一体化的效益明显。主要包括能源、采掘业、原材料工业和汽车、石化、成套机电设备制造等企业。

③ 竞争型企业的主要特点是各类生产要素可获得性大,资源与市场需求的可替代性高,因而创新性强,产品及技术装备更新速度快,在激烈的市场竞争中要求企业具有较高的适应能力。这类企业包括除以上企业类型之外几乎所有的行业门类。

④ 新兴企业主要指高新技术企业,即具有竞争型企业特点又存在着经营垄断型企业的特征,其资源与市场的高度不确定性,因而风险大,相对投入高。

按照企业生产与市场的特点来划分企业,便于企业利用不同的产业政策、市场的类型和特点、自身的经营战略,寻求发展空间,适应市场竞争的要求。

除了以上企业的划分标准之外,根据企业所处的不同背景和需要还可以有其他一些划分方法。如以前常用的按所有制把企业划分为社会主义企业和资本主义企业。按企业经营方式不同把企业划分为国营企业、民营企业、合资经营企业、私营企业。按企业组织形式不同,将工业企业划分为单厂、总厂、公司、企业集团等。在建立社会主义市场经济体制和现代企业制度的确立之后,有些分类方法对企业的现代化管理实际指导作用不大,随着经济形势发展也可能出现一些新的企业分类方法,对企业管理产生新的影响。

1.3.2 现代企业制度

1. 现代企业制度的基本特征

企业制度是指以产权制度为基础和核心的企业组织和管理的规范和模式。构成企业制度的基本内容主要有产权制度、组织制度和管理制度。企业制度可以分为个人业主制、合伙制和公司制三种基本类型。现代企业制度是指在现代市场经济条件下,以规范和完善的企业法人制度为基础,以有限责任制度为核心,以公司企业为主要形式,产权明晰、权责明确、政企分开、管理科学的一种新型企业制度。现代企业制度是一个内涵丰富、外延广泛的概念,其基本内容主要包括:现代企业产权制度,即公司法人产权制度;现代企业组织制度,即公司组织制度;现代企业管理制度,即公司管理制度;公司法律制度,以及企业与国家的关系和其他各种企业外部环境等方面。

现代企业制度是社会化大生产和市场经济发展到一定阶段的法制完善的产物。它的基本特征主要有:

(1) 企业是独立的法人,拥有法人财产权。企业中财产所有权属于投资人。企业对出资者投资形成的全部法人财产享有民事权利,承担民事责任,是一个独立的法人实体。在公司企业中,出资者所有权与法人财产权是相分离的,出资者拥有股权,以股东身份依法享有资产受益、重大决策和选择管理者等权利,但不能对属于自己部分资产进行直接的支配。

(2) 企业资产所有权明晰,出资者权责明确,负有限责任。出资者包括国家、持股的自然人和其他法人。出资人出资后,拥有企业相应的资产和享有相应的权益,承担相应的责任。出资者的权益有:按其投入企业的资本额,在企业盈利后可以享受派息和分红;决定企业经营的重大决策。出资者的责任是:在企业发生亏损甚至破产时,出资者以投入企业的资本额对企业债务负有限责任。另外,企业以其全部法人财产,依法自主经营、自负盈亏、照章纳税;同时又要对出资者负责,承担资产保值增值的责任。

(3) 政企明确分开。企业的生产经营完全由企业自己按照市场需求自主组织调节,追求利润最大化为主要目标的经济效益和社会效益,不受政府的直接干预。另外,政府的行政管理职能与国有资产管理职能必须分开。在市场经济中,与企业直接发生联系的是市场,政府对企业的调节主要通过政府对市场的调控和影响表现出来。当然,在某种情形下也不排除政府对企业的行政干预,但这种干预必须适度并符合法律规定和法律程序。另外,承担国有资产管理职能的政府机构也应将资产管理与资产经营分开,通过组建多种形式的资产经营公司,以投入企业的资本额享受股东权益和对企业的债务负有限责任。但也不直接干预企业生产经营活动,这样就可以真正实现政企职责分开。

(4) 企业领导体制管理制度科学化。现代企业建立了科学而规范的企业领导体制,使得企业的权力机构、监督机构、决策机构和执行机构之间相互独立、责任明确,使得所有者、经营者和生产者之间既相互激励,又相互制约。这样使出资者、经营者、生产者的积极性得以发挥,行为受到约束,利益得到保障,做到出资者放心、经营者精心、生产者尽心,形成共同追求最佳经济效益的强大合力。

2. 现代企业制度的形式

公司制是现代企业制度最主要形式。公司是指由若干自然人或法人自愿组合而成的一种法人企业组织形式。公司是法人,在法律上具有独立人格,这是公司企业与属于自然人的个人业主制和合伙制企业的重要区别,公司企业与个人业主企业和合伙企业相比较,具有许多明显的优势:

① 由于公司以其财产对债务等只负有限责任,所以出资者最大的风险是投入公司的资本额,故出资者的风险要比个人业主、合伙人小得多;

② 筹集资金的范围大,可以满足企业扩大经营规模的需要,有利于增强企业竞争实力;

③ 出资者一经投资,就不能抽回资本,只能转让股份或出卖股票,使企业有了稳定的法人财产;

④ 所有权与经营权易于分离,使得公司的经营管理职能可由各方面专家担任,企业的经营能力不受出资者素质的影响,有利于企业的发展和出资人的利益。

因此,它是最适合于现代大企业的一种企业制度,也是现代企业制度的核心和主要的企业组织形式。

各国都颁布公司法对公司组织加以规范,以此规定公司的设立、组织、经营、解散、清算以及其他对内对外关系。各国公司法的内容均有许多差异,我国公司法只规定了"有限责任公司"和"股份有限公司"两种主要形式,另外,根据我国社会主义市场经济的特点,作为"有限责任公司"中的一个重要的特殊形式,规范了"国有独资公司"的设立、组织、经营以及与国家授权投资机构的关系。

(1) 有限责任公司。有限责任公司指由两个以上股东共同出资、每个股东以其认缴的出资额对公司行为承担有限责任、公司以其全部资产对其债务承担责任的企业法人。有限责任公司有如下特点：

① 股东对公司债务承担有限责任，即把股东投入公司的财产与个人的其他财产脱钩，一旦公司破产，资不抵债时，股东没有用个人其他财产清偿债务的责任与义务。

② 有限责任公司的资本不划分为等额股份，不公开发行股票，各股东的出资额一般通过协商确定。股东的权益凭证不同于股票，不能自由流通，只有在其他股东同意的条件下才可以转让或出卖，并要优先让给公司原有股东。

③ 公司的股东人数有严格的数量限制。我国《公司法》规定，有限责任公司必须有 2 个以上 50 个以下的股东方能设立。

④ 与股份有限公司相比，有限责任公司设立程序简便，公司内部组织机构精干灵活，公司不必公开账目，因而保密性能好。

(2) 国有独资公司。国有独资公司是指国家授权投资的机构或者国家授权的部门单独设立的有限责任公司。国有独资公司除具有一般有限责任公司的共同特点以外，有其特殊的规定，国有独资公司与有限责任公司的主要区别有：

① 国有独资公司的出资人只有一个，即国家为唯一的投资主体。这和一般《公司法》规定的 2 人以上出资人不同。

② 国有独资公司不设股东会，而由国家授权投资机构或国家授权的部门，授权公司董事会行使股东会部分职能。而公司的合并、分立、解散、增减资本和发行公司债券，必须由国家授权投资的机构或者国家授权的部门决定。并规定经营管理制度健全、经营状况较好的大型国有独资公司，可以由国务院授权行使资产所有者的权利。

③ 公司董事会成员由国家授权投资机构或者国家授权部门委派或者更换。

④ 董事会成员中应当有公司职工代表，并由公司职工民主选举产生。

(3) 股份有限公司。股份有限公司是指把全部资本分为等额股份，股东以其所持股份为限对公司承担责任，公司以其全部资产对公司的债务承担责任的企业组织。股份有限公司具有以下特点：

① 股份有限公司不论出资额大小，只以认购的股份对公司的债务承担责任。

② 股份有限公司的资本总额均分为每股金额相等的股份，以便根据股票数量计算每个股东所拥有的权益。在交易所上市的股份有限公司，其股票可在社会上公开发行，并可以自由转让，但不能退股，以保持公司资本的稳定。

③ 公司股东人数有法律上的最低限额，我国《公司法》规定，设立股份有限公司，应当有 5 人以上为发起人。

④ 股份有限公司的账目必须公开。为了保护股东和债权人的利益，各国公司法一般都规定，股份有限公司必须在每个财务年度终了时公布公司的年度报告，以供众多的股东和债权人查询。

股份有限公司作为现代市场经济中最适合大中型企业的组织形式，主要是其较之其他公司形式有许多优点：

① 是一种筹集大规模资本的有效组织形式，为企业提供筹资渠道也为众多投资者提供了简便、灵活的投资场所。

② 有一套科学的管理组织系统，建立起有利于大规模企业经营的，使所有者、经营者和生产者之间建立起互相激励、互相制约的机制。

③ 把企业的经营置于社会的监督之下,有利于资本产权的社会化和公众化。当股东认为公司经营不善时,会抛售手中的股票,把资本转向其他公司即所谓的"用脚投票"。这便能对公司经营者形成强大的压力,鞭策他们努力提高企业的经济效益。

另一方,股份有限公司也有其缺点:
① 开设和歇业的法律程序复杂,花费时间多,费用高。
② 所有权与经营权的分离程度大,会产生复杂的授权和控制关系。
③ 公司营业情况和财务状况必须定期向社会公开,难以保守经营秘密。在市场经济国家中,大中型企业通常都采取股份有限公司形式。这些公司在企业总数中比例并不大,但是在销售收入、利润和员工人数上却占很大比例,从而在国民经济中占据主导地位。

理论链接

现阶段深化国有企业改革的重点

国有企业改革已经进入了攻坚阶段,面临着新的历史性任务。当前和今后一个时期,深化国有企业改革,重点是抓住两个关键环节。

一个是加快国有企业股权多元化改革,积极发展混合所有制经济。

推进国有企业股权多元化改革、发展混合所有制经济的基本思路是,加快推进国有企业特别是母公司层面的公司制、股份制改革,进一步优化国有企业股权结构。

发展混合所有制经济是深化国有企业改革的"重头戏"。大部分国有企业通过股权多元化的改革,逐步发展成为混合所有制企业;国有企业在发展混合所有制经济中将逐步降低国有股权的比例;大力支持各种非公资本特别是民营资本参与国有企业的股权多元化改革;国有企业通过实施股权多元化改革,一方面吸引更多的社会资本与国有资本共同发展,另一方面促进国有企业进一步完善公司治理结构和内部运行机制;在具体实施中,实行一企一策,分类进行研究,分类提出措施,不搞"一刀切";改革要统筹安排,系统推进,稳妥操作,强化公开透明和规范运作,防止国有资产流失。

另一个关键环节是深化国有企业管理体制改革,健全完善现代企业制度。

一是继续推进规范董事会建设。依法落实董事会职权,严格董事履职责任。

二是探索建立职业经理人制度,更好发挥企业家作用。

三是深化国有企业内部三项制度改革。抓紧建立健全企业管理人员能上能下、员工能进能出、收入能增能减的制度,为企业赢得市场竞争提供制度保障。

四是合理确定并严格规范国有企业管理人员薪酬水平、职务待遇、职务消费和业务消费。建立健全根据企业经营管理的绩效、风险和责任来确定薪酬的制度,不断完善企业薪酬激励约束机制。

五是探索混合所有制企业员工持股办法。允许混合所有制经济实行企业员工持股,形成资本所有者和劳动者利益共同体,这是深化国有企业改革的一项重要措施。

资料来源:黄淑和. 国有企业改革在深化. 求是,2014(3).

1.4 管理理论的沿革

1.4.1 传统管理理论

从 18 世纪末至 19 世纪末 20 世纪初的一百多年时间里是资本主义企业传统管理阶段。18 世纪后期,英国经过产业革命,瓦特发明的蒸汽机得到广泛采用,手工业的生产转变为机器的生产,在英、法国家开始出现了工厂制度。据说世界上第一家工厂是 1771 年在英国建立的,用水力作动力的纺织工厂,有 600 多名工人。随后,欧洲各国便相继出现了很多工厂。工厂制度一经形成,劳动社会化进一步加强了,如何分工协作,如何减少资本耗费,以赚取更多的利润,就成为现实经济中亟待解决的问题。这一时期,尽管管理思想不够系统、全面,也还没有形成专门的管理理论和学派,大多数的企业管理还是依靠经验,但由于工厂制管理实践的结果,管理思想已得到相应的发展。

1. 亚当·斯密(Adam Smith,1723—1790),英国古典经济学家。他在 1776 年发表的代表作《国民财富的性质和原因的研究》中,系统地论述了劳动价值论及劳动分工理论,对劳动分工的问题,提出了深刻而明确的管理思想。亚当·斯密指出劳动分工可以提高劳动生产率,他认为劳动分工的好处主要有:

(1) 工人重复完成单项操作,有利于提高每个专业工人的劳动熟练程度;

(2) 减少工作变换,有利于节省工作转换所损失的时间;

(3) 工人的注意力集中在一种特定的对象上,有利于创造新工具和改进机器设备。

2. 罗伯特·欧文(Robert Owen,1771—1858),英国人,他最早注意到企业内部人力资源的重要性。欧文提出要重视工厂管理工作中人的因素,工厂企业应该致力于对人力资源的开发和投资。他在自己的工厂里进行一系列的改革试验,如改进工人的劳动条件、缩短工人的工作时间、提高童工的就业年龄、提供免费的饭餐、改善工人住宅等。通过改革实践,他认为重视人的因素和尊重人的地位可以使工厂获取更多的利润,花在改善工人待遇和劳动条件上的投资,它会给你加倍的补偿。由于欧文率先在人事管理方面做了许多试验和探索,被称为"现代人本管理之父"。

3. 查尔斯·巴比奇(Charles Babbage,1792—1871),剑桥大学数学教授,他在企业管理理论上的最大贡献,就是把技术手段应用到管理上来,这也使他成为早期运筹学和管理科学的鼻祖。巴比奇的科研成果很引人注目,1822 年他造出世界上第一台有实用价值的计算器——差分机。后来,他又试制能按照指令进行自动运算的万能计算机。除了没有设计出穿孔数据卡的机件外,它具有现代计算机的全部组件和构想。他以运筹学的方法对每道作业和制造费用一一加以分析,并对操作和管理方法提出了许多改进意见,于 1832 年写出《论机器和制造业的经济》这本书。他赞赏劳动分工,并论述了大型工厂在提高生产效率方面的优点。

4. 麦克考勒(D. C. McCallum,1815—1878),麦克考勒的管理制度曾在美国的铁路管理方面享有盛誉,他对企业管理理论最重要的贡献,就是通过规章制度来实行管理。他认为,要做好管理工作,必须有良好的纪律,具体而详细的职责范围,经常而准确的工作汇报,根据工作成绩评定工资和提升,领导与被领导之间要有明确的权力层次,并要普遍实行个人责任制和负责制。

1.4.2 科学管理理论

从 20 世纪初到 40 年代末,是资本主义企业科学管理阶段。在这一阶段,资本主义由自由竞争向垄断过渡,科学技术进一步得到发展,生产社会化程度不断提高,市场范围和企业规模不断扩大,这就对企业管理提出越来越高的要求。资本家单凭个人的经验和能力管理企业,包揽一切,已不能适应生产发展的需要,客观上要求资本所有者与企业经营者实行分离,由那些具有专门管理知识的专家来代替资本家管理企业,以适应生产力发展的要求。下面的一个事例便可以说明这一问题。1841年10月5日,在美国马萨诸塞—纽约的西部铁路上,两列火车相撞,造成近20人的伤亡。当时,美国社会舆论哗然,公众对铁路公司老板低劣的管理进行严厉的抨击。为了平息这种群情激奋的局面,这家铁路公司不得不进行管理改革,资本家交出企业管理权,只拿红利,另聘具有管理才能的人担任企业领导。这就是美国历史上第一家由领薪金的经理人员通过正式机构进行管理的企业。

企业所有权与经营权的分离,越来越需要管理职能专业化,要求专职的管理人员,建立专门的管理机构,采用科学的管理制度和方法。同时,也要求对过去积累的管理经验进行总结提高,使之系统化、科学化并上升为理论,以指导实践,提高企业管理水平。正是基于这些客观要求,资本主义国家的一些企业管理人员和工程技术人员,开始致力于总结管理经验,进行各种试验研究,并把当时的科学技术成果应用于企业管理,出现了科学管理的理论和方法,企业科学管理由此应运而生。

1. 泰勒(Frederick Winslow Taylor,1856—1915)出生于美国费城一个律师的家庭,1878年泰勒进入费城米德维尔钢铁厂工作,先后当过技工、工长、总机械师,1884年被提升为总工程师。泰勒长期从事企业管理工作,具有丰富的实践经验,他以毕生精力从事企业管理研究,对企业科学管理做出了卓越的贡献。他的主要著作有《计件工资》(1895年)、《工场管理》(1903年)、《科学管理原理》(1911年)等。在资本主义企业管理发展史上,泰勒被称为"科学管理之父"。

在企业管理的指导思想上,泰勒认为一切管理问题的解决,都应该而且可以应用科学的方法。他主张,一切工作方法都应通过调查研究后,由管理人员决定,并实行标准化,把个人的经验上升为理论和科学,代替单凭经验办事的传统管理。泰勒从这一科学管理思想出发,对企业科学管理作了许多开拓性的工作。泰勒科学管理的内容,主要侧重于作业研究和生产管理,对于提高工人劳动生产率起了很大的作用。其主要内容有以下几项:

(1) 对工人操作进行动作研究和时间研究,以科学制定劳动定额。
(2) 实行机器设备、工具、原材料、工作地布置等作业环境和操作方法标准化并对个人进行科学培训。
(3) 实行有差别的计件工资,奖励超定额劳动的工人,以调动工人的积极性。
(4) 明确划分计划职能与作业职能,使管理工作专业化。
(5) 建立职能管理机构,作为参谋、助手协助企业高层管理人员进行管理。
(6) 管理实行"例外原则",即把企业日常管理事务授权给下级管理人员处理,高层领导人拥有对重大事情的决策权和监督权,以保证企业高层领导人集中精力抓大事。

2. 弗兰克·吉尔布雷斯(Frank Gilbreth,1868—1924)是美国一位工程师兼营造商,妻子利莲·吉尔布雷斯(1878—1972)是一位管理心理学家,他俩对工人操作进行了科学的"动作研究"和"时间研究",提出了制定劳动定额的科学方法,同时还总结出改进操作的五项经济动作原则:

(1) 尽量减少动作的种类、数量和方向的变化,缩短动作的长度;
(2) 力求减少动作引起的疲劳;
(3) 要使动作习惯成自然;
(4) 各种动作应有一定的标准,并在事前给予正确的训练;
(5) 应充分注意改进提高产品质量的动作。

吉尔布雷斯夫妇的这些贡献为后来资本主义企业劳动定额的科学制定和工效学的形成奠定了基础。

3. 亨利·甘特（Henry Gantt，1861—1919）是美国一位机械工程师，1887年进入米德维尔钢铁厂工作，与泰勒共事14年，是泰勒的亲密合作者。甘特十分注重用图表的方法来进行管理，他在科学管理上的主要贡献是发明了掌握生产计划完成情况的作业指示图表——"甘特图"，从而大大改进了企业的生产管理技术，克服了生产管理的混乱状况，提高了管理工作效率。另外，甘特还提出了比泰勒"有差别计件工资制"更优越的"计件奖励工资制"，他主张工人完成当日的定额后，除日工资外，超过定额的则增发一定比例的奖金；完不成定额者，日工资照发，但不予处罚。这是一种用"工作安全感"来激励工人更好工作的制度。

4. 亨利·福特（Henry Ford，1863—1947）是美国汽车垄断资本家，福特汽车公司的创建人。他在科学管理上的主要贡献是，在1913年借助于传送带建立了世界上第一条汽车流水装配线，工人操作时无须移动位置就可以从旁边和高架的供应线上获取各种零部件和工具，从而大大提高了生产效率和降低了汽车生产成本，为组织现代化大生产提供了样板。

5. 亨利·法约尔（Henri Fayol，1841—1925），他的管理理论主要包含在1914年发表的《工业管理和一般管理》一书中。他认为，企业的全部经营活动可分为以下六个方面：

① 技术活动（生产、制造）；
② 商业活动（购买、销售）；
③ 财务活动（筹集和最适当地利用资本）；
④ 安全活动（保护财产和人员）；
⑤ 会计活动（财产清点、资产负债表、成本、统计等）；
⑥ 管理活动（计划、组织、指挥、协调、控制）。

他认为管理活动就是由这五种职能所组成。为了实现管理职能，法约尔对管理的五种因素进行了较详细的论述，并提出了十四条管理原则。

6. 马克斯·韦伯（Max Weber，1864—1920），韦伯的研究主要集中在组织理论方面，他的贡献是提出了所谓理想的行政组织体系理论，这集中表现在他的代表作《社会组织与经济组织理论》一书中。韦伯主张，为了实现一个组织的目标，要把组织中的全部活动划分为各种基本的作业，作为公务分配给组织中的各个成员。各个公职和职位是按照职权的等级原则组织起来的，每一职位有明文规定的权利和义务，形成一个指挥体系和阶层体系。

1.4.3 行为科学理论

从第二次世界大战结束直到现在，资本主义企业进入了现代管理的新阶段。在这个阶段，科学技术迅猛发展，生产不断提高，市场不断扩大，企业竞争日趋激烈，这就要求企业管理不断改进和提高，以适应新的经营环境。

泰勒、法约尔等人开创的古典管理理论，完成了使管理从经验上升为科学的转变，为资本主义管理学的建立奠定了理论基础，这是资本主义管理发展的一个重要标志；但是，泰勒等人的古典管理理论，在强调了"物"的因素作用时，却忽视了"人"的因素作用，在强调人的物质需要时，却忽视了人的社会需要；在强调"正式组织"的作用时，却忽视了"非正式组织"的作用。管理实践证明，企业生产仅靠科学的设计与工艺、集中的组织与指挥、严格的管理制度、工资、奖金的刺激等，虽然能够提高工人的劳动生产率，但并不能给资本主义企业带来持久的活力,不能保持企业中劳资关系的协调一致。特别是20世纪30年代资本主义世界发生了经济大危机,企业普遍生产不景气,他们要求重新检查企业管理的活动,创立新的管理理论和管理方法,在这种形势下,一些西方管理学者把人类学、社会学和心理学等运用于企业管理领域,行为科学便应运而生。

1. 梅奥,原籍澳大利亚,1922年移居美国,先后在美国宾夕法尼亚大学、哈佛大学任教。1927年他在哈佛大学主持心理病理学研究小组时,与其助手们于同年到芝加哥附近的西方电气公司的霍桑工厂进行一系列的试验,即著名的霍桑试验,它是西方国家中行为管理学派早期研究的一项重要活动。经过霍桑试验,提出了以下几条原理:

(1) 工人是"社会人",是复杂社会系统的成员,影响工人生产积极性的因素,除了物质条件外,还有社会和心理的因素。

(2) 企业中除了"正式组织"之外,还存在着"非正式组织",这种非正式组织是组织内各成员在共同劳动过程中,由于抱有共同的社会感情、惯例和倾向,而无形地左右着成员的行为。

(3) 新型的领导能力在于正确处理人际关系,善于倾听和沟通职工的意见,并通过提高职工需求的满足程度而激励职工的"士气",从而达到提高生产率的目的。

2. 马斯洛,他在1943年发表了《人类动机的理论》一书,把人的需要排成五个层次:

(1) 生理需要,包括衣、食、住、行、医药等人体生理上的主要需要,这是一切需要中最根本的需要;

(2) 安全需要,包括心理上和物质上的安全保障,如预防危险事故、生活有保障、生病或老年有所依靠等;

(3) 社交需要,包括友谊、爱情、归属感各方面的需要;

(4) 尊重需要,包括自尊和受别人尊重、赏识的需要;

(5) 自我实现的需要,包括事业心和实现自己对生活的期望。

马斯洛认为,只有排在前面的需要得到满足,才能产生更高一级的需要,人们一般是按照这个层次来追求各项需要的满足,只有尚未满足的,才能对行为起激励作用。由此,他认为应尽可能在客观条件许可的情况下,针对不同层次需要的追求,给予相对的满足。这样,才能成为推动人们继续努力的内在动力,不断提高生产率。

3. 麦格雷戈,美国麻省理工学院教授,社会心理学家,他于1957年首次提出X理论和Y理论。X理论将劳动效率或工作效率不高,归结于人的本性不诚实、懒惰、愚蠢、不负责任等造成的,必须进行强制监督,并以惩罚为主要管束手段,才能迫使他们付出足够的努力去实现组织的目标。Y理论是对人性作出相反假设的一种管理观点,它认为人性并非生来就是懒惰的,要求工作是人的本能,只要给予一定的外界条件,就能激励和诱发人的能动性去努力工作,达到确定的目标;如果职工的工作没干好,应从管理本身去找妨碍劳动者发挥积极性的因素,主张以"诱导与信任"代替"强制与管束",去鼓励职工发挥主动性和积极性。麦格雷戈认为,X理论对人的行为管理建立在错误的因果观念基础上,不适应人类科学文明水平不断提高的需要,而Y理论则是建立在正确认识人的本性与人类行为关系的基础上,适应了工业化社会经济发展的需要,它应是X理论的合理替换物。他主张在管理中采用Y理论,这样才能在管理上取得成功。

4. 赫茨伯格,美国心理学家,他在1966年出版的《工作与人性》一书中,首创地提出了双因素理论,它是研究需要对行为积极影响的一种理论。这种理论把企业中的有关因素分为满意因素和不满意因素,凡能使人带来满足(或满意)的因素为"激励因素",凡能防止使人产生不满的、消极的因素为"保健因素"。赫茨伯格认为,改善保健因素,可以消除不满情绪,维持原有的工作效率,但不能激励个人提高生产率;激励因素如得到满足,可以激励个人或集体不断提高工作能力和生产率,作为一个管理者更应注意"激励因素"对人的作用。

另外,还有莱维特的意见"沟通的理论"、坦南鲍姆和施米特的"领导方式连续统一体理论"、布莱克和穆顿的"管理方格理论"、布雷德福的"敏感性训练"等理论和方法,他们从不同的侧面丰富了行为科学的理论。

1.4.4 现代管理理论

随着现代科学技术的飞跃发展,社会生产力的迅速提高,生产的社会化程度也日益加强,西方企业管理理论的发展也随之活跃起来。现代管理理论十分丰富,归纳起来大致可以分为六大学派:社会系统学派、决策理论学派、系统管理学派、经验主义学派、权变理论学派和管理科学学派。

1. 社会系统学派。以美国的巴纳德为首。它是一种以协作系统为核心来论述企业内外条件的西方企业管理理论。这一学派的首创者巴纳德认为:社会的各级组织都是一个由相互协作的个人组成的系统。正式组织协作系统包括协作的意愿、共同的目标、信息的联系三个基本要素。非正式组织虽然没有正式组织机构和明文规定的共同目标,但非正式的组织又和正式组织常常互相创造条件,并互相发生影响。这个影响可能是积极的,也可能是消极的。这就要求各级经理人员在系统中作为相互联系的中心,对协作的努力进行协调,达到企业内部的平衡。同时,要使这个协作适应于外部的环境,使之正常地维持和发展。

2. 决策理论学派。代表人物有美国卡内基—梅隆大学的西蒙、马奇等人。决策理论学派是以社会系统理论为基础,吸收行为科学理论、系统论、运筹学和计算机程序等学科的内容发展起来的一种西方企业管理理论。这种理论十分强调决策和决策者在管理中的重要作用。其代表人物西蒙认为决策贯穿着管理的全过程,决策的程序就是全部的管理过程。全部决策过程是从确定企业目标开始,随后选择方案、评价方案、决策方案,然后执行选定方案,进行检查和控制,以保证最后实现预定的目标。现代决策理论的核心是用令人满意的行为代替古典决策理论的最优化准则。这一理论对程序化和非程序化的决策技术、组织机构的建立以及决策过程的联系等作了分析,强化了决策的作用。

3. 系统管理学派。其代表人物有卡斯特、罗森茨威克等。系统管理学派是从社会系统学派中衍生出来的,但它主要侧重于对工商企业的组织结构和模式进行分析,并从系统概念考察计划、组织、控制等企业的基本职能。系统管理学派认为,企业是一个人造的开放系统,企业组织是一个完整的系统,只有从系统的观点来考察和管理企业,才有助于提高企业的效率。系统管理理论中的许多内容有助于自动化、控制论、管理信息系统和权变理论的发展。

4. 经验主义学派。它的主要代表人物有德鲁克、戴尔等人。经验主义学派认为,以往的科学管理理论和行为科学理论已经不能适应现代企业管理的需要和多方面的期望。他们认为管理只与生产商品和提供各种经济服务的工商企业有关,管理学则由管理一个工商企业的理论和实际的各种原理、原则组成。他们强调,要注意当今的企业管理现状和实际需要,主张注重大企业的管理经验,并加以概括和理论化,以此作为当代经济管理理论的基点。

5. 权变理论学派。这是一种因20世纪70年代西方国家科学技术、经济、政治上的剧烈变动、企业的职工队伍构成及文化技术水平的改变而应运而生的一种西方企业管理理论,它于20世纪70年代在美国等地风行一时,权变理论学派强调管理行为、方法是和其所处环境的特点密切相关的。在企业管理中要根据企业所处的内外条件随机应变,不存在什么一成不变的、普遍适用的"最好的"管理理论和方法。这一学派通过大量事例的研究和概括,把各种各样的企业归纳为几个基本类型,并给每一类型找出一种管理模式,但对于基本类型,不同学者有不同的划分方法,这使得权变理论有一定的实用价值。

6. 管理科学学派。管理科学学派也称数理学派,代表人物有美国的伯法等人。它以运筹学、系统工程、电子技术等科学技术手段,从操作方法、作业水平的研究向科学组织的研究扩展,同时吸取了现代自然科学的新成果,形成了一种现代的组织管理科学。这一学派认为,管理就是用数学模式与程序来表示决策、计划、组织、控制等合乎逻辑的程序,求出最优解,以达到企业的目标。他们又认为可以用数学符号和关系式来表示管理问题,数学模式程序是一个实际系统或过程的有关方面的简化表现;认为可以借助数学模型求得最优化的决策,从而解决管理问题。由于这一学派注重于定量研究,注重数学上的探讨,因此他们十分重视电子计算机在企业管理中的应用。

除了以上这些现代西方企业管理理论的主要学派,此外还有社会技术系统学派、经理角色学派、经营管理理论学派等,各种管理学派交相辉映,使企业管理理论出现了前所未有的繁荣。不过,各个学派又有它们不可避免的局限性,这就为探索和发展管理理论提供了新的课题。

1.4.5 管理理论的发展

1. 战略管理理论

战略管理是指对企业的战略进行全面和动态的管理过程,在这个过程中,企业从整体和长远利益出发,科学分析环境变化,及时把握有利机会,整合内外资源,谋求企业的长远发展并加以实施。当前,复杂多变的外部环境使得企业将管理的重点由提高生产效率转向适应环境变化。因此作为研究企业与环境之间相互关系,为企业生存和发展指明方向的重要手段的战略管理,已被越来越多的企业所共同关注和研究。对它的研究和实践,成为当代管理领域的热门话题。

战略管理理论萌发于20世纪30年代,形成于60年代,中间经历了繁荣、衰落和重振的阶段。进入20世纪80年代,企业战略体系的重心逐步从外部环境分析转移到注重能力分析的竞争主题,并置于学术研究和企业实践的前沿地位,从而大大推动了企业竞争战略理论的发展和创新,呈现名家辈出、学派继起的风起云涌之势。其中,以日本大前研一和美国波特等人为代表的定位学派最为突出。他们认为,行业结构分析是确定企业竞争战略的基石。波特为此创造性地建立、提供了各种方法和技巧,用于分析企业所处行业的情况和企业在行业中的竞争优势。如著名的五种竞争力分析模型、价值分析模型、公司地位和行业吸引力矩阵等。1990年,C. K. Prahalad《企业核心能力》一文发表,开始了企业核心能力的研究。由此形成的核心能力理论,是对战略理论的又一创新。它随着管理实践提出的要求而不断发展和创新。其代表人物有美国的企业战略管理学家安索夫(U. L. Ansoff)、企业经营史学家钱德勒(Alfred D. Chandler, Jr.)、迈克尔·波特(M. Porter)、W. H. 纽曼(Willian H. Newman)和日本的大前研一等人。经过30多年的发展,战略管理基本上形成了设计学派、计划学派、定位学派、企业家学派、认识学派、学习学派、权力学派、文化学派、环境学派、构造学派共十个学派。

2. 组织管理理论

20世纪80年代末,经济全球化浪潮迅速席卷世界,作为经济全球化重要载体的跨国公司的作用日益显现,跨国经营已成为大企业发展的重要战略。企业必须整合全球资源,在全球市场上赢得消费者信赖,才有获得生存和发展的空间。目前,出现的团队组织、虚拟组织、战略联盟组织和柔性组织,就是组织的创新形式。从历史上看,企业组织理论的理论构架基础是斯密的劳动分工论,组织发展的方向一直是在层级内部进行分权化变革。但是,这种分工式组织已不能够适应现代企业管理的要求。在20世纪80年代以来,新的企业组织理论便应运而生。彼得·圣吉在1990年出版的《第五项修炼》一书中提出的学习型组织,已成为知识经济时代企业的理想组织形式。彼得·圣吉在《第五项修炼》中指出企业唯一持久的竞争优势源于比竞争对手学得更快、更好的能力,学习型组织正是人们从工作中获得生命意义、实现共同愿望和获取竞争优势的组织形式。此外,1994年史蒂文·戈德曼(S. L. Glodman)等人合著的《灵捷竞争者与虚拟组织》提出的虚拟组织,也成为另一个组织管理的热点。虚拟组织不同于传统的实体组织,它紧紧围绕核心能力,快速获取能为其所用的全球各处的资源进行合作,用简便、灵活的方法达到目的。虚拟组织强调利用计算机信息技术、网络技术及通信技术与全球企业进行互补、互利的合作,合作目的达到后,合作关系随即解散。另外"虚拟组织"还可避免环境的剧烈变动给组织带来的冲击。现代组织形式创新的发展趋势是分立化、柔性化、虚拟化、网络化。

3. 企业再造理论

20世纪80年代以来,随着信息技术广泛推广和应用,企业管理同样也面临信息化、网络化的挑战。传统的企业组织越来越不能适应新的、竞争日益激烈的环境,企业管理需要在制度、流程、组织、文化等方面进行创新。1994年迈克尔·哈默(M. Hammer)博士与詹姆斯·钱皮(J. Chanpy)在其合著的《再造企业——管理革命的宣言书》中提出了企业再造理论。他们认为:面对日新月异的变化与激烈的竞争,要提高企业的运营状况与效率,迫切需要"脱胎换骨"式的革命,只有这样才能回应生存与发展的挑战。企业再造根据信息社会的要求,彻底改变企业的原有模式,抛开斯密分工理论的旧框框,将原先拆开的组织架构,按照自然跨部门的作业流程,重新组装回去。企业再造的首要任务是 BPR——业务流程重组,实施中必须以先进的信息系统和信息技术,以及其他的先进管理技术(JIT、TQM、MRP)为手段,以顾客中长期需求为目标,通过最大限度地减少对产品价值增加无实质作用的环节和过程,建立起科学的组织结构和业务流程,使产品规模和质量发生质的变化,从而提高企业核心竞争力。并具体提出了如何认识现有流程、如何确定重整目标、如何协作重整方式以及如何保证重整成功的条件等各种具体可操作性方法。

1.4.6 现代管理理论的动态融合

管理学,像其他学科的理论知识一样,还会持续地发展,这是理论的生命。因为,人类自身情况和所处的社会,自然环境在不断变化。根据多数学者的观点,对管理理论的现代研究,可能朝着一个共同的方向前进。未来的管理理论将进一步重视系统概念。

一百多年来的理论探讨和实践检验过程已持续到了新的世纪,实施以往积累的理论成果,人们面对的是环境的飞速变化,人们必须对管理和组织在新世纪的演变作深入的、多种方式探索。探索的核心,可能是对时间和人的社会关系的新的思考,另外,文化和国家的界限日益模糊,新的通信技术和经济全球化使世界变成了地球村。随着国际间跨文化交流范围的日益扩大,组织活动的步伐大大加速。这都为今天的组织和管理提出了新挑战。

在前述管理理论面临的新背景之下,人们尝试着从六个方面对新世纪管理作出构想。

1. 新的组织环境

在当今及将来社会中,组织环境动态特性将更加突出。它成为人与人相互作用的、复杂的、变化的网络。因此管理者不能单单注意自己的事情,而且更要了解其他组织管理者所关注的问题。在未来,管理者是与竞争者共同创造出组织成长努力奋斗的环境,生态问题也可能成为管理理论关注的中心。

2. 伦理与社会责任

文化价值观更将成为管理理论关注的核心,组织中的领导者必须努力影响、培养员工的价值观,同时也将十分关注组织以外人们的价值观。有学者认为,管理者必须将卓越的观念放在首位来鼓舞士气。在未来的竞争中,仅仅按常规做事或满足于与现有竞争对手抗衡是不够的,精益求精、追求卓越是未来管理的基本目标。

3. 全球化和管理

21世纪的管理者必须把自己定位为世界公民。有位学者提出了这样一个观点,他描绘了一个无国界的世界,并且认为在某种意义上所有的客户与公司距离是相等的。

4. 组织的开创与再开创

传统的机械组织动作将不成为管理的主要手段,而转变为持续地激发自我和员工的智慧和潜力。越来越多的理论家认为管理者应重新考虑习惯了的官僚组织结构。有人提出了"解放管理"的概念,因为在过去的岁月中,有些英雄抛开了这些成规性的组织套路却依然取得了辉煌。对于未来,就需要更多的英雄。

5. 文化与文化多元主义

未来的组织文化结构可能会呈现多元化,因此组织的文化价值观也会随之改变。人们应该认识到,在未来的管理中,对于有不同文化背景的人们带入组织的各种视角和价值观不仅仅是对管理的挑战,而更应该看成一种相当重要的资源。有学者做了研究,发现在组织和团体中,人们只有彼此珍视不同之处,并努力扩大共同之处,才能保持个人的特色。管理者要努力在组织多元文化和共同文化之间把握一种积极平衡。

观察与思考

明茨伯格:管理是科学,是艺术,是手艺

21世纪的管理学究竟走向何方?不同的学者有不同的回答和猜想。尤其是关于管理学是不是科学的争论,几乎吵翻了天。在这一争论中,明茨伯格认为,管理中有科学的成分,但不全是科学。管理中科学的成分是关于人在组织中的行为和互动规律的总结与提升。对于管理的本质,明茨伯格归纳了三个关键词:管理是科学,是艺术,是手艺。

在明茨伯格眼中，没有哪一个学者是纯粹的某一种管理风格的代表。若是非要将管理风格加以区分的话，明茨伯格将管理风格分为三类：最能代表管理中的艺术性的是沃伦·本尼斯和汤姆·彼得斯，他们是行动主义者，强调领导力；最能代表管理中的科学性的则是迈克尔·波特，他强调管理需要运用大量的数据分析来制定策略；而最能代表管理中的手艺性的则是明茨伯格本人，强调战略的制定是在实践中逐渐形成的。这三种管理风格在实际工作中发挥着各自的作用，但实践中，管理并不仅限于这三个方面的风格。

明茨伯格曾对管理下比喻说："管理更像是乐高(LEGO)玩具，而不是宜家(IKEA)模式，宜家要求客户把切割整齐、合乎尺寸的部件组装起来，就可以得到成品家具了。但是真正管理更接近于玩乐高积木，部件的组装可以有无数种方式，而建立有趣漂亮的结构是需要时间和经验的。管理是一种奇特的现象，首先它是一种充满常识的实践。"

1908年，泰勒拒绝教授"科学管理"这门课程，坚决认为管理只有在车间里才能学到，或许这种行为显得有些过于偏执了。但是从中能够看出，真正可以运用到管理实践中的理论，恐怕只有管理者自己才能创造出来。因此，步入21世纪的今天，管理学的发展更多依赖于实践，管理者只有亲身投入实践中去才能寻求理论突破，管理才会真正发挥出效能，才能推动管理学的发展。这是明茨伯格一直以来所倡导的，管理必须源于实践，用于实践，而非泛泛而谈。

资料来源：席酉民，刘文瑞. 明茨伯格眼里的未来管理学. 组织与决策/管理思想大系. 北京：中国人民大学出版社，2009.

本章小结

现代管理的概念是指对一个组织所拥有的资源——人力资源、财力资源、物质资源和信息资源进行有效的计划、组织、领导和控制，用最有效的方法去实现组织目标。

在社会组织中，能够指挥下属人员，并且对促进组织工作有效运转负有行动和决策责任的人是管理者。管理是管理者运用一系列管理职能来实现管理目标的过程。管理工作过程的计划、组织、领导、控制四项职能有着密切的内在联系，它们是交融在一起起作用的。

计划职能是指合理地使用现在的资源，有效地把握出未来的发展，以组织目标的实现为目的，一整套预测未来、确立目标、决定政策、选择方案的行动过程。

组织职能是指为了实现组织目标、互相结合、明确职责、沟通信息、协调行动的人造系统及其运转的过程。

领导职能是指管理者或者主管人员，凭借其合法的职位权力以及威信，自上而下地采取诱使、指导、命令、指挥等多种手段，来影响下属活动和工作，使之充分发挥积极性和潜力，更好地实现组织目标的过程。

控制职能是指由管理人员对实际运作是否符合计划要求进行测定，并促使组织目标达成的过程。

企业是以营利为目的，运用各种生产要素（土地、劳动力、资本和技术），向市场输出产品和服务的合法的社会经济组织。

现代企业制度是指在现代市场经济条件下，以规范和完善的企业法人制度为基础，以有限责任制度为核心,以公司企业为主要形式,产权明晰、权责明确、政企分开、管理科学的一种新型企业制度。

管理理论的产生和发展经历了传统管理理论、科学管理理论、行为科学理论和现代管理理论阶段。管理科学是在不断发展的学科,当前又出现了战略管理、学习型组织、虚拟组织、企业再造等新的理论。

复习与思考

1. 什么是管理?什么是管理者?管理者的工作有哪些?
2. 什么是计划职能?企业制订计划应按照什么原则和程序?
3. 什么是组织职能?组织结构有哪些基本模型?
4. 什么是领导职能?领导模式有哪些类型?
5. 什么是控制职能?控制的基本程序有哪些?
6. 什么是企业?它有哪些类型?
7. 什么是现代企业制度?它的基本特征是什么?
8. 泰勒的科学管理主要由哪些内容组成?
9. 法约尔提出管理的十四条原则,请就其中一二条谈谈看法。
10. 现代管理丛林中你认为对现实管理指导性最大的是哪一种,为什么?

铱星为什么陨落

情境资料1:铱星引发谈话方式的革命

从1987年开始的"铱系统"计划,历时11年,19家全球重要的电信和工业公司共同投资57亿美元组成了铱星通信公司,摩托罗拉以持股18%成为铱星最大的股东。它的目标是建立一个把地球包起来的"卫星圈"。1998年11月1日,它实现了这个梦想。与传统卫星通信相比,铱星具有明显的优点;铱星运行轨道低,更易于实现全球个人卫星移动通信;覆盖面广,能为全球任何一个地方提供通信。在铱星的广告词中有一句话:网络覆盖全球(包括南、北极和海域)。它是由66颗卫星组成的低轨道全球个人移动卫星通信系统,每颗铱星重680公斤,设计寿命为5~8年。这是世界上第一个大型低轨道卫星通信系统,也是全球最大的无线通信系统,每年仅维护费就需要几亿美元。

随着铱星全球卫星电话服务系统开始投入使用,卫星电话正在使我们的谈话方式发生一场革命:它能够使任何人在几乎任何地方、任何时候都可以用电话或者寻呼机进行联系,而且最终可以享受任何通过电话线提供的服务。

应该看到的是,卫星通信的卓越能力不仅仅是提供无地域限制的通信方式,而且还能提供比现有的无线蜂窝通信网络有更高要求的通信方式。全球海洋面积占地球面积的3/4,在开发海洋资源过程中,海洋天气预报、海上救援及海洋与地面之间的联络,都可以依靠卫星通信方式来完成。目前蜂窝网络只能覆盖地球陆地面积的一小部分,卫星通信的全球覆盖能力将使现有通信网络得到极大的延伸(中国经营报,2003年3月26日)。

情境资料2:不同的观点

事实上,挑铱星的毛病很容易。

第一,"铱星"手机售价为每部8 000美元(相当国内一辆汽车的价格),少说也要4 000~5 000美元,而通话费更高得惊人。在中国内地,1999年"铱星"手机对地面固定和移动电话的国内通话费为9.8元人民币/分钟,国际通话费为27.4元人民币/分钟,因此用户数量增长缓慢,在北京只卖出200部铱星手机,全国也只卖出900部。它开业的前两个季度,在全球只发展了1万名用户,而根据铱星方面的预计,初期仅在中国市场就要做到10万名用户。

第二,铱星手机又重又笨,重达1磅,与现在的普通手机相比笨头笨脑。

第三,性能也不尽如人意,其通话的可靠性和清晰度也比较差,在室内和车内都不能通话。最要命的是"铱星"系统的数据传输速率仅有2.4 Kbit/秒,所以除了通话外,现只能传送简短的电子邮件或慢速的传真,无法满足目前互联网的需求。

第四,从技术上看,铱星系统采用星际链路,用极地轨道,将66颗卫星在极地汇成一个点,又要避免碰撞,技术太复杂。它又是一个完整的独立网,呼叫、计费、通信管理是直接建立的,不受本地的通信网主权国家的管理。以上原因造成该系统的技术风险过大。

情境资料3:GSM移动电话的发展

20世纪70年代末,移动电话刚出现时,发明这项技术的贝尔实验室根据自己进行的一项市场研究预计,到2000年移动电话用户最多只有80万户。但经过10多年的飞速发展,传统移动电话已全面普及。据美国电子产品市场信息公司统计,1998年全球移动电话的销售量达到1.63亿部,比1997年增加了51%,摩尔定律原来是指在IT产业尤其在半导体芯片技术上,每18个月产品性能翻一番,而价格下降一半。事实上,摩尔定律已经从IT产业扩散到其他产业,甚至整个社会的运转速度都受它的影响,而影响的程度会各不相同,这也被解释为10倍速理论。

情境资料4:艰难历程

原定1998年9月23日便开始商业运营的铱系统,由于铱星在制造中出了小问题和个别地区关口站未能如期投入使用,而将运营日期推迟到了1998年11月1日;每部手机高达3 000美元的天价和高昂的通话费用(国际话费平均7美元/分钟)使得铱星曲高和寡,用户的发展大大低于预想。它开业的前两个季度,在全球只发展1万名用户,而根据铱星方面的预计,初期仅在中国市场就要做到10万名用户;造成铱星公司前两个季度的亏损就达10亿美元。

新华社2000年3月20日华盛顿电:由于找不到买主,1999年8月申请破产保护的美国铱星公司于2000年3月17日午夜停止营业。

据美联社报道,在纽约联邦破产法院2000年3月17日下午举行的听证会上,美国铱星公司律师表示该公司没有找到"合格的"买主。法官阿瑟·冈萨雷斯于是批准美国铱星公司将其经营的66颗卫星退出轨道,使它们在进入地球大气层时焚毁。美国铱星公司可能在两个星期内开始这一行动。

资料来源:陈传明等.管理学原理.北京:机械工业出版社,2007年,第358页。

思考题:

1. 请对铱星项目失败的原因做详尽的分析。你能够从这个项目中吸取什么教训?
2. 铱星的全球市场到底有多大?如何估价和分析?

3. 当企业进入一个新兴产业时,选择进入时机要注意哪些问题?在技术存在不确定性的情况下,如何规避风险?

4. 如果铱星是中国人投资的一个项目,同样到了今天这样一个地步,会不会宣布破产?如果不宣布破产,未来会出现何种问题?

参考文献

1. 彼得·德鲁克.管理的实践.北京:机械工业出版社,2009.
2. 亨利·明兹伯格.管理工作的本质.北京:中国人民大学出版社,2012.
3. 亨利·明兹伯格.卓有成效的组织.北京:中国人民大学出版社,2012.
4. 斯蒂芬·P.罗宾斯,玛丽·库尔特.管理学(第11版).北京:中国人民大学出版社,2012.
5. 丹尼尔·A.雷恩,阿瑟·G.贝德安博.管理思想史(第6版).北京:中国人民大学出版社,2012.
6. 周三多,等.管理学——原理与方法(第5版).上海:复旦大学出版社,2011.
7. 宋克勤.现代工商企业管理(第2版).上海:上海财经大学出版社,2010.
8. 王凤彬,李东.管理学(第4版).北京:中国人民大学出版社,2011.
9. 赵继新,吴永林,郑强国.管理学.北京:清华大学出版社,2012.
10. 谢和书,等.现代企业管理——理论·案例·技能.北京:北京理工大学出版社,2009.
11. 申文青.现代企业管理.重庆:重庆大学出版社,2010.
12. 郑煜.现代企业管理——理念、方法与应用.北京:清华大学出版社,2011.

第2章 企业战略管理

企业战略(business strategy)　　战略管理(strategic management)
愿景(vision)　　使命(mission)
核心竞争力(core competency)
基本竞争战略(generic competitive strategies)
价值链(value chain,VC)　　SWOT 分析(SWOT analysis)
五力模型(five competitive forces model)
波士顿矩阵(boston consulting group matrix,BCG Matrix)
GE 矩阵(general electric matrix,GE Matrix)
平衡记分卡(balanced scorecard,BSC)　　战略制定(strategy formulation)
战略实施(strategy implementation)　　战略评估(strategy evaluation)

http://www.cb.com.cn
http://www.globrand.com/manage/strategy
http://www.ceconline.com
http://www.sino-manager.com/qygl

企业常青之道源于不断创新

做企业最重要的是要理解企业究竟为什么存在？企业的价值在于为客户创造价值，为社会创造价值。任何时候企业要基业常青，就要不断地为消费者创造价值。

那么企业的竞争力在什么地方？日本管理学家腾本龙宏在《能力构筑竞争》一书中把企业竞争力划分为两个层次，第一个层次是表层竞争力，就是表面上、市场上客户能看到的东西；第二个层次是深层竞争力，一般客户没有办法看得到的东西。但是实际上所有表层的竞争力最终要取决于深层的竞争力。

> 在中国坦率地讲,太多的企业把注意力放在表层的东西,习惯于打价格战,习惯于包装,习惯于做广告。但是这些都是表层的竞争力,不是深层的竞争力,表层的竞争力是很容易丢失的。
>
> 衡量一个企业是不是具有深层竞争力的标准,可用12个字来概括,就是"偷不去,买不来,拆不开,带不走"。第一是"偷不去"。想一下企业当中有什么东西是别人不能偷得去的?假使企业做的东西很容易被别人模仿,被别人复制,那就不具有竞争力。第二是"买不来"。企业所制造的东西是不是市场上可以买来呢?是不是别人比你做得更好?如果不能做得更好,企业去开发它是没有竞争力的。甚至人才也不一定是核心竞争力,因为人才越来越有市场,再好的人才都有了市场价码。第三是"拆不开"。企业里不同的人之间是不是有高度的互补性?不同的业务合在一起是不是有更大的价值?比如说一个企业有四个部门或者有四个产业,每一个部门、每一个产业分拆开来有更大的价值,这样的企业是不可能长久地维持在一起的,一定要解体。第四是"带不走"。企业所拥有的东西,是不是属于某些个别的员工?如果这些员工离开我们,企业还有什么?
>
> 资料来源:改编自北京大学光华管理学院院长张维迎教授2007年9月1日在企业经营与管理创新年度峰会上的演讲。

2.1 企业战略管理概述

2.1.1 战略与企业战略

1. 战略

"战略"一词来源于军事,指对战争全局的筹划和谋略。系统的战略思想最早可追溯到2500多年前的《孙子兵法》;英语中战略一词来源于希腊语 strategos 和 strategicon,其含义是"将军"和"将军指挥军队的艺术"。随着人类社会实践的发展,"战略"一词被逐渐应用到经济和社会领域、应用到企业经营管理之中。

第二次世界大战以后,企业的外部环境发生了巨大变化,公司预算已经无法应对长期发展的需要。为了谋求在多变的环境中长期生存和发展,战略管理的内涵在企业家、咨询公司、管理学家的努力下不断丰富,进而产生了企业战略管理这一门年轻的学科。1965年,安索夫(H. I. Ansoff)根据其在美国洛克希德飞机公司多年的管理经验和在大学里从事教学、咨询的经历出版了《公司战略》一书,其后企业战略在美国等西方发达国家开始得到了广泛的应用。经历了20世纪60年代的兴起、70年代的热潮、80年代的回落和90年代的复兴后,战略管理思想学派林立,美国著名管理学家亨利·明茨伯格(H. Mintzberg)等在《战略历程——纵览战略管理学派》中将战略管理分为十大学派,我国学者周三多等在《战略管理思想史》中又把战略管理思想归纳为战略规划学派、适应学习学派、产业组织学派与资源基础学派。与此同时,战略管理越来越显示出它在企业管理中的重要性,战略管理理论成为企业最高层次的管理理论,战略管理成为企业高层领导人员最重要的活动和技能。我国的企业管理也正从注重职能管理的经营型管理转变为注重各职能整合的战略型管理。

2. 企业战略

什么是企业战略?由于战略是多变量的又是权变的,目前在各种文献中对企业战略并没有一个统一的定义。有的认为企业战略应包括企业的目的与目标(即广义的企业战略),

战略就是目标、意图和目的,以及为达到这些目的而制定的主要方针和计划的一种模式;有的则以为企业不应该包括这一内容(即狭义的企业战略),企业战略就是决定企业将从事什么事业,以及是否从事这一事业。尽管存在着不同认识,随着经济全球化一体化,目前确定竞争范围已经成为企业战略研究的首要议题。大多数学者认为,企业战略的四个构成要素是:

(1) 经营范围,指企业从事生产经营活动的领域,它反映出企业目前与其外部环境相互作用的程度,也可以反映出企业计划与外部环境发生作用的要求。

(2) 资源配置,指企业过去和目前资源和技能配置的水平和模式,资源配置的好坏会极大地影响企业实现自己目标的程度,是企业现实生产经营活动的支持点。

(3) 竞争优势,指企业通过其资源配置的模式与经营范围的决策,在市场上所形成的与其竞争对手不同的竞争地位。

(4) 协同作用,指企业从资源配置和经营范围的决策中所能获得的各种共同努力的效果,就是说分力之和大于各分力简单相加的结果。

综合上述观点,企业战略实质上是一个企业在清醒地认识和把握企业外部环境和内部资源的基础上,为求得企业生存和长期发展而做出的一系列根本的、全局性的、长远性的、指导性的谋划。一个完整的企业战略可以分为三个层次(见表2-1):企业总体战略、经营单位战略和职能战略。

(1) 企业总体战略:决定和揭示企业的愿景、使命和目标,确定企业重大方针与计划、企业经营业务类型和企业组织类型、企业应对用户、职工和社会的贡献。企业总体战略还应包括发展战略、稳定战略和紧缩战略。

(2) 经营单位战略:在总体战略的指导下,主要解决企业如何选择经营行业和如何选择在一个行业中的竞争地位问题。这一战略主要涉及企业在某一经营领域中如何竞争、在竞争中扮演什么样的角色、各经营单位如何有效地利用分配给的资源等问题。

(3) 职能战略:为实现总体战略和经营单位战略,对企业内部的各项关键的职能活动做出的具体化统筹安排。职能战略包括财务战略、营销战略、人力资源战略、组织结构战略、研究开发战略、生产战略等。

表 2-1 战略管理三个层次特点比较

比较内容	战略层次		
	企业总体战略	经营单位战略	职能战略
管理要素	产品与市场	领域成长方向	竞争优势协同效应
管理者	高层	中层	基层
性质	观念型	中间型	执行型
明确程度	抽象	中间	确切
可衡量程度	以判断评价为主	半定量化	通常可定量
频率	定期或不定期	定期或不定期	定期
所起作用	开创型	中等	改善增补性
对现状的差距	大	中	小
承担的风险	较大	中等	较小

在此基础上可以进一步定义,广义的企业战略管理就是运用战略对整个企业进行管理;而狭义的企业战略管理是指对企业战略的制定、实施、控制和修正进行的一个动态管理过程。目前,战略管理的主流学者大多持狭义定义,故本章也采用狭义战略管理的主张。根据目标、任务、内容、重点、时间周期、适应的环境的不同,传统企业管理与企业战略管理的比较见表 2-2。

表 2-2 传统企业管理与企业战略管理比较

比较内容	传统管理	战略管理
工作内容	更好地执行生产管理、销售管理、人事管理、财务管理等日常管理任务,达到操作要求和制度要求	制定战略展望,设置目标体系,实施战略,业绩评估,实施矫正措施,达到期望结果
管理目标	满意的财务业绩(销售收入、净利润、总资产、每股收益、股东红利等)	满意的战略业绩(发展方向明晰、市场地位提高、技术创新连续、客户满意度与品牌提升等)与满意的财务业绩(同左)
工作重心	通过提高企业规范化程度与经营效率,提高短期内的投入产出比,获取短期利润,实现更好地生存	通过培育企业核心竞争优势,提高长期的投入产出比,获取短期和长期利润,实现生存与可持续发展
管理时间跨度	一般为 1 年,关注眼前	一般为 3~5 年,关注未来,关注发展
环境变化适应性	适应于市场需求结构与竞争环境相对稳定,适应性较差	适应市场需求结构与竞争复杂多变的环境,适应性较强
对管理者要求	专业能力	专业能力、创新能力和应变能力

2.1.2 企业战略管理的作用

在管理实践中,重视战略管理的企业与不重视战略管理的企业实践证明,正是由于企业战略管理的这些作用使得许多重视战略管理的企业在激烈的市场竞争中脱颖而出。这些企业有的在专业领域内长期独领风骚,有的企业则在经过长期的、痛苦的市场考验等后获得了市场认可和丰厚回报,国内外许多企业的成功证明了这一点,比如 Intel 的技术创新战略、格力空调的专业化经营战略、格兰仕的规模化低成本战略、哈药集团的品牌战略、海尔先人一步的国际化战略等。

在企业战略管理方式中,指导企业全部活动的是企业战略,全部管理活动的重点是制定和实施战略。战略管理最根本的利益是帮助企业通过采用更系统的逻辑的和数理的方法选择战略而制定出自己企业的更佳战略。

研究证明,一个企业使用了战略管理的方法比没有使用战略管理方法的企业获得的利益更多(包括经济利益和非经济利益)、更容易取得成功。例如根据对美国 101 个零售、服务和机械行业制造企业在连续 3 年期间跟踪研究得出结论,由于业务管理上使用了战略管理,在产品的销售、利润和生产效益方面比没有系统规划活动的企业有重大的改善。而低效运作的企业由于未能有效地采用战略管理的手段,没有准确分析企业的内、外部优劣势,对外界变化没有予以足够重视(例如科技方法的改变,国外竞争对手的出现),导致企业运作薄弱,难以控制各种事件。这些事实和研究成果不仅表明了企业战略的指导作用,也实证了企业战略管理增强了企业经营活动对外部环境的适应性、有利于充分利用企业的各种资源以及调动了企业各级管理人员的积极性。美国管理学者格林利教授(Gordon Greenley)在《战略规划改善公司的运作》一书中指出战略管理呈现下列四方面的利益：

（1）战略管理考虑了机会的鉴定；提供了一个管理问题的目标观点；并构筑一个框架以改善活动的协调和控制。

（2）战略管理使相反的条件和变化所产生的影响达到最小；主要决策更好地支持已建立的目标；促进机会选择以更有效地分配资源和时间；并使用较少的资源和很少的时间专门用于纠正错误，或做出特别的决定。

（3）战略管理创造一个在成员之间协调交流的框架；肯定每个人做出进入整体的努力；明确每一个企业成员的责任；鼓励管理决策人员超前思考。

（4）战略管理以积极态度对待难题和机会；鼓励人们面对变化采取积极行动并有序地管理业务。

战略管理决定了企业的发展，但战略管理要发挥其作用是基于企业的各级领导者（尤其是高级管理人员）具备一定的战略素质，包括道德与社会责任感、眼睛向前的素养、随机应变的能力、开拓进取的品格、丰富的想象力和具有某种程度上偏激的形态。

2.1.3 企业愿景与战略目标

成功的企业依靠绝妙复杂的战略规划就能实现其最佳的商业行为，这只是一个神话。有效的战略管理工作开始于对企业应该做什么和不应该做什么在脑海中形成的基本观念以及企业应该去向何方的愿景。20世纪90年代，光辉国际咨询有限公司从事了一项比较详尽的调查，涵盖20个不同国家的1 500名高级管理人员，其中有870名首席执行官。当这些经理人被问到"首席执行官应该具备什么主要的特征或能力"时，选择频率最高的回答是"有传递愿景的能力"，98%的被调查者认为这是首席执行官最重要的一个特征。

所谓愿景即由组织内部的成员所制定，通过团队讨论并获得组织一致的共识而形成的愿意共同全力以赴的未来方向。企业愿景大都具有前瞻性的计划或开创性的目标，是企业发展的指引方针。利普顿(Mark Lipton)在《愿景引领成长》一书中认为一个企业的愿景必须回答三个主题：企业存在的理由、如何达成企业存在的理由和企业的价值观。愿景形成后，企业高层应对内部成员做简明扼要的陈述以激发内部士气，并应落实为组织目标和行动方案以具体推动实施。通过愿景，企业能有效地培育与鼓舞组织内部的所有人，激发个人潜能，激励员工竭尽所能，增加组织生产力，达到顾客满意度的目标。在愿景的指引下，企业最高管理层、企业文化、企业组织结构和员工管理过程共同赋予了愿景真正的生命力，确保了战略方向的连贯性。

1. 企业愿景

愿景说明了一个企业将来的发展目标，对企业实现长期成长与定位意义深远。愿景不会年年改变，相反它是一个历久弥坚的承诺。愿景是一张令人激动的图画，它描绘了企业渴望成为的形象，以及企业使之成为现实的方法。制定企业愿景时，企业主要依据顾客的需求分析、新的技术发展态势、进入有吸引力的外国市场的机会、业务成长或衰退等重要信号。

愿景驱动思想强调了企业的愿景在企业战略中的重要作用。在20世纪50年代管理大师彼得·德鲁克(Peter Druck)推行的目标管理中，愿景就已经得到了充分的重视。1994年吉姆·柯林斯(Jim Collins)在《基业常青》一书中，对财富杂志500强工业企业和服务类公司两种排行榜中挑选了18家企业公司进行了追根究底式的研究,得出的结论是:那些能够长期维持竞争优势的企业,都有一个基本的经营理念——愿景,这些基本理念为企业战略确定某些重要的开端和主要的方向,集中企业决策中的某些关键的意图和思路,愿景在数代首席执行官手中得以延续,从而引导企业战略沿着一条正确的"路线"不断前进。愿景驱动的基本原理是通过高远的目标来极大地激励企业的追求拉动力,使各级管理者沿着充满野心的、似乎是胆大妄为的理想不断前进。它是基于这样的一种哲学的基本假设:人的生命是短暂而有限的,职业人员应将其个人发展融入企业发展之中以共同实现社会价值,因此人的潜能是无限的并且应该以高不可攀的目标来激发这样的潜能。优秀企业能够保持长盛不衰的秘密就在于能巧妙地将人性化的理念与商业化的操作融为一体。企业是人的集合体,人们有各自的信仰,各自的价值观,来企业的目的也各不相同。愿景可以团结人,可以激励人,愿景最大限度地发挥每个人的价值,使人们工作得更积极、有效。一个企业有了自己的愿景并为全体员工所接受,那么,愿景就可以通过全体员工传播出去,从供应商、广告商、直到你的客户,这些人慢慢地变成你的拥护者。如果你的竞争对手没有愿景,你就可以利用对手的弱点取胜对手。若对手有自己的愿景,你就可以制定一个超过对手的愿景,以利在竞争中取得主动地位。

一个完整的企业的目标体系不仅愿景还包括使命和目标(见表2-3)。愿景比较宽泛而使命比较具体,而战略目标将企业使命具体化为可操作的指标。在战略管理论中与"愿景"一词紧密相连的就是企业使命(mission)。使命是一个组织存在的理由,是对组织长期目标和发展宗旨的陈述,是企业在社会进步和社会、经济发展中所应当承担的角色;使命不仅包括企业的目标,也包括企业竞争的基础和竞争的优势,为企业目标的确立与战略的制定提供依据。企业使命要表明企业的追求,将本企业与其他企业相区别。文字叙述要足够清楚以便在组织内被广泛理解,内容窄到要足以排除某些风险,宽到足以使企业有创造性的增长。评价企业使命主要从用户、产品或服务、市场、技术、企业对生存或增长和盈利的关心、哲学、自我认知、企业对公众形象的关心、企业对雇员的关心九个方面着手。

表 2-3　企业愿景和使命的区别及实例

企业名称	愿　景	使　命
	企业想成为什么?	企业的业务是什么?
管理学院	我们的毕业生将有推动和改善他们所在组织及社区的能力和动力,他们对他人、组织过程以及他们自身所处的这个社会的影响将是深远而且积极的	我们培养学生获得高质量的MBA学位
Lenovo 联想	为客户利益而努力创新 • 创造世界最优秀、最具创新性的产品 • 像对待技术创新一样致力于成本创新 • 让更多的人获得更新、更好的技术最低的总体拥有成本(TCO),更高的工作效率	作为全球个人电脑市场的领导企业,联想从事开发、制造并销售最可靠的、安全易用的技术产品及优质专业的服务,帮助全球客户和合作伙伴取得成功

2. 战略目标

战略目标是企业为完成使命,在一定时期内需要达到的特定业绩目标。战略目标必须以定量的术语进行陈述,并且有实现的期限。企业的目标体系使企业的管理者作出承诺:在具体的时间框架下,达到具体的业绩目标。由于战略目标是企业愿景和使命的具体化,一方面企业的战略目标是多元化的,既包括经济目标,又包括非经济目标;既包括定性目标,又包括定量目标。尽管如此,各个企业需要制定目标的领域却是相同的,德鲁克在《管理实践》一书中提出了八个关键领域的目标:

(1) 市场方面的目标:表明本企业希望达到的市场占有率或在竞争中达到的地位;

(2) 技术改进和发展方面的目标:对改进和发展新产品、提供新型服务内容的认知及措施;

(3) 提高生产力方面的目标:有效的衡量原材料的利用,最大限度的提高产品的数量和质量;

(4) 物资和金融资源方面的目标:获得物质和金融资源的渠道及其有效利用;

(5) 利润方面的目标:用一个或几个经济目标表明希望达到的利润率;

(6) 人力资源方面的目标:人力资源的获得、培训和发展,管理人员的培养及其才能的发挥;

(7) 职工积极性发挥方面的目标:对职工激励、报酬等措施;

(8) 社会责任方面的目标:注意企业对社会产生的影响。

由于企业战略执行时间一般都较长,不仅要制定企业的长期战略目标,还要制定相应的短期执行性目标。不仅企业高层制定企业总体战略,各经营单位或职能部门还须确立相应的经营单位战略和职能战略,于是战略目标制定过程通过企业组织结构层次一直向下继续分解落实下去直到个人。为了监测目标体系运作过程并使其愿景能够实现,在每阶段末建立一套阶段指标对目标进行考核和控制。短期目标是长期目标的执行性目标,一般期限在一年以内。

决策借鉴

企业社会责任:从慈善转向战略

企业在考虑社会责任问题时,通常会犯两个错误:其一,把企业和社会对立起来,只考虑两者之间的矛盾,而无视两者之间的相互依存性。其二,只泛泛地考虑社会责任,而不从切合企业战略的角度来思考该问题。

迈克尔·波特在《战略与社会:竞争优势与企业社会责任的关系》(《哈佛商业评论》,2006年12月)一文中认为,这两个错误就导致企业内部的各项社会责任行动好似一盘散沙,既不能带来任何积极的社会影响,也不能提高企业的长期竞争力,造成了企业资源和能力的极大浪费。

如果公司只是为了"做好人"就捐出大量的金钱用于社会事业,那么它们就是在浪费股东的钱财,这样做并非长久之计。捐出金钱很容易,但如果只是为了捐钱而捐钱,那么股东、经理人和员工都会对此冷嘲热讽。没有一家企业会有足够的能力和资源来解决所有的社会问题,它们必须选取和自己的业务有交叉的社会问题来解决。其余的社会问题,则留给其他更有优势的组织来处理,比如其他行业的企业、非政府组织或政府机构。

迈克尔·波特将企业社会责任也分为两类:一类是反应型的;另一类是战略型的。现在许多企业从事的企业社会责任都是反应型的。他们致力于做一个良好的企业公民,参与解决普通社会问题,比如进行公益性捐助;或者努力减轻企业价值链活动对社会造成的损害,比如妥善处理废物排放,减少自然污染。履行反应型社会责任虽然能给企业带来竞争优势,但这种优势通常很难持久。

> 战略型社会责任就是寻找能为企业和社会创造共享价值的机会。这样的战略型社会责任包括价值链上的创新,比如丰田推出油电混合动力车普锐斯;或者针对竞争环境的投资,比如微软和美国社区学院协会的合作;或者在企业的核心价值主张中考虑社会利益,比如全素食品,超市强调其食品的天然、有机和健康。只有通过战略性地承担社会责任,企业才能对社会施以最大的积极影响,同时收获最丰厚的商业利益。企业社会责任中最重要的任务,就是要在运营活动和竞争环境的社会因素这两者间找到共享价值,从而不仅促进经济和社会发展,也改变企业和社会对彼此的偏见。

2.1.4 企业文化与企业战略

企业文化是 20 世纪 80 年代后兴起的一种管理理论,是一种文化、经济和管理相结合的产物,企业文化虽然不是一项管理职能,但它在企业管理中的作用越来越重要。美国兰德公司、麦肯锡公司的专家通过对全球优秀企业的研究,得出的结论认为:世界 500 强胜出其他企业的根本原因,就在于这些企业善于给它们的企业文化注入活力,它们最注重四点:一是团队协作精神;二是以客户为中心;三是平等对待员工;四是激励与创新。在大多数企业里,实际的企业文化同企业希望形成的企业文化出入很大,但对那些杰出的企业来说,实际情况同理想的企业文化之间的关联却很强,它们对企业的核心准则、企业价值观遵循始终如一。

所谓企业文化是指企业在长期的生存和发展中所形成的为企业多数成员所共同遵循的基本信念、价值标准和行为规范,见图 2-1。例如:宝钢的企业文化是坚持把"争创世界一流"的光荣感、责任感、紧迫感教育贯彻始终,并根据公司的发展不断注入新内容。在一、二期工程建设和投产阶段,宝钢把"建设一流队伍、培养一流作风、掌握一流技术、实行一流管理、生产一流产品"作为企业文化的核心。企业文化一旦形成很难改变,具有潜移默化的影响和作用,能有效地激励员工实现企业目标。企业文化确定了企业行为的标准和方式,影响并决定了为全体成员所接受的行为规范,渗透于企业各项职能活动中,使得企业具有区别于其他企业的一系列特征。当然,企业文化也并不是一成不变的事物。改变企业文化不容易,改变难度与企业的规模、复杂性和企业文化的齐均性正相关。

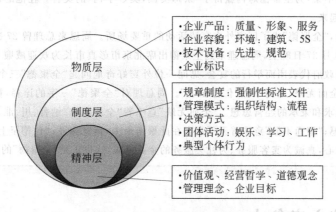

图 2-1 企业文化的层次结构

现代企业之间最高层次的竞争即文化的竞争,企业文化影响着企业运作的一切方面。企业文化实质就是企业适应不断变化的环境的能力和让这种能力延续发展的能力,是一种适合于高度信息化与个性化环境下的人性化管理方式,是企业经营理论的人性的反映。设计和培育积极、有效的企业文化必须以企业战略作为指导依据。企业文化可能会给某种战略的实施带来一定的成本,但并不能认为企业文化决定了企业战略。

企业文化影响了企业对环境因素和自身资源能力的评价,不同的企业文化可能导致不同的关于机会、威胁、优势、劣势的认识。当环境变动需要企业做出的战略反应符合企业现有文化时,企业能接收这些环境变动信息;否则,这种变动信息很可能被暂时忽视。

企业文化影响了企业对战略方案的选择:在内外环境条件大致相同的情况下,不同的企业文化可能导致不同的战略决策。如果一个企业的文化是以稳定性为其主,那么增长型战略的实施就要克服相应的文化阻力。

企业文化影响了企业战略的实施。战略与企业文化相匹配,企业文化有力地促进战略的实施,又通过战略实施得到强化和发展;战略与企业文化相悖,则面临战略实施失败的风险。冲突越大,风险越大;风险过大,逼迫企业在修改战略和改变文化两者中进行抉择。企业战略与企业文化的方向应该是一致的,当企业战略作调整的时候,企业文化也要跟着调整。在企业战略转变的重大关头,企业往往采取重大的人事变动推动战略的实施,进行企业文化的变革。

决策借鉴

全聚德集团的企业精神

1864年(清同治三年),在北京前门肉市街上,有一家经营干鲜果品的"德聚全"商铺因经营不善而濒临倒闭。此时,以贩卖鸡鸭为业的杨全仁倾其所有,盘下了这家店铺。他请来一位风水先生,这位先生在店铺周围绕了两圈,对这块风水宝地大为夸赞,但认为这家店铺的牌匾甚为倒运,除非将"德聚全"三字倒过来,以"全聚德"立新字号,方能冲其晦气,跨上坦途。杨全仁听后甚为欢喜:一来"聚德"二字有聚拢德行的吉祥蕴意;二来其中含有他名字中的"全"字。于是,他请来一位叫钱子龙的秀才,写下遒劲有力的"全聚德"三个大字,制成金匾悬挂门楣。此后,杨全仁又重金聘请御膳房的孙师傅专营"挂炉烤鸭",孙师傅把原来的烤炉改为炉身高大、炉膛深广、一炉可烤十几只鸭的挂炉,还可以一面烤、一面向里面续鸭。经他烤出的鸭子外形美观,丰盈饱满,颜色鲜艳,色呈枣红,皮脆肉嫩,鲜美酥香,肥而不腻,瘦而不柴,为全聚德烤鸭赢得了"京师美馔,莫妙于鸭"的美誉。在他的苦心经营下,"全聚德"一天天兴旺起来。

新中国成立后,"全聚德"成了国家外交宴请活动的重要场所。周恩来总理曾27次在"全聚德"宴请外宾。1957年3月27日晚上,周总理来到全聚德出席北京市彭真市长为欢迎威廉·西罗基总理率领的捷克斯洛伐克政府代表团而举行的宴会,席间一位外宾好奇地问起"全聚德"三个字的含义,周总理精辟地解释为"全而无缺、聚而不散、仁德至上"。周总理对"全聚德"三字的诠释,精辟地概括了百年"全聚德"一贯追求和秉承的经营思想。"全而无缺"意味着"全聚德"广纳鲁、川、淮、粤之味,菜品丰富,质量上乘无缺憾;"聚而不散"意味着天下宾客在此聚情聚力,情意深厚;"仁德至上"则集中体现了"全聚德"以仁德之心,真诚为宾客服务、为社会服务的企业风貌,这也正是"全聚德"的商魂。

2.2 企业核心竞争力

2.2.1 核心竞争力及其评估

自1990年加里·哈梅尔(Gary Hamel)和C. K. 普拉哈拉德(C. K. Pahald)在《哈佛商

业评论》发表了《企业核心竞争能力》一文以来,核心竞争力理论一直受到国际学术界和政策研究机构的重视。对于处于开放经济条件下的企业来说,企业的核心能力的重要意义就在于通过某些独占机制可以有效地建立自己的竞争优势或打破竞争对手的竞争壁垒,因而是其获得持续的经济发展和提高在市场竞争中地位的关键。那什么是企业核心竞争能力呢？核心能力是一种扎根于企业组织内部的、能获得超额收益和能够不断使自己立于竞争优势地位的能力,它实际上是一种企业的巨大战略资源。如果把企业竞争优势比喻成树,核心能力就是根。由能力之根生长出核心产品,再由核心产品到各经营单位生产出各种最终产品。多种经营的企业就好比是一棵大树,树干和树枝是核心产品,较小的树枝是经营单位,而树叶、花、果实则是最终产品。树的根系则提供了大树所需的营养,大树的稳定性就是核心能力。各个企业在收益上差异主要不是因为行业不同,而是因为其所拥有的资源和能力上的差异。一个企业之所以获得超额利润主要是因为它拥有同行企业没有的核心竞争能力。

一种能力要想成为企业的核心竞争力,必须是"从客户的角度出发,是有价值并不可替代的;从竞争者的角度出发,是独特并不可模仿的",具体说来：

（1）有价值的能力——核心竞争力具有市场价值、能为消费者带来价值创造或价值附加；

（2）稀有能力——指那些极少数现有或潜在竞争对手能拥有的能力；

（3）难于模仿的能力——是其他企业不能轻易建立的能力；

（4）不可替代的能力——指那些不具有战略对等资源的能力。

核心竞争能力的产生是组织各个不同部分有效组合的结果,是个体资源整合的结果。一般来说,核心竞争能力存在于企业的人的身上,而不是存在于企业资产本身。核心竞争能力深深植根于技巧、知识和个人的能力之中。核心竞争力能使企业长期或持续拥有某种竞争优势的能力,表现为企业经营中的累积性学识,尤其是关于如何协调不同生产技能和有机结合多种技术的学识。日本为了赶上欧美国家的企业,十分注重企业核心能力的培育和提升。20世纪七八十年代日本企业曾凭借它们的核心能力击败了称霸世界的美国企业,不仅抢占了美国在世界市场的份额,而且占领了美国本土的广大市场。例如：本田公司的核心能力主要在发动机传动系统方面的核心技术专长,它不但生产出独具竞争力的核心产品本田摩托车(省油、易发动、易加速、噪声小、成本低),而且扩展到小汽车、外用发动机、扫雪车、轿车、田间耕作机、割草机、四轮车、节能车等；佳能公司利用其在光学镜片、成像技术和微处理器控制技术方面的核心能力,使其成功地进入了复印机、激光打印机、照相机、成像扫描仪、传真机等20多个领域。

哈佛大学迈克尔·波特教授(Michael Porter)于1985年提出来的价值链分析理论(value chain,VC)作为一种强有力的战略分析框架,可以用来作为分析企业核心竞争力的基本工具。企业每项生产经营活动都是其创造价值的经济活动,那么,企业所有的互不相同但又相互关联的生产经营活动,便构成了创造价值的一个动态过程,即价值链。企业的产品利润由企业一连串的增值活动(value-add activities)所产生,而企业的增值活动分为主要活动(primary activities)与支持活动(support activities)。企业价值活动可以分为五种主要活动和四种辅助活动,如图2-2所示。

企业所创造的价值如果超过其成本,便有盈利;如果超过竞争对手的成本,便拥有竞争优势。价值链上的每一项价值活动都会对企业最终能够实现多大的价值造成影响。进行价

图 2-2 ××海洋地质勘探开发总公司价值链分析

值链研究,就是要在深入行业价值链的基础上,对其影响的方面和影响程度进行深入的考察,充分权衡其中的利弊,以求得最佳的投资方案(最佳价值链结构)。企业的任何一种价值活动都是经营差异性的一个潜在来源。企业通过进行与其他企业不同的价值活动或是构造与其他企业不同的价值链来取得差异优势。真正重要的是,企业的经营差异战略必须为客户所认同。另外经营差异必须同时控制实现差异经营的成本,以便将差异性转化为显著的盈利能力。企业价值活动的独特性要求能够控制各种独特性驱动因素,控制价值链上有战略意义的关键环节。价值链分析应用于企业战略管理时,可以为企业发现并指出:用什么进攻?在什么地方防守?进攻对手何处?何处防止对手进攻?如何自我改进?如何调整资源分布?例如美国西南航空公司曾长期穿梭于大机场,与众多大公司正面交锋,盈利状况不佳。后来另辟蹊径,在中小城市间提供短程廉价服务:停机到再起飞只要 15 分钟,以增加航班密度,相当于延长航程;机上不设头等舱、不指定座位、不供餐,以削低票价;乘客可到登机口自动售票机购票,以节省佣金;全部投入新的波音飞机,以降低维修成本,这样再造了价值链,获得明显的成本优势。

通常,企业核心竞争力可以从市场、技术和管理三个层面来评估。

(1) **市场层面**。主要包括核心业务和核心产品两个方面。衡量核心业务的指标有:企业是否有明确的主营业务;主营业务是否能为企业带来主要收益;主营业务是否具有稳定的市场前景;企业在主营业务中是否有稳固的市场地位。衡量核心产品的指标有:企业是否有明确的主要产品;主要产品是否有很高的市场占有率;主要产品是否有很强的差异性和品牌忠诚度;主要产品是否有很好的市场前景;主要产品延伸至其他市场领域的能力。

(2) **技术层面**。主要指核心技术或创造核心技术的能力。其指标主要有:企业是否有明确的优势技术和专长;优势技术和专长具有多大的独特性、难以模仿性和先进性;企业能否不断吸取新技术和信息,以巩固和发展优势技术和专长;优势技术和专长能否为企业带来明显的竞争优势;优势技术和专长是否得到了充分的发挥;企业能否基于核心技术不断推出新产品。

（3）管理层面。主要指企业发展核心竞争力的能力，即企业的成长能力。其指标主要有：高层领导是否关注核心竞争力的培育和发展；企业的技术开发能力如何；企业是否有充足的各类技术管理人才；企业对技术人才队伍的激励机制是否完善和有效；企业是否有追踪和处理新技术及相关信息的系统和网络；企业是否有围绕强化核心竞争力的各层次培训体系；高层领导是否关注市场及其变化趋势；高层领导是否有不断学习与进取的精神；企业是否有明确的愿景；企业是否有有效的运行控制系统。

2.2.2 创新和企业核心竞争力的培育

核心能力的培育，就是要抓住企业竞争中最关键、最实质性的问题，确实把企业的能力提升到一个前所未有的高度。核心能力是企业独占的资产，这种资产可以给企业带来比某一项技术创新或者某一项改革更大的收益，它是一个持久的竞争力。企业即使拥有充足的资源，也并不意味着拥有核心竞争力。企业只有有效地应用"创新"，将一系列有形、无形的资源有目的地整合在一起，才有可能打造出企业的核心能力，进而形成企业的竞争优势。"创新"的概念和创新理论是由熊彼特在其1921年出版的《经济发展的理论》中首次提出的，他认为创新包括产品创新、技术创新、组织创新和市场创新等。企业创新就是企业家领导企业对生产要素和社会资源进行重新组合的活动。企业核心竞争力来自创新，具体说来有技术创新、管理创新、文化创新三种途径。

技术创新对提高企业核心竞争力有三大效应：一是自我催化效应。随着一项技术创新成果成为企业的核心技术，企业也将逐渐形成自己新的核心竞争力和技术模式，能使企业在较长时期获得高额垄断利润和规模经济效益。二是低成本扩张与收益效应。新技术在企业中的应用，使企业以同样的成本得到收益倍增效应，可以运用同一技术在不同产品市场上获得巨大的创新收益。三是增强企业整体实力效应。技术创新可以提高企业在相关产品市场上的竞争地位，其意义远远超过在单一产品市场上的胜利，对企业的发展具有深远的意义。

管理创新可以从以下几个方面进行：一是管理理念创新。从争夺最终产品市场占有率转向争夺核心产品市场份额；重视对环境的适应性，更重视提高企业自身的素质；注重做好全面管理，更注重做好关键环节的管理；既追求规模经济效益，又注重培育持续竞争优势。二是组织创新。建立现代企业制度，完善公司法人治理结构，并根据企业实际进行组织结构设计。三是控制工作创新。确立全新的控制标准，推进企业信息化，研究和使用新型控制原理与技术。四是战略创新。由竞争战略向合作竞争战略转化。五是人力资源管理创新。如引入柔性管理等。

企业文化对企业内部资源的整合，最关键的是对人力资源的整合，对企业员工精神的塑造。通过企业文化创新，可以发现、选择、利用外部资源。企业文化创新应从建设开放合作的文化、学习型文化、适应性和能动性叠加的文化等入手。

2.2.3 企业竞争战略的选择

制定战略的本质是应对竞争。迈克尔·波特在《竞争战略》和《竞争优势》中提出了企业的一般竞争战略或基本竞争战略理论。波特认为，战略是要创造一个唯一的、有价值的市场定位,企业在产业中创造高于平均经营业绩水平的三个基本战略是:成本领先战略、差异化战略和专一战略(见表2-4)。

表2-4　三种基本竞争战略

		战略优势	
		低成本优势	特色优势
竞争范围	整个行业范围	成本领先战略	差异化战略
	特定细分市场	专一战略	
		成本专一战略	差异专一战略

成本领先战略要求企业积极建立达到有效规模的生产设施,在经验基础上全力以赴降低成本,抓紧成本与管理费用的控制,以及最大限度减少研究开发、服务、推销、广告等方面的成本费用。这种战略指导下,企业为达到成本领先,要在管理方面加强成本控制,使成本低于竞争对手,获得同行业平均水平以上的利润。当市场中有大量对价格敏感的顾客、实现产品差异化的途径很少、购买者不重视品牌差别,或存在大量讨价还价购买者时,企业应努力做低成本生产者。要通过使价格低于竞争者而提高市场份额和销售额,将一些竞争者驱逐出市场。由于企业集中大量投资于现有技术及现有设备,提高了退出障碍,因而对新技术的采用以及技术创新反应迟钝甚至采取排斥态度。技术变革会导致生产过程工艺和技术的突破,使企业过去大量投资和由此产生的高效率一下子丧失优势,并给竞争对手造成以更低成本进入的机会。

差异化战略是指企业凭借自身的技术优势和管理优势,将所提供的产品或服务标新立异,形成被全行业和顾客都视为独特的产品和服务以及企业形象。差异化可以建立在产品本身的基础上,也可以以产品交货系统、营销方式及其他因素为基础。比如生产在性能上、质量上优于市场上现有水平的产品或在销售上通过有特色的宣传活动、灵活的推销手段、周到的售后服务,在消费者心目中树立起不同一般的良好形象。由于并非所有的顾客都愿意或能够支付差异化所造成的较高价格,实现差异化优势会与争取更大的市场份额相矛盾。

专一战略又称目标集聚战略,是指把经营战略的重点放在一个特定的目标市场上,为特定的地区或特定的购买者集团提供特殊的产品或服务。该战略有两种形式:着眼于在其目标市场上取得成本优势的叫作成本专一经营;而着眼于取得差别化形象的,叫作差别化专一经营。

成本领先和产品差别化战略在多个产业细分的广阔范围内寻求优势,而专一战略选择产业内一种或一组细分市场,提供满足特定用户需求的产品和服务,以寻求成本优势(成本专一)或差异化(差异化专一)。事实上,成本领先和专一经营不过是另一种差别化,所以差异化战略是企业产品市场战略的基本出发点。成功地实施三种基本战略需要不同的资源和技能,具体要求参见表2-5。

美国的威廉·霍尔在《关于在逆境中争取生存的战略》一文中分析了美国钢铁、橡胶、重型卡车、建筑机械、汽车、大型家用电器、啤酒、卷烟八个行业的实际情况并对这些行业的64家大型企业的经营战略进行了分析对比,结果表明许多成功的企业在确定企业竞争战略时

表 2-5　三种基本竞争战略在架构上的差异

一般战略	需要的基本技能和资源	基本组织要求	战略风险
成本领先战略	• 持续的资本投资和良好的融资能力 • 工艺技能 • 对工人严格监督 • 设计产品易于制造 • 低成本的分销系统	• 结构分明的组织和责任 • 以严格定量目标为基础激励 • 经常详细的控制报告	• 技术上的变化不保护已有投资和经验 • 新加入者和追随者的模仿,用较低的成本进行学习 • 产品和市场变化的盲点 • 无法保持足够的价格差
差异化战略	• 强大的生产营销能力 • 产品加工 • 对创造性的鉴别能力 • 很强的基础研究能力 • 质量和技术领先 • 在产业中有悠久传统 • 从其他业务得到的独特技能组合 • 销售渠道的高度合作	• 研发、产品开发和市场营销部门之间的密切合作 • 重视主观评价和激励 • 轻松愉快的气氛吸引高技能工人、科学家和创造性人才	• 成本差异过大,以致顾客转移 • 买方需要的差异化下降 • 模仿使已建立的差别缩小
专一战略	• 针对具体战略目标,由上述各项组合构成	• 针对具体战略目标,由上述各项组合构成	• 成本差异变大 • 战略目标市场与整体市场差距缩小 • 竞争对手找到更加细分的市场

都是根据企业内外环境条件,在产品差异化、成本领先战略中选择了一个,从而确定具体目标、采取相应措施而取得成功。一般来说很少有同时采用这两种战略的,因为这两种战略有着不同的管理方式和开发重点,有着不同的企业经营结构,反映了不同的市场观念。

波特的理论分析是基于已经比较成熟的行业进行的,而在技术、产品、客户、企业竞合关系变化越来越快的经济环境中,波特竞争战略表现出一定的不足。在逻辑上,当在一个更加宽阔的视野内考察时,可以发现波特理论的中心是"产品"——顾客是因为低价格,或是某种独特之处,才选择这种产品的。而在实践上,如果仔细观察当今成功企业的战略,就能够发现有些是波特理论所不能解释的。最典型的例子就是微软公司。微软可以说是当今最伟大的公司之一。但是,可以说它的成功是源于"最佳产品"吗?微软的产品占据了个人电脑操作系统 90%以上的市场份额,是因为它便宜吗?显然不是,一个 Windows 操作系统至少要卖几百元而 LINUX 是完全免费的;是因为它独具特色吗?也不是。实际上,从 MS-DOS 到 Windows,微软的大多数产品都不是最好的,至今还有不少人宣称,苹果(Apple)公司的产品是最有个性的。尽管如此,微软还是牢牢地占据了行业领导者的地位。它的竞争优势既不是因为低成本,也不是产品差异化,而是源于整个系统的支持。

> **管理标杆**
>
> 什么是企业的核心竞争力,说得直白一点就是你到底会干什么、特别会干什么。这是行为层的核心竞争力。核心竞争力本身要向愿景方向逐渐转移,不能认为什么东西是核心竞争力,就永远啃住它。中关村有一些公司,1984 年跟联想一起创办的时候,它们有的产品非常好,在当时特别受欢迎。

但是,市场环境变化之后,有些企业没有及时开发新的产品,就很被动。

在杨元庆总裁领导下的联想集团现在的核心竞争力主要表现在三个方面:

第一,市场开拓的能力和渠道控制能力。天禧电脑怎么能在全国卖得开呢?2000年它在全国300个城市进行巡展,每个城市做得几乎完全一样,非常规范,既起到宣传效果,还能节约成本。联想集团的坏账损失率是万分之五,这是很让人吃惊的数字,一般先进的跨国企业也只能做到千分之三左右。

第二,物流运作。电脑这个行业,它的成本主要在元器件上,元器件的成本占了电脑整机成本的80%。其中有一部分,像CPU、存储器、硬盘等价格的浮动特别大,它们极大地影响着利润水平。联想在1999年强行上了ERP以后,企业的整体运作能力有了很大的提升。在1994年前后的库存是80天,现在则做到了14天,平均在21~22天左右。

第三,终端产品的设计。这项能力使得联想的产品更加吸引消费者。

资料来源:改编自联想控股有限公司总裁柳传志在"2003经理世界年会"的发言,http://www.ceocio.com.cn/special/forum/2003_03.asp。

2.3 企业战略管理中的一些主要技术

2.3.1 企业竞争分析方法

企业竞争分析方法,即五力模型。企业竞争战略的选择由两个中心问题构成。第一个问题是由产业长期盈利能力及其影响因素所决定的产业的吸引力。第二个中心问题是决定产业内相对竞争地位的因素。在大多数产业中,不论其产业平均盈利能力如何,总有一些企业比其他企业获利更多。波特在《竞争战略》中提出了一种结构化的环境分析方法(有时也被称为"五力模型",见图2-3所示)。他选取的五种环境要素是潜在竞争对手的进入、替代品的威胁、客户的砍价能力、供应商的砍价能力以及现存竞争对手之间的竞争。很多企业的成功来自其产业的吸引力,而不是他们闪光的管理战略。在任何行业中,无论是国内还是国际,无论是提供产品还是提供服务,竞争的规则都包括在五种竞争力内。企业通过改变这五种作用力决定了企业的盈利能力和水平,赢得竞争优势。

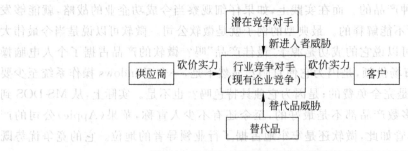

图2-3 决定产业盈利能力的五种竞争作用力

五种作用力通过三条途径影响产业的长期盈利能力,这三条途径分别是价格、成本和投资。对于价格来讲,客户的砍价能力通过价格影响企业的毛利率,替代产品威胁的强弱也会影响企业的定价策略,从而影响企业的获利能力。对于成本来讲,客户的力量影响成本,因为强有力的客户要求高成本的服务;供应商的砍价能力影响原材料的成本波动;同时,竞争对手之间的竞争强度也会促使成本的上升。对于投资来讲,厂房设备、销售渠道和广告投入等都受到竞争对手的影响;替代产品的升级,必然导致现有产业的技术升级和新一轮固定资产的投资和更新;另外,不断的投资也是防御潜在入侵者的手段之一。

五种作用力都由一些重要的因素决定,称之为结构因素(见表2-6)。这些因素的变化直接影响五种作用力,从而决定产业的变化和发展,并最终对产业盈利能力产生正面或负面的影响。另外,结构因素的敏感性也会决定产业的动荡程度和相对稳定性(见表2-7)。

表2-6 五种作用力的结构因素

作用力	含义	影响	结构因素	防范
潜在竞争对手	潜在竞争对手在行业导入期或成长期以直接或兼并的方式进入本行业,将形成新的竞争力量,对现有企业构成威胁	形成进入威胁:形成新的生产能力、抢夺部分重要资源、侵占部分市场份额	进入壁垒、专有的产品技术、原材料来源优势、政府政策、预期报复	提高进入壁垒,资金、技术、知识密集型进入威胁较小
替代品	与本行业产品有相同功能,可相互替代的产品	形成替代品威胁:影响本行业现有产品的销售和利润	替代产品的价格、过剩生产能力、需求增长速度、技术领先程度	高质低价提高进入壁垒、积极引进
供应商	供应商为提高供货价格、降低供货质量而讨价还价	形成讨价威胁:使成本升高、利润降低	买方数量、转换成本、买方盈利能力、产品和服务质量对买方的影响程度、买方掌握的信息是否充分、买方的购买形式	选择供应商、多渠道供应、后向一体化
客户	客户为压低购入价格、提高购货质量而讨价还价	形成讨价威胁:影响销售额、使利润降低	供应方的数量、供应方资产的专用性、供应方是否有替代产品竞争、批量与供应方成本的关系	选择用户、多用户前向一体化
现有企业	企业为改善市场地位采取竞争性行动对竞争对手产生消极影响	促使现有企业竞争加剧,最终可能导致所有企业蒙受损失	竞争对手数量、产业增长快慢、固定成本的投入、剩余生产能力的多少、行业退出壁垒	差异化提高竞争优势

表2-7 行业竞争结构因素分析表

各种竞争力量	坚决同意 → 坚决反对
1. 潜在竞争对手	
(1) 进入这个行业的成本很高	1　2　3　4　5
(2) 我们的产品有很大的差异性	1　2　3　4　5
(3) 需要大量资本方能进入这个行业	1　2　3　4　5
(4) 顾客更换供应者的成本高	1　2　3　4　5
(5) 取得销售渠道十分困难	1　2　3　4　5
(6) 很难得到政府批准经营与我们同样的产品	1　2　3　4　5
(7) 进入这个行业和对本企业构成威胁性不大	1　2　3　4　5
分数=(各项得到的分数之和÷所回答的项数)×[第(7)项的得分]	

续表

各种竞争力量	坚决同意 → 坚决反对
2．行业中的竞争者	
（1）本行业中有许多竞争者	1　2　3　4　5
（2）本行业中所有竞争者几乎都一样	1　2　3　4　5
（3）产品市场增长缓慢	1　2　3　4　5
（4）本行业的固定成本很高	1　2　3　4　5
（5）我们的顾客转换竞争者十分容易	1　2　3　4　5
（6）在现有生产能力上增加一点生产能力十分困难	1　2　3　4　5
（7）本行业没有两个企业是一样的	1　2　3　4　5
（8）本行业中大部分企业要么成功要么垮台	1　2　3　4　5
（9）行业大多数企业准备继续留在本行业	1　2　3　4　5
（10）其他企业干什么对本企业并无多大影响	1　2　3　4　5
分数＝（各项得到的分数之和÷所回答的项数）×［第(10)项的得分］	
3．替代品	
（1）与我们产品用途相近的产品很多	1　2　3　4　5
（2）其他产品有和我们产品相同的功能和较低的成本	1　2　3　4　5
（3）生产和我们产品功能的产品的企业在其他市场有很大的利润率	1　2　3　4　5
（4）我们非常关心与我们产品功能相同的其他种类产品	1　2　3　4　5
分数＝（各项得到的分数之和÷所回答的项数）×［第(4)项的得分］	
4．客户	
（1）少量顾客购买本企业的大部分产品	1　2　3　4　5
（2）我们的产品占了顾客采购量的大部分	1　2　3　4　5
（3）本行业大部分企业提供了标准化类似的产品	1　2　3　4　5
（4）顾客转换供应者十分容易	1　2　3　4　5
（5）顾客产品的利润很低	1　2　3　4　5
（6）我们的一些大顾客可买下本企业	1　2　3　4　5
（7）本企业产品对顾客产品质量贡献很小	1　2　3　4　5
（8）我们的顾客了解我们的企业以及盈利多少	1　2　3　4　5
（9）诚实地说，顾客对本企业的供应者影响很小	1　2　3　4　5
分数＝（各项得到分数之和÷所回答的项数）×［第(5)～(9)项的平均得分］	
5．供应者	
（1）本企业需要的重要原材料有许多可供选择的供应者	1　2　3　4　5
（2）本企业需要的重要原材料有许多替代产品	1　2　3　4　5
（3）在我们需要最多的原材料方面，我们企业是供应者的主要客户	1　2　3　4　5
（4）没有一个供应者对本企业是关键性的	1　2　3　4　5
（5）我们可以很容易地变换大多数原材料的供应者	1　2　3　4　5
（6）相对于我们企业来说没有一家供应者是很大的	1　2　3　4　5
（7）供应者是我们经营中的重要部分	1　2　3　4　5
分数＝（各项得到分数之和÷所回答项数）×［第(5)～(7)项的平均得分］	

每种竞争力量得分多少说明这种竞争力量对企业成功的重要性大小,得分多则重要性大。某一项得分越高,就说明这个问题应尽快解决或认真对待。此外,政府对竞争产生巨大影响:制定法规指导约束各行业和企业间的竞争行为;制定政策影响行业竞争;作为政府采购方和国家控制的自然资源的供方通过一定的政策法令影响行业竞争,故而有学者把政府力量作为第六个力补充到"五力模型"中。

2.3.2 企业内外部环境分析技术

内部分析过程就是认真把握影响经营管理的各种要素(通常是指人、财、物、技术、信息、管理六个方面,如管理活动分析、市场营销分析、财务比率分析、生产作业分析、研究与开发分析、互联网与计算机信息系统分析),运用内部因素分析矩阵(internal factor evaluation;IFE Matrix)尽可能定量化地反映各职能的优势或弱点,为将来的战略决策做准备。企业战略决策者在企业内部战略环境中,列出对战略管理行具体而突出影响的关键要素,按照以下步骤建立 IFE 矩阵(见表 2-8):

表 2-8 担保机构内部因素(IFE)矩阵

	关键内部因素	权重	评分	分数
优势	1. 了解客户情况	0.15	1	0.15
	2. 发展速度快	0.2	3	0.6
	3. 创新能力强	0.1	2	0.2
劣势	1. 缺乏资金补偿机制	0.2	4	0.8
	2. 规模小,不稳定	0.2	3	0.6
	3. 缺乏专业的人才	0.15	2	0.3
	总计	1		2.65

注:总加权评价值 2.65 大于 2.50 的平均值,说明担保机构内部总体条件优于平均水平。
资料来源:梁俊,梅强.基于 SWOT 矩阵的中小企业信用担保机构战略规划研究.江苏商论,2011(1).

(1) 列出在内部分析过程中确定的关键因素。采用 10~20 个内部因素,包括优势和弱点两方面的。首先列出优势,然后列出弱点。要尽可能具体,要采用百分比、比率和比较数字。

(2) 赋予每个因素以权重,其数值范围由 0.0(不重要)到 1.0(非常重要)。权重标志着各因素对于企业在产业中成败影响的相对大小。无论是内部优势还是弱点,对企业绩效有较大影响的因素就应当得到较高的权重。所有权重之得等于 1.0。

(3) 按照企业现行战略对各因素进行评分。1 分代表重要弱点;2 分代表次要弱点;3 分代表次要优势;4 分代表重要优势。评分以企业为基准,而权重则以产业为基准。

(4) 把每个因素的权重乘以它的评分,即得到每个因素的加权分数。

(5) 将所有因素的加权分数相加,得到企业的总加权分数。

无论 IFE 矩阵包含多少因素,总加权分数的范围都是从最低的 1.0 到最高的 4.0,平均分为 2.5。总加权分数大大低于 2.5 的企业的内部状况处于弱势,而分数大大高于 2.5 的企业的内部状况则处于强势。关键影响因素的选择可采用 Delphi 法排出一个重要性排序的结果,然后选出几个主要的得分因素即为关键性因素,权重和评分也可采用类似的方法。外部因素评价矩阵一样,IFE 矩阵应包含 10~20 个关键因素。因素数不影响总加权分数的范围,因为权重总和永远等于 1。

类似的技术和过程还可以应用到对企业外部的机会和威胁进行分析,得到外部因素分析矩阵(external factor evaluation matrix;EFE Matrix)。

企业外部环境包含的内容十分广泛,一般把外部环境归纳为 PEST 四个方面(见表 2-9),即政治与法律环境、经济环境、社会与文化环境、技术环境。但需要说明的是,对某一具体企业来讲,PEST 分析并不需要考虑下表中的所有因素,过多的因素分析是没有益处的。PEST 分析中涉及因素的判别有赖于过去发生的事件和企业所拥有的经验,同时这个分析过程借助于对未来作出的预测。PEST 分析可以结合 EFE 矩阵一并使用(见表 2-10)。

表 2-9　一般外部环境分析的主要内容

主要方面	主要内容
政策与法律环境(P)	环境保护、社会保障、反不正当竞争法以及国家的产业政策、外交状况、政府换届、立法情况、政党和地方、国家以及地区、区域联盟政府与企业的关系等
经济环境(E)	GDP 增长率、政府收支、外贸收支及汇率、利率、通货膨胀率、消费者倾向与可支配收入、失业率、能源和运输成本等
社会与文化环境(S)	公民的价值观、环保意识、消费文化、就业观念、工作观念、生活方式、收入分配与差距、教育与健康等和人口的地理分布、就业水平、收入水平、年龄、文化差别等
技术环境(T)	高新技术、新专利、工艺技术和基础研究的突破性进展和应用速度、企业竞争对手在研发方面的投资水平

表 2-10　担保机构外部因素(EFE)矩阵

	关键外部因素	权重	评分	分数
机会	1. 经济、金融环境向好	0.16	1	0.16
	2. 中小企业资金需求大	0.18	4	0.72
	3. 国家扶持担保行业	0.1	3	0.3
挑战	1. 中小企业经营风险大	0.2	4	0.8
	2. 同业竞争加剧	0.15	2	0.3
	3. 银行不愿分担风险	0.12	3	0.36
	4. 担保法律法规不完善	0.09	1	0.09
	总计	1		2.73

注:总加权分数 2.73 高于 2.50 的平均值,说明在利担保机构用外部机会和回避外部威胁方面高于平均水平。
资料来源:梁俊,梅强. 基于 SWOT 矩阵的中小企业信用担保机构战略规划研究. 江苏商论,2011(1).

2.3.3 战略匹配分析技术

1. SWOT 分析

PEST 分析、IFE 矩阵、EFE 矩阵所得出的信息都可以在 SWOT 分析中得到进一步运用和总结从而进一步为企业战略服务。SWOT 分析是一种将企业的战略与企业内部条件、外部环境有机结合的分析方法,是一种总结企业近期特征非常实用的方法。从整体上看,SWOT 分析可以分为两部分。第一部分为优势劣势(SW)分析(strength 和 weakness),主要用来分析内部条件;第二部分为机会威胁(OT)分析(opportunity 和 threat),主要用来分析外部环境。通过研究外部环境,企业确定它们可能会选择做什么;通过研究内部条件,企业确定它们能做什么。值得重视的是,优势和劣势分析尽可能从竞争能力的角度出发,该项分析不是得到企业在什么地方做得最好,而是与竞争对手相比,在哪些方面存在着优势或劣势。

SWOT 的核心思想是企业的独特能力与行业竞争紧密整合(fit)。SWOT 分析清楚的确定企业的资源优势和缺陷,了解企业所面临的机会和挑战,对于制定企业未来的发展战略有着至关重要的意义。SWOT 分析的步骤如下(见表 2-11 和表 2-12):

第一步,罗列企业的优势和劣势,可能的机会与威胁;

第二步,优势、劣势与机会、威胁相组合,形成 SO、ST、WO、WT 策略;

表 2-11　SWOT 策略矩阵

	优　势	劣　势
机会	SO 战略(增长性战略) • 依靠内部优势 • 利用外部机会	WO 战略(扭转型战略) • 利用外部机会 • 克服内部劣势
威胁	ST 战略(多种经营战略) • 依靠内部优势 • 回避外部威胁	WT 战略(防御型战略) • 减少内部劣势 • 回避外部威胁

表 2-12　中小企业的信用担保机构 SWOT 分析

	优势 S	劣势 W
机会 O	1. 开发适合中小企业的担保产品。依据是我国中小企业数量多,发展快,担保机构与企业建立合作关系,了解中小企业的融资需求,也知道制约它们取得资金的主要因素。银行和担保公司共同发现客户的潜在需求,有针对性地销售或定制银行提供的各项金融产品和服务。 2. 响应国家号召,与政府建立合作关系。依据是为了鼓励和引导担保机构发展,国家和地方政府陆续出台了一系列扶持政策,帮助担保机构成长。担保机构应理解各项政策的内容,并积极响应,与政府建立合作关系	1. 实施反担保、再担保风险转移措施。依据是我国担保机构发展的历史还不长,大多数担保机构的规模不大,资金实力有限。而中小企业本身具有很大的风险性,担保机构为控制风险,应采取有效的风险转移措施。其中,包括落实反担保措施,建立再担保机制。 2. 建立专业担保团队。依据是信用担保业务属于高风险业务,需要具有企业管理、金融和风险控制等专业知识专业人才来办理。因此,建立专业的担保团队是担保机构业务发展的基础和动力。通过招聘或培训等方式,扩大担保机构专业人才队伍,同时提供良好的工作和生活环境,留住和培育人才

	优势 S	劣势 W
威胁 T	1. 重点发展优质中小企业客户。依据是中小企业良莠不齐,如果许多中小企业不守信用,造成担保机构多次代偿的话,那么信用担保机构将蒙受大的损失。担保机构在选择客户时候,优先选择优质的中小企业。这类客户通常拥有核心技术或稀缺资源,在市场竞争中处于优势,而且具有良好的创新和管理能力。 2. 与银行建立"风险共担、利益共享"的合作关系。依据是银行可以为担保机构提供客户资源,担保机构可以为银行分担信贷风险,担保机构和银行建立良好的合作关系,可以使担保机构更好的发挥其有限资金的杠杆作用,使得符合条件的中小企业获得贷款,增加银行收入	放弃高风险担保业务。依据是大多数担保机构由于规模小,抗风险能力差,所以应放弃办理具有较高风险的担保业务,不管其能带来多高的收益回报。否则,担保机构将面临大的经营风险

资料来源:梁俊,梅强.基于 SWOT 矩阵的中小企业信用担保机构战略规划研究.江苏商论,2011(1).

第三步,对 SO、ST、WO、WT 策略进行甄别和选择,制定企业目前应该采取的具体战略与策略,而这些策略与企业的内部资源及能力和外部机遇有效地匹配。

2. 波士顿矩阵

波士顿咨询集团法(简称波士顿矩阵或 BCG 矩阵,见图 2-4 所示)是由美国大型商业咨询公司——波士顿咨询集团(Boston Consulting Group)1960 年为美国米德纸业进行经营咨询时提出的分析方法,也称成长—份额矩阵,是多元化企业进行战略制定的有效工具。它通过把客户生产经营的全部产品或业务组合作为一个整体进行分析,解决客户相关经营业务之间现金流量的平衡问题。

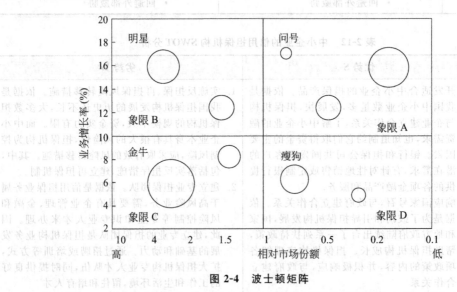

图 2-4 波士顿矩阵

当企业的各分部或分公司在不同的产业内竞争时,各分部都应当建立自己单独的战略。波士顿矩阵显示了企业各分部的相对市场份额和产业增长速度方面的信息。通过辨析每项业务在波士顿矩阵中的位置,可以知道该业务所处的状态,然后制定相应的战略。

具体分析步骤:

第一步,对每个经营单位进行二因素分析,即可把它绘入图中的某个象限(通常业务增长率(纵轴)用线性坐标,相对市场份额(横轴)用对数坐标,划分高低档次的界限可根据具体情况来确定);

第二步,一个经营单位(或产品)用一个圆圈代表,圆圈大小代表企业的规模。

(1) 维持:投资维持现状,目标是保持业务单位现有的市场份额,主要针对强大稳定的金牛业务。

(2) 收获:实质上是一种榨取,目标是在短期内尽可能地得到最大限度的现金收入,主要针对处境不佳的金牛业务及没有发展前途的问题业务和瘦狗业务。

(3) 放弃:目标在于出售和清理某些业务,将资源转移到更有利的领域。这种目标适用于无利可图的瘦狗和问题业务。

波士顿矩阵简单易行,不仅可以作为各部门战略制定的方法,也可以用于考核各分部绩效。从企业近期和长远利益平衡的眼光来看,"金牛"产品保证现实收入和安全,"明星、问号"产品开创企业的前途。从产品组合角度考察资源分配的眼光来看,投入资源为了培养更多的"明星、问题",避免投资于"瘦狗"。从资源分配与产品/市场地位相协调的眼光来看,要注重研究开发和设计,也要注重成熟产品的市场开发投入。波士顿矩阵的主要益处在于它使人们注意到企业各业务单位的现金、需求增长情况和投资特性。各业务单位在波士顿矩阵中的位置总是随着时间的推移而发生,一般的变化规律是:按逆时针方向不断地由瘦狗→问号→明星→瘦狗,有的业务或产品经过一圈后被抛售。

案例

某一酒类经销公司经营 A、B、C、D、E、F、G 7 个品牌的酒品,公司可用资金 50 万元。经对前半年的市场销售统计分析,发现:

(1) A、B 品牌业务量为总业务量的 70%,两个品牌的利润占到总利润的 75%,在本地市场占主导地位。但这两个品牌是经营了几年的老品牌,从去年开始市场销售增长率已成下降趋势,前半年甚至只能维持原来业务量;

(2) C、D、E 三个品牌是新开辟的新品牌。其中 C、D 两个品牌前半年表现抢眼,C 品牌销售增长了 20%,D 品牌增长了 18%,且在本区域内尚是独家经营。E 品牌是高档产品,利润率高,销售增长也超过了 10%,但在本地竞争激烈,该品牌其他两家主要竞争对手所占市场比率达到 70%,而公司只占到 10% 左右;

(3) F、G 两个品牌市场销售下降严重,有被 C、D 品牌替代的趋势,且在竞争中处于下风,并出现了滞销和亏损现象。

针对上述情况,公司根据波士顿矩阵原理,采取如下措施:

(1) 确认 A、B 品牌为金牛品牌,维持原来的资金投入 30 万元,以保证市场占有率和公司的主要利润来源,同时也认识到A、B品牌已经出现了衰退现象,要认真找出原因,一方面寻找替代品牌,一方面尽可能地延长其生命力。

(2)确认C、D品牌为明星品牌,虽然目前不是公司的主要利润来源,但发展潜力很大,决定加大资金投放力度,加快发展步伐,扩大与竞争对手的差距,力争成为公司新的利润增长点。决定先期投入资金10万元。

(3)对F、G品牌果断采取撤退战略,不再投入资金,着手清理库存,对滞销商品降价处理,尽快回笼资金。

(4)对E品牌投入研究力量,寻找竞争对手薄弱方面,整合资源,争取扩大市场份额,使E品牌成为明星品牌。决定投入资金5万元。余下5万元作为机动资金,以便在特殊情况下,对某品牌作侧重支持。

资料来源:张镜天. 波士顿矩阵在酒类营销中的运用. 中国酒业,2006(1).

3. GE矩阵

波士顿矩阵在实际应用过程中不断地被改进,随后又发展了许多简洁的、内容更加丰富的矩阵模型,如GE矩阵等(见图2-5),这些模型分析因子不同,解决的问题也不同,它们为企业战略家开辟了一个黄金时代。GE矩阵是20世纪70年代麦肯锡公司(McKinsy & Company)为通用电气集团(General Electric,GE)多元化战略所做的咨询项目中总结得出的。波士顿矩阵用市场增长率来衡量吸引力,用相对市场份额来衡量实力;而GE矩阵业务单位竞争力且可以针对企业实际和产业特性,因此具有广泛的应用价值。

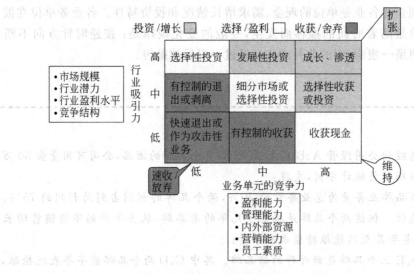

图2-5 通用电气公司的战略计划方格

具体分析步骤:

第一步,用纵坐标表示行业吸引力、横坐标表示企业竞争地位,行业吸引力和企业竞争地位的值按关键因素评价矩阵的方法计算。

第二步,行业吸引力和业务单元竞争地位各分为高、中、低三档,组合成九象限的矩阵。行业吸引力和业务单位竞争力因素都采用加权的五级计分制来评分,估测行业吸引力时:

1=毫无吸引力,2=没有吸引力,3=中性影响,4=有吸引力,5=极有吸引;对业务单位竞争力评定中:1=极度竞争劣势,2=竞争劣势,3=同竞争对手持平,4=竞争优势,5=极度竞争优势(在这一部分,应该选择一个总体上最强的竞争对手作为对比的对象)。

第三步,一个业务单元在图中用一个圆圈代表,圆圈大小代表该单位的规模(以占用企业资产的比重来衡量),该单位的市场份额用相应圆圈阴影扇形面积表示。

在实际的战略管理中,有两类企业不适合运用上述两种矩阵来分析企业的总体战略。一类是刚刚开始进行多种经营的单一产品系列的企业;另一类是主要经营业务与次要经营业务密切相关的主导产品系列的企业。

2.3.4 企业战略管理分析的信息技术

企业信息化就是用信息技术改造企业活动使之更加有效的过程。在信息化的时代,从根本上讲企业首先应该成为一个信息化的企业,企业的发展必然建立在所获取的信息的数量和质量的基础上,企业竞争从某种意义上讲就是信息的竞争。战略的制定需要来源于业务系统的大量信息;而战略的执行需要通过业务系统来实现(见图2-6)。如果说战略管理是企业的大脑,那么 ERP、SCM、CRM、SRM、PLM 等业务系统就是企业的感觉器官和肢体,数据仓库从企业业务系统中萃取数据,根据设定好的数学模型计算出企业战略管理所需的数据和指标。例如 mySAP 企业战略管理(mySAP SEM)是一套能帮企业实现基于价值管理的工具和方法。mySAP SEM 提供了一个对企业绩效信息完整、实时的监视,使企业的高级管理人员能评估并提高企业的价值。mySAP SEM 帮助企业将战略和目标分解为对企业每个部门和领域来说都具有现实意义的计划。能够通过平衡记分卡、基于价值的管理以及风险管理使商业用户做出前瞻性的决策并理解个人能力或团体对扩大企业战略的贡献。SAP 推出的企业战略管理系统(strategic enterprise management,SEM)基于"管理驾驶舱"技术(见图2-7),十分巧妙地把企业管理与决策的方方面面集中在类似于飞机驾驶舱中的

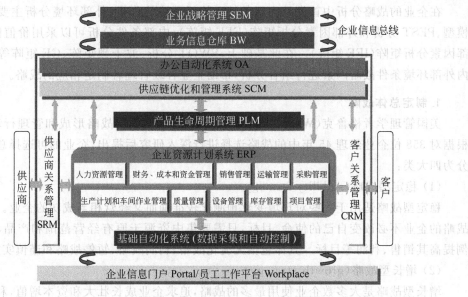

图 2-6 企业 IT 结构

若干个仪表盘上,使企业管理者可以十分清晰地掌握自己企业里里外外的情况,从而管理企业像驾驶飞机一样,平稳飞行,顺利抵达目的地。

图 2-7 管理驾驶舱示意图

2.4 企业战略管理的基本过程

2.4.1 战略制定

企业战略管理可以简单地划分为两个阶段:战略制定阶段和战略实施阶段,战略评估渗透在战略制定和战略实施的整个过程中。战略分析就是在外部环境和内部条件分析的基础上构建出企业未来框架;战略决策的主要内容是制定多个战略方案、战略方案效果和能力的评价、战略方案的选择;战略实施主要是制定职能战略、组织的战略性变革和管理、战略活动的评价和控制。

在企业的战略分析中首先是内部条件和外部环境的分析,外部环境分析主要采用五力模型、PEST 分析和外部因素分析矩阵(EFE 矩阵),内部条件分析可以采用价值链分析、内部因素分析矩阵(IFE 矩阵)。在此基础上,SWOT 分析、波士顿矩阵、GE 矩阵等结合企业内外部环境条件战略因素进行组合分析,帮助企业各级管理者制定相应的战略。

1. 制定总体战略

美国管理学者格鲁克(W. F. Glueck)1976 在《企业方针:战略形成和管理行动》一书中根据对 358 位企业经理 45 年中的战略选择进行深入研究后提出,企业的可选择总体战略可分为四大类:

(1)稳定型战略(stability strategy)

稳定型战略适用于那些对环境变化预测比较准确而又经营相当成功的企业。采用这种战略的企业不必改变自己的使命、目标,只需要集中资源于原有经营范围和产品,按一定比例提高其销售、利润等目标。具体包括无变化战略、利润战略、暂停战略和谨慎实施战略。

(2)增长型战略(growth strategy)

增长型战略是大多数企业使用最多的战略,追求企业成长壮大和资本增值,利用多种经营分散风险,利用政府鼓励政策提供的机遇摆脱现有竞争束缚,但扩张使问题和矛盾增加而失误增多管理难度大,具体包括后向联合、前向联合、横向联合、市场集中、市场开发、产品开发、相关多元化、不相关多元化等多种战略选择。

(3) 紧缩型战略(retrenchment strategy)

紧缩型战略一般在企业受到了巨大压力和出现了重大失误时才使用,包括彻底改变或重组战略、出售部分分厂的战略、依附、破产或清算。

(4) 混合型战略(combination strategy)

混合型战略是指一些大型的企业集团在其不同的分厂分部采用各不相同的战略。

2. 制定经营单位战略

战略经营单位的概念首先是于20世纪70年代在美国通用电气公司中发展起来的。在一个企业内,战略经营单位本身不代表经营规模的大小。但要建立一个战略经营单位,必须符合下列标准:战略经营单位要有具体的任务,即要有自己的经营范围;在经营的范围内能有自己的市场,并在这个市场范围内有同行业的竞争者;一个战略经营单位相对独立于企业中的其他战略经营单位;一个战略经营单位的经理人员必须全权控制此经营单位的活动。

企业的经营单位战略考虑的是在企业生产经营活动所处的行业与市场上所运用的战略。企业选择经营单位战略(见表2-13),是为了在其所竞争的行业与市场中形成竞争优势,以获得超过竞争对手的利润率。经营单位的竞争战略应该回答:

(1) 企业应在何处参与竞争?或在哪一个市场以及市场中的哪一部分中参与竞争?

(2) 企业用什么样的产品参与竞争?

(3) 企业如何在经过挑选的市场中赢得实质性的竞争优势?

除了竞争战略,经营单位战略还有包括企业投资战略,企业从其在行业中的竞争地位以及所在行业的寿命周期阶段这两个因素出发,准确地选择适合于自己条件的投资战略,通过投入不同的人力、财力和物力资源,维持与发展已经选择的竞争战略,保证所需要的竞争优势。常用的投资战略可以供企业选择的有六种,即增长份额战略、增长战略、盈利战略、市场集中和资产减少战略、转变战略以及财产清算和撤退战略。

表 2-13　经营单位战略的主要内容

---

(1) 经营单位发展五年战略目标
(2) 宏观经济环境及行业发展分析及对经营单位影响的评估
- 今后五年内国内、外宏观经济环境发展变化趋势
- 今后五年内行业的发展展望
　——产品发展趋势
　——主要法规及经营环境变化
- 宏观经济和行业发展对本经营单位造成的影响
　——创造的主要机会
　——造成的主要威胁
(3) 经营单位现状分析
- 本经营单位近年业绩及发展趋势
- 本经营单位主要竞争优势及弱点
(4) 经营单位面临的主要竞争对手分析(国内外竞争者)
- 竞争对手近几年业绩分析(和本经营单位比较)
- 竞争对手可能在以下五年采用的战略举措

- 对手战略举措对本经营单位的潜在威胁

(5) 经营单位五年战略(方案)
- 本经营单位今后五年将在哪些市场竞争
    ——地理市场
    ——产品定位
    ——业务模型
- 如何竞争：主要竞争手段
- 主要战略举措
    ——市场扩张
    ——新客户、渠道的建立

(6) 经营单位五年经营及财务目标预测
- 主要增长点预测
- 总销售额
- 市场份额
- 投资资本回报

(7) 配合经营单位战略的主要资源需求预测
- 资本投资
- 人才

(8) 和前一年战略规划的差异及总结

3. 制定职能战略

职能战略旨在阐明各职能部门在制定竞争战略过程中应发挥的相关作用。经营单位的每一职能部门都要根据总体战略和经营单位战略之自己的职能战略，而且这些职能战略必须互相支持和补充以保证企业战略目标体系的一致性。具体的职能战略按管理领域可以分为：市场营销战略、财务战略、生产战略、人力资源管理战略、企业研发战略(R&D)等，具体战略内容将在以后各章分别阐述。

2.4.2 战略实施

在企业选择了正确的战略和相应的政策之后，战略管理的中心从战略的制定转向战略的实施。这也是目前最热门的管理学概念之一：执行。企业战略实施比制定更为困难，在战略实施过程中常常遇到的问题有：企业战略实施的实际时间超过原定计划；企业内外的日常事务干扰战略的实施，职工与管理者的能力不足；管理信息系统对企业各种活动的监控不够；出现超出管理者控制之外的各种环境因素发生不利变化等。因此，为提高企业战略实施的有效性和效率，可以采取三方面的措施：一是建立一个由中间计划、行动方案、预算和程序所构成的战略实施计划体系，使企业长期战略具体化；二是根据企业新的目标和战略来调整企业的管理职能；三是根据企业的目标和战略来调整其各职能活动和职能战略。

1992年，哈佛大学商学院罗伯特·卡普兰教授等人在研究中引入了平衡记分卡(balanced scorecard,BSC)，如表2-14所示，多年来平衡记分卡将企业的战略落实到可操作的目标、衡量指标和目标值上，使企业有效地跟踪财务目标同时核心能力的进展并开发对未来成长有利的无形资产成为一个战略实施的有效工具。对数百家公司的研究使卡普兰等认识到，战略管理指南莫过于执行战略，而执行战略指南莫过于是员工懂得战略。在他们倡导的"战略中心型"组织中,战略不是企业高管人员的事,而是每个人的事。只有每个人都领会了企业的战略,整个企业才能变成一架协作有序、不可阻挡的战略机器。平衡记分卡能够清晰地勾勒出企业把行动和资源(包括企业文化和员工知识等无形资产)转化为有形的顾客和财务结果的过程。平衡记分卡的财务、客户、内部流程和学习与成长角度形成了一环套一环的因果关系链,这个链条的一端是企业希望获得的结果,另一端是这些结果的驱动因素。一个好的平衡记分卡不只是一个指标清单,它更反映了企业战略的实现路径和应采取的行动,清楚地表明了卓越而长期的价值和竞争业绩的驱动因素。

表 2-14 平衡记分卡的要素

角度	目 标	绩 效 指 标	目标值	行动方案	任 务
财务	解决"我们怎样满足股东?";企业成长和盈利	销售额、利润额、投资回报率、资产回报率、创利能力	对期望达到的绩效指标的母体定量要求	行动方案和项目类似,由一系列相关的任务和行动组成,目的是达到每个指标的期望目标值	执行战略行动方案过程中的特定行为
客户	解决"顾客如何看待我们?";企业从众多竞争对手中脱颖而出的战略和赢得客户的价值定位	质量提高能力、流程改善能力、对市场需求的反应时间、送货准时率、客户满意度、产品退货率、合同取消数			
内部流程	解决"我们必须擅长什么?";企业在关键领域改进业务流程以促进成长、增进盈利和提高客户满意度	市场占有率、客户保有率、客户创利能力、客户满意度、生产率、生产周期、成本、合格品率、新产品开发速度、出勤率			
学习/成长	解决"我们是在进步吗?";企业创新与发展员工的战略:鼓励员工学习/成长、调整战略并改进战略实施	员工士气、员工满意度、平均培训时间、再培训投资和关键员工流失率、技术创新能力			

最终,平衡记分卡有了这样的定义:"简单说来,平衡记分卡表明了企业员工需要什么样的知识、技能和系统(学习/成长角度),才能创新和建立适当的战略优势和效率(内部流程角度),使企业能够把特定的价值带给市场(客户角度),从而最终实现更高的股东价值(财务角度)。"当然,支撑这个定义的,是定义中没有提到的绩效管理和考核体系。平衡记分卡的关键是将战略目标转化为实际行动,平衡记分卡中的目标和评估指标来源于组织战略(见图 2-8),它把企业的愿景和使命转化为有形的目标和衡量指标,构建"以战略为核心的开放型闭环组织结构"。借着财务、客户、内部流程、学习/成长这四项指标的衡量,企业得以明确和严谨的手法来诠释其战略。然后,将战略目标进行层层分解,为每个角度定义合理的关键成功因素(即希望达成的目标)及其目标值,并通过可将平衡记分卡的关键成功因素落实到具体执行层面(行动方案和任务)。借助关键绩效指标(key performance index,KPI)来量化的监控与跟踪目标,帮助管理者一目了然地查看各指标的关联关系及执行情况,测量企业如何为当前以及未来的顾客创造价值。

企业管理人员在战略实施过程中所采用的手段。一般有以下几种模式:

(1) 指挥型。在这种模式里,企业管理人员运用严密的逻辑分析方法重点考虑战略制定问题。高层管理人员或者自己制定战略,或者指示战略计划人员去决定企业所要采取的战略行动。优点是在原有战略或常规战略变化的条件下,企业实施战略时不需要有较大的

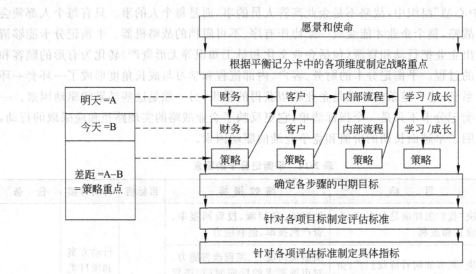

图 2-8　用平衡记分卡执行企业战略示意图

变化,实施的结果也就比较明显。缺陷是不利于调动企业职工的积极性。

(2) 变革型。高层管理人员本人或在其他各方面的帮助下,进行一系列变革,如建立新的组织结构、新的信息系统、兼并或合并经营范围等,以增加战略成功的机会。优点是从企业行为角度出发考虑战略实施问题,可以实施较为困难的战略。但是,这种模式也有它的局限性,只能应用于稳定行业中的小型企业,同样也不利于调动职工的积极性。

(3) 合作型。负责制定战略的高层管理人员启发其他的管理人员运用头脑风暴法去考虑战略制定与实施的问题;高层管理人员的角色是一个协调员,确保其他管理人员所提出的所有好的想法都能够得到充分地讨论和调查研究。优点是可以克服指挥型和变革型两个模式的不足之处。缺陷战略实施方案缺乏由个人或计划人员提出的方案中所具有的那种创造性,可能会由于某些职能部门善于表述自己的意见而导致战略实施方案带有一定的倾向性,战略实施方案的讨论时间可能会过长。

(4) 文化型。负责战略制定与实施的高层管理人员首先提出自己对企业使命的看法,然后鼓励企业职工根据企业使命去设计自己的工作活动。高层管理人员的角色就是指引总的方向,而在战略执行上则放手让每个人做出自己的决策。这种文化型模式打破了战略制定和实施中存在的只想不做与只做不想之间的障碍,但是也有它的局限性。它要求企业里的职工有较高的素质,受过较好的教育,否则很难使企业战略获得成功;同时,企业文化一旦形成自己的特色,又很难接受外界的新生事物。

(5) 增长型。企业高层管理人员鼓励中下层管理人员制定与实施自己的战略。这种模式与其他模式的区别之处在于它不是自上而下地灌输企业战略,而是自下而上地提出战略。这种战略集中了来自实践第一线的管理人员的经验与智能,而高层管理人员只是在这些战略中做出自己判断,并不将自己的意见强加在下级身上。这种模式的优点是给中层管理人员一定的自主权,鼓励他们制定有效的战略并使他们有机会按照自己的计划实施战略。同时,由于中下层管理人员和职工更直接面对战略的机会,可以及时地把握时机,自行调解并顺利执行战略。

2.4.3 战略评估

企业战略评估就是评价该战略方案在企业未来发展中将起到何种作用或者战略在实施过程中评判某阶段特定的战略管理阶段的效果(见图2-9)。由于企业外部和内部环境因素处于不断变化之中,所有的战略都将面临不断的调整与修改。企业战略评估的三项基本活动包括:

(1) 重新审视和确定企业外部与内部因素;

(2) 度量企业战略执行的业绩;

(3) 采取纠正措施。其实,平衡记分卡的设计和贯彻过程其实就是企业战略评估和控制的过程。此外,预算、审计、个人现场观察都是企业常用和有效的战略评估和控制方法。

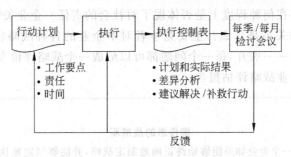

图 2-9 评估及控制执行进度机制

战略评估对于所有类型和规模的企业来说都是必要的。战略评估应能做到从管理的角度对预期和假设提出问题,引发对目标和价值观的审视,以及激发建立变通战略和判定评价标准的创造性,并且评价活动应当连续地进行,而不只是在特定时期末或在问题发生后才进行。战略管理过程是动态的和连续的。企业战略管理中各个层级之间存在相互交错和妥协的关系,每隔一段时间重新确认企业的机会与威胁、优点与弱点、任务、战略、目的、政策和业绩,重新评价企业战略对企业的发展很重要而在整个战略管理过程中都需要有良好的沟通和反馈。

企业战略评估一般包括战略重点、组织定位、外部环境和计划、内部环境和计划、产品和服务、创新与调整、绩效考核、领导能力、战略制定流程的效率九个方面的内容(见表2-15),每项分别代表实现战略规划效果最大化的一个重要方面。其中每一项又包括一系列分类,从而构成组织战略规划评估的一整套标准。在针对各个标准使用下表进行战略评估时,根据企业的实际情况打分,分值从1~7不等(1分代表最差,7分代表最优),并在空格里记录下分值。除了打分,还要仔细分析原因,尤其是对分数比较低的项。这些隐藏在分数背后的原因,不仅可以解释打分结果,更重要的是,能够帮助企业采取相应行动以提高绩效。

表 2-15 企业战略评估表

行动项目	计划结果	实际结果	差 异	原因分析	解决办法

企业所制定的战略若不能为企业带来经济利益上的收益,那这个战略就不是一个好战略。企业利益往往首先以各项财务数据为表现形式的,战略评价的关键财务比率有:投资收益率、股本收益率、盈利率、市场份额、负债对权益比率、每股收益、销增长率、资产增长率等。通过对这些财务比率的分析、评价,可以了解战略量化业绩指标。除了进行常规的量化分析与评价之外,战略评估还必须有一些定性评价以及时调整战略管理的方向与目标。定性战略评价问题主要有:战略是否与企业内部情况相一致?战略是否与外部环境相一致?从可利用资源的角度看,战略是否恰当?战略所涉及的风险程度是否可以接受?战略实施的时间表是否恰当?战略是否可行?企业是否在高风险投资和低风险投资间保持了适当的平衡?企业是否在长期投资和短期投资间保持了适当的平衡?企业是否在对慢速增长市场的投资和对快速增长市场的投资间保持了适当的平衡?企业如何平衡了对各分部的投资?企业的各种备选战略在何种程度上是否体现了对社会的责任?企业关键内部战略因素与关键外部战略因素间的关系是什么?主要竞争者对本企业的各种战略将做出何种反应?等等。所有这些问题若一一展开,每一个问题都可以形成一个战略评价专题,最后汇总起来就是一份内容翔实的企业战略评估报告。

运作标杆

柳传志的战略观

从某种意义上讲,一个企业如果能够始终正确地制定战略,并能够坚定地执行,这个企业就可能成为百年老店。

我把战略的制定分成为六个步骤:愿景、目标、路线、业务布局、组织架构/管理模式、具体业务战略/专项职能支持。美国人写了一本书叫《执行》,他的观点是把执行与战略制定分开来,而我更愿意在战略制定的时候就把执行的因素考虑进去。

第一是愿景。愿景就是一个企业想要干什么,想往哪个方面发展。愿景非常重要,关键在于企业的领导者是不是真心相信这个愿景,是否真的要往这个方面去做。你真心想要做,未必做得成,但是有成功的可能;你要不真心相信愿景,就永远做不成!所以在联想早期,我们给自己提了三条:长期的,有规模的,高技术企业。这就是那个年代我们的愿景。因为想做长期的,行为上就特别要注意,不能蒙人、骗人,要特别注意诚信。

第二是目标。目标应该主要是具体的财务指标,是要"说到做到"的。我自己的体会是制定目标要有一个反复的过程,目标可以定个数,接着要研究路线和业务布局,然后再往上反馈,看目标定得现实不现实。开始的时候跟企业家本身的心态有关系,容易往高里定。确定目标有两个关键:一是要反复讨论;二是要力求科学。

第三是路线。路线是制定战略的关键环节。一个企业要实现它的战略目标,要决定做什么、不做什么以及怎么做,这称为路线。1996年联想集团制定1996—2000年的发展目标,定了5条战略路线:①坚持信息产业领域内多元化发展。②国际、国内市场同时发展,以国内市场为主。③走"贸工技"的路。④积极发展产品技术,以此为基础,逼近核心技术。⑤充分运用股市集资的手段实现企业的发展目标。确定路线时,应该分析两个方面的问题:一方面是客观的行业状况,竞争对手的状况;另一方面要分析地域状况,所在国家的情况,还有世界经济状况。当然,对于不同发展阶段的公司,分析的重点也会不一样。

联想集团的业务布局分三个层次:一是核心业务,就是当前赚钱的主要业务,比如商用、家用电脑,这是碗里的饭。核心业务要的就是利润,要把钱挣够。二是成长期业务,也就是锅里的饭,不仅仅要利润,还要市场份额。三是种子业务,我称为田里的粮食,就是未来要布点的业务。把核心业务挣的钱撒到田里做种子,准备将来在那个方面继续发展,这就体现出核心竞争力的转移。

从管理架构来看,一个多元化的机构采用子公司的方式比较合适。联想控股有限公司下面主要有四块：IT 领域有杨元庆的联想集团和郭为的神州数码,朱立南负责的是投资业务,陈国栋打理的融科智地是房地产业务。联想控股有限公司现在采用的是一种矩阵式结构：纵向是台式 PC、笔记本、服务器、手机等业务线,这些事业部是利润中心;横向的是人力资源、财务、信息、生产、行政服务等职能线。

资料来源：改编自联想控股有限公司总裁柳传志在 2003 经理世界年会的发言,http://www.ceocio.com.cn/special/forum/2003_03.asp。

本章小结

企业战略是一个企业在清醒地认识和把握企业外部环境和内部资源的基础上,为求得企业生存和长期发展而做出的一系列根本的、全局性的、长远性的、指导性的谋划。一个完整的企业战略可以分为三个层次：企业总体战略、经营单位战略和职能战略。

当前,制定战略首先要应对竞争,企业获得竞争优势的三种基本竞争战略是：成本领先战略、差异化战略和专一战略。对于处于开放经济条件下的企业来说,企业的核心能力的重要意义就在于通过某些独占机制可以有效地建立自己的竞争优势或打破竞争对手的竞争壁垒,因而是其获得持续的经济发展和提高在市场竞争中地位的关键。

企业战略管理是对企业战略的制定、实施、控制和修正进行的一个动态管理过程。典型的企业战略管理过程包括五个主要步骤：

(1) 确立企业的战略目标系统(包括愿景、使命和主要目标);
(2) 分析企业的外部竞争环境并识别存在于外部环境中的机会和威胁;
(3) 分析企业的内部运营环境并识别存在于企业内部环境中的优势和劣势;
(4) 基于内外部环境分析选择和确定匹配于企业的战略;
(5) 实施所确定的战略。

战略管理可以被简单地划分为战略制定和战略实施两个阶段,这两个阶段之间有着天然的、紧密的联系。战略制定运用各种管理技术和工具以及经济模型(如 SWOT 分析、五力模型、波士顿矩阵、GE 矩阵等),深入、综合地分析制定符合企业发展的正确的战略计划目标,集中体现了战略管理的科学性要求;而战略实施更强调在把战略计划目标转变为行动过程中的一种原则上的灵活性、非常情况下的应变性和日常行动中的创造性,集中体现了战略管理的艺术性要求。战略评估就是评价该战略方案在企业未来发展中将起到何种作用或者在战略执行过程中评判某阶段特定的战略管理的效果,渗透在战略制定和战略实施的整个过程中。

复习与思考

1. 什么是企业战略？什么是企业战略管理？
2. 试比较企业的总体战略、经营单位战略和职能战略。

3. 简述愿景对企业成长的作用。
4. 如何培养和评估企业的核心竞争力?
5. 企业如何选择它的基本竞争战略?
6. IT技术对企业战略管理有什么作用?
7. 试简述企业战略管理的基本过程。
8. 调研一个你所熟悉的企业,用各种战略分析方法或工具来描述、评价它的企业战略管理。

案例分析

波导战略失误致亏损被迫艰难转型

2008年年关,宁波波导股份有限公司(以下简称波导)董事长徐立华可能有些犯难,面对全年亏损的业绩,徐立华该如何与股东分红,拿什么向员工派发年终奖金。此时的徐立华可能特别懊悔。1999年与法国萨基姆(SAGEM)公司签订合作协议,进行移动电话技术开发和生产合作时,只追求了销售量而没有真正将眼光放长远,大力发展自主品牌。在转折时,也没有抓住机遇,像当初拿下手机牌照一样,攻下生产汽车发动机的资格证,或者真正利用资金大力发展商业地产。

1. 异军突起

1992年10月28日,满怀"将科学知识转化为生产力"抱负的徐立华、蒲杰、徐锡广、隋波等人与宁波市奉化大桥镇合作创立了奉化波导公司,当时众人以技术入股,占总比例的49%。在随后的7年间,创业团队凭借技术优势,在传呼机市场淘到了第一桶金。不仅引进海外投资者和技术,更为波导在2003年的辉煌奠定了基础。2003年,信息产业部第一季度统计数据显示,这年上半年国产品牌手机国内市场份额首次超过50%,其中波导手机销售337万台,超过摩托罗拉、诺基亚,位居国内市场第一位。面对这样的成绩,很多人将其归结为强大的销售渠道。波导的销售触角一直延伸到县、乡镇级经销商,全国分销商达16 000余个,上万个零售点。这在当时的手机市场,其他品牌是无法比拟的。此外,除了在国内销售渠道外,波导还有可供出口的产品,出口量占据国内手机厂家出口量的半壁江山。

"当时,波导排名仅在诺基亚与摩托罗拉之后,且通话质量并不亚于诺基亚。"一位曾经供职波导的人士这样叙述波导手机。可是,与其说波导靠强大的销售渠道和良好的质量获得了市场,还不如说是因为徐立华当时为获得国家移动电话生产许可证,而做出的破釜沉舟的"英明决策"。

在首批获得国家移动电话生产许可证的企业中,波导作为唯一的一个民营企业入围,在当时实属不易。上述人士透露:"当初信息产业部是被逼无奈才给了波导一个牌照。"波导在向信息产业部申请手机生产牌照之初,并没有被批准。可是当时的徐立华果断地做出决定,花费30个亿组建手机生产线,同时请信息产业部的领导到现场考察。在这一招"先斩后奏"后,徐立华给信产部的领导又抛来一个难题,投入的资金徐立华个人资金很少,大多是从银行贷款,如果没有牌照,银行的贷款就成了死账。就这样,1999年9月15日波导成为首批企业获得国家移动电话生产许可证,首批波导移动电话投放市场;并开始在中央电视台等全国媒体抢先宣传波导移动电话品牌。

2. 合作的遗憾

然而在波导享受辉煌战果的时候，同时也在为自己日后的发展种下了苦果。

1999年，波导与法国的萨基姆公司开始进行移动电话技术开发和生产合作，并于2002年8月29日决定共同投资组建宁波波导萨基姆电子有限公司，建立年产2 000万台移动电话生产厂。这一转变也将波导与萨基姆的合作由量变到质变。通过波导，曾经是全球第六大手机厂商的法国萨基姆终于迈出了把生产外包给中国厂商的第一步，而波导则借此把产能扩展到了千万级以上，并提出两年1 000万台，4年1 500万台的目标。可是产能的扩大，并没带来品牌的壮大，徐立华多次表示因为了解"手机制造"的特殊性——因为国内上游厂商的"跟不上"，70%的元器件要依赖进口，所以希望国产手机在国际化的产业舞台上好好练步。

于是，徐立华一直在苦苦寻求与美国、法国、德国、日本等国家的众多世界一流公司建立战略联盟。波导除了与萨基姆合作外，还直接与欧洲电信运营商沃达丰、Orange、法国电信、T-Mobile握手，为这几家全球知名的运营商巨头定制手机；与美国最大的网络运营商AT&T公司签署协议，生产基于美国市场的三频手机；波导与西门子建立战略同盟，试图利用自己的渠道优势与对方的技术优势进行"资源共享"。可是结果却并不尽如人意，"很多基地最后成为很多知名国外手机厂商的代工工厂"。引进的技术并没有一直走下去，虽然波导在引进这个战略合作伙伴的同时，也在引进该公司的管理模式。"遗憾的是，波导只是照搬这种管理模式并没有创新。"上述不愿意透露姓名的人士这样解释离职原因。同时，追逐销售量，且主要面向三、四级市场，自建销售渠道庞大难以维护，利润逐渐被摊薄，成了波导的双刃剑。

3. 艰难转型

与此同时，徐立华也在做着几乎所有民营企业做大后都会做的事情，开始多元化发展，试水房地产和汽车行业。

在房地产方面，波导首先在公司的驻地奉化拍到500亩地，面对自己的员工销售，但因为种种原因，波导并没有转向地产开发。

在广泛的造车热掀起的时候，2004年波导也在汽车行业转了一圈，与南汽成立合资公司，但很快又因为双方出现了不可调和的矛盾，毅然选择"出走"，从合资公司中撤资单飞。单飞后的波导可没有上次那么幸运。在没有抢得先机的情况下，又在2005年上半年，向国家发改委呈送关于轿车立项报告时，未获批准。无奈之下，波导只得暗中收购宁波神马汽车公司，企图借壳进入汽车业。

近日，国家发改委发布公告称，波导已经获得发改委的正式批文，波导可生产汽车发动机。徐立华应该高兴，终于可以正大光明地进入汽车行业了。

同时，2007年以来，波导的公告显示波导一直在回笼资金。不仅将持有的控股子公司重庆波导科技有限责任公司（注册资本200万元人民币，公司持有其70%股权）23%股权转让给重庆瑞驷达科技发展有限公司，获得441 332元。此外，波导还将持有的控股子公司重庆波导信息技术有限公司全部股权以3 000 040.54元转让给原下属控股子公司高管周光志。随后，又将持有的控股子公司宁波萨基姆波导研发有限公司全部股权以协议价2 200万元人民币转让给法国萨基姆移动公司。

加上有新的投资者"新纪元"的加入,并获得了汽车生产制造的牌照,因而很多人揣测,坚持了多年的波导或许会转型到汽车制造业。可是面对产能已经过剩的汽车行业,能否突破重围值得期待,能否放下对于已经拥有的国产手机老大的地位以及现有的生产、销售能力也需要慎重。

资料来源:华夏时报 2008 年 2 月 1 日(记者王荣报道)。

思考题:
1. 波导公司取得成功前在战略上做了哪些主要准备工作和决策?
2. 波导公司为什么要进行战略转型?你觉得这次转型会成功吗?为什么?
3. 波导公司的经历在战略上对中国企业有哪些借鉴意义?

参考文献

1. 邹统钎,周三多.战略管理思想史.天津:南开大学出版社,2011.
2. 王方华,吕巍等.战略管理.北京:机械工业出版社,2011.
3. 杨锡怀,王江.企业战略管理——理论与案例(第 3 版).北京:高等教育出版社,2010.
4. 项保华.战略管理——艺术与实务.上海:复旦大学出版社,2007.
5. 霍国庆等.企业信息资源集成管理战略理论与案例.北京:清华大学出版社,2004.
6. 弗雷德·R.戴维.战略管理(第 13 版).北京:清华大学出版社,2013.
7. 迈克尔·波特.竞争战略.陈小悦译.北京:华夏出版社,2005.
8. 加里·哈梅尔,C.K.普拉哈拉德.竞争大未来:企业发展战略.北京:昆仑出版社,1998.
9. 马克·利普顿.愿景引领成长.广州:广东经济出版社,2004.
10. 秦杨勇.平衡计分卡与战略管理经典案例解析.北京:中国经济出版社,2012.

市场营销管理

第 3 章

市场营销(marketing)　　　　　　渠道策略(place strategy)
消费者购买行为(consumer purchase behavior)
促销策略(promotion strategy)　　 市场份额(market share)
营销调研(marketing research)
企业竞争策略(enterprise competition strategy)
社会营销观念(social marketing)　 产品策略(product strategy)
市场细分(market segmentation)　 价格策略(price strategy)
需求导向定价(demand-oriented pricing)

http://www.emkt.com.cn/case/
http://www.cmmo.cn
http://www.abcompass.com.

如何发现和创造营销机会

有一家美国的鞋业公司派一名推销员到南太平洋某岛国,去了解公司的鞋能否在那里找到销路。一星期后,这位推销员打电报回来说:"这里的人不穿鞋,因而公司的鞋没有销路。"

该鞋业公司总经理并不死心,决定再派市场部经理去这个国家。进行仔细调查后,市场部经理打电报回来说:"这里的人不穿鞋。但这是一个巨大的鞋市场,只要我们去推销,公司的鞋一定卖得掉。"

总经理为了弄清情况,就再派他的营销副总经理去进一步考察。两星期后,营销副总来电说:"这里的人不穿鞋子。然而他们有脚疾,穿鞋对脚会有好处,无论如何,我们必须再行设计鞋子,因为他们的脚比较小,我们原来生产的鞋不适合他们。此外,我们

> 还必须教育他们懂得穿鞋。这里的人没有什么钱,但他们生产有我未曾尝过的最甜的菠萝。所以,我们应该毫不迟疑地去干。"
>
> 资料来源:[美]菲利普·科特勒.市场营销管理——分析、规划、执行和控制(第6版).何永棋、何宝善主审校.北京:科学技术文献出版社,1991年,第37页.编者略作修改。

3.1 营销与营销管理

3.1.1 市场

1. 市场的含义

市场是社会分工的结果,是商品经济的产物。自从人类出现了交换活动,市场就逐渐开始形成。随着社会生产力的发展,社会分工越来越细,商品交换日益丰富,交换形式越来越复杂。市场的概念也随之不断发展,其内容也不断丰富和充实。在不同的环境下,在不同的市场营销学家眼中,它有多种含义,可概述如下:

(1)市场是商品交换的场所。它是指买卖双方购买和出售商品,进行交易活动的地点或地区。这个概念把市场看成一个"点"。

(2)市场是商品从生产者向消费者转移的过程。这是强调了市场的流通功能,把市场看成了一条"线"。

(3)市场是商品交换关系的总和。交换关系主要是指买卖双方,以及买卖双方各自与中间商之间,在进行商品交换时发生的关系。这个概念显然把市场看成了一个面,是一张无形的"网"。

(4)市场是对某种商品具有需求以及支付能力,并希望进行某种交易的人或组织。即市场=人+购买力+购买欲望。这个概念把市场描绘成立体的,所以市场是个"体"。

了解市场的各种含义,对营销者来说具有重要的意义。可以根据各种不同的情况来确定企业的营销目标、策略和措施,从而达到提高经济效益的目的。

2. 市场观念

市场观念是企业在市场营销活动中所遵循的指导思想和经营哲学。近百余年来,随着经济发展和形势变化,市场观念主要经历了五个阶段的演变。

(1)生产观念。这种观念认为,只要生产出来,不怕卖不掉。所以企业致力于获得高的生产率和广的覆盖面。

(2)产品观念。这种观念认为,消费者最喜欢的是那些高质量、多功能和有特色的产品,只要产品好,一定有人买。"好酒不怕巷子深。"因而产品导向的企业总致力于生产质量好的产品,并不断地改进,使之日臻完美。

(3)推销观念。这种观念认为,只要全力以赴地去推销,产品一定卖得好。因而,企业必须进行大量的促销活动,销售工作是企业头等重要的工作。

(4)营销观念。营销观念的形成是市场观念的一次"革命",它是作为对上述诸观念的挑战,而出现的一种崭新的企业经营哲学。营销观念认为,关键在于正确分析目标市场的需求和欲望,并且比竞争对手更有效地传送目标市场所期望满足的东西。在这种观念下,企业不是以产定销,而是以销定产。

(5) 社会营销观念。社会营销观念是用系统的发展眼光来看市场。这种观念认为,企业的任务是确定诸目标市场的需求、欲望和利益,同时,更要注意社会的发展、公众的利益。只有兼顾了企业、消费者、社会发展三方面利益的情况下才会取得稳定、持续的发展。

上述各种市场观念,都是在一定历史条件和市场环境下产生的。对于企业来说,要认清自身条件情况,并不断研究竞争的环境,用正确的观念指导企业的营销实践,才能把企业一步步做实、做大、做强、做好。

3.1.2 营销

1. 营销和营销者

市场营销是个人或集体通过创造并同别人进行交换产品和价值,以获得其所需之物的一种社会活动。

在商品交换双方中,如果一方比另一方更主动、更积极地寻求交换,我们就把前者称为营销者,另一方称为潜在顾客。营销者可以是一个卖主,也可以是一个买主。如果买卖双方都在积极寻求交换,则双方都称为营销者,这种营销就称为相互营销。

2. 市场营销的核心概念

营销的产生是基于人类的行为是受需要和欲望支配的。需要和欲望在很大的程度上是要通过获取各种有形或无形的商品来得到满足。而在对商品作选择时,要以价值和期望满足为指导。由此,就形成了以下五个相互关联的核心概念。如图 3-1 所示。

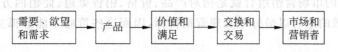

图 3-1 市场营销的核心

(1) 需要、欲望和需求。人类的各种需要和欲望是市场营销的出发点。不过,需要、欲望、需求三者是有区别的,应该对它们加以区分。需要是指没有得到某些基本满足的感受状态。欲望是指想得到某种需要具体物的愿望。需求是指对有能力购买并愿意购买的某个具体产品的欲望。

(2) 产品。从广义上来说,任何能用来满足人们某种需要或欲望的东西都是产品。一般用产品和服务这两个词来区分实体产品和无形产品。

(3) 价值和满足。所谓价值,是指消费者对产品满足各种需要能力的评估。每一个产品的价值取决于它与理想产品的接近程度,也就是说,现有产品越接近理想产品,价值就越大,在目标确立后就可以做出合适的选择。

(4) 交换和交易。交换是指通过提供某种东西作为回报,从某人那儿取得所要的东西行为。而交易则是交换活动的基本单元,交易是由双方之间的价值交换所构成的。

(5) 市场。市场是由那些具有特定的需要和欲望,而且愿意并能够通过交换来满足这种需要或欲望的全部潜在顾客所构成。市场的大小就取决于那些表示有某种需要,并拥有使别人感兴趣的资源,而愿意以这种资源来换取其需要的东西人数多少。

3.1.3 市场营销管理过程

1. 分析市场机会

分析市场机会是企业市场营销人员的首要任务,也是企业市场营销过程的第一步。千里之行,始于足下。任何一个企业,无论规模大小,无论承担何种职能,要想经营成功,无不立足于长期认真地寻找和把握市场机会的艰苦努力的基础之上。

2. 选择目标市场

企业只有通过研究消费者的各种需要和欲望,研究消费者购买的时间与地点,才能为其提供良好的服务。营销管理部门首先应建立一个完善的信息系统来及时、准确地把握当前的市场销售情况,还要通过各种访问调查等方式获取第二手资料,从中收集有关顾客、竞争者、中间商等诸方面市场信息。通过对具体信息的分析研究,营销人员就能够对总体市场的范围大小和地理划分等进行衡量,在此基础上,选择适合本企业的目标市场。

3. 制订营销计划

营销计划,是指一个企业为达到其营销目标而制订的一系列活动方案。在营销计划中,企业管理层要决定为了达到营销目标所需要的营销支出水平,要决定如何对市场营销组合中的各种工具进行预算分配。

4. 规划营销策略

在制订了营销计划的基础上,接下来的步骤是部署营销战术,也就是规划营销策略。

营销策略主要包括产品策略、价格策略、分销策略和促销策略,也就是通常所说的4P策略。前面提到的市场营销组合就是指对产品、价格、销售渠道、促销四方面进行综合分析考虑,选择最有效的组合以最好地实现营销目标,因而这些策略不能够孤立看待,而要结合起来灵活运用。

5. 实施和控制营销活动

市场营销过程的最后一个步骤是实施和控制营销活动。这是一个重要的关键性步骤,因为一项计划必须转化成行动,若停留于"纸上谈兵"就毫无意义。

任何企业的营销活动都要经历上述五个环节。这些环节,步步相扣,缺一不可,需要认真组织和落实,以利于企业营销目标的最终实现。

3.2 市场细分与目标市场策略

3.2.1 市场细分

市场营销中最重要的内容之一,就是市场细分、确定目标市场和市场定位。它是现代营销观念的产物和市场营销组合策略运用的前提。

1. 市场细分的含义与作用

(1) 市场细分的含义

所谓市场细分,是指企业按照消费者的一定特性把原有市场分割为两个或两个以上的子市场,以用来确定目标市场的过程。

市场细分的理论基础是市场"多元异质性"理论。这一理论认为,消费者对大部分产品的需求是多元化的,是具有不同的质的要求的。需求本身的"异质性",是市场可能细分的客观基础。实践证明,只有少数商品的市场,消费者对产品的需求大致相同,如消费者对食盐、大米、火柴等的需求差异极小,这类市场,往往会成为同质市场。在同质市场上,企业的营销策略比较相似,竞争焦点往往集中在价格和质量上。而大多数商品的市场属于异质市场,这是由消费者对商品的需求千差万别所决定的。所以,企业营销活动应更重视异质市场的销售。

(2) 细分的作用

① 有利于发现市场营销机会。市场机会是已出现于市场但尚未加以满足的需求,这种需求往往是潜在的,一般不易发现。运用市场细分的手段,就便于发现这类需求,并从中寻找适合本企业开发的需求,从而抓住市场机会,使企业赢得市场主动权。

② 能有效地指定最优营销策略。任何一个优化的市场营销组合策略的制定,都是针对所要进入的目标市场。离开了目标市场,制定市场营销组合策略就是无的放矢。这样的营销方案是不可行的,更谈不上优化。

③ 能有效地与竞争对手相抗衡。在企业之间竞争日益激烈的情况下,通过市场细分,有利于发现目标消费者群的需求特性,从而调整产品结构,增加花色品种,提高企业的市场竞争能力,有效地与竞争对手相抗衡。

④ 能有效地拓展新市场,扩大市场占有率。企业对市场的占有,也不是一下子就实现的,必须从小至大,逐步拓展。通过市场细分,企业可以先选择最适合自己占领的某些子市场作为目标市场。当占领住这些子市场后,再逐渐向外推进、拓展,从而扩大市场的占有率。

⑤ 有利于企业扬长避短,发挥优势。每一个企业的营销能力对于整体市场来说,都是有限的。所以,企业必须将整体市场细分,确定自己的目标市场,把自己的优势集中到目标市场上。否则,企业就会丧失优势,从而在激烈的市场竞争中遭受失败。

2. 市场细分的要求与程序

(1) 市场细分的要求

企业在进行市场细分时,应遵循以下基本要求:

① 要有明显特征。细分市场的特征必须是可以衡量的,细分出的市场应有明显的特征,各子市场之间有明显的区别,各子市场内都有明确的消费群,他们应具备共同的需求特征,表现出类似的购买行为。

② 要根据企业的实力,量力而行。在市场细分中,企业所选择的目标市场,必须是自己有足够的能力去占领的子市场,在这个子市场上,能充分发挥企业的人力、物力、财力和生产、技术、营销能力的作用。反之,那些不能充分发挥企业资源作用、难以为企业所占领的子市场,则不能作为目标市场。否则,只会白白浪费企业资源。

③ 要有适当盈利。在市场细分中,被企业选中的子市场还必须具有一定的规模,即有充足的需求量,足以使企业有利可图,并实现预期利润目标。为此,细分市场的规模既不宜过大,也不宜过小。

④ 有发展潜力。市场细分应具有相对的稳定性,因而企业所选中的目标市场,不仅要能为企业带来目前利益,还必须有相当的发展潜力,能够给企业带来较长远的利益。因此,企业在市场细分时必须考虑选择的目标市场不能是正处于饱和或即将饱和的市场,否则,就没有多少潜力可挖。

(2) 市场细分的程序

市场细分通常有如下七步组成。

第一步：识别细分市场。识别细分市场是指首先确定欲细分市场的基本性质，然后定出市场细分的重要因素，并尽可能对这些因素做定量分析。

第二步：收集市场信息。指收集、整理细分市场时需考察分析的市场情报和资料，如通过收集类似产品已有的市场情况，可以参照对新产品市场的细分，或者通过对消费者的调查，来检验欲采用的细分因素是否合适。

第三步：拟定综合评价标准。一般来说，细分市场时，应能使企业对谁是购买者、购买什么、在哪里购买、为什么购买、怎样购买等问题做出回答。

第四步：确定营销因素。对细分后的每一个子市场做出评价后，企业就要考虑不同市场的特点，确定本企业的市场活动范围和营销活动要点。

第五步：估计市场潜力。根据市场研究的结果和选定的细分因素，估计出总市场和每个子市场预期需求水平。这对选取目标市场和确定目标市场营销策略很重要。

第六步：分析市场营销机会。主要是分析总的市场和每个子市场的竞争情况，以及确定对总的市场或每一个子市场的营销组合方案，并根据市场研究和需求潜力的估计，确定总的或每一子市场的营销收入和费用情况，以估计潜在利润量，作为最后选定目标市场和制定营销策略的经济分析依据。

第七步：提出市场营销策略。如果进行市场细分后，发现市场情况不理想，企业可能放弃这一市场；如果市场营销机会多，需求和潜在利润量满意，企业可根据细分结果提出不同的目标市场营销策略。

(3) 市场细分的变数

市场细分的基础是客观存在的需求的差异性，但差异性很多，究竟按哪些差异进行细分，没有一个绝对正确的方法或固定不变的模式。影响市场需求的因素，即用来细分产品市场的变数，通常可概括为四类，即地理因素、人口因素、心理因素和行为因素。

① 地理变数。按照消费者的地理位置和所处的自然环境来进行市场细分，这是大多数企业对市场进行细分的主要标准，因为地理因素相对稳定，分析也较容易。地理因素包括行政区域、地理位置、市场大小、市场密度、气候等因素。虽然不同地理位置的消费者对企业产品有不同的需要和偏好，但即使是同一地理位置的消费者对企业的产品需求仍会有一定的差异。

② 人口变数。按照消费者年龄、性别、家庭人数、生命周期、收入、种族、教育水平、职业、宗教信仰、民族、国籍、社会阶层等来进行市场细分。例如，收入的差异，会导致高收入的消费者购买珠宝饰品、高档住宅、高档轿车等。对服装、化妆品、电动自行车等商品，由于男女性别的差异，会导致购买行为很大的差异。婴儿奶粉的生产企业会考虑到不同年龄阶段的婴儿所需的特殊营养成分而配制成各种奶粉来充分满足消费者的特殊需要。

③ 心理变数。在市场营销活动中，经常产生这种情况，即在人口因素相同的消费者中间，对同一商品的爱好和态度截然不同，这主要是由于心理因素的影响。主要有：

- 生活方式。生活方式是指个人或集团对消费、工作和娱乐的特定的习惯。人们追求的生活方式各不相同，消费心态和倾向就不相同，需要的商品自然也就不相同。有的追求新潮时尚，有的追求简约恬静，有的追求刺激冒险，有的追求安逸舒适。
- 社会阶层。美国人将消费者分为七个阶层，并且说明每个社会阶层的人对汽车、服装、家具、娱乐、阅读习惯等都有较大的不同偏好。
- 个性。国外很多企业的营销人员都已使用个性变数来细分市场。他们赋予产品厂牌个性，以迎合相应的顾客个性。
- 偏好。这是指消费者对某种牌号的商品所持的喜爱程度。在市场上，消费者对某种牌号商品的喜爱程度是不同的，因此，许多企业为了维持和扩大经营，努力寻找忠诚拥护者，并掌握其需求特征，以便从商品形式、销售方式及广告宣传等方面去满足他们的需要。

④ 行为变数

行为变数包括：
- 购买时机。按消费者购买和使用产品的时机细分市场。
- 寻求利益。根据顾客从产品中追求的不同利益分类，是一种很有效的细分方法。运用利益细分法，首先必须了解消费者购买某种产品所寻求的主要利益是什么；其次要了解寻求某种利益的消费者是哪些人；再者要调查市场上的竞争品牌各自适合哪些利益，以及哪些利益还没有得到满足。
- 使用状况。许多产品可按使用状况将消费者分为"从未用过"、"曾经用过"、"准备使用"、"初次使用"、"经常使用"五种类型，即五个细分市场。
- 使用率。使用率也可用来细分某些产品的市场。可先划分使用者和非使用者，然后再把使用者分为少量使用者和大量使用者。
- 忠诚程度。消费者对企业的忠诚和对品牌的忠诚程度，也可用来细分市场。每个市场上都不同程度地同时存在着对产品忠诚程度不同的消费者，企业可以对消费者类型精心分析，从中找出营销中所存在的问题，从而及时解决。
- 待购阶段。消费者对各种产品，特别是新产品，总是处于各种不同的待购阶段。企业应该对处于不同阶段的顾客采取不同的营销手段，并要随着待购阶段的变化而随时调整营销方案。
- 态度。消费者对某些产品的态度可分为五种：热爱、肯定、冷淡、拒绝和敌意。企业可以通过调查、分析，针对不同态度的顾客采取不同的营销对策。

3.2.2 目标市场策略

企业在市场细分的基础上，根据主客观条件选择适合本企业的目标市场，目的在于不断拓展市场。要想顺利实现这一目的，一般采用三种不同的目标市场策略。

1. 无差异性目标市场策略

实行无差异性市场策略的企业，是把整个市场作为一个大目标，针对消费者的共同需要，制订统一生产和销售计划，以实现开拓市场，扩大销售。以生产观念和推销观念为指导思想的企业，往往把整个市场作为一个大目标开展营销，它们强调消费者的共同需要，忽视其差异性。采用这一策略的企业，一般都是实力强大并采用大规模生产方式，又有广泛而可靠的分销渠道，以及统一的广告宣传方式和内容。美国可口可乐公司曾一度长期生产一种味道的产品，并较长时间统治世界饮料市场。

采取无差异性市场策略的优点是：大量生产、储运、销售而使得产品平均成本低，并且不需要进行市场细分，可节约大量的调查、开发、广告等费用。但是这种市场策略也存在许多缺点,即这种策略对于大多数产品是不适用的。因为市场处于一个动态变化的不断发展的过程,所以一种产品长期被所有消费者接受是极少的,而且当几家同类大企业都同时采用这一策略时,就会形成异常的激烈竞争,而不得不开始改变其无差异市场策略。

2. 差异性目标市场策略

实行差异性目标市场策略的企业,通常是把整体市场划分为若干细分市场作为其目标市场。针对不同目标市场的特点,分别制订出不同的营销计划,按计划生产与营销目标市场所需要的商品,满足不同消费者的需要,不断扩大销售成果。例如,国内一些自行车公司近年来改变了原来的经营观念,开始树立以消费者为中心的现代化经营观念。按不同的消费者的爱好和要求,分别设计生产出轻便男车、轻便女车、赛车、载重车、童车等多种产品。同时,也根据不同消费者的偏好,生产出各种彩色车,改变了过去清一色的黑色车。

采用差异性目标市场策略的优点是:小批量、多品种、机动灵活、针对性强,能满足不同消费者的需求。但是,由于品种多,销售渠道和促销方式、广告宣传必须多样化,产品改进成本、生产制造成本、管理成本、存货成本、营销成本就会大大增加。这样,无差异性目标市场策略的优点,就成了差异性目标市场策略的不足之处。

3. 集中性目标市场策略

无差异性目标市场策略和差异性目标市场策略,都是以整体市场作为企业的营销目标,试图满足各种消费者的需要。集中性目标市场策略,则不是把目标放在整体市场上,而是目标市场更加集中。选择一个或几个细分化的专门市场作为营销目标,然后集中企业的总体营销优势开展生产和销售,充分满足某些消费者需要,以开拓市场。采用这种市场策略的企业,不是追求在整体市场上占有较大的份额,而是为了在一个或几个较小的细分市场上取得较大的占有率,甚至居于支配地位。它们的具体做法,不是把力量分散在广大的市场上,而是集中企业的优势力量,对某细分市场采取攻势,以取得市场上的优势地位。

一般说来,实力有限的中、小企业,可以采用集中性市场策略。由于它们的营销对象比较集中,企业就可以集中优势力量,充分满足消费者的需要,以取得消费者的信任和偏爱,从而提高销售额、利润额和投资收益率。并且,随着产品生产、分销渠道、广告宣传等的专业化,不仅企业的营销成本逐步降低,盈利增加,而且提高了商品和企业的声誉。但是应该看到,采用集中性市场策略,一般风险比较大。因为所选的目标市场比较狭窄,一旦发生突然变化,消费者的兴趣就会转移,甚至会导致在竞争中失败。

3.3　市场调查与市场预测

3.3.1　市场调查

1. 市场调查的意义

根据现代营销观念,企业经营的目的,不是单纯为了销售产品和获取利润,而是要不断地开拓市场,满足消费者日益增长的需求。

市场调查就是企业为了达到特定的经营目标,而运用科学的方法和通过各种途径、手段去收集、整理、分析有关市场营销方面的情报资料,从而掌握市场的现状及其发展趋势,以便对企业经营方面的问题提出方案或建议,供企业决策人员进行科学的决策时作为参考的一种活动。

2. 市场调查的内容

由于市场变化的因素很多,因而市场调查的内容也十分广泛。一般来说,凡属影响市场变化的各种主要因素都应调查。

(1) 宏观经济调查。企业是社会经济的一个细胞,是整个国民经济建设有机整体的一部分。对产品的品种、规格、质量和数量等方面的要求,是受整个社会总需求制约的,而社会总需求的动态是与国家经济建设的方针、政策直接有关的。因此,任何企业的经营管理都必须适应国家经济形势的发展,必须了解整个国家经济环境的变化对企业产品的影响。

(2) 科学技术发展动态的调查。主要是调查与本企业生产的产品有关的科技现状和发展趋势。具体内容有:世界科学技术现状和发展趋势;国内同行业科学技术状况和发展趋势;本企业科技状况及其发展趋势。

(3) 用户需求的调查。对用户需求的调查,就是了解用户和熟悉用户,掌握用户需求的变化规律,千方百计地去满足用户的需求。具体内容有:对用户的特点进行调查;对影响用户需要的各种因素进行调查;对用户的现实需要和潜在需要进行调查。

海尔与用户同盟

海尔是一个执行力很强的制造企业,领导的指令就是下级行动的指南。然而,当意识到用户的力量并制定人单合一战略后,他们就努力和用户结成战略联盟,营造一个相互依赖的生态圈,提升了公司的战略执行力。

"感谢您的建议,再见。"当李彩霞在键盘上敲完这几个字后,她长长地伸了个懒腰,视线从电脑前移开。天已经大亮,墙上的挂钟已经指向7点半。她已经在办公室电脑前"网聊"了整整一个晚上。

千万不要把李彩霞想象成那种借"网聊"打发夜班的无聊者,她是海尔电热水器经营体的经营体长,也就是海尔整个电热水器产品研发的负责人,她整晚的"网聊"面向的对象是全球的用户。

一个研发负责人,这样零距离地与用户互动,在大部分企业里是罕见的。但是,在海尔,这不仅是李彩霞的家常便饭,也正成为其他研发人员的工作习惯。"如果不频繁与用户沟通,我就会产生不安。"李彩霞的这种心理,促使她不仅经常与用户"网聊",还利用各种机会与用户面对面沟通。通过这样的沟通,她所设计的热水器产品,越来越受用户的欢迎。比如,一些用户告诉她,每天早上要洗头发,但热水器一烧至少要半小时,实在不方便。于是,她意识到,用户用热水器,除了洗澡外,还有其他需求。结果,海尔电热水器被增加了生活热水功能,用户只需提前5分钟打开开关,就能有热水洗头。

资料来源:世界经理人网站,www.ceconline.com,2012年10月.

(4) 产品销售调查。对产品销售调查,就是对产品的销路、产品的价值能否实现的调查。具体内容有:

① 企业所生产的各种产品,在一定的销售区域内是独家产品还是多家产品;用户对企业产品是否满意;原因是什么。

② 企业的各种产品处于产品生命周期的哪一个阶段。

③ 企业各种产品的价格在市场上有无竞争力;用户对价格有何反应;市场价格对哪些产品有利;产品的价格波动有多大;发展趋势如何。

④ 企业的销售力量是否适应需要;现有的销售渠道是否合理;如何扩大销售渠道,减少中间环节;广告效果如何。

(5) 企业竞争对手的调查。具体内容有:谁是同行业中最主要的竞争者,谁是潜在的竞争者;主要竞争者的产品市场分布如何,市场占有率多大,它对本企业的产品销售有何影响;主要竞争者采取了哪些市场营销组合策略,这些营销组合策略发生作用后对企业的生产经营会产生什么程度的影响。

3. 市场调查的类型

(1) 探测性调查。探测性调查是企业对市场情况很不清楚或者感到对调查的问题不知从何处着手时采用的方法。这种调查主要是发现问题和提出问题,以便确定调查的重点。

(2) 描述性调查。描述性调查,就是对已经找出的问题作如实的反映和具体的问答,着重回答用户买什么、何时买、如何买等问题,并提出一些相关问题。这项调查必须占有大量的信息情报,调查前需要有详细的计划和提供,以保证资料的准确性。描述性调查比探测性调查细致、具体,但也只是针对问题,现象的原因到底是什么,还必须通过因果关系调查作进一步研究。

(3) 因果关系调查。因果关系调查,是在描述性调查的基础上进一步分析问题发生的因果关系,并弄清原因和结果之间的数量关系。

(4) 预测性调查。对未来市场的需求变化进行估计,即预测性调查。预测性调查对企业制定有效的经营计划,使企业避免较大风险和损失,有特别重要的作用。

4. 市场调查的步骤

市场调查,一般分为调查准备、正式调查和资料处理三个阶段。

(1) 调查准备阶段

调查准备阶段又可分为确定调查题目、拟订调查计划、培训调查人员等阶段。

① 确定调查题目。搞好市场调查,必须针对本企业的具体情况确定好调查题目。如果选题发生错误,整个调查将前功尽弃。因此,在调查前要在综合分析的基础上,确定好调查题目。调查题目要根据调查目的确定,如调查的目的是为了了解产品销售下降的原因,经过初步分析认为可能是产品质量问题造成的,就可把调查产品质量问题确定为调查题目。

② 拟定调查计划。调查前必须拟好调查计划。计划要具体、明确。调查计划包括:明确调查目的;确定调查对象;选择调查和收集资料的方法;明确调查日期,特别是完成时间;做出调查经费预算及规定作业进度安排。

③ 培训调查人员。调查人员的素质对调查质量关系重大,因此,必须确定合适的人选并采取有效的方法进行培训。

(2) 正式调查阶段

市场调查计划批准后,市场调查就进入正式调查阶段。

① 组织安排好调查力量。通常,市场调查由本企业自行组织的。有条件的企业,可委托专门的市场调查机构进行调查。

② 设计调查表格。设计调查表是整个调查工作的一项重要工具。调查表设计得好与坏直接影响调查效果。设计要既有科学性又具有艺术性。调查表的提问要避免抽象,尽可能具体,文字要简练,要通俗易懂等。

③ 现场实地调查。现场实地调查,即现场收集资料。现场调查要把调查人员分好工,并掌握调查进度,保证调查质量。

④ 收集各种资料。市场调查需要的各种资料,可分为原始资料和现成资料两大类。原始资料是从实地调查中所得到的第一手资料;现成资料是从他人或其他单位取得的、已经积累起来的第二手资料。现成资料节省时间和经费,应尽量采用,资料不足时可实地调查获取原始资料补充。

（3）资料处理阶段

① 编辑整理。在情报资料的编辑整理过程中,要检查调查资料的误差。产生误差常常是不可避免的,其原因一般有两种:抽样误差和非抽样误差。

- 抽样误差。由于抽样调查是用样本结果推算全体,因此推算结果必然有一定误差,所以需要加以测定和修正。
- 非抽样误差。例如,统计计算错误,调查表内容设计不当,谈话记录不完整,访问人员的偏见,被调查人员回答不认真或前后矛盾等都会造成资料失实。各种原因造成的错误资料必须被剔除。

② 分类。为了便于查找、归档、统计和分析,必须将经过编辑整理的资料进行分类编号。如果资料采用计算机处理,分类编号尤为重要。

③ 统计。将已经分类的资料进行统计计算,以便利用和分析。

④ 分析。运用调查所得出的有用数据和资料,分析情况并得出结论。

⑤ 调查报告。将调查所得出的结果编写成调查报告形式提供给有关部门或领导,以便作决策时参考。编写调查报告的原则是:突出调查主体,调查内容要客观、扼要、有重点,方案简洁易懂,报告结构要合理、严谨,给人以完整的印象。编写报告的结构是:调查的目的和范围,调查所采用的方法,调查的结果,提出的建议,必要的附件。

5. 市场调查的方法

市场调查方法选择得合理与否,会直接影响调查结果。因此,合理选用调查方法是市场调查工作的重要环节。

（1）询问法。该方法是由调查者先拟订出调查提纲,然后以提问的方式向被调查者征询回答,来收集资料。具体方法有:面谈调查、电话调查、邮寄调查、留置问卷调查。

（2）观察法。调查者到现场观察被调查者的行动来收集资料,也可以安装仪器进行录音和拍摄。观察的方式有:到顾客购买现场观察,到产品使用单位的使用现场观察。这种方式能客观地获得准确性较高的第一手资料,但调查面较窄,花费时间较长。

（3）实验法。某种产品在大批量生产之前,先生产一小批,向市场投放,进行销售试验,观察和收集用户有关方面的反应来获得情报资料。也就是在特定地点、特定时间,向市场投放一部分产品进行试销,故也称"实验市场"。实验的目的在于看本企业生产的产品质量、品种、规格、外观是否受欢迎;以及了解产品的价格是否被用户所接受。目前常采用的产品展销会、新产品试销门市部等都属于实验调查法。

（4）全面调查。全面调查又称普查,是对调查对象所包括的全部,都要逐一地毫无遗漏地进行调查统计。很显然,这种调查的好处,就是能够收集到比较全面、精确的资料,但缺点是工作量大,花费的人力、物力和财力多,时间长。

(5) 非全面调查。非全面调查就是对调查对象的一部分进行调查,包括重点调查和抽样调查两种。这种调查方法可以节省大量人力、物力、财力和时间。

6. 市场调查的技术

(1) 市场调查表的设计

调查表是调查的工具,是调查人和调查对象之间信息交流的纽带。调查表的设计是否科学,直接关系到收集信息的质量。

调查表上的文字应简明、清晰、通顺、浅显易懂,要避免错字、别字、偏字和怪字;调查表上的问题不宜过多或过于分散。提问要把调查人的意图清晰地传给被调查者,要使被调查者知道应怎样回答才能满足调查人的要求;同时还要注意:调查表的开头应有问候之词和关于调查目的说明等。

在市场调查表上经常采用的问题类型有以下四种:

① 自由问答题。这是由被调查人随意发表意见的问题,调查人不预先划定回答的范围。

② 是非题。即让被调查者根据自己的判断选择是或非。

③ 多项选择题。这是应用较多的一类问题。凡是存在多种可能答案的情况,如征求用户意见,了解用户状况或爱好,调查购买意向,分析竞争前景,研究广告宣传效果等,都可以采用这种类型的问题。

④ 比较题。这是请被调查者对两种以上的事物进行主观上的比较和评定,以了解这些事物在被调查者心目中的地位。在调查用户购货心理、产品竞争能力等方面常采用这类问题。

表 3-1 是某砂轮厂在它所召开的一次订货会上向参加会议的用户单位人员进行调查所使用的调查表。

表 3-1 ××砂轮厂市场调查表

用户单位名称	所属地区部门	省市(地、县)部
人数规模	主要生产品种	

请您回答下列问题(在回答问题栏中写明或在合适的答案上画圈)

问　　题	回　　答
1. 贵单位现有多少磨削设备?	磨削机床_____台;砂轮机_____台; 其他_____台
2. 贵单位最近准备增添磨削设备吗?	今年下半年:不增;增加_____台;不清楚 明年:不增;增加_____台;不清楚
3. 您估计贵单位明年对我厂磨具需要量方面会有变化吗?	不变;增加;减少;不清楚(这仅是征求您个人的看法,不做订货依据) 其他_____台
4. 变化的话,您估计百分比有多大?	1%～5%;6%～10%;11%～15%;16%～20%
5. 您估计贵单位明年对我厂磨具的需求规格和品种方面的要求会有变化吗?	不变;有改变;增加;减少;不清楚

续表

问 题	回 答
6. 具体变化的情况能告诉我们吗？	可能增加的规格和品种是：_____ 可能减少的规格和品种是：_____
7. 贵单位认为我厂产品在哪些方面有缺点？	质量；品种；规格；包装；按合同期交货；技术服务；其他 其他_____台
8. 贵单位对我厂有哪些意见和要求？	

谢谢您的回答！请将此表于　　月　　日之前填完送到　　号房间。

表 3-2 是一个日用化工厂向某一居民小区内的住户进行调查时所发的调查表。

表 3-2　××日化厂市场调查表

先生/小姐，您好！
我送上我厂最新产品"幽香"牌香皂一块，请您试用，并请您在百忙中填写下表。

您回答下列问题（在回答问题栏中写明或在合适的答案上画圈）

问 题	回 答
1. "幽香"牌香皂在下列哪些方面比较令您满意？	香味；颜色；商标；包装样式；大小；形状 （可复选）
2. 您认为"幽香"牌香皂在下列哪些方面应加以改进？	香味；颜色；商标；包装样式；大小；形状 （可复选）
3. 希望您能为我们提一些改进的具体建议。	建议
4. 您家中一般隔多长时间买一块香皂？	1～3个月；4～6个月；7～9个月；10～12个月 （请单选）
5. 您挑选香皂主要考虑下列哪些方面？	香味；颜色；包装样式；价格；产地；形状 （可复选）
6. 您经常购买哪几个牌号的香皂？	____牌；　　　　____牌； ____牌；　　　　____牌
7. 您一般购买哪种类型价格的香皂？	不到 0.40 元；0.40～0.59 元；0.60～0.79 元； 0.80～0.99 元；1 元以上　　　（请单选）

请您在　　月　　日之前填完此表，届时我们派人收取，谢谢！

(2) 调查对象的选择

调查的结果应该具有代表性，但是要想对大多数商品的消费者进行全面的调查是十分困难的，或者说几乎是做不到的，而且也不应该这样做。有经验的调查人员只要通过调查比较少的一批人，就能得到可靠的资料。从抽样理论的角度看，挑选被调查人的最可靠的方式是随机挑选，在这种情况下，总和的每一个单位都有相同的机会被选上。随机抽样与其他形式相比，理论上有很大的优越性。但对采用调查表调查来说，大多数情况下进行随机抽样几乎是不可能的。在实际运用中往往采用另一种挑选方式——多阶段抽样。这种方式可以保证不发生位移,并有可能得到具有足够代表性的结果,而且费用比随机挑选要少。

3.3.2 市场预测

1. 市场预测的内容

市场预测探讨的是市场发展的未来状况。由于市场状况的发展变化会受到多方面因素的影响,并且是这些因素共同作用的结果,所以,市场预测的内容是相当广泛的,一般讲,主要可以归纳为以下六个方面:

(1) 市场供给状况的发展变化。这就是预测未来的市场上有多少可供用户选择使用的产品。

(2) 市场需求的发展变化。市场需求的发展变化是市场预测的最主要内容。由于影响市场需求变化的许多因素本身也是在不断发展变化的,因此,为预测市场需求的变化常常需要对一些影响因素的变化也加以预测。经常需要用预测手段探讨的影响因素有以下三个方面:社会商品购买力的变化;产品销售领域的变化;以及社会的消费机构与用户消费倾向的变化。

(3) 产品生命周期发展阶段的变化与更新换代。预测产品销售生命周期发展的变化,不论是对各级经济领导部门从宏观角度控制生产与需求,还是对企业制定生产与销售决策,都有着重要的参考价值。而预测产品更新换代应包括:换代产品的品种和进行更新换代的时机。

(4) 竞争发展的趋势。预测竞争发展的趋势必须同时考虑两方面的情况:本企业的竞争能力,包括产品的质量、价格、外观,也包括产品售前售后服务,推销措施所能收到的竞争效果、企业及产品在用户中的信誉等,同时也要考虑竞争对于上述因素的变化情况。

(5) 价格变动及其影响。预测价格变动对国民经济的影响有助于国家进行合理的价格决策。对企业来说,价格变动会影响产品成本、销售量和经济效益,它也是企业进行市场竞争的一种方法。因此,预测价格变动及其影响对企业进行市场决策同样是重要的。

(6) 意外事件的影响。意外事件是指有关经济领导部门或企业在制定市场决策、计划过程中不能预料到或难以想到的事件。这些事件的发生会打扰正常的经济秩序,使市场的发展脱离原来所预测的轨道。

2. 市场预测的步骤

市场预测的全过程是调查研究、综合分析和计算推断的过程。一个完整的市场预测,一般都要经过以下几个步骤。

(1) 确定预测目标。进行一项预测,首先必须明确为什么要进行这项预测?它解决什么问题?预测的目的关系到预测的一系列问题:收集什么资料,怎样收集资料,采用什么预测方法等。只有目标明确,才能使预测工作有的放矢,按照要求进行。

(2) 收集、整理资料。资料是预测的基础,必须做好资料的收集与整理工作。收集什么资料,是由预测的目标所决定的。

(3) 选择预测方法。市场预测的方法很多,各种方法都有自己的适用范围和局限性。要取得较为正确的预测值,必须正确选择预测方法。

(4) 提出预测模型。预测模型是对预测对象发展规律的近似模拟。因此,在资料的收集和处理阶段,应收集到足够的可供建立模型的数据,并采用一定的方法加以处理,尽量使它们能够反映出预测对象未来发展的规律性,然后利用选定的预测技术确定或建立可用于预测的模型。

(5) 评价和修正预测结果。市场预测毕竟只是对未来市场供需情况及变化趋势的一种估计和设想,由于市场变化的动态性和多变性,预测值同未来的实际值总是有差距的。为了比较预测方法的精确程度,需要不断地测定和修正预测误差。

(6) 编写预测报告。经过预测之后,要及时写出预测结果报告。报告要把历史和现状结合起来进行比较,既要进行定性分析,又要进行定量分析,尽可能利用统计图标及数学方法予以精确表述。要做到数据真实准确,论证充分可靠,建议切实可行。预测报告是对预测工作的总结,用以向预测信息的使用者汇报预测结果。除了应列出预测结果之外,一般还应包括资料搜集与处理过程、选用的预测技术、建立的预测模型及对模型的评价与检验、对未来条件的分析、对预测结果的分析与评价以及其他需要说明的问题等。

3. 市场预测的方法

(1) 市场预测的定性方法

① 德尔菲法。德尔菲法,又称专家意见法,是由美国兰德公司在 20 世纪 50 年代初提出的一种预测方法。它是充分发挥专家们的知识、经验和判断力,并按规定的工作程序来进行的预测方法。其主要特色在于:整个预测过程是背靠背进行的,即任何专家之间都不发生直接联系,一切活动都由工作人员与专家单独联系来进行,从而使预测具有很强的独立性和较高的准确性。

② 集中意见法。集中意见法是将有关业务、销售、计划等相关人员集中起来,交换意见,共同讨论市场变化趋势,提出预测方案的一种方法。它的优点是,在市场的各种因素变动剧烈时,能够考虑到各种非定量因素的作用,从而使预测结果更接近现实。它可以与其他定量预测方法配合使用,取长补短,以达到预测值的可靠性和准确性。这与德尔菲法既有共同之点,也有不同之处。这是面对面讨论的办法,能够相互启发,互为补充,简便易行,没有繁复的计算。在缺少历史资料或对其他预测方法缺乏经验的情况下,是一种可行的办法。

(2) 市场预测的定量方法

① 时间序列法。时间序列就是将过去历史资料和数据,按时间顺序排列起来的一组数字序列。例如,按年度排列的年产量,按季度或月份排列的季度或月度产品销售量等。

时间序列分析法的特点是,假定影响未来市场需求和销售量的各种因素与过去的影响因素大体相似,并且产品的需求形态有一定的规律。因而,只要将时间序列的倾向性进行统计分析,加以延伸,便可以推测出市场需求的变化趋势,从而做出预测。

对于较短时期、现象发展呈水平型的时间序列,可以运用一次移动平均法和一次指数平滑法;对于较长时期、现象发展呈变化趋势的时间序列,可用趋势方程法进行预测。

- 移动平均法。影响时间序列数值变动的因素很多,有些对现象变动的规律性起到主体的基本的影响,而有些只是短期或偶然起作用。移动平均法实质是一种排除波动、对数据进行修匀的方法。在对历史数据"修匀"的基础上,寻找出隐含在其中的基本规律,并据此预测未来。移动平均法分为一次移动平均法和二次移动平均法,其中一次移动平均法适合于水平型时间序列的预测。

如果假设 x 为某一经济现象随时间而变化的指标，x_i 是 i 时点该现象的数值，$i=1$，$2,\cdots,n$，每次移动的算术平均值所采用的观察值个数为 n（即间隔值），则在第 t 时点的移动平均值 M_{t+1} 为：

$$M_{t+1} = \frac{x_t + x_{t-1} + \cdots + x_{t-n+1}}{n}$$

根据上式可逐步移动平均地算出所有估计值。

使用移动平均法时，选取不同的间隔值 n 会得出不同的估计值和预测结果。利用 Excel 电子表格的循环运算功能，可以方便地进行移动平均法的计算。

经济管理中许多定量分析都可以用 Excel 软件便捷地处理。Excel 是一个面向经营管理者的数据分析工具，它的主要优点就是具有对数据进行分析、计算、汇总的强大功能。除了众多的函数功能之外，Excel 的高级数据分析工具则给出了更为深入、更为有用、针对性更强的各类经营分析功能。高级数据分析工具集中了 Excel 最精华、对经营分析最有用的部分，其分析工具集中在 Excel 主菜单中的"工具"子菜单内。Excel 是以电子表格的方式来管理数据的，所有的输入、存取、提取、处理、统计、模型计算和图形分析都是围绕电子表格来进行。

图 3-2 表示了移动平均法的计算过程，同时用图形表示了移动平均法修匀数据的作用。

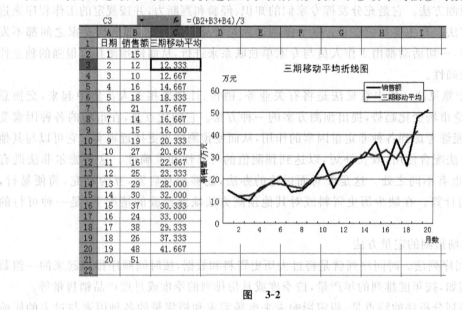

图 3-2

例：某商贸公司各期销售资料如图 3-2 的 B 列，对销售资料作三期移动平均。

第一步：在 C3 中键入"=（B2+B3+B4)/3"；

第二步：按住 C3 右下角的小十字，往下拖曳作循环运算，得到一系列相应的三期移动平均值。

第三步：鼠标点取 B1：C21，选择"图标类型"中的"折线图"，确定后即得。

在此，可以以 41.67 万元作为第 21 期的预测值。

如果作二次移动平均，并考虑趋势增量的话，预测将更精确。

- 指数平滑法。指数平滑法是一种特殊的加权移动平均法。其特点是在预测过程中利用了所有的历史资料，并采取了按指数规律递减的权数——即给离预测期较近的数值予较大的权数,给离预测期较远的数值予较小的权数。采用这样的权数对原始数据进行加权修匀,体现了"重近期、轻远期"的客观要求。指数平滑法分为一次指数平滑法和二次指数平滑法,其中一次指数平滑法适合于水平型时间序列的预测。

指数平滑法的最初的形式为:

$$S_{t+1} = \alpha x_t + \alpha(1-\alpha)x_{t-1} + \alpha(1-\alpha)^2 x_{t-2} + \cdots + \alpha(1-\alpha)^{t-1}x_1 + \alpha(1-\alpha)^t x_0$$

其中 α 为平滑系数,$(0<\alpha<1)$;S_t 为第 t 期的预测值。

经代换变形之后得迭代公式:

$$S_{t+1} = \alpha x_t + (1-\alpha)S_t$$

又可表示为:

$$S_{t+1} = S_t + \alpha(x_t - S_t)$$

α 的取值视预测的要求而选定。当 α 值较小的时候,如 $\alpha=0.1, 0.05$ 等,权数递减较慢,呈平滑递减趋势,预测结果能消除周期性波动,侧重反映长期数据的发展趋势;反之当 α 值较大时如 $\alpha=0.8, 0.75$,则预测结果能够很敏感地反映最近的一些观测值的变化,权数递减较快。实际应用的时候,可用各种 α 的取值试算,然后根据情况做出决定。

经代换变形之后的迭代公式在计算上带来一定的方便:每隔一定时期,有新的数据资料添加时,只要对上一期的预测计算结果和最新的实际数值进行计算,就能得出下期的预测值。在进行指数平滑计算的时候,一般都以初始值作为第一个预测值,而将最后一个计算结果作为预测值。

例:某企业 1—6 月份甲产品的实际销售额分别为 50 万元、52 万元、54 万元、55 万元、52 万元和 54 万元见图 3-3。设 $\alpha=0.3$,预测 7 月份甲产品销售额为多少万元?

解:设初始预测值为实际值,

$$S_{t+1} = \alpha x_t + (1-\alpha)S_t$$

$$S_1 = 0.3 \times 50 + (1-0.3) \times 50 = 50(万元)$$
$$S_2 = 0.3 \times 52 + (1-0.3) \times 50 = 50.6(万元)$$
$$S_3 = 0.3 \times 54 + (1-0.3) \times 50.6 = 51.6(万元)$$
$$S_4 = 0.3 \times 55 + (1-0.3) \times 51.6 = 52.6(万元)$$
$$S_5 = 0.3 \times 52 + (1-0.3) \times 52.6 = 52.4(万元)$$
$$S_6 = 0.3 \times 54 + (1-0.3) \times 52.4 = 52.9(万元)$$

则,甲产品 7 月份的预测值为 52.9 万元。

图 3-3 表示在 Excel 上进行指数平滑法的计算过程。

	A	B	C	D
			C3	f_x =0.3*B2+0.7*C2
1	月份	实际值	预测值	
2	1	50	50	
3	2	52	50	
4	3	54	50.6	
5	4	55	51.62	
6	5	52	52.634	
7	6	54	52.4438	
8	7		52.9107	

图 3-3

- 趋势方程法——一元直线趋势方程和最小平方法。"趋势方程法"是应用数学方程式测定经济现象的长期趋势。时间序列的 n 个数对 (t_i, y_i)，可在二维坐标上得到一系列的散点。观察这些散点的分布形态，可以确定其大致的函数类型，应用"最小平方法"原理，可拟合相应的反映时间序列变化规律的趋势方程 $\hat{y}=f(t)$，并以此进行预测。

如果要分析销售量 y 随时间 t 的变化关系，则观察时间序列形成的一系列散点，如果散点成直线趋势，便可以确定拟合直线趋势方程（可以利用 Excel 软件中的"图表"功能方便地进行观察）。

直线趋势方程的一般形式为：$\hat{y}=a+bt$

其中：$\hat{y}$ 代表销售量的趋势估计值；t 代表时间；a、b 为直线趋势方程的参数。

"最小平方法"拟合直线趋势方程的基本要求是：使销售趋势值 $\hat{y}_i$ 与原实际销售数据值 y_i 的离差平方和为最小值，即 $\sum(\hat{y}_i-y_i)^2=$ 最小值。用 $\hat{y}_i=a+bt_i$ 代入得：$\sum(\hat{y}_i-a-bt_i)^2=$ 最小值

对上式中的参数 a、b 分别求偏导数，令其为零，经整理可得标准方程以及参数 a、b 的解为：

$$\begin{cases} b = \dfrac{n\sum ty - \sum t \sum y}{n\sum t^2 - (\sum t)^2} \\ a = \bar{y} - b\bar{t} \end{cases}$$

以此计算得到的直线趋势方程 $\hat{y}=a+bt$ 反映了销售额的发展趋势，在一定的范围内可以用来进行预测。由于计算公式较为复杂，可以利用 Excel 软件直接求解直线趋势方程的系数。

Excel 主菜单中的"工具"下的"数据分析"项目能解决绝大多数的统计分析计算，其中"回归"分析工具能解决最小平方法下线性方程拟合。

例：已知某厂 2007 年 7—12 月份的实际销售额如表 3-3 所示，请根据资料数据预测 2008 年 1 月份的销售额。

表 3-3

月份	销售额/万元	月份	销售额/万元
7	144	10	160
8	150	11	167
9	152	12	173

解：第一步：对销售额资料作散点图的观察判断（见图 3-4），散点大致成直线变化，可以拟合直线趋势方程。

第二步：进行拟合直线趋势方程的计算，计算过程见表 3-4。

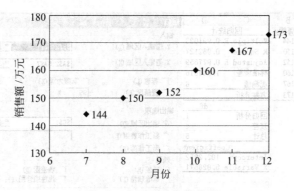

图 3-4 公司下半年销售额

表 3-4

月份 t	销售额 y/万元	t^2	ty/万元
7	144	49	1 008
8	150	64	1 200
9	152	81	1 368
10	160	100	1 600
11	167	121	1 837
12	173	144	2 076
Σ 57	946	559	9 089

代入参数 a、b 解的表达式,得

$$\begin{cases} b = \dfrac{6 \times 9\,089 - 57 \times 946}{6 \times 559 - 57^2} = 5.829 \\ a = \dfrac{946}{6} - 5.829 \times \dfrac{57}{6} = 102.295 \end{cases}$$

则,直线趋势方程为:$\hat{y} = 102.295 + 5.829\,t$

第三步:预测 2008 年 1 月份的销售额

$$\hat{y} = 102.295 + 5.829 \times 13 = 178.07(万元)$$

我们也可以直接利用 Excel 进行求解:进入 Excel 工具栏菜单,选择"工具"→数据分析→回归;对话框输入和计算结果如图 3-5 所示。

对于非线性趋势方程拟合,一般可以化曲线为直线,然后利用 Excel 直接求解(见第 5 章 5.4.3)。

② 因果(相关)分析法

因果(相关)分析法是根据各种经济现象之间的相互关系,通过建立回归方程来进行市场预测的一种方法。如果要分析销售量 y 与某一因素 x 的变化关系,需搜集某一因素一系列不同数值 x_i 所对应的销售数据 y_i,建立回归方程 $\hat{y} = f(x)$。建立趋势方程和回归方程的方法,一般运用最小平方法。通过一系列数对 (x_i, y_i) 形成的散点形态观察,可确定回归方程类型的类型。

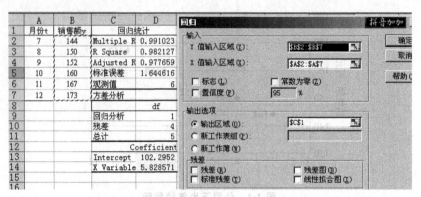

图 3-5 对话框输入和计算结果

- 一元线性回归方程的拟合。

一元直线回归方程的基本公式为：

$$\hat{y} = a + bx$$

其中 y 是销售额，x 代表影响销售额的某种经济因素。

用最小平方法拟合回归方程的过程与直线趋势方程的拟合是一致的，只要将时间变量 t 改为因素变量 x 即可。

例：某市人年均收入与空调销售量之间的关系如图 3-6 中 A、B、C 三列所示，现预测 2008 年该市人年均收入为 1.3 万元时空调的销售量。

用 Excel 进行一元线性回归方程最小平方法拟合，计算过程见图 3-6。

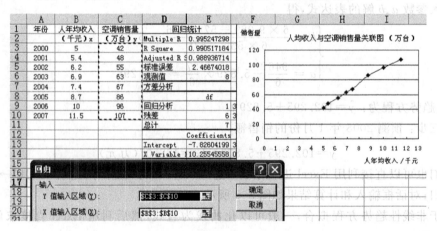

图 3-6

一元线性回归方程：

$$\hat{y} = -7.826 + 10.255x$$

预测 2008 年该市人年均收入为 1.3 万元时空调的销售量：

$$\hat{y} = -7.826 + 10.255 \times 13 = 125.49$$

- 多元线性回归方程的拟合。当影响销售额的因素为多个自变量的时候，应当拟合多元线性回归方程：

$$\hat{y}=b_0+b_1x_1+b_2x_2+\cdots b_kx_k$$

例：某新建住宅小区附近的家具商城，认为住宅销售户数和新婚对数这两个因素对家具销售额有明显的作用。为了确定预测该商城每季度家具的进货与销售，他们对全市各个小区家具店收集了下列的市场调查资料，如图 3-7 所示。其中 Y 为季度家具销售额，x_1 为住宅现房销售套数，x_2 是结婚对数。

利用 Excel 软件作最小平方法拟合多元线性回归方程(见图 3-7)，得

$$\hat{y}=-3.06+2.71x_1+3.68x_2$$

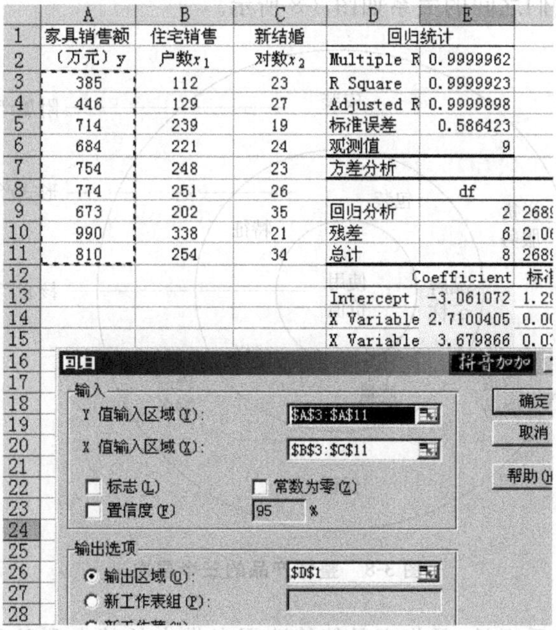

	A	B	C	D	E	
1	家具销售额	住宅销售	新结婚	回归统计		
2	(万元) y	户数x_1	对数x_2	Multiple R	0.9999962	
3	385	112	23	R Square	0.9999923	
4	446	129	27	Adjusted R	0.9999898	
5	714	239	19	标准误差	0.586423	
6	684	221	24	观测值	9	
7	754	248	23	方差分析		
8	774	251	26		df	
9	673	202	35	回归分析	2	2689
10	990	338	21	残差	6	2.06
11	810	254	34	总计	8	2689
12					Coefficient	标准
13				Intercept	-3.061072	1.29
14				X Variable	2.7100405	0.00
15				X Variable	3.679866	0.03

图　3-7

利用回归方程可以进行预测推断。如了解到小区内近期 20 对夫妻新婚，150 套现房出售，则本季度商场可以安排 $\hat{y}=-3.06+2.71\times150+3.68\times20=477$(万元)的家具销售。

对于非线性回归方程拟合，一般可以化曲线为直线，然后利用 Excel 直接求解(见第 5 章 5.4.3)。

4. 市场预测信息系统

市场预测信息系统指利用信息技术和设备，结合人员的操作和经验的辅助，专业从事市场预测的一种有机系统。市场预测信息系统也属于信息系统的一种，主要为一些专业从事市场预测的公司所用，也逐步被企业的市场预测部门所接受。

市场预测信息系统主要有以下五个子系统组成，它们分别是输入系统、控制系统、分析系统、存储系统和输出系统。

当然，建立市场预测信息系统是一个复杂的过程，需要投入大量的人力和物力，同时也需要组织结构的转变。

3.4 市场营销策略

3.4.1 产品策略

1. 产品概述

（1）产品的基本概念

从市场营销学的角度出发，产品的概念是一个整体概念。产品的整体概念是由三个层次的产品所构成的，它们之间的关系如图 3-8 所示。

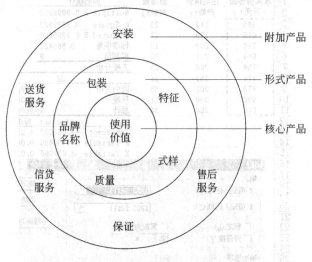

图 3-8　整体产品的三个层次

核心产品，也叫实质产品，是指产品能给购买者带来的基本利益和效用，即产品的使用价值，是构成产品最本质的核心部分。

形式产品，是指消费者需要的产品实体的具体形式，是核心产品的表现形式，是向市场提供的实体和劳务可以为顾客识别的面貌特征。形式产品共有五个基本特征，分别是质量水平、特征、式样、品牌名称和包装。形式产品是呈现在市场上可以为顾客所识别的，因此它是消费者选购商品的直观依据。产品的基本效用必须通过形式产品有效地体现，才能更好地满足消费者的需求。

附加产品，是指消费者购买产品时所能得到的附加服务和附加利益的总和。因为消费者实施购买的目的是为了满足某种需要，因而他们希望得到与满足这一需要有关的一切。只有向消费者提供具有更多实际利益、能更完美地满足其需要的附加产品，企业才能在日益激烈的竞争中赢得胜利。

核心产品、形式产品、附加产品作为产品的三个层次是不可分割和紧密相连的，它们构成了产品的整体概念。其中，核心产品是基础，是本质；核心产品必须转变为形式产品才能得到实现；在提供形式产品的同时还要提供更广泛的服务和附加利益，形成附加产品。

（2）产品分类

在市场营销中，要根据不同产品制定不同的营销策略。而要科学地制定有效的营销策略就必须把产品进行科学的分类。产品的分类有多种方法,这里根据产品的实质性和耐用性对产品进行分类。

① 耐用品。耐用品是有形的实体物品,并且可以在较长时间里使用,例如空调、机床、服装等。

② 非耐用品。非耐用品也是有形的实体物品,通常只能使用一次或数次,例如肥皂、香烟、啤酒、糖果等。

③ 服务。服务是非物质实体型的产品,是为出售而提供的活动、利益和满足。也就是说一项服务是一方能够向另一方提供的任何一项活动或利益,是相对于实体产品而言的无形产品。

2. 产品组合

(1) 产品组合的概念

所谓产品组合,也称为产品花色与品种配合,是指一个企业生产经营的所有产品线和产品品种的组合方式,即全部产品的结构。其中,产品线是指密切相关的一组产品,这些产品能满足类似的需要或必须在一起使用,而且经由同样的渠道销售出去,销售价格在一定幅度内变动。产品组合有以下三个要素:

① 产品组合的广度,是指企业内有多少条不同的产品线。

② 产品组合的长度,是指每一产品线上平均拥有的产品品种数。

③ 产品组合的关联性,是指各条产品线在最终用途、生产条件、分销渠道等方面相互关联的程度。

企业产品组合选择和评价的依据是:有利于促进销售和增加企业的总利润。上述产品组合的三个要素对促进销售、增加利润有直接效果。

(2) 产品组合策略

产品线是决定产品组合广度、长度和关联性的基本因素,动态的最优产品组合正是通过及时调整产品线来实现的。因此,对产品线的调整是产品组合策略的基础和主要组成内容。

① 产品线扩展策略。产品线扩展是指企业把产品线延长而超出原有范围。产品线扩展策略有三种形式。

a. 向上扩展。是指企业的产品线由原来的低档产品,通过向上策略,准备进入高档产品市场。向上扩展可能存在的风险包括:

- 那些生产高档产品的竞争者会不惜一切坚守阵地,并可能会反戈一击,向下扩展进攻低档产品市场;
- 对于一直生产低档产品的企业,消费者往往会怀疑其高档产品的质量水平;
- 企业的营销人员和分销商若缺乏培训和才能的话,可能不能胜任为高档产品市场服务。

b. 向下扩展。是指那些生产高档产品的企业,可能决定生产低档产品,从而使用向下扩展策略。企业向下扩展的理由主要包括:

- 企业在高档产品市场上受到强大攻击,因而以拓展低档产品市场来反戈一击;
- 企业发现高档产品市场增长缓慢而不得不去开拓低档产品市场;
- 企业最初进入高档产品市场是为了树立优质形象,目标达成后,向下扩展可以扩大产品市场范围;

- 企业为填补市场空缺而增加低档产品品种,以防竞争者乘虚而入。

当然,企业采取向下扩展的策略,也会有一些风险:

- 企业新增的低档产品品种可能会损害到高档产品品种的销售,危及企业的质量形象,所以企业最好对新增低档产品使用新的品牌,以保护原有的名牌产品;
- 可能会刺激原来生产低档产品的企业转入高档产品市场而加剧竞争;
- 经销商可能因低档产品获利微薄及有损原有形象而不愿意或没有能力经营低档产品,从而企业不得不另建分销网,增加许多销售费用。

c. 双向扩展。生产中档产品的企业在市场上可能会同时向产品线的上下两个方向扩展。

② 产品线填充策略。产品线填充策略是在现有产品线的经营范围内增加新的产品品种,从而延长产品线,所以同产品线扩展是有区别的。

采取这一策略的动机主要有:增加盈利;充分利用过剩的生产能力;满足经销商增加产品品种以增加销售额的要求;阻止竞争者利用市场空隙乘虚而入,企图成为领先企业。

③ 产品线现代化策略。有的企业,其产品线长度是适当的,但其产品多年以来一直是老面孔,所以必须使产品线现代化,以防被产品线较为新式的竞争对手所击败。

(3) 产品线削减策略

产品线常常被延长,而增加新品种会使设计费、工程费、仓储费、促销费等费用相应上升,因此,企业可能会出现资金短缺和生产能力的不足。于是,管理当局就会对产品线的盈利能力进行研究分析,从中可能发现大量亏损的产品品种。为了提高产品线的盈利能力,会将这些产品品种从产品线上削减掉。在企业中,这种产品线先延长而后被削减的模式将会重复多次。

3. 产品包装

产品包装是产品策略的重要组成部分。进入市场的许多实体产品都具有包装,因此包装是为保护产品数量与质量的完整性所必需的一道工序。对于绝大多数商品而言,包装是产品运输、存储、销售必不可少的前提条件,也是现代产品整体形式的有机组成部分。通常,包装可以起到保护商品,便于运输、携带和储存、促进销售等作用。

包装的具体策略有类似包装策略、等级包装策略、综合包装策略、再利用包装策略、附赠品包装策略及改革包装策略等。企业要根据市场及消费者的具体情况加以灵活应用。

4. 品牌策略

(1) 品牌的概念

美国市场营销协会(AMA)对品牌的定义是:品牌是一个名称、术语、标记、符号或图案设计或者是它们的不同组合,用以识别某个或某群体销售者的产品或服务,使之与竞争对手的产品或服务相区别。

① 品牌名称。品牌名称是品牌中可以被读出声音的部分,例如"海尔"、"联想"、"雅戈尔"都是我国著名的品牌名称。

② 品牌标志。品牌标志是品牌中可以识别但不能读出声音的部分,常常为某种符号、图案或其他独特的设计,如"光明"牌乳制品中的火炬图案。

③ 商标。商标是品牌的一部分,代表商标所有者对品牌名称和品牌标志的使用权。商

标又可分为注册商标和非注册商标,其中注册商标经过注册登记受到法律保护。所以,商标与品牌是既密切联系又有所区别的。

品牌在市场营销中有极为重要的作用。在市场上经常可以发现,同类产品,有的品牌消费者竞相购买,有的品牌却无人问津。因而,建立一个优秀的品牌,直接关系到企业的知名度和信誉,是企业产品策略的重要内容。

（2）品牌策略

① 品牌化决策。有关品牌的第一个决策就是决定企业是否给产品建立品牌。企业为其产品设立品牌名称、品牌标志,并向有关机构注册取得商标专用权的业务活动,就称为品牌建立。

但是,建立品牌是要付出代价的,包括设计费、制作费、注册费、广告费等,并且还承担品牌在市场上失败的风险。因此,如果对识别商品、促进销售的积极意义很小,使用品牌得不偿失,这时就可以不使用品牌。

② 品牌归属决策。一旦决定对产品使用品牌,品牌归属就面临三种选择。

- 使用制造商品牌。产品的质量特性通常是由制造商确定的,所以,制造商品牌一直支配着市场,绝大多数商品都是使用制造商品牌。
- 使用经销商品牌。不少中间商尤其是大型零售商、批发商都在发展自己的品牌。虽然这种做法要付出一定的代价,如要增加投资用于大批量订货和储备存货,要为宣传品牌增加广告费用,还要承担品牌被顾客否定的风险等。但是,由于中间商常能找到生产能力过剩的企业为其生产中间商品牌的产品,可以降低采购成本和流通费用,从而能以较低售价取得较高的销售额和利润;并且,中间商有了自己的品牌,可加强对市场和制造商的控制;还能利用有限的陈列空间充分展示自己品牌的产品,因此,有不少中间商还是喜欢使用自己的品牌,以增加获利。因此,企业可以根据品牌在市场上的声誉来决定采用制造商品牌还是中间商品牌。

③ 品牌名称决策。一般来说,可以有以下四种性质。

- 对各种产品分别采用不同的品牌。这种策略,能严格区分高、中、低档产品,使用户易于识别并选购自己满意的产品,而且不会因个别产品声誉不佳影响到其他产品及整个企业的声誉;还能使企业为某个新产品寻求建立最适当的品牌名称以吸引顾客。缺点在于品牌较多成本开支大,还会影响广告效果,易被遗忘。
- 对所有产品采用一个统一品牌,即家族品牌。品牌可以在广泛且具有较大差异的产品领域中扩展,由此产生了家族品牌。

采用这一策略的好处在于能减少品牌设计和广告费用,有利于新产品在市场上较快较稳地立足,能壮大企业声势,提高其知名度。

- 对不同类别产品使用不同的品牌。当企业生产截然不同的产品类别时,不宜使用相同的家族品牌,要予以区分。
- 将企业名称与个别品牌相结合。这是在企业各种产品的个别品牌名称之前冠以企业名称,可以使产品正统化,享受企业已有信誉,而个别品牌又可使产品各具特色。

④ 品牌战略决策。

- 品牌延伸。是指企业尽量利用已成功的品牌来推出改进型产品或新产品。品牌延伸策略的运用，可以使企业节约促销新品牌所需的大量费用，而且能使新产品被消费者很快接受。品牌延伸也可能因操作失误而削弱原有品牌。
- 多品牌决策。多品牌决策是指对同一种类产品使用两个或两个以上的品牌。通过将品牌分别定位于不同的细分市场上，每一品牌都可能吸引许多消费者，然而，并不是品牌多多益善，如果每一品牌仅能占有很小的市场份额，而且没有利润率很高的品牌，那么采用多品牌对企业而言，是一种资源的浪费。

3.4.2 价格策略

1. 定价目标

企业在定价以前，先要考虑一个与企业总目标、市场营销目标相一致的定价目标，作为确定定价策略和定价方法的依据。

（1）利润导向的定价目标
- 利润最大化目标。以最大利润为定价目标，指的是企业期望获取最大限度的销售利润。这几乎是所有企业的共同愿望。
- 目标利润。以预期的利润作为定价目标，就是企业把某项产品或投资的预期利润水平，规定为销售额或投资额的一定百分比，即销售利润率或投资利润率。

以目标利润作为定价目标的企业，应具备以下两个条件：该企业具有较强的实力，竞争力比较强，在行业中处于领导地位；采用这种定价目标的多为新产品、独家产品以及低价高质量的标准化产品。
- 适当利润目标。也有些企业为了保全自己，减少市场风险，或者限于实力不足，以满足于适当利润作为定价目标，例如，按成本加成方法来决定价格，就可以使企业投资得到适当的收益。

（2）以竞争为导向的定价目标

这是指企业主要着眼于在竞争激烈的市场上应付或避免以竞争为导向的定价目标。在市场竞争中，大多数竞争对手对价格都很敏感，在定价以前，一般要广泛搜索信息，把自己产品的质量、特点和成本与竞争者的产品进行比较，然后制定本企业的产品价格。通常采用的方法有：

① 与竞争者同价；
② 高于竞争者的价格；
③ 低于竞争者的价格。

（3）产品质量导向目标

这是指企业为在市场上树立产品质量领先地位的目标而在价格上做出的反应。优质优价是一般的市场供求准则，研究和开发优质产品必然要支付较高的成本，自然要求以高的价格得到回报。从完善的市场体系来看，高价格的商品自然代表着或反映着商品的质量及其相关的服务质量。

（4）生存导向目标

当企业遇到生产能力过剩或激烈的市场竞争或者要改变消费者的需求时，它要把维持生存作为自己的主要目标。为了保持工厂继续开工和使存货减少，企业必然要制定一个低的价格，并希望市场是价格敏感型的。

(5) 分销渠道导向目标

对于那些需经中间商推销的企业来说，保持分销渠道畅通无阻是保持企业获得良好经营效果的重要条件之一。为了使分销渠道畅通，企业必须研究价格对中间商的影响，充分考虑中间商的利益，保证中间商有合理的利润，促使中间商有充分的积极性去推销商品。

2. 定价方法

定价方法，是指企业为了在目标市场上实现定价目标，而给产品制定一个基本价格或浮动范围的方法。影响价格的因素比较多，然而在制定价格时主要考虑的因素是产品成本、市场需求和竞争情况。

(1) 成本导向定价法

成本导向定价法的共同特点是：以产品的成本为基础，在成本的基础上加上一定的利润。所不同的只是对利润的确定方法略有差异。它们的共同缺点是没有考虑市场需求和市场竞争情况。

(2) 需求导向定价法

这是一种以需求为中心，以顾客对商品价值的认识为依据的定价方法，主要分为认知价值定价和差别定价两种具体的方法。认知价值定价法的基本指导思想是，决定商品价格的关键因素是顾客对商品价值的认知水平，而不是卖方的成本。因此，在定价时，先要估计和测量在营销组合中的非价格变量在顾客心目中建立起来的认知价值，然后根据顾客对商品的认知价值，制定出商品的价格。而差别定价法则是指在给产品定价时可根据不同需求强度、不同购买力、不同购买地点和不同购买时间等因素，采取不同的价格。

(3) 竞争导向定价法

竞争导向定价法是指，企业为了应付市场竞争的需要而采取的特殊的定价方法。

① 随行就市定价法。这是指根据同行业企业的现行价格水平定价，这是一种比较常见的定价方法。一般是在产品的成本测算比较困难，竞争对手不确定，以及企业希望得到一种公平的报酬和不愿打乱市场现有正常秩序的情况下采用的一种行之有效的方法。

② 倾销定价法。这是指一国企业为了进入或占领某国市场排斥竞争对手，以低于国内市场价格，甚至低于生产成本的价格向国外市场抛售商品而制定的价格。

③ 垄断定价法。这是指垄断企业为了控制某项产品的生产和销售，在价格上做出的一种反应。垄断定价法分为垄断高价定价法和垄断低价定价法。

④ 保本定价法。这是指企业在市场不景气和特殊竞争阶段，或者在新产品试销阶段所采用的一种保本定价方法。

⑤ 变动成本定价法。又称为边际贡献定价法，是一种以变动成本为基础的定价方法。

⑥ 密封投标定价法。这也是一种依据竞争情况来定价的方法，是招标人通过引导卖方竞争的方法来寻找最佳合作者的一种有效途径。

⑦ 拍卖定价法。这是指卖方委托拍卖行，以公开叫卖方式引导买方报价，利用买方竞争求购的心理，从中选择高价格成交的一种定价方法。

3. 产品定价策略

(1) 新产品定价策略

① 撇脂定价策略。这是一种高价格策略，是指在新产品上市初期，价格定得很高，以便

迅速在较短的时间内获得最大利润。

撒脂定价策略的优点是：新产品初上市，竞争者还没有进入，利用顾客求新心理，以较高价格刺激消费，开拓早期市场。由于价格较高，因而可以在短期内取得较大利润。定价较高，在竞争者大量进入市场时，便于主动降价，增强竞争能力，同时也符合顾客对待价格由高到低的心理。

这种方法的缺点是：在新产品尚未建立起声誉时，高价不利于打开市场，有时甚至会无人问津。如果高价投放市场销路旺盛，很容易引来竞争者，加速本行业竞争的白热化，导致价格下跌、经营不长就会转产的局面。

② 渗透定价策略。这是一种低价格策略，即在新产品投入市场时，价格定得较低，以便消费者接受，很快打开和占领市场。

这种方法的优点是，一方面可以利用低价迅速打开产品销路，占领市场，从多销中增加利润；另一方面又可以阻止竞争者进入，有利于控制市场。因此，渗透定价策略又戏称"别进来"策略。

这种方法的缺点是，投资的回收期较长，见效慢、风险大，一旦渗透失利，企业就会一败涂地。

③ 满意定价策略。这是一种介于撒脂定价策略和渗透定价策略之间的价格策略。这种策略所定的价格比撒脂价格低，而比渗透价格要高，是一种中间价格。这种定价策略由于能使生产者和顾客都比较满意而得名。有时又称为"君子价格"和"温和价格"。

以上三种新产品定价策略的价格与销量的关系如图 3-9 所示。

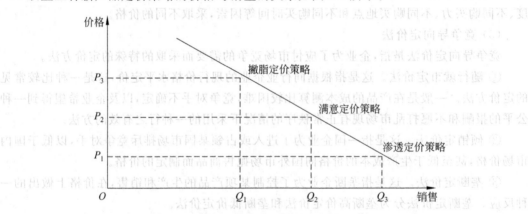

图 3-9 新产品定价策略的价格与销量的关系

（2）心理定价策略

这是一种根据消费者心理要求所使用的定价策略，是运用心理学的原理，依据不同类型的消费者在购买商品时的不同心理要求来制定价格，以诱导消费者增加购买，扩大企业销售量。具体策略包括：

① 整数定价策略，即在定价时把商品的价格定成整数；

② 尾数定价策略，即在商品定价时，取尾数，从而使消费者购买时在心理上产生便宜的感觉；

③ 分级定价策略，是指在定价时把同类商品分为几个等级，采取不同的价格；

④ 声望定价策略；

⑤ 招徕定价策略；

⑥ 习惯定价策略。

(3) 产品组合定价策略

产品组合是指一个企业生产经营的全部产品大类和产品项目的组合。对于多品种生产经营的企业来说，各种产品有需求和成本之间的内在相互关系并受到不同程度竞争的影响。如何从企业总体利益出发为每一种产品定价，发挥每一种产品的有关作用，是这类企业定价过程中经常遇到的问题。

奢侈品的定价策略

法国马赛商学院MBA、EMBA主任Michel Gutsats指出"奢侈品的价格是基于价值定价"，"以价值为导向的定价法是根据客户对公司产品的价值认知确定价格。而奢侈品的价值即在于它们的排他性。"

Michel Gutsats在欧洲领导组织了一项针对欧美市场三十年以来奢侈品价格变化的研究。研究显示随着时间的变化投入于奢侈品生产制作的工时不是相对固定的就是增加的，不像大众市场的产品会随时间减少。爱马仕方巾所需的非熟练工35个工时与1968年时相同，而这也是其价值的体现之一。

在全球范围内，奢侈品牌通常根据欧洲、美国、亚洲三个不同的区域制定零售价。而不同区域的价格差异也非常大。根据商务部统计，手表、箱包、服装、酒、电子产品这五类产品的20种品牌高档消费品，境内售价比香港要高45%左右，比美国高51%，比法国高72%。

但具体每个区域奢侈品商又是如何制定最后的零售价的呢？

Michel Gutsats举例，在奢侈品牌多为原产地的欧洲，奢侈品价格指数被设定为100的话，对于纽约来说，公司通常会设定稍高于原产地的零售价比如105或者110。而纽约的价格会被当成美洲区域的参照价，在美国统一实行纽约的价格，但在该区域的阿根廷，比如有30%的消费税，那么阿根廷的价格理论上为105×1.3＝136.5或者110×1.3＝145，最后可能会定在130，与理论价不会差别太多。如墨西哥消费税为10%，那么当地最后零售价可能会在120。

按照此推算，即便中国是按照欧洲原产地的价格指数，仅计算关税、增值税和消费税这些税费，若以总额50%的税率计算，最后中国奢侈品的价格就比欧洲高出50%。

资料来源：郑爽.频繁涨价刺激购买解构奢侈品定价密码.第一财经日报，2011年7月9日。

3.4.3 分销策略

1. 分销渠道概述

(1) 分销渠道的含义

分销渠道即商品流通渠道，是指某种货物或劳务从生产者向消费者移动时，取得这种货物或劳务的所有权或帮助转移其所有权的所有企业和个人，主要包括商业中间商（因为他们取得所有权）和代理中间商（因为他们帮助转移所有权），此外，还包括处于分销渠道的起点和终点的生产者和消费者。

(2) 分销渠道的作用

分销渠道是企业进入市场之路,企业生产的产品只有通过销售渠道,进入消费领域,才能实现其价值形态。分销渠道是企业市场资源中的重要组成部分,关系到企业的生存和发展,是企业节省市场营销费用,加快商品流通的重要措施。它的存在有助于加快企业产品的流通,节约流通环节中的成本,加快资金周转。

(3) 分销渠道的模式

由于工业品市场与消费品市场具有不同的特性,所以它们的分销途径也有所不同。消费品分销渠道的模式有五种分销形式,如图 3-10 所示。工业品分销渠道,一般不设零售机构,由生产者直接向用户供货或者经代理商、批发商供应给用户,如图 3-11 所示。

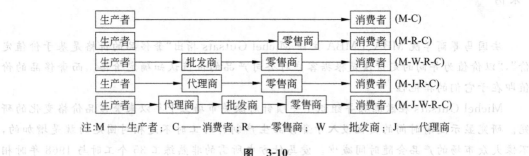

图 3-10

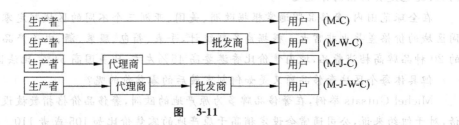

图 3-11

以上是分销渠道的基本模式,也称为传统渠道。但近几十年来,由于商业趋于集中与垄断,使传统分销渠道有了新的发展。大公司为了控制和占领市场,实行集中和垄断,往往采取一体化经营或联合经营的方式,而广大中小批发商、零售商为了在激烈竞争中求得生存和发展,也往往走联合经营的道路,因此形成了一种联合系统式的分销渠道。主要包括:

① 公司系统,是指一家公司拥有和统一管理若干工厂、批发机构、零售业务。

② 管理系统,是指有些素享盛誉的大制造商为了实现其战略计划,往往在销售促进、库存供应、定价、商品陈列、购销业务等问题上与零售商协商一致,或予以帮助和指导,从而与零售商建立协作关系。

③ 合同系统,这种渠道系统主要分为特许经营系统、批发商创办的自愿连锁以及零售商合作社。

总之,在市场竞争日趋激烈的今天,企业为了获得更多利润,不断探索新的分销模式,在竞争中求得生存和发展。

2. 分销渠道的选择策略

(1) 分销的基本策略

① 广泛分销策略。通常用于日用消费品和工业品中标准化、通用化程度较高的供应

品的分销。因为这类商品的消费者偏重于迅速而又方便地满足需求而不太重视厂牌商标,其生产者则希望自己的产品能尽量扩大销路,使广大消费者能及时、方便地买到所需的商品。

② 有选择的分销策略。即,生产者只在一定的市场中选用少数几个中间商。

③ 独家专营的分销策略。生产者在一定时期内,在一定地区只选择一家批发商或零售商来推销本企业的产品。通常双方订有书面协议,中间商不得再代销其他产品。

其他还有直接式策略、多渠道策略、特许经营策略等。

(2) 选择中间商的条件

在销售渠道的选择时,不仅要考虑配置中间商的层次结构,而且还要考虑选择中间商的标准。因为中间商的质量如何,也直接关系生产企业的销路和经济效益。从生产企业角度要求,合适的中间商一般应具备下列条件:

① 接近所期望的目标市场。选择批发商或零售商,最重要的应考虑其服务的对象是否是本企业所要发展的市场。

② 地理位置。零售商应处在顾客流量大的地区,批发商应具有较好的交通运输和存储条件。

③ 商品经营范围。生产厂商一般不愿意将其产品交给经营竞争品的中间商经营。如果要将其产品交与经营竞争品的中间商销售,则应考虑要与竞争品的品质、价格不要过于悬殊。

④ 促销措施。一般说来,拥有独家经销权的零售商,均要求负责部分广告活动,或者与厂商合作共同负起其他促销活动与费用。

⑤ 对顾客提供的服务。生产某些产品的厂商,往往把中间商能否提供各种与产品相关的服务作为选择个别中间商的因素。

⑥ 运输与存储措施。某一类产品的厂商,对于中间商的运输工具与运输能力及存储设备,甚为重视,往往将之作为选择中间商的重要因素。

⑦ 中间商的财务状况。每一家厂商均应调查与了解可能被选择为中间商的财务状况。

⑧ 企业管理能力。要了解中间商的领导人员才能、经营本领、组织结构和人员配备,这对经营成败关系极大。

小米试水微信,创造空前销售佳绩

在移动互联网时代,销售已经扩展到不同的渠道和端口。就在 2013 年 11 月 28 日,小米首次试水微信销售就取得了不错的效果。一个是国内时下最热门的手机,一个是最热门的通信工具,它们的合作自然会是双赢。微信公众平台上线仅 10 分钟,就将提供的 15 万台小米手机 3 发售一空。十分钟的成绩虽说跟以往相比谈不上优秀,但经过多轮抢购后,加之微信首秀消费者不熟悉,这个成绩也是非常难得的。而不同于以往小米官网发售的糟糕用户体验,微信平台凭借其广大的用户覆盖度,让更多人参与小米手机抢购成为了可能。

此次的销售数据来自小米官方公布,据悉本次提供的 15 万台小米手机 3 在 9 分 55 秒的时间内销售一空,抢购成功的用户需要在三个小时内下单,并在下单后三个小时内支付。

同时据消息人士透露,此次总共有超过 2 000 万人点击了小米手机微信专场页面,并有 637.9 万人尝试支付参与预约,最终有 193.8 万人成功预约。

资料来源:陈德东.传统厂商复制小米营销 拓互联网渠道求新突破.通讯信息报,2013 年 12 月 4 日.

3. 分销渠道的管理

(1) 分销渠道的合作、冲突和竞争

渠道合作是协调渠道中各成员之间的行为。因为,分销渠道实际上由各企业基于相互利益结合而成,制造商、批发商和零售商彼此间互有需求,各成员由于相互合作而获得的利益,要比自己单独从事分销工作所获得的利益大得多。

渠道冲突是指渠道中各成员由于利益或其他方面的矛盾而产生的摩擦、对立和不合作行为。渠道冲突有水平渠道冲突和垂直渠道冲突。

渠道竞争是指分销渠道内不同企业之间或不同系统之间为了同一目标市场而展开的竞争。

(2) 渠道管理决策

① 选择渠道成员。为了实现企业的市场营销目标,各企业都须招募合格的中间商来从事渠道分销活动,从而成为企业产品分销渠道的一个成员。他们需要评估中间商经营时间的长短、增长记录、偿还能力、合作意愿及其声望,并据此作出适当的选择。

② 激励渠道成员。中间商需要激励以尽其职,即使让他们加入渠道已构成部分的激励,仍需生产者不断地督导与鼓励。生产者在处理与中间商的关系时,往往采取不同的方式,主要有合作、合伙、分销规划三种。

③ 评估渠道成员。生产者必须定期评估中间商的绩效是否已达到某些标准。因为,如果生产者及渠道成员能事先就绩效及制裁标准达成协议,则可避免许多矛盾和失误。并且生产者经常以制定销售配额来代替其对当期绩效的期望。在某些情况下,这些配额仅供参考,而在另一些情况下,它却代表严格的标准。有些生产者在销售期间结束后,引列出各中间商的销售量并加以评分,这种做法是希望激励那些名列榜尾的中间商为了自尊而努力上进,而使名列前茅的中间商为了荣誉而保持其良好表现。

(3) 分销渠道的控制

① 激励。如给予渠道成员较大的利润幅度和各种促销津贴,或在某一地域经销某些产品的权利,或无偿使用销售设备等。激励必须针对渠道成员的真正需要,才能见到实效。

② 制裁。它包括处分和惩罚等手段,如减少渠道成员的产品利润幅度,撤销某些奖励措施,减少供货量或采购量等。

③ 利用专门知识。要帮助渠道成员提高经营能力,利用专门知识,促使渠道成员的业务行为与自己的期望相一致。

④ 利用权威性。渠道中的一个成员具有很高的市场声誉,其他成员会自觉地依附和服从。因此,渠道中实力强的大企业常被其他成员看成是当然的领袖,但这种形式施加的影响范围是比较小的。

4. 创新的分销策略

(1) 直接营销

直接营销起源于 20 世纪 50 年代,这种一对一的销售方式自其诞生以来,就以其独特的魅力引起了一场营销方式的观念变革。直接营销最早以直接邮寄的方式出现。20世纪90年代中期,由于互联网的出现,传统营销已经受到猛烈的冲击,网上营销亦成为当前流行的营销手段。互联网已逐渐成为邮购公司与客户之间新的沟通渠道。

直接营销意味着与顾客是一对一的营销形式,绕过代理商、分销商和零售商等中间环节,直接面对消费者。

直接营销的方式有六大类:直接邮寄、直接反应广告、电话营销、目录销售、上门推销和新媒体。不同的途径所花费的成本和取得的效益是不同的。公司要根据过去营销活动的分析、公司的目标市场、公司的财务、产品的特色等方面决定接近客户和潜在客户相对较佳的途径,花费较少的费用获取最佳的效益。戴尔计算机公司原先通过免费直拨电话向顾客提供技术支持,进入网络时代的戴尔进一步利用国际互联网推广其直销模式。

(2) 加盟连锁

加盟连锁是指特许者将自己所拥有的商标(包括服务商标)、商号、产品、专利和专有技术、经营模式等以合同的形式授予被特许者使用,被特许者按合同规定,在特许者统一的业务模式下从事经营活动,并向特许经营者支付相应的费用。

特许人只以品牌、经营管理经验等投入,便可达到规模经营目的,不仅能在短期内得到回报,而且使无形资产迅速提升。

受许人由于购买的是已获成功的运营系统,可以省去自创业不得不经历的一条"学习曲线",包括选择盈利点、开市场等必要的摸索过程,降低了经营风险。

特许人与受许人之间不是一种竞争关系,有利于共同扩大市场份额。

特许加盟连锁这一经营模式的实质,是企业运用无形资产进行资本运营,实现低风险资本扩张和规模经营的有效方法和途径。

从20世纪80年代,全球加盟连锁飞速发展。美国几乎每6.5分钟就有一家加盟店开业。马来西亚、新加坡……特许加盟连锁已升为国家的国策。

加盟连锁进入中国以后就猛烈地冲击着传统的分销体系。加盟连锁在中国很快地发展起来,目前已遍布几乎所有行业,特别是被广泛地应用于服务业领域。

(3) 网络营销

网络营销可以被视为一种新兴的营销方式。毋庸置疑,线上交易的产生对于企业现有渠道结构是一大挑战。互联网直通消费者,将商品直接展示在顾客面前,回答顾客疑问,并接受顾客订单。这种直接互动与超越时空的电子购物,无疑是营销渠道上的革命。

网络营销的竞争在于能够将产品说明、促销、顾客意见调查、广告、公共关系、顾客服务等各种营销活动整合在一起,进行一对一的沟通,真正达成营销组合所正确追求的综合效益。这些营销活动不受时间与地域的限制,结合文字、声音、影像、图片以及视讯,用动态或静态的方式显现,并能轻易迅速地更新资料,同时消费者也可重复上线浏览查询,使企业具有低成本的优势。网络营销的另一个优势在于能结合问卷、网络、资料库,以最新最快的方式获取顾客信息,再通过网络上互动的资料修订与强大的统计功能,拥有大量主要顾客与潜在顾客的完整资料。

进入21世纪第二个十年,网络营销出现了激烈的变化,不仅是B2B、B2C等线上的营销活动,还出现了线上、线下互动的营销活动,O2O(Online to Offline)正在改变着企业的营销生态,冲击了各种传统的、现代的、动态的营销模式,网络营销已经进入了一个全新的阶段。

吉象吉送简介

厦门吉象吉送电子商务有限公司负责整体运营"吉象吉送"。"吉象吉送"创新提出城市O2O综合购物平台的理念。公司以厦门为起点,在全国各个城市进行推广和发展,打造受消费者喜爱的城市电子商务平台。

"吉象吉送"定位为"城市O2O综合购物平台",以城市为单元运营网上商城,并结合当地开设的众多连锁实体店,形成线上线下一体化的购物平台。

O2O是继B2B、B2C、C2C等之后的另一种新兴电子商务模式,它继承了传统电商的多样、实惠、高效及便利等优势,并结合实体店更好的销售服务和购物信心保障,实现线上线下的互补,打造受消费者喜爱的城市电子商务平台。

Online(网上商城)——吉象商城(www.jxmall.com),借助互联网推广时间灵活及时、空间覆盖广泛、表现形式多样的特点,提供品种齐全的商品展示、商品选择和商品订购。主要包括进口精品、台湾精品、国产精品的选购,产品线种类涵盖农产品、食品、数码产品、家用电器、个护化妆、城市生活等12个大类数万个品牌百万种优质商品,为消费者提供"一站式"购物体验,使消费者尽享高品质生活。

Offline(线下实体店)——吉象商城社区超市,为客户提供商品销售、商品展示和体验、完善的售后服务、实体店的品牌保证、便利的退换货、快速的配送。计划五年内在全国各地开设"吉象商城社区超市"加盟连锁店,所有加盟店统一识别系统、统一产品、统一价格,形成品牌资源集群效应,以鲜明的品牌特色和优势赢取市场竞争力。

吉象吉送将充分利用线上和线下的发展优势,将二者紧密的结合在一起,给消费者提供更多的便利和实惠,带动消费的快速发展。线上线下相结合,倾力打造中国一流民生精品电子商务平台。

资料来源:厦门吉象吉送电子商务有限公司公司网站,http://www.xyec.cn/Index.html。

3.4.4 促销策略

促销是促进销售的简称,意指营销人员通过各种方式将有关企业及产品的信息传递给消费者或用户,影响并说服其购买某项产品或服务,或至少是促使潜在顾客对企业及其产品产生信任和好感的活动。促销的实质是企业与现实和潜在顾客之间进行信息沟通的过程。

现代促销方式可分为人员促销和非人员促销两大类。人员促销指派出推销员直接访问潜在顾客;非人员促销又分为广告、营业推广和公共关系等多种。促销组合,即对这几种促销方式进行选择、运用与搭配的策略,同时也决定了促销预算的分配。

1. 促销决策过程

既然促销的实质是信息沟通,那么,促销决策的过程也就是制订沟通计划的过程。

(1) 确定目标受众

发送信息的企业应了解谁参与购买决策,及他们的需要、偏好、态度和各方面的特点,以做到有的放矢。

(2) 确定沟通目标

发送信息的企业要确定希望从目标顾客那里得到什么反应,以便于确定沟通的目标。为此,信息发送者首先要了解目标顾客现在处于购买准备过程的哪一层次。

① 认知。如果大多数目标顾客对该企业或产品还一无所知,那么,促销的任务就是使他们知晓。

② 了解。目标顾客可能仅仅是知晓了某公司及其产品名称,而对进一步的情况了解甚少,此时的促销目标是使目标顾客对产品性能、特点等有清楚的了解或认识。

③ 偏好。如果目标顾客可能已对产品有足够的了解,此时企业最关心的是他们的感觉如何,是喜欢还是不喜欢,并展开促销活动,着重宣传本企业及产品的特色和长处,使目标顾客形成对某一特定企业或产品的特殊偏好。

④ 确信。目标顾客已形成了对某个企业或产品的偏爱,但不一定会下决心购买,此时的促销目标是促使目标顾客建立或强化购买的信念。

⑤ 购买。已下定了购买决心的目标顾客仍不一定会马上购买,他们可能还要观望一段时间再采取行动,这时的促销目标应是采取必要措施:如提供试用、降价、分期付款等优惠,促使购买行为实现。

(3) 信息设计

理想的设计应能要引起目标顾客对促销信息的注意,产生兴趣,引起购买欲望,直至采取购买行动。信息设计需要解决以下问题:要有一个极富感染力和说服力的主题;表达要合乎逻辑;表达的形式要引人注目。

(4) 选择信息传播媒体

主要有人员和非人员两大类信息沟通渠道。人员沟通渠道通过面对面交谈或电话访问达到信息的传递,这是一种单项的沟通,能立即得到对方的反馈,因此效果较好。非人员渠道是一种单向沟通,包括大众传播媒介和为向目标顾客传递促销信息而设计的各种活动,如新闻发布会、展销会等。

(5) 制订促销预算

常见的促销预算制定方法有:量力支出法;销售额百分比法;与竞争者保持平衡法;目标任务法。

(6) 制定促销组合

为了将人员推销、广告、营业推广和公共关系几种促销方式的特点、适用性,做到有效地促销,因此企业需要制定有效的促销组合策略。

企业促销活动有"推"与"拉"之分,如果采取"推"的策略,生产企业将积极把产品推销给批发商,批发商再积极推销给零售商,零售商再向顾客推销。这种策略以人员推销和适当的营业推广方式为主。如果采取"拉"的做法,则最终消费者是主要的促销对象,即首先靠广告、公共关系等促销方式引起潜在顾客对该产品的注意,刺激他们产生购买的欲望和行动,当消费者纷纷向中间商指名订购这一商品时,中间商自然会找到生产厂家积极进货。

对处于生命周期不同阶段的产品,促销目标通常有所不同,采取的促销方式自然也不同。一般说,在导入阶段,需要广泛宣传,以提高知名度,广告和公共宣传为主,辅以营业推广和人员推销。在成长阶段,促销仍可以广告为主,但内容上应突出宣传本企业产品的品牌、特色和优势。进到成熟期,促销强度要加大,营业推广的效果要超过广告,只要做提示性广告即可。到衰退期,促销规模要降到最低限度。公共宣传可完全停止,只保留提示性广告和各种营业推广即可。

2. 广告

广告作为一种传递信息的活动,它是企业在促销中普遍重视且应用最广的促销方式。

(1) 广告设计的原则

① 广告主题要鲜明突出。一般来说,广告最好突出一个主题,只有这样才能深深打动消费者。

② 广告承诺要行之有效。好的广告能向消费者表明购买产品带来的好处以及能为消费者解决实际问题,只有具有明确的承诺才能促成消费者的购买行为。

③ 广告诉求要客观真实。广告信息内容应该实事求是。并且言之有物,只有这样才能建立企业信誉。

(2) 广告媒体的选择

在广告媒体运用时,如何选择媒体、媒体组合及把握媒体的推出时机,都牵涉广告预算及广告效果评价,因此,必须精心策划,从众多广告媒体中作出正确的选择。

(3) 广告效果的测定

① 广告触及率测定。这里的触及率指的是接触过广告的人数占被测总人数的百分比。如某广告发布后,经测定,看过的人数为 5 000 人,被测人数为 10 000 人,其广告触及率为

$$\frac{5\ 000}{10\ 000} \times 100\% = 50\%$$

② 知名度测定。知名度通常是以广告接受者对企业名称、广告品牌、商标等的记忆程度为测定内容。以知晓人所占测定人数的百分比作为对知名度的测定结果。

③ 理解度测定。理解度通常是以广告接受者对广告内容、产品作用、功能等的了解程度作为测定内容。

3. 人员推销

人员推销是最古老的促销方式,并且直至今天仍是最重要的促销方式。

(1) 人员推销的目标

不同的企业或公司为销售队伍确定了不同的目标。在一般情况下,销售员应为企业承担以下一项或几项工作:

① 寻找。推销员负责寻找和培养新客户。

② 信息沟通。推销员应能熟练地将公司产品或服务的信息传递出去。

③ 推销。与客户接洽,向客户出样报价,回答客户的疑问并达成交易。所以销售人员必须懂得推销艺术。

④ 提供服务。对客户的问题提供咨询意见,给予技术帮助,安排资金融通,加速交货等服务项目,推销人员必须认真完成。

⑤ 收集情报。销售人员要进行市场调查和情报工作,并认真填写访问报告。

⑥ 分配。销售人员要对顾客的信誉做出评价,并在产品短缺时将稀缺产品分配给顾客。

(2) 人员推销的激励

从对推销员的激励而言,一般的方法可以分成两部分,一部分是物质鼓励;另一部分是精神鼓励。要创造一个重视推销工作和推销员,并有利于推销员充分发挥才干的组织氛围;应该制定科学合理的销售定额,促使销售经理和推销员尽最大的努力去工作;采取公开的正面的精神鼓励措施等。

4. 营业推广

营业推广是指在短期内为了刺激需求而进行的各种活动。这些活动可以诱发消费者和中间商的迅速的大量的购买,从而促进企业产品销售的迅速增长。

营业推广的方式主要有:

(1) 向消费者的推广

① 产品陈列与示范。在零售店占据有利位置进行橱窗陈列、柜台陈列或流动陈列,有时同时进行操作使用示范,以展示产品的性能与特长,打消顾客疑虑。这种方法在新产品进入市场,以及在食品业、家用电器、化妆品业等的促销中都有广泛应用。

② 样品赠送。向消费者免费赠送样品,通过他们了解效果,传播信息来争取扩大销量。样品赠送适用于价值低廉的日用消费品,那些易于小包装、差异明显且目标客户群能区别的产品可以通过消费者亲身试用来提高接受度。

③ 附赠赠品。附赠赠品是顾客购买某种特定产品后,免费或以极低价格获得产品。主要为了争取竞争性产品的消费者转移到促销的产品上来,赠品必须让消费者有深刻的印象和一定的实用价值。

④ 折价券。这种方法一般用于已有一定品牌声望的商品当中,但这种产品应该是一次性使用、周期较短、顾客需经常购买或一次性购买量较大的产品。

⑤ 退款优惠。退款优惠运用的方式非常简单,通常指厂商在消费者购买商品后,只要消费者邮寄特定产品的购买证明,就可以得到部分或全额退款的一种促销方式。该产品主要用于鼓励试用新产品。

⑥ 会员营销。会员营销又叫俱乐部营销,它是指企业以某项利益或服务为主题,将各种消费者组成俱乐部形式,开展宣传、促销和销售活动。

⑦ 联合促销。联合促销则是指两个或两个以上的公司合作开展促销活动,推销它们的产品或服务,以扩大活动的影响力。

(2) 向中间商的推广

① 产品展览、展销、订货会议。企业可以利用产品展览、展销、订货会议等多种方式来陈列其产品并作示范操作。参加或发起主办这些展出的卖主可以由此获得多方面的利益,如招徕顾客,发展顾客,向准顾客与既有顾客介绍新产品,与老顾客加强联系并劝导他们购买更多的产品。

② 销售竞赛。生产厂商规定的竞赛目标对于中间商而言既要有一定的挑战性,又要现实合理,这样才能吸引尽可能多的中间商投入竞赛。

③ 价格折扣。这是一种运用非常普遍的促进中间商大量进货的方法,包括制造商给予中间商数量折扣或职能折扣两种基本形式。前者是指购货者在一定时期内进货到达一定批量即可享受一定的价格折扣率,后者是指当中间商为产品作了广告宣传而给予其费用补偿或对中间商特意陈列产品而给予相应津贴。

④ 采购支持。采购支持是指企业为了帮助中间商节约采购费用和库存成本等，而采取的一系列帮助采购的促销活动。它的具体形式有：库存支持系统、自动订货系统和报销采购费用。

(3) 向销售人员的推广。企业可以通过推销竞赛、推销红利、推销回扣等方式来奖励推销人员，鼓励他们把企业的各种产品推荐给消费者，并积极地开拓潜在的市场。

5. 公共关系

公共关系通常用来树立公司良好的外部形象，并处理好不利于公司的流言和传闻，建立与公众良好的公共关系。

(1) 公共关系的内容

一般认为公共关系主要完成以下工作：

① 建立和维持同新闻界或新闻代理的良好关系；创造并将有新闻价值的信息刊登于新闻媒体，以引起大众对某些人物、产品或服务的注意。

② 产品宣传：宣传某些特定的产品。

③ 公共事务：建立和维持与政府和当地的社区关系。

④ 游说：建立和维持与立法者及政府官员的良好关系，以影响有利于公司的立法和规章制度。

⑤ 维持与投资者的良好关系：维持与股东和其他金融界人物的关系。

⑥ 发展：发展与捐款人或非营利组织会员的公共关系，以赢得财务上或志愿者的支持。

(2) 公共关系的形式

① 新闻。公关专业人员的一个主要任务是发展或创造对公司和产品有利的新闻。一个好的公关媒体负责人应清楚，新闻界需要的是有趣而及时的情节、文笔漂亮和能吸引注意力的新闻报道。媒体负责人必须尽可能多地结识新闻编辑人员和记者，与新闻界的交往愈多，公司获得较多好的新闻报道的可能性也就愈大。

② 演讲。演讲是创造产品及公司知名度的另一项工具。公司负责人应经常通过宣传工具圆满地回答各种问题，并在同业公会和销售会议上演说。但这种做法有可能树立公司形象，也有可能损害公司的形象。有的公司对挑选公司发言人非常谨慎，并使用专门起草人和演讲辅导员，以帮助提高演讲效果。

③ 公益服务活动。公司可以通过向某些公益事业捐赠一定的金钱和时间，以提高其公众信誉。越来越多的公司正在运用一种所谓的"事业相关营销"，以建立公众信誉。

④ 形象识别媒体。在一个高度交往的社会中，公司不得不努力去赢得注意。公司至少应努力创造一个公众能迅速辨认的视觉形象。视觉形象可通过公司的持久性媒体，如广告标识、文件、小册子、招牌、企业模型、业务名片、建筑物、制服标记等来传播。

⑤ 事件。公司可通过安排一些特殊的事件来吸引对其新产品和公司其他事件的注意。这些事件包括记者招待会、讨论会、郊游、展览会、竞赛和周年庆祝活动以及运动会等，以接近目标公众。

⑥ 公开出版物。公司大量依靠各种传播材料去接近和影响其目标市场。

此外，公共关系部门安排记者招待会、开业典礼、会展及其他事件这种非人员沟通方式可以直接影响购买者的行为。

斯沃琪的胜利

20世纪80年代初,瑞士表在廉价的"西铁城"、"精工"和"卡西欧"等品牌的冲击下,在中低档产品市场上国土尽失。为了重振瑞士表的雄风,1981年,瑞士ETA公司推出了著名的斯沃琪手表。

为了推销斯沃琪手表,他们做出了一个惊人的举动,设计了一个巨大的斯沃琪手表,500英尺长,悬挂在德国商业银行总部大楼,并显示了如下扼要的信息:"斯沃琪,瑞士,60德国马克。"德国商业银行是法兰克福最高的一幢摩天大厦。该举动即刻引起了轰动,德国新闻界为斯沃琪免费作了许多广告。在接下来的两个星期内,每个德国人都知道了斯沃琪。斯沃琪还打破人们"便宜没好货"的传统观念。价格虽然只有40美元到100美元不等,但它具备瑞士表的高质量:重量轻,能防水防震,电子模拟,表带是多种颜色的塑料带,各种颜色都很鲜艳,很适合运动。

斯沃琪的另类营销还体现了独特的促销技巧——维护高品位低价位的品牌形象,需要非常的促销技巧。低价位和高品位似乎难以调和,但斯沃琪却别有一套功夫。所有的斯沃琪手表在推出5个月后就停止生产,因此即使最便宜的手表都将是有收藏价值的。而且斯沃琪公司每年分两次推出数目极为有限的时髦手表设计版本。斯沃琪手表的收藏家有特权参与投标,购买其中的一种设计版本。问题是公司可能只生产4万只手表,而收藏家的订单却有10万份,甚至更多。公司只好举行抽签活动来决定可以购买手表的4万位幸运收藏家。克里斯蒂拍卖行对以前的斯沃琪手表定期举行拍卖。有位收藏家为一只数量稀少的斯沃琪手表花了6万多美元。

斯沃琪的另类营销很快收到高回报,1983年开始实施的企业设计,使斯沃琪的价值有了巨大增长。到1992年,斯沃琪公司的销售额达到20亿美元,利润为2.8亿美元,公司的市场价值超过了38亿美元。

资料来源:王方华、顾锋.市场营销学.上海:上海人民出版社,2003年,第300页.

本章小结

随着全球市场以及各国家和地区市场竞争的日趋激烈,市场营销管理作为企业经营过程中不可缺少的一个组成部分,正日益成为企业关注的中心。

现代市场营销,是一门研究企业经营方略和生财之道,研究企业如何在激烈的市场竞争中求生存、图发展的学问,也是一门研究企业如何更好地满足消费者或用户的需要与欲望的学问。它着重研究买方市场条件下,卖方(企业)的市场营销管理问题,即着重研究卖方(企业)在激烈竞争中和不断变化的市场营销环境中,如何识别、分析、评价、选择和利用市场机会,如何满足其目标顾客的需要,提高企业经营效益,以求得长期生存和发展。

我们可以把市场营销的主要内容大体上归纳为市场营销理论研究、市场营销战略研究和市场营销策略研究三个部分,并且各部分之间的内容也是相互渗透的。

市场营销的理论部分主要包括市场营销观念、市场细分、目标市场、消费者需求研究和购买行为等。这部分内容是市场营销理论的基础部分，阐述市场营销的基本原理和基本思路。市场营销战略研究主要包括市场营销组合、产品策略、定价策略、渠道策略、促销策略和以这四大策略为基础的市场营销战略。这部分内容是市场营销的核心内容，而且这部分内容相当丰富，是市场营销基本原理的具体应用。市场营销策略研究则主要研究营销组织与市场营销控制问题，企业为保证市场营销活动的成功，应在组织、调查、计划、控制等方面采用必要的措施和方法。

 复习与思考

1. 什么是市场？什么是市场观念？什么是市场营销管理过程？
2. 树立正确的营销观念对企业营销会带来什么重大变化？
3. 什么叫市场细分？它有什么重要的作用？
4. 企业在市场细分的基础上，有哪些不同的目标市场策略？
5. 某企业 1—12 月实际销售量如下表所示，试用三期移动平均法和指数平滑法（$a=4$）分别预测该企业明年 1 月份的销售量。

月 份	1	2	3	4	5	6	7	8	9	10	11	12
实际销售量/台	450	500	460	560	540	580	610	570	612	630	615	620

6. 下表是某省历年出版杂志种数的数据。用最小平方法拟合杂志种数的直线趋势方程 $\hat{y}=a+bt$，并预测 2008 年的杂志种数。

年 份	2002	2003	2004	2005	2006	2007
杂志种数	535	556	565	582	574	591

7. 假设新建住宅面积是影响家具需要量的主要因素，2003—2007 年新建住宅面积与家具需要量关系数据如下表，试作一元线性回归方程 $\hat{y}=a+bx$，并计算当 2008 年交付住宅面积为 1200 万平方米时，家具销售额的预测值是多少？

年 份	新增住宅面积 x/万平方米	家具销售额 y/千万元
2003	800	110
2004	880	114
2005	950	119
2006	1 020	125
2007	1 100	130

8. 什么是产品组合？产品组合选择和评价的依据是什么？产品组合有哪些策略？
9. 试述营销、促销和推销的区别和联系？

10. 影响渠道的因素有哪些?对分销渠道应该如何加强管理?
11. 什么是促销组合?如何运用促销组合策略做好企业的营销工作?

案例分析

盛大网络游戏：开创盛大模式

网络经济曾经是泡沫经济的象征，怎样把概念变成实在的盈利曾让无数的ICP（网络内容供应商）大伤脑筋。2000年以来，网络概念股飞速下泻，沦为垃圾股，显示出营利模式不够清晰、投资人对网络概念丧失信心的状况。网络游戏也不例外，中国的网络游戏市场从1998年开始起步以来，一直鲜有盈利的先例。

情况在2001年有了改变。1999年11月成立、2001年3月才进军网络游戏市场的上海盛大网络有限公司改变了这种局面。2001年7月盛大代理了一款在韩国游戏《传奇》，2002年凭借《传奇》的出色表现，上海盛大年营业收入达到4亿元，占据网络游戏市场份额高达40%以上。

盛大通过一款韩国游戏《传奇》实现了奇迹，但让盛大获得成功的绝不仅仅是游戏本身。在实现奇迹的过程中，盛大独创的营销模式功不可没——这种模式已被称为盛大模式。

盛大通过代理开发商的软件，快速获得了质量相对优良的产品；通过向游戏玩家收费，找到了以往网络游戏依靠网络广告、电信分成等营利模式之外的新营利模式，这种直接面向终端消费者的模式，无疑更为稳定可靠；通过渠道扁平化，盛大提高了销售终端的覆盖率和控制力度；盛大还向传统行业学习，通过向游戏玩家提供优质的售后服务，从而让玩家建立起忠诚度。

2003年这种模式依然有效，同在上海的"第九城市"，通过复制盛大模式，2003年只用了5个月就实现了2.7亿元营业收入，而盛大网络代理的《泡泡堂》、自主开发的《传奇世界》都获得了极大的成功。2003年9月，盛大同时在线用户突破100万，盛大奇迹还将继续下去。

资料来源：http://www.emkt.com.cn/article/151/15110-2.html.
2003十大营销创新个案.陈奇锐.中国营销传播网.2004年4月9日.

思考题：
1. 盛大网络公司成功的关键因素是什么？
2. 盛大网络公司作为网络经济中的成员之一，它的营销策略与传统营销方式有何不同？
3. 在营销过程中，盛大网络采用了哪种渠道模式，对其成功有何深远的影响？

参考文献

1. 王方华.市场营销学(第2版).上海：格致出版社,2012.
2. 菲利普·科特勒、凯文·莱恩·凯勒.营销管理(第14版).上海：格致出版社,2012.
3. 吴健安.市场营销学(第4版).北京：高等教育出版社,2011.

第 4 章　企业生产管理

本章关键词

生产（production）
生产管理（production management）
生产系统（production system）
生产过程（production process）
工艺专业化（process-oriented specialization）
对象专业化（product-oriented specialization）
生产类型（types of production）
流水线（flow line）
大规模客户化定制（mass customization）

生产计划（production planning）
作业计划（operation scheduling）
生产能力（production capacity）
作业排序（job sequencing）
精益生产（lean production）
敏捷制造（agile manufacturing）
生产控制（production control）
快速响应（quick response）

互联网资料

http://www.poms.org
http://www.alue-china.com
http://www.toberp.com
http://mm.manaren.com

中国成为全球最大制造国

中国已成为全球制造业产出最高的国家,恢复了曾一直保持到 19 世纪初期的地位,同时把美国赶下其盘踞 110 年的最大商品生产国宝座。

美国经济咨询机构 HIS 环球透视（IHS global insight）发布的一项研究透露了上述变化。据该机构估算,2010 年中国占世界制造业产出的 19.8%,略高于美国的 19.4%。不过,HIS 世界工业服务主管马克·基奈（Mark Killion）表示,美国制造业的形势远谈不上令人沮丧。"美国拥有巨大的生产率优势,这体现于这样一个事实：美国在 2010 年的制造业产出仅略低于中国,但美国制造业只有 1150 万工人,而中国制造业雇用了 1 亿人。"

> 经济史学家、牛津大学纳菲尔德学院(Nuffield College)的罗伯特·艾伦(Robert Allen)表示,中国夺回制造业产出桂冠,标志着"经济史上一个500年的周期走到尽头"。总部位于华盛顿的商业团体——竞争力协会(council on competitiveness)主席德博拉·文斯-史密斯(Deborah Wince-Smith)表示,对于自己从大约1895年开始占据的宝座被中国夺走,美国"理应感到担心"。"这显示出,美国在未来开展竞争的立足点,不能是商品化的大规模制造,而必须是创新和各个生产行业推动的新型服务。"
>
> 上一次中国占据全球最大商品生产国宝座是在1850年左右,当时中国正接近结束一段长时期的人口增长和技术进步。随后,英国在工业革命的推动下,成为全球最大的工业品生产商,并将这一地位保持了近50年。此后,美国成为全球头号制造国,并在这个宝座上坐了一个多世纪。专门研究长期经济变化的专家、英国华威大学(Warwick University)的尼古拉斯·克拉夫兹(Nicholas Crafts)表示:"这标志着全球层面上的劳动分工(涉及商品生产)发生了根本转变,这种转变不太可能在短期内逆转。"
>
> 资料来源:彼得·马什.中国成为全球最大制造国.英国:金融时报,2011年3月14日.

进入信息化时代后,人们把眼球更多地关注到信息与市场。因为信息的爆炸带来了诸多的管理问题,使得企业主管们开始把大量的时间用于信息的收集、梳理、开发与利用,并把最新的信息技术广泛应用于企业管理的各方面,提高了企业的竞争力。最典型的就是ERP软件的开发和利用,在全世界都兴起了一阵ERP热。同时,因为市场竞争的加剧,也使得人们更多地把精力用于对市场的研究与开发,各种各样创新的营销手段掀起了一阵又一阵竞争的高潮,人们普遍认为谁掌握了市场的主导权谁就是商战的赢家。于是,在信息技术的应用和营销管理的创新占据了人们越来越多的关注的同时,生产管理开始受到冷落,有人甚至扬言"生产问题"已经彻底解决,生产管理的功能退化,从事生产管理的人员在企业中的地位下降。但是,现实并没有随那些人的主观意愿而演变,反而出现了一系列相反的情况。比如,信息技术固然重要,但它们应用得好坏,却取决于这个企业生产管理水平的高低,如果生产系统设计得不合理、生产计划编制的方法不科学、生产过程控制得不严密,应用的结果情况反而更糟。联想(控股)集团董事局主席柳传志说过一句话值得深思:不上ERP等死,上了ERP找死。很形象地反映了信息技术的应用必须依赖于生产管理的先进与完善。再比如,人们在创造了一个又一个营销新技术的同时却发现,整个生产过程与企业的战略目标,市场竞争的要求越来越不适应,不重视生产管理的恶果开始显现,企业内部相互埋怨,部门之间相互指责,企业的产品在市场上失去竞争优势,企业市场份额和盈利能力下降。于是人们开始重新审视生产管理的重要性,重新调整生产管理战略。目前,无论是国内还是国外,无论是学术界还是企业界,都逐渐认识到前一阵子轻视生产管理造成的严重后果,开始把生产管理放到一个恰当的位置上。这就是要根据外部环境的要求,根据目标市场的特点,紧紧围绕企业战略的要求,设计有效的生产系统;然后是扬长避短,对生产过程进行合理的组织,以体现生产系统效率的最大化;再就是对生产系统进行科学的管理,要应用最新的生产管理技术,发挥信息技术的巨大威力,把生产管理提升到新的高度,以适应信息化时代科学技术发展的需要,从而提高企业主动驾驭环境变化的能力。

4.1 生产管理概述

4.1.1 生产管理在企业经济活动中的地位与作用

众所周知,在变化越来越大,竞争愈演愈烈的今天,适应环境是任何企业生存、发展的基础,也是企业加强管理的主要目标和提高经济效益的关键性因素。

对于一个以满足市场需求,并在实现企业的社会责任的同时取得最大效益为根本驱动力的企业来说,适应环境应该是一个多视角的立体追求。

生产管理作为企业适应环境的一个重要环节,在整体性、动态化的管理中具有特别重要的地位。因为企业的最终目标是满足市场需要,实现企业所担负的社会使命。这个工作的基础是生产管理,即企业必须能够正常地生产,有效地运营,否则一切都是空话。生产管理不正常的企业是不可能满足市场需要的,也就失去了企业存在的价值。为此,无论在何种情况下,企业都必须重视生产管理,只不过在不同条件下其表现形式有所不同罢了。

进入20世纪90年代以来,由于科学技术的不断进步和经济的不断发展,全球化信息网络和全球市场经济的形成,企业面临着开发新产品,提高产品质量,缩短生产交货期,降低产品成本以及对不断变化的市场做出快速响应等方面的压力。这一现象使企业越来越认识到生产管理在企业经济活动中的地位和作用。

4.1.2 生产、生产管理与生产系统

企业的生产活动是在生产系统中发生的,企业的生产管理是对生产系统的管理,因此,需要对生产系统的内涵作一番讨论。

1. 生产

自从有人类社会以来,就有生产活动。生产是人类社会最原始,也是最基本的活动之一。"劳动创造了人",这个劳动指的就是生产。开始是为自己或家庭的生存而生产,包括狩猎、捕鱼、种植、制造工具等。以后是为了交换,也即为了社会而生产。逐步发展到今天,人们为了满足生活的各种需要而生产。所以说,生产是人类社会存在的基本前提,也是社会财富不断延续和积累的源泉。什么时候人类社会停止了生产活动,什么时候它就面临毁灭和瓦解,人类社会就不复存在。

生产的本质是能够创造物质和财富来满足人们的需要。所以,生产一般是指以一定生产关系联系起来的人们利用劳动资料,改变劳动对象,以适合人们需要的活动。在这里,主要是指物质资料的生产,是使一定的原材料,通过人们的劳动转化为特定的有形产品。这种转化有三种含义:一是对被转化物形态的转化;二是功效的转化;三是价值的转化。三个层面上的"转化",合起来就是指企业生产的产品要满足市场的需要,具有竞争的实力,能够为企业带来盈利。这就是生产的经济性与有效性的统一。

服务业的兴起,使生产的概念得到了延伸和拓展。广义的生产也可以被理解为一切人类有意识的创造性活动,是一切社会组织将输入转化并增值为输出的过程。除了农业、采矿业、制造业的生产被无疑地称为生产之外,第三产业所提供的各种服务,本质上也都是"生产"出来的。随着经济的增长,劳动分工不断深化以及市场不断拓宽,产品的生产制造过程

被分解为一个又一个专业化的节点,大量中间产品和加工过程被独立出来,而连接这些节点形成分工网络的必要性就显现出来了,这些中间节点的需求就被称为生产型服务业。例如物流公司、信息服务公司等(见表4-1)。

表 4-1　各类社会组织的生产

社会组织	主要的输入	转化的形式	主要的输出
工厂	原材料	加工制造	产品
物流公司	产地的物质	位移	销地的物质
修理厂	损坏的机器	修理	修复后的机器
医院	病人	诊断和治疗	恢复健康的人
大学	高中毕业生	教学	高级的专门人才
剧院	剧本、演员	排演	供人观赏的戏剧

一切社会组织的使命是对社会发展有贡献,是满足人们日益增长的物质和精神需要,要提供输出,就必须要有输入。输入是由输出决定的,任何组织生产什么(输出),决定了需要怎么样的输入。输出要满足客户的需求,而转化过程必须增加价值,企业才有存在的价值和意义。价值增加的程度取决于转化的能力与效率。转化是通过人的劳动来实现的,因此,转化的过程就是生产过程。输入、转化和输出分别与供应、生产和销售相对应,形成了任何组织的三项最基本的活动。

2. 生产管理

简言之,生产管理就是对生产活动的计划、组织、指挥、协调与控制。生产管理的基本目标可以用一句话来概括:高效、灵活、准时、安全、清洁地生产合格的产品来满足市场需要,同时实现企业的经营目标。

高效,生产管理必须体现高效。就是要以较少的投入得到较多的产出。因为,低消耗才能低成本,低成本才能低价格,低价格才能最大限度地争取用户,所以,高效是生产管理最主要的特征。自从泰勒制的科学管理开始,人们对于如何实现高效作了种种努力,从时间—动作研究,分工合理性安排,到人—机—环境的和谐统一,都是向着生产管理高效性的种种追求和逼进。

灵活,是指企业的生产系统能很快地适应市场的变化,生产各种不同的品种和及时开发新品种。在信息时代,生产管理的灵活性十分突出,由于计算机的广泛应用,使得企业可以采用数据挖掘技术,把大量零碎的不完整的信息整理上升为能准确反映市场需求的信息,企业便可以利用敏捷制造技术灵活地组织生产,从而最大限度地满足市场需求,有效地提升企业的市场竞争力。

准时,是在用户需要的时间,按用户需要的数量,提供用户所需要的产品和服务。

安全,是指为了保证生产的持续、稳定与和谐发展,投入—转化—产出的过程必须体现安全性。不仅是指劳动者的人身安全,还包括劳动工具、劳动手段安全无故障地运行。

清洁,是指在产品生产、使用和报废处理过程中,对环境的破坏控制到最低范围,力求无污染地实行绿色生产。

合格产品,则是指生产出符合用户需要,具有一定质量标准的产品。

为了实现上述目标,就需要对生产系统进行有效的管理,包括对生产系统设计的管理,以及对生产系统运行的管理两个方面。

生产系统的设计包括对产品的决策、工艺选择、能力规划、厂址确定、生产设施布置,以及工作岗位设计等。通常,对生产系统设计的管理是在设施建造阶段进行的,但在生产运作过程中也不可避免地要对生产系统进行更新、改进,包括新增设备,调整布局,增设岗位等。生产系统的设计具有先天性的影响,如果产品决策不当,将导致方向性错误,一切人力、物力、财力都将付诸东流;能力规划不准,厂址选择不当,也会铸成大错,使得企业生产活动的高效、灵活、准时、安全、清洁无法实现。同时,对生产系统的设计的管理往往决定了产品的成本,决定了市场的竞争力,甚至决定了企业的兴衰成败。

生产系统的运行,主要是指企业的生产活动如何适应市场的变化,按用户的需要,生产合格的产品。对生产系统运行的管理主要涉及生产计划、生产组织和生产控制三个方面。生产计划主要解决生产什么、生产多少、哪里生产和何时生产的问题;生产组织是要解决合理组织生产要素,使有限的资源得到充分而合理的利用的问题;生产控制则是要解决如何保证按计划完成任务的问题,确保企业的供应与需求相匹配,包括接受订货控制、生产进度控制、库存控制、质量控制和成本控制等。

3. 生产系统

生产系统是一个为了实现预定目标而组成的有关生产元素的集合体。生产系统是由输入、转化、输出和反馈控制四个部分构成的,并按一定的程序有规律地运行。生产系统的核心功能是转化模块,它不仅接受各种输入,要根据预定的目标进行转化:加工、装配、运营,将各种生产要素有机地结合在一起,同时它还要接受反馈机制的调整和控制,以保证输出的有效性和转化的经济性。生产系统的一般模型可以用图 4-1 来描述:

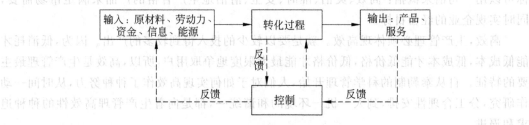

图 4-1 生产系统的一般模型

生产系统具有一般系统共有的特征,即生产系统的目的性、适应性与协调性三者的有机合成。

生产系统的目的性是指,任何生产系统的存在都是为使得各生产元素能够有效地运转,最终要使生产的产品能够满足市场的需要,能够为企业带来盈利。否则,这个系统就没有存在的必要。生产系统必须使被转化物发生形态的转化、功能的转化,更重要的是价值的转化。

生产系统的适应性是指,生产系统要适应环境,并能根据环境变化作适当的变化,即有应变的能力。因为任何生产系统都是在一定的条件下存在的,生产系统的适应性比先进性更重要,适合企业生产环境的、适合用户需要的转化系统就是一个好的生产系统;反之,即使是非常现代化和先进的转化系统,也是一个不好的系统,功能过剩与功能不足一样都是不符合整体优化原则的。

生产系统的协调性是指,生产系统的各组成部分之间,以及各组成部分内部各要素之间都是协调的。前者是指供、产、销之间的协调,后者是指投入的要素中人、财、物之间的协调;转化的要素人—机—环境—时间之间的协调;产出的要素数量、质量、时间、地点之间的协调。系统的协调性靠管理的有效性来体现和保证,是生产管理的重要内容也是生产管理追求的主要结果。

除此之外,企业的生产系统还有以下三个个性化的特征应该予以重视,即系统的经济性、和谐性和学习性。

生产系统的经济性,是指任何类型生产系统都把追求产出/投入的最大化为目的,因为企业的生产系统都是以占有一定的资源为运作前提,对于人类来说,资源的稀缺性始终是干扰经济发展的重要原因,因此,作为生产系统都有义务以更少的投入去创造更多的产出。这种对于经济性的自发追求是一切企业的共同责任,也是生产管理人员的重要任务,需要花费巨大的精力和持之以恒的毅力。

生产系统的和谐性,是指生产系统与环境的和谐,因为生产系统的运转过程不仅输出了各种满足需要的产品,同时也产生了很多无效的或有害的物质,如化工生产过程中废液的排放、冶炼过程中的废渣的产生、机器加工时噪声的干扰等,与人类生存的环境产生了许多矛盾。在人类的生产创造能力空前高涨的同时,随之产生的污染物也日渐严重,所以,一切生产系统都必须在设计与运行过程中重视与环境的和谐发展。

生产系统的学习性,主要是由于反馈机制的存在,生产系统有一种自学习的功能,即在每完成一次转化过程后,都要从中获取有益的经验,在下一次转化时予以自行完善。从长远看,企业的市场竞争力有赖于生产系统的竞争力,而生产系统的竞争力源自于系统内部的自学习与自适应机制。所以,一个好的生产系统,在其设计时不仅会考虑它的经济性与有效性,还会反映其学习性,并在生产系统运行过程中充分发挥这种学习机制,这些都已成为探索新一代生产系统设计与运行有意义的前沿课题。

4.1.3 生产系统的功能目标和结构

1. 生产系统的功能目标

什么是一个好的生产系统?或者说设计一个生产系统在生产运行中管好这个系统的目标是什么?这些问题在以往的生产管理中很少涉及,被认为是件天经地义、不容置疑的常规性工作,很少深入地去想一下,生产系统的功能目标到底是什么。

企业的各种活动最后都聚焦到产品上。因为产品是各种要素经过企业生产活动的最终结果,是企业中所有人员共同劳动的结晶。因此,讨论生产系统的功能目标必须围绕产品来展开。产品是沟通市场,反映用户对企业功能要求的载体,它传达了企业经营战略对生产系统的要求。所以,按照产品构成的各个方面开展对生产系统功能目标的讨论是有利于增强企业竞争力,进而推动企业经营战略有效进行的重要方面。表 4-2 从用户对产品的要求入手,列出了产品的品质、价格、服务、交货、数量、品种六个方面,讨论了生产系统功能目标的特定含义。

2. 生产系统的结构

生产系统的功能目标能否实现,实际上很大程度取决于生产系统的结构形式。生产系统的结构是系统的构成要素及其组合关系的表现。生产系统的构成要素很多,按性质和作用可划分成结构化要素和非结构化要素。

表 4-2 企业生产系统功能目标的含义与转换、形成过程

企业环境与用户对产品提出的要求		企业竞争战略对产品的要求	产品对生产系统提出的要求	
产品的功能指标	功能指标的具体含义	竞争战略的作用	生产系统功能目标的特定含义	系统的功能目标
产品的品质	指产品的核心功能及其性能水平、可靠程度,它主要体现在对产品物质部分、基本功能的要求方面,属于用户购买决策的基本条件	根据对用户需求的全面了解,在产品所应具备的基本功能基础上,从竞争优势和赢得订单的角度上,给予产品的某些功能指标更高的优先级,强化产品对用户利益的针对性,提高产品的特色,即竞争优势,这时,产品则包含了双重信息:用户、市场给予的基准功能要求信息和企业竞争战略赋予的优势功能要求信息对生产系统形成约束	系统对产品品质的控制、保证能力。高质量的产品不是检验出来的而是生产出来的,产品的品质特性与达标的稳定性需要从工艺、技术、作业过程中保证	生产的质量
产品的价格	包括产品本身的销售价格,也涉及产品在使用过程中的费用水平,以及竞争厂家产品、替代产品的代价差异		保证价格要求依赖于系统对成本的控制。低成本对于产品将更加具有价格竞争优势;即使在相同价格情况下,低成本意味着更大的盈利优势	生产的成本
产品的服务	是产品品质的外部拓展,包括维护、修理、保养、三包、保险、售后安装、培训,尤其是产品更新、换代、升级以后的服务保障、兼容性等		良好的售后服务,尤其是对产品升级、换代后兼容性、可扩展性的保证,要求产品的生产具有持续性,因此对系统的稳定、规模、持久和内部要素相关性提出"刚性"要求	生产的刚性
产品的交货	对备货型生产是提供现货的保障能力;对订货型生产是交货期的长短、交货期确定后的准时接货程度、改善和保证能力		涉及备货或订货的生产类型,以及订货的需求深度;交货期受生产周期、提前期的制约,交货期的准确性与保证能力有赖于对生产系统的计划与控制	生产的交货期
产品的数量	指用户对产品需求数量的变化要求,不同顾客、不同季节、不同场合对产品数量的要求不尽相同,导致订货数量方面的起伏变化		订货数量的变化意味着生产批量的变化,生产系统需要在批量安排上具有一定灵活,这种灵活性的大小取决于系统的结构特点与运行机制	生产的灵活性
产品的品种	是用户需求差异性的反映,其表现形式为产品系列(线)的深度、宽度,以及产品品种的更新效率,它体现了企业对市场的细分与开发能力		表现为生产对产品系统宽度、深度的相容性,和对新产品的接受能力;此外,创新能力还表现为系统对新技术、新工艺、新机制的适应性,自我完善能力	生产的创新

资料来源:金占明.企业管理学.清华大学出版社,2002年版,第16页。

(1) 生产系统的结构化要素

生产系统的结构化要素,是指构成生产系统的硬件部分,也就是指构成生产系统主体框架的要素。主要包括:

① 生产技术。生产技术通过生产设备的构成和技术性能反映生产系统的工艺特征、技术水平。它将影响到产品的质量、成本和设备维护方面的管理,并与投资决策相联系。

② 生产装备。它主要是指生产设施的规模、设施的布局、工作地的装备和布置等。

③ 生产能力。它主要是指生产系统中生产能力的大小、生产能力的特性、生产能力的弹性等,对于生产能力的决策,不仅决定了设备的规模,而且决定了企业满足社会需要的能力大小。

④ 生产系统的集成。它主要是指生产系统的内部集合和与外部的协调。内部的集合

是指系统集成的范围、集成的方向;外部的协调就是指系统与外部的协作关系等。生产系统的集成决定了企业生产职能所涉及的范围。

生产系统的结构化要素是生产系统的物质基础,它直接决定系统的功能性质,并具有投资大、影响时间长等特点,一旦建立起来并形成一定的组合关系之后,要改变它或进行调整是相当困难的。所以,决策时应该慎重。当然,进行必要的调整,也是不可避免的。

(2) 生产系统的非结构化要素

生产系统的非结构化要素,是指在生产系统中支持和控制系统运行的软件要素。主要包括:

① 人员组织。它主要包括:人员的素质特点、企业人力资源政策、组织机构设置等。不同的生产系统在人员组织方面的策略是不同的,它是从人员的角度对生产系统进行组织,对于生产系统的运作的好坏具有决定因素。

② 生产计划。它主要包括:生产计划的类型、计划编制方法和计划编制的关键技术。为了使生产系统能根据市场需求进行有效、准时的运作,建立灵活、高效的生产计划体系,显得尤为重要。

③ 库存管理。它主要包括:库存系统类型、库存数量和库存控制方式。库存管理水平的高低直接影响生产系统的经济效益。

④ 质量管理。它主要包括:质量标准的制定、质量控制、建立质量保证体系等。

生产系统中的非结构化要素决定系统的运行特点,这些要素不涉及大量的投资,建成以后对它的改变和调整较为容易,因此,采用何种非结构化要素,决策风险不像结构化要素那样大。但是,在实施过程中非结构化要素容易受其他因素的影响,这类要素的实施,在掌握和控制上比较复杂。

4.2 生产系统的类型

划分生产系统类型的目的在于,根据不同的生产系统类型,选择相应的生产组织形式、计划编制方法和先进合理的加工工艺,合理地组织与生产系统相适应的生产管理系统。

4.2.1 按用户的需求特征和企业组织生产方式分类

根据需求特征和企业组织生产方式分类,可把生产系统分为订单型生产和备货型生产两类。

1. 订单型生产方式

是指按用户特定的要求进行的生产。用户可能对产品提出各种各样的要求,经过协商和谈判,以协议或合同的形式确认对产品性能、结构、质量、数量和交货期的要求,然后组织设计和制造。一般是一次性生产一台或一小批,不再重复生产,没有产成品库存,在保证产品质量的前提下,准时交货是订单型生产方式管理的重点,所以必须按"期"组织生产过程各个环节的衔接和平衡。订单型生产方式的生产周期一般都比较长,通过提高零部件的标准化和通用化水平,采用计算机辅助设计(CAD)可以大大缩短设计周期,若再能结合计算机辅助工艺设计(CAPP),则可进一步缩短生产技术准备周期,使生产系统的整体响应速度大大提高。如船舶制造、大型成套设备的生产都采用这种生产类型。

2. 备货型生产方式

是指根据企业对市场需求预测事先制订生产计划,通过保持一定数量的库存来应对市场需求的波动,从而减少对生产系统的影响,即在需要时用库存补偿生产能力的不足,而在低需求时依靠建立库存来减少因生产能力过剩的影响。对这类企业来说,生产管理的重点是提高预测的准确性和确定合理的库存水平,必须按"量"组织生产过程各环节的衔接与平衡,如家用电器、制皂、轴承等产品的生产,都采用备货型生产方式。表4-3是订单型生产和备货型生产基本特点的比较。

表4-3 订单型生产和备货型生产基本特点的比较

产品 类型	备货型生产	订单型生产
产品	标准产品	定制产品或新产品
对产品的需求	可以预测	难以预测
成本	事先确定	订货时确定
交货期	由产成品库存决定	由生产响应速度决定
设备	多采用专用高效设备	采用通用设备
人员	专业化人员	多种操作技能人员

4.2.2 按生产的工艺特征分类

按照产品加工的工艺特性分类,可以把企业分成连续流程和加工装配生产方式。

1. 连续流程生产方式

这种生产方式的特点是,工艺过程是连续进行的,不能中断;工艺过程的加工顺序是固定不变的,生产设施按照工艺流程布置;劳动对象按照固定的工艺流程连续不断地通过一系列设备和装置,被加工处理成为成品。化学工业、石油精炼、金属冶炼、造纸等行业都属于这一类型。这类企业生产管理的重点是要保证连续供料和确保每一生产环节在工作期间必须正常运行,因为任何一个生产环节出现故障,都会引起整个生产系统的瘫痪。连续流程生产由于产品和生产过程相对稳定,一般都采用各种自动装置和中央控制室实现对生产过程进行实时监控。

2. 加工装配生产方式

这种生产方式的特点是,产品是由许多零部件构成的,各零件的加工过程彼此是独立的,所以整个产品的生产是离散的,制成的零件通过部件装配和总装配最后成为产品。典型的加工装配型生产有:汽车制造、机械制造、家具制造、船舶制造等。在加工装配式生产过程中,由于产品零件种类繁多,工艺路线大多各不相同,同时,一个产品对其组成的零部件有不同的数量要求,这就对生产过程提出了数量配套的要求。此外,在加工装配型工业,生产能力是一个动态的概念,生产系统的"瓶颈"环节往往随产品结构的更换而变化和转移,这使得如何在计划中做好负荷平衡,使生产过程同步化增加了一定的难度,加工装配生产的组织十分复杂,是生产管理研究的重点。

4.2.3 按生产的稳定性和重复性分类

按照生产的稳定性和重复性分类,可分为大量生产、单件生产和成批生产三种基本类型。

1. 大量生产

大量生产的特点是生产的品种少,每一品种的数量大,经常重复生产一种或少数几种类似的产品,并且生产条件稳定,大多数工作地仅固定完成一二道工序,专业化程度高。大量生产类型可以采用高效率的专用设备和专用工艺装备,生产过程的机械化、自动化水平比较高,工人易于掌握操作技术,这种生产方式可以按对象专业化组织生产,甚至采用流水生产线的生产组织形式。在生产计划和控制方面也由于生产不断重复进行,规律性强,有条件采用经过仔细安排及优化的标准计划和应用自动化装置对生产过程进行监控。例如,美国福特汽车公司曾长达 19 年始终坚持生产黑色的 T 形车,是大量生产的典型例子。这类企业生产效率高,通过规模效率降低成本,但生产系统柔性较差,因此,在保持规模效益的同时,如何提高柔性,是这类企业考虑的一个大问题。

2. 单件生产

单件生产的特点是生产的产品品种繁多,而每一种产品仅生产一台(件)或少数几台(件)。这些产品的标准化程度相当低,几乎没有共同的部件,有的产品一次生产后便不再重复生产;有的产品虽要重复生产,但是属不定期的,生产的稳定性和专业化程度很低,大多数设备或工作地需要担负很多道工序。单件生产类型一般都采用通用的设备和工艺装备。这种生产方式要求工人具有较高的技术水平和较广的生产知识,以适应多品种生产的要求。在现实社会中,严格意义上的单件生产不重复制造的企业十分少见,即使是航天航空工业、远洋巨轮制造这些行业的新产品也有标准型号,仅仅是重复生产的周期比较长,如半年、一年等。

3. 成批生产

成批生产或称批量生产,介于大量生产与单件生产之间,即产品产量较少、品种较多、专业化程度较低的一种生产类型。成批生产具有一定的生产稳定性和生产重复性,虽然不如大量生产那样高,但仍可以保持定期重复轮番生产的特点。当完成一定批量的第一种产品而转为生产一定批量的第二种产品时,工作地上的设备和工具就要作相应的调整,即要花一次"生产准备时间"。在生产能力确定的情况下,每批产品的数量越大,则工作地上调整的次数越少;反之,每批产品的数量越少,则调整的次数越多。所以,合理地确定生产批量,组织好多品种的轮番生产,是成批生产类型生产管理的重要问题。属于成批生产的企业有:各种专用机械厂、中小型电机厂等。另外,随着市场需求多样化趋势的发展,过去用大量生产方式进行生产的企业,由于市场的压力,而被迫采用灵活性更大的批量生产方式,使生产系统具有处理品种较多、数量较少的产品生产的能力。对汽车工业和大多数消费品工业来说,这种趋势更为明显。

在当今世界上,单纯的大量生产和单纯的单件生产都比较少,一般都是成批生产。由于成批生产的范围很广,通常将其划分为大批量生产、中批量生产和小批量生产三种。使生产过程更能体现市场的特点和满足客户的需求。如图 4-2 所示。

图 4-2　生产类型的划分

资料来源：陈荣秋. 生产管理. 机械工业出版社，2004 年版，第 12 页.

4.3　生产过程组织

企业生产过程的组织是企业生产管理的主要内容，在产品生产过程中，要求在空间上对各生产要素进行合理的配置，在时间上保持紧密的衔接，最终达到以尽可能少的劳动消耗生产出尽可能多的适销产品，以实现提高企业经济效益的目的。

4.3.1　生产过程的概念

对生产过程有广义和狭义的理解。狭义的生产过程是指从原材料投入到产品出产的一系列活动的运作过程。广义的生产过程是指整个企业围绕着产品生产的一系列有组织的生产活动。包含基本生产、辅助生产、生产技术准备和生产服务等企业范围内各项生产活动协调配合的运行过程。

生产过程的基本内容是劳动过程，即劳动者利用劳动工具，按照一定的步骤和方法，直接地或间接地作用于劳动对象，使其按预定的目的，变成产品的过程。在某些生产技术条件下，生产过程的进行还需要借助自然力的作用，使劳动对象完成所需要的某种物理的或化学的变化，如铸件的自然冷却、油漆的自然干燥、酿酒的发酵等。从这个意义上说，生产过程又是劳动过程和自然过程的总和。

4.3.2　生产过程的构成

产品或服务在生产过程中所需要的各种劳动，在性质和对产品的形成上所起的作用是不同的。按其性质和作用，可将生产过程分为：

1. 生产技术准备过程

是指产品在投入生产前所进行的各种生产技术准备工作。具体包括市场调研、产品开发、产品设计、工艺设计、工艺装备的设计与制造、标准化工作、定额工作、新产品试制和鉴定。

2. 基本生产过程

是指直接为完成企业的产品生产所进行的生产活动，如汽车制造企业的冲压、焊接、油漆、装配等；钢铁企业的炼铁、炼钢、轧钢等；机械制造的毛坯准备、机械加工、装配等；化工企业的预热、提炼、合成等。

3. 辅助生产过程

是指为保证基本生产过程的正常进行所必需的各种辅助性生产活动。如机械制造企业中的动力供应、工具制造、设备维修等。又如汽车厂生产供自用的工模具、修理用备件、蒸汽、压缩空气等。

4. 生产服务过程

是指为基本生产和辅助生产服务的各种生产服务活动。如物料供应、运输和理化试验、计量管理等。

以上生产技术准备过程、基本生产过程、辅助生产过程和生产服务过程都是企业生产过程的基本组成部分。其中,生产技术准备过程是重要前提,基本生产过程是核心,占主导地位,其余各部分都是围绕着基本生产过程进行的,为更好地实现基本生产过程提供服务和保证。有的企业还从事某些副业生产活动,生产某些副产品,如飞机制造厂利用边角余料生产铝锅、饭盒等。副业生产过程也是企业生产过程的组成部分。

基本生产过程还可进一步划分为若干个工艺阶段。工艺阶段,是按照使用的生产手段的不同和加工性质的差别而划分的局部生产过程。如机械企业的基本生产过程可以分为毛坯制造、金属切削加工和装配三个工艺阶段;纺织企业的基本生产过程可以划分为纺纱、织布和印染三个工艺阶段。每个工艺阶段又可划分为若干个相互联系的工序。工序是指一个工人(或一组工人),在一个工作地上对同一种劳动对象进行加工的生产活动。工序是组成生产过程的最基本环节,是企业生产技术工作、生产管理组织工作的基础。工序按其作用不同,可分为工艺工序、检验工序和运输工序三类。工序划分的粗细程度,既要满足生产技术的要求,又要考虑到劳动分工和提高劳动生产率的要求。

4.3.3 合理组织生产过程的要求

生产管理的对象是生产过程,组织好生产过程是企业能否有效地利用生产资源,根据市场需求作出快速响应,并以合理的消耗水平为社会提供优质产品,取得最佳经济效益的关键手段。因此,合理组织生产过程的目标就是使劳动对象在生产过程中行程最短、时间最省、消耗最小,按市场的需要生产出适销对路的合格产品。具体要求是以下五个性。

1. 生产过程的连续性

生产过程的连续性是指加工对象在生产过程的各个阶段、各个工序,在时间上紧密衔接、连续进行,不发生或很少发生不必要的等待加工或处理的现象。保持生产过程的连续性可以加速物流速度,缩短产品生产周期,加速资金周转,减少在制品占用,节约仓库面积和生产场地面积,提高经济效益。

要实现生产过程的连续性,首先要合理布置企业各个生产单位,使之符合工艺流向,没有迂回和往返运输,实现"一个流"。其次,要采用合理的生产组织形式,避免由于组织结构设置不合理而造成使物流的不畅通。同时,还要求制订生产计划,使上下工序紧密衔接,并要对生产现场采取有效的控制。

2. 生产过程的平行性

生产过程的平行性是指生产过程的各个阶段、各个工序实行平行交叉作业。保持生产过程的平行性,可以缩短产品的生产周期,同时也是保证连续生产的必要条件。比如,现代建筑业采用预制构件,改变过去在地基上一块砖一块砖往上砌的传统工艺,提高了生产过程的平行性,使一幢大楼可以在很短时间内就建立起来。又如,现代造船业把船体分成几段,分别在船体车间内各工段平行制造,最后把几段制成的船体吊到船台上拼装对焊,这样可以大大地缩短每条船的船台生产周期,从而提高造船厂的生产能力。

要实现生产过程的平行性,在工厂的空间布置时,就要合理地利用面积,尽量做到各生产环节能同时利用空间,保证产品的各个零件、部件以及生产过程的各个工艺阶段能在各自的空间内平行进行。

3. 生产过程的比例性

生产过程的比例性是指生产过程各阶段、各工序之间在生产能力上要保持一定的比例关系,以适应产品生产的要求。

要实现生产过程的比例性,事先,在生产系统建立的时候就应根据市场的需求,确定企业的产品方向,并根据产品性能、结构以及生产规模、协作关系等统筹规划;在日常生产组织和管理工作中,经常对生产过程的能力比例进行调整,克服生产过程中出现的"瓶颈"以实现生产过程的比例性。

4. 生产过程的均衡性

生产过程的均衡性是指产品在生产过程的各个阶段,从投料到成品完工入库,都能保持有节奏地、均衡地进行。保持在一定的时间间隔内,生产的产品数量是基本相等的或稳定递增的。

要实现生产过程的均衡性,对内要加强生产技术准备部门、辅助生产部门、生产服务部门之间的协调,特别是优化生产计划和强化对生产过程的监控。此外,要争取各方面的支持和配合,建立起比较稳定的供应渠道和密切的协作关系,保证原材料、外购件、外协件能够按质、按量、准时地供应。

5. 生产过程的适应性

生产过程的适应性也称柔性,是指生产组织形式要灵活,对市场的变动应具有较强的应变能力。市场需求的多样化和快速变化,使企业的生产系统必须面对和适应这样一个多变的环境。

要提高生产系统的适应性,企业应建立柔性生产系统,如准时生产制、敏捷制造等,使较高的机械化和自动化水平与较强的对产品的适应性统一在一起。此外,还可以采用混流生产、成组技术等先进的生产组织形式,来提高对市场的适应能力。

4.3.4 生产过程的两种专业化的组织方式

现代企业的生产是建立在生产专业化和协作基础上的社会化大生产。任何产品的生产过程,都需要在一定空间内,由许多相互联系的生产单位通过严密的分工与协作来完成,所以,工业企业必须根据生产的需要,设置一定的空间场所,建立合理的生产单位(车间、工段、小组、工作地)、配备相应的设施(仓库、运输路线、管道、办公室等)进行生产活动。

企业内部生产单位的组织,一般有工艺专业化和对象专业化两种基本形式。

1. 工艺专业化

工艺专业化是指按照生产工艺的特点来设置生产单位的生产组织形式。在按工艺专业化原则建立的生产单位里,集中了相同类型的机器设备,配备着相同工种的工人,可以对不同种类的工件,进行相同工艺的加工。如机械制造业的铸工车间、锻工车间、机械加工车间、装配车间等,就是按工艺专业化原则设置的。

工艺专业化的优点是:对产品品种变化的适应性较强,无论产品如何变化,只要加工工艺的范围不变,都有相应的加工单位对其加工;由于集中了同类设备,便于充分利用设备和生产面积，提高设备负荷系数；由于每个生产单位只进行同一种工艺的加工，这就便于工艺管理和工人技术水平的提高，同时，生产系统的可靠性较高，某台机器出现故障或者某个工人缺勤，相同的机器或相同技能的工人可以顶替，生产单位不会因为个别原因而不能生产。

工艺专业化的缺点是：以工艺专业化原则建立生产单位时，由于一个生产单位只能完成同类工艺加工，使得加工对象必须通过许多不同类型的生产单位后才能完成，会造成产品的物流比较复杂、无序；从而使得生产周期长、在制品库存多、占用资金多；各生产单位之间的协作往来频繁，使编制生产计划，以及在制品和质量管理等工作比较复杂。

2. 对象专业化

对象专业化是以产品（或零件、部件）为对象来设置生产单位的一种生产组织形式。在按对象专业化原则建立的生产单位里，设置了为生产某种产品所需要的各种设备和工艺装备，配备了各种不同工种的工人，对其所负责的产品进行不同工艺方法的加工，每一个生产单位基本上能独立完成该种产品的全部或大部分工艺过程。由于工艺过程是封闭的，所以也叫封闭式生产单位。如食品工业企业的罐头车间、冷饮车间、威化饼干车间等，就是按对象专业化原则划分的。

对象专业化的优点是：由于可以完成加工对象的全部或大部分的加工，因此，连续性强，生产周期短，从而使得在制品库存减少，流动资金占用量下降；协作关系简单，简化了生产管理；由于对象固定，可以采用高效率的专用设备，生产效率较高。

对象专业化的缺点是：由于是按照特定的产品对象建立的生产单位，对品种变化的适应性差；不同的设备构成的生产过程，如果一台设备出故障，没法替代，因此生产设备替代的可行性较差；在产量不大时，难以充分利用生产设备和生产面积，并难以对工艺进行专业化管理。

在实际生产过程组织中，一般综合运用以上两种专业化形式，以集两者的优点。应用的形式有两种：一种是在工艺专业化的生产单位里，局部采用对象专业化原则组成生产单位。例如，机械加工车间按工艺原则可组成车床工段、刨床工段等，也有按对象原则设置专门生产标准件的工段。另一种是在对象专业化的基础上，局部采用工艺专业化原则组成生产单位。例如，汽车制造厂发动机车间的曲轴工段、连杆工段、凸轴工段就是按对象专业化原则组织的，而其中的热处理则可集中按工艺专业化原则组织。表 4-4 是工艺专业化与对象专业化特点的比较。

表 4-4 工艺专业化与对象专业化特点的比较

类型 特点	工艺专业化	对象专业化
产量	低	高
品种	多品种	少量品种
设备类型	一般用途	专用设备
设备布置	工艺原则布置	对象原则布置
工作技能要求	高技能	重复劳动
生产能力	具有柔性	确定柔性差
在制品库存	高	低

4.3.5 流水生产组织

流水生产是对象专业化组织形式的进一步发展,是一种高效率的生产组织形式。它是大量大批生产类型企业通常采用的一种生产组织形式。随着技术的进步,特别是成组技术、加工中心、计算机及自动控制技术的广泛应用,为满足市场要求的变化和敏捷生产的要求,流水生产正向着多品种、小批量、适应性强的方向发展。

1. 流水生产线的特征

流水生产线是指劳动对象按照一定的工艺路线顺序通过各个工作地,并按照统一的节拍连续不断地进行加工并出产产品的一种生产组织形式。它的主要特征是:

(1) 在流水线上固定地生产一种或少数几种产品,在每个工作地固定地完成一道或少数几道工序,工作地的专业化程度高;

(2) 各工作地按劳动对象加工的工艺顺序排列;

(3) 按规定的节拍或时间间隔出产产品;

(4) 各道工序的加工时间之间有着相等或倍比的关系;

(5) 生产过程具有高度的连续性。

2. 流水生产线的种类

流水生产线按生产对象移动方式不同,可分为固定流水线和移动流水线;按生产对象的数目不同,可分为单一对象流水线和多对象流水线;按生产对象轮换方式不同,可分为不变流水线和可变流水线;按生产过程连续程度不同,可分为连续流水线和间断流水线;按流水线节奏性不同,可分为强制节拍流水线和自由节拍流水线;按流水线的机械化程度不同,可分为手工流水线、机械流水线和自动生产流水线。

3. 组织流水生产的条件

组织流水生产须具备如下主要条件:

(1) 产品结构和工艺相对稳定。在产品结构方面,要求所设计的结构能反映现代科学技术成就并基本定型,有良好的工艺性和互换性。在工艺方面,要求工艺规程能稳定保证产品质量。

(2) 工艺过程能根据工序同期化的要求把某些工序适当合并和分解。

(3) 产品的产量要足够大,单位劳动量也较大,以保证流水线各工作地有足够的负荷。

(4) 厂房建筑和生产面积容许安装流水线的设备、工装和运输传送装置。

4. 流水生产线的组织设计

以单一品种流水线为例,说明流水线组织设计工作的步骤。

第一步,确定流水线的节拍。

节拍是流水线上连续出前后两件产品之间的时间间隔。它表明流水线生产速度的快慢或生产效率的高低。

流水线节拍计算公式如下:

$$r = \frac{T_{\text{效}}}{Q}$$

式中:r——流水线的节拍;

$T_{效}$——计划期的有效工作时间;

Q——计划期产量。

计划期的有效工作时间是指制度规定的工作时间减去必要的停歇时间,如维修设备、更换工具、工人休息等时间。计划期的产量包括计划出产量和预计废品量。

如果计算出来的节拍很小,产品的体积、重量也小,不便于按件运输时,则可以等加工到一定数量后,成批地进行运输。这时,流水线上前后出产两批相同产品之间的时间间隔称为节奏,它等于流水线节拍与运输批量的乘积,即

$$r_0 = n_{运} \cdot r$$

式中:r_0——流水线节奏;

$n_{运}$——流水线运输批量。

第二步,组织工序同期化。

工序同期化是组织连续流水线的必要条件,也是提高劳动生产率,使设备充分负荷和缩短产品生产周期的重要方法。所谓工序同期化,就是根据流水线节拍的要求,采取各种技术的和组织的措施来调整各工作地的单位作业时间,使它们等于节拍或节拍的倍数。

组织工序同期化的方法是将整个作业任务细分为许多小工序(或称工步),然后将有关的小工序组合成大工序,并使这些大工序的单件作业时间接近于节拍或节拍的整数倍(工序的分解与合并,这在手工操作为主的装配流水线上比较容易实现,而在以机器工作为主的流水线上,则较难实现)。通过对工序的分解与合并,可达到初步同期化。在此基础上,为进一步提高工序同期化水平,在有关工序上还可采取以下措施:

① 提高设备的机械化、自动化水平,采用高效率工艺装备,减少工序的作业时间;

② 改进操作方法和工作地的布置,减少辅助作业时间;

③ 提高工人的操作水平和工作效率,改进劳动组织;

④ 建立在制品储备制度;

⑤ 对作业时间长而又不能分解的工序,增设工作地,组织平行作业。

第三步,计算流水线的设备(工作地)数和设备负荷系数。

每道工序的设备(工作地)数量应等于工序时间与流水线节拍之比。其计算公式如下:

$$S_{计i} = \frac{t_i}{r}$$

式中:$S_{计i}$——流水线第i工序所需的设备数;

t_i——流水线第i工序的单件时间定额。

根据上式计算出的设备(工作地)数量,可能有小数,所以在实际确定设备(工作地)时,应取接近于计算数的整数值,以$S_{实i}$表示。则工序的设备负荷系数η_i为:

$$\eta_i = \frac{S_{计i}}{S_{实i}}$$

整条流水线平均设备负荷系数$\eta_{平}$:

$$\eta_{平} = \frac{\sum S_{计i}}{\sum S_{实i}}$$

第四步,计算和配备工人。

以手工劳动为主的流水线,工人数可按下式计算:

$$P_i = S_{实i} \cdot G \cdot W$$

式中：P_i——第 i 道工序的工人人数；
　　　G——每日工作班次；
　　　W——第 i 道工序同时工作人数。

整条流水生产线的工人数是所有工序工人人数之和。

第五步，选择运输装置。

流水线上采用的运输工具种类很多，主要取决于加工对象的重量与外形尺寸、流水线的类型和实现节拍的方法等。通常在连续流水线上，工序间的传送采用传送带。传送带的长度可用下式计算：

$$L = 2(I_1 + I_2) + I_3$$

式中：L——传送带长度；
　　　I_1——工作地长度之和；
　　　I_2——工作之间距离之和；
　　　I_3——技术上需要的流水线上两端附加长度。

传送带的速度可用下式计算：

$$V = \frac{I}{r}$$

式中：V——传送带的速度；
　　　I——相邻两个工作地的中心距离；
　　　r——节拍。

第六步，进行流水线的平面布置。

平面布置应当有利于工人操作方便，使得零件的运输线路最短以及有效利用生产面积。流水线上工作地排列要符合工艺路线顺序，整条流水线布置符合产品总流向，以尽可能缩短运输路线，减少运输工作量。

运作标杆

人被机器打败了

据国际机器人联合会统计，2011 年机器人销售数量同比增长 38%，全球的机器人使用密度平均值是每 1 万工人里面有 55 个机器人。其中，韩国是 2011 年机器人使用密度最高的国家，在生产工厂里面每 1 万名工人就有 347 台机器人。

在富士康富实观澜生产基地的车间里，组装线的初期工序，机器人替代率已经达到 70%，只有 30% 是手工线。"那些简单乏味费力的工作比如上板、撤板，一个机器人可以顶替 3 个工人，只需要 1 个辅助工人就够了。而过去，这样的岗位需要 4 个工人。"在这些岗位上，人工做的还不如机器人做的质量稳定，生产损耗也更大。流水线工人很有危机感，只有在工序的后端即手机组装阶段现在还必须用人，因机器人（机器手）还无法做到这么高的精度。

一台机器人成本为 10 万元多一点，而 3 个工人一年的工资福利等，企业要支付 15 万元以上。使用机器人一年，成本就都收回来了。一个机器人的使用寿命大约是三年至四年。机器人上岗后只需要很少的维护费。人工成本逐年上升、电子产品价格下降、机器人技术成熟成本降低促成了工业机器人应用进入高速发展期，以机器人为代表的智能化、自动化在未来几年将席卷中国制造业，企业雇用的工人将明显减少。

资料来源：改写自傅盛宁. 众多机器人富实"上岗". 深圳商报，2014 年 2 月 21 日.

4.4 生产计划和控制

生产计划和控制是生产管理活动的神经中枢，是生产系统运行管理最基本、最日常的工作，它渗透于生产管理的各项活动中。企业生产管理的精髓就在于有效地调配和利用各种资源，准时地提供对顾客有价值的高质量的产品和优质的服务。这一切都离不开有效的生产计划和控制。因此，正确与合理的生产计划和控制是提高生产有效性与经济性的重要保证。

4.4.1 生产计划

1. 生产计划的概念

生产计划是企业在计划期内应完成的产品生产任务和进度的计划。它具体规定了企业在计划期（年、季、月）内应当完成的产品品种、质量、产量、产值、出产期限等一系列生产指标，并为实现这些指标进行能力、资源方面的协调、平衡。所以，它是指导企业计划期生产活动的纲领性文件。

2. 生产计划体系

生产计划可以按其在工业企业经营活动中所处的地位和影响的时间长度，划分为长期、中期、短期三个层次。这三个层次的生产计划各有侧重点，相互联系，协调配合，构成了一个完整的生产计划体系。

长期计划，主要针对市场的长期变化趋势、企业产品系列的变化、企业生产性资源的配置及企业规模的变化等战略性问题，而编制的长期计划，时间跨度通常在三年以上。主要内容包括企业生产产品或服务的种类、规模的大小、生产布局、工艺设备的选择等。它为中期计划的编制规定了能力范围。

中期计划，通常称为年度生产计划。对工业企业来说，主要包括生产计划大纲和产品出产进度计划。生产大纲主要规定企业在计划年度内的生产目标，由一系列产品品种、质量、产量、产值等指标来表示；产品出产进度计划则是企业将生产计划大纲细化到产品品种规格程度的计划。

短期计划，又叫生产作业计划。根据年度生产计划规定在计划期内应完成的计划指标，针对某一品种，编制该品种具体的作业计划，并按生产类型确立作业期内的期量标准。

关于计划期的划分是相对的，不同类型企业的计划期长度往往有很大的差异。

3. 生产计划的内容

主要由以下四个方面组成：

（1）确定生产目标。生产目标即生产指标，指企业在计划期内应完成或达到的产品品种、质量、产量和产值指标。

（2）生产能力的核定与平衡。生产目标不能脱离实现目标的条件——生产能力，只有以生产能力为基础，才能保证生产能力得以充分利用，生产计划得以实现。

（3）确定生产进度。就是将全年的生产计划任务分配到各季度、各月份，保证在订货合同规定的交货期内均衡地生产产品。

(4) 组织和检查生产计划的实施。如何保证生产目标及生产进度的实现,是生产计划必不可少的部分。生产计划的编制必须有保证生产计划实现的方法、途径、措施,如劳动组织措施、跟踪检查计划执行等。

4.4.2 确定计划指标的常用方法

企业生产计划的中心内容是确定生产指标。编制生产计划的主要任务,就是要对品种指标、产量指标、质量指标和产值指标等计划指标的水平做出正确的决策。拟订生产计划指标,需要采用定量计算与定性分析相结合,才能求得一个较好的方案。

1. 产品品种确定和选优的方法

产品品种指标,是指企业在计划期内应当出产的产品品种和品种数。品种指标既反映着企业在品种方面满足市场需要的程度,又反映着企业技术水平和管理水平的高低。

对于大量大批生产,品种数很少,市场需求量很大的产品,基本没有品种选择问题。对于多品种中批量生产,则有品种选择问题。确定生产什么品种是十分重要的决策。

确定品种可以采用市场引力—企业实力矩阵分析法。

这种方法首先要对每种产品的市场引力及企业实力做出判断。其中,市场引力从产品资金利润率、销售利润率、市场容量、该产品对国计民生的影响程度四方面来体现;企业实力可以从企业生产该种产品的生产能力、企业技术能力、企业原材料供应情况、产品销售能力四方面来体现。基本步骤如下:

首先,对每种产品的市场引力、企业实力各个因素定出若干标准,并进行评价打分,为每种产品的每种因素定出分数。

其次,按产品把市场引力和企业实力的有关各种因素的分数相加,计算出每个产品的市场引力和企业实力两个综合性指标的总分数。

最后,根据产品的市场引力和企业实力的得分情况,分成大、中、小三等,然后绘制产品系列分布象限图,根据产品处于象限图中的位置,采取相应对策。

应用范例

汉达食品公司有十种产品,试进行品种优化。

第一步,根据大量实践经验编制产品市场引力和企业实力评分标准表(见表4-5)。

表4-5 产品市场引力和企业实力各因素评分标准表

市场引力		企业实力	
项目	分数	项目	分数
产品资金利润率		市场占有率	
30%以上	10	50%	10
15%~30%	5	30%~50%	7
15%以下	1	10%~30%	5
		10%以下	1

续表

市场引力		企业实力	
项 目	分 数	项 目	分 数
销售增长率		生产能力	
导入期	10	大	10
成长期	7	较大	5
成熟期	5	小	1
衰退期	1		
市场容量		技术能力	
大	10	强	10
中	5	较强	5
小	1	弱	1
产品影响		销售能力	
大	10	大	10
中	5	较大	5
小	1	小	1

第二步，对这十种产品的每种产品按每项评分标准打分，并求出汇总得分。根据市场引力和企业实力类别判别标准，规定 30 分以上者为大、15～30 分为中、15 分以下为小。得出产品评分结果如表 4-6 所示。

表 4-6　产品评分结果

产品	市场引力		企业实力	
	总　分	类　型	总　分	类　型
1	33	大	32	大
2	35	大	28	中
3	27	中	34	大
4	25	中	26	中
5	28	中	14	小
6	13	小	18	中
7	12	小	9	小
8	32	大	11	小
9	11	小	31	大
10	17	中	31	大

在确定了每种产品的市场引力和企业实力各自总分及大、中、小类别后，将它们填入预先绘制好的产品系列分布图中，见表 4-7 所示。

表 4-7　产品系列分布象限表

		企　业　实　力		
		大	中	小
市场引力	大	Ⅰ,1	Ⅳ,2	Ⅶ,8
	中	Ⅱ,3,10	Ⅴ,4	Ⅷ,5
	小	Ⅲ,9	Ⅵ,6	Ⅸ,7

第三步,根据表中结果,对照表 4-8,决定该企业产品品种发展策略,并付诸实施。

表 4-8 不同情况下的对策

		企业实力		
		大	中	小
市场引力	大	Ⅰ,提高市场占有率,积极投资	Ⅳ,加强和扩大能力,甘冒风险	Ⅶ,增加投资,提高市场占有率
	中	Ⅱ,维持现状,争取盈利	Ⅴ,维持现状,保持稳定	Ⅷ,适当提高能力,争取盈利
	小	Ⅲ,回收资金,作撤退准备	Ⅵ,停止投资,进行改进或淘汰	Ⅸ,进行淘汰,力争损失最小

2. 产品产量确定的方法

品种指标确定之后,就要确定每个品种的产量。产量指标一方面反映企业在一定时期内向市场提供具有使用价值的实物数量和企业生产发展水平;另一方面,又是企业进行产销平衡、物资平衡、计算和分析实物劳动的生产率、原材料消耗、成本和利润的基础,也是组织日常生产活动的依据。

(1) 单品种生产的产量决策

单品种生产的产量决策问题,可以运用盈亏平衡分析法。这种方法能够在成本形态分析的基础上找出成本、利润与产(销)量变化之间的依存关系,故又称量本利分析法。盈亏平衡分析法可以分为线性和非线性两种。

① 线性盈亏平衡分析法

企业的盈亏主要取决于企业产品的销售收入和产品的成本费用。销售收入大于总的成本费用时,企业就盈利;否则就亏损。当销售收入等于总的成本费用,即利润为零时的产销量即为盈亏平衡点,也称保本点。

盈亏关系用数学定量公式表示:

企业利润 = 销售收入 − 总成本费用
= 单价 × 产销量 − (固定成本 + 单位变动成本 × 产销量)

即　　　$R(x) = S(x) - C(x) = p \cdot x - (F + d \cdot x)$

当产品单价和单位变动成本为固定数值的时候,上式为线性盈亏平衡分析模型。

由上式,得达到目标利润 R 时的产销量:$x = \dfrac{F+R}{p-d}$

当 $R=0$ 时,得盈亏平衡点:$x^* = \dfrac{F}{p-d}$

等式两边乘上产品单价 p,得盈亏平衡时的销售收入:$S^* = \dfrac{F}{1-d/p}$

上述公式配合盈亏平衡图(见图 4-3)可以广泛地运用于经营管理决策的各个方面。

例:某公司拟改建一车间,建成投产后所生产的产品售价 61 元/件,在成本方面,固定费用为 66 000 元,单位产品变动费用为 28 元。

则　　盈亏平衡点 $x^* = \dfrac{F}{p-d} = \dfrac{66\,000}{61-28} = 2\,000$(件)

　　　保本金额 $S^* = \dfrac{F}{1-\dfrac{d}{p}} = \dfrac{66\,000}{1-\dfrac{28}{61}} = 122\,000$(元)

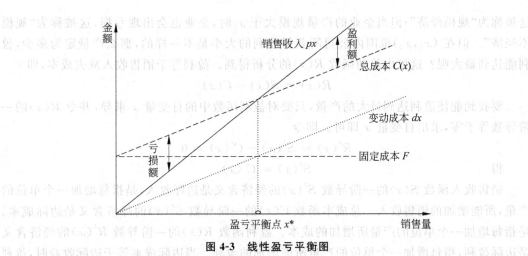

图 4-3 线性盈亏平衡图

若要达到 16 500 元的目标利润,则应生产并销售

$$x = \frac{F+R}{p-d} = \frac{66\,000 + 16\,500}{61 - 28} = 2\,500(件)$$

$$目标销售额\ S = 55 \times 2\,500 = 137\,500(元)$$

② 非线性盈亏平衡分析法

非线性盈亏平衡分析的工具是盈亏平衡图,它是由产品的总成本曲线 $C(x)$、销售收入曲线 $S(x)$ 组成。该图的横轴表示产品产销量,纵轴表示销售收入和成本。见图 4-4。

图 4-4 中 $C(x)$ 是一条典型的总成本曲线。它的形状先凸后凹,说明总成本开始时增长率高于产量增长率。销售收入曲线 $S(x)$ 反映了销售额与产销量之间的关系。如果产品销售价格不变,产品销售收入与产销量应是线性的关系。但在市场经济条件下,随着产品市场供给量增多,该产品的价格就会逐步下降,使销售收入增长率呈递减趋势,因而销售收入曲线呈凸状。

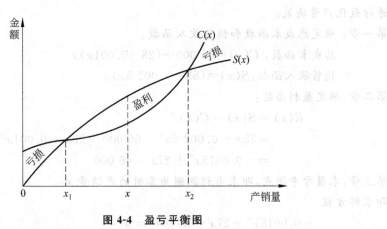

图 4-4 盈亏平衡图

图 4-4 显示盈亏平衡点有两个:x_1 和 x_2。说明产量只有在大于 x_1,小于 x_2 范围内,方案才可行,否则就亏损。在经济学中,只有企业的产量规模大于 x_1 时,企业才可能有盈利,

这被称为"规模经济";但当企业的产量规模大于 x_2 时,企业也会出现亏损,这被称为"规模不经济"。但在 (x_1, x_2) 范围内公司所获得盈利的大小是不一样的,那么产量定为多少,盈利能达到最大呢?这可由盈利函数 $R(x)$ 的分析得到。盈利等于销售收入减去成本,即

$$R(x) = S(x) - C(x)$$

要找到能使盈利达到最大的产量,只要对盈利函数中的自变量 x 求导,并令 $R(x)$ 的一阶导数等于零,求出自变量 x 即可。即令

$$R'(x) = S'(x) - C'(x) = 0$$

得

$$S'(x) = C'(x)$$

销售收入函数 $S(x)$ 的一阶导数 $S'(x)$ 的经济含义是边际收入,是指每增加一个单位的产量,所能增加的销售收入。总成本函数 $C(x)$ 的一阶导数 $C'(x)$ 的经济含义是边际成本。是指每增加一个单位的产量所增加的成本。盈利函数 $R(x)$ 的一阶导数 $R'(x)$ 的经济含义是边际盈利,指每增加一个单位的产量所能增加的盈利。当边际成本等于边际收益时,盈利达到最大。如果边际收益大于边际成本,即每增加一个单位产量盈利大于零,这说明还有潜在盈利没得到,企业应继续扩大生产增加产量。反之,边际收益小于边际成本,即每增加一个单位产量盈利小于零,说明企业再增加产量已无利可图,应缩减生产降低产量,一直到边际收益等于边际成本为止。当边际收益等于边际成本时,企业把可能赚到的盈利都赚到了,这对公司最有利。所以边际收益等于边际成本就被称为最大盈利原则。

运用范例

某公司拟改建一车间,建成投产后所生产的产品售价 55 元/件,在成本方面,固定费用为 66 000 元,单位产品变动费用为 28 元。

由于产量扩大,原材料利用率提高,采购费用节约,劳动工时下降,因而单位产品变动费用下降,随产量增加而递减 0.001 元/件,单位产品价格也随产量增加而递减 0.002 5 元/件,试对此进行最优产量决策。

第一步:确定总成本函数和销售收入函数:

总成本函数:$C(x) = 66\,000 + (28 - 0.001x)x$

销售收入函数:$S(x) = (55 - 0.002\,5x)x$

第二步:确定盈利函数:

$$\begin{aligned}R(x) &= S(x) - C(x) \\ &= 55x - 0.002\,5x^2 - 66\,000 - 28x + 0.001x^2 \\ &= -0.0015x^2 + 27x - 66\,000\end{aligned}$$

第三步:求盈亏平衡点,即求当利润额为零时的产销量 x:

即求解方程

$$-0.0015x^2 + 27x - 66\,000 = 0$$

$$x = \frac{-27 \pm \sqrt{(-27)^2 - 4 \times (-0.0015) \times (-66\,000)}}{2 \times (-0.0015)}$$

$x_1 = 2917.24$(件),$x_2 = 15\,082.76$(件),区间 $[x_1, x_2]$ 为盈利范围。

第四步：求边际盈利：$R'(x) = -0.003x + 27$

令 $R'(x) = 0$，得 $0.003x = 27$，则 $x = 9\,000$（件）

即公司产量达到 9 000 件时，盈利最大。

最大盈利为：

$$R(x) = 55 \times 9\,000 - 0.002\,5 \times 9\,000^2 - 66\,000 - 28 \times 9\,000 + 0.001 \times 9\,000^2$$
$$= 55\,500(元) = 5.55(万元)$$

上例尚属于较规则的数学公式，比较容易求解。实际情况常常很难用规则的数学模型求解，比较复杂。对于上面的例子，我们可以避开繁杂的数学公式，利用 Excel 所提供的图形分析方法进行直接的处理。进入 Excel 界面之后：

第一步：首先等间距地设置产销量 x（注意 x 的数值要规则地设置，以便分析时可以比照对应）。

第二步：然后用"自定义函数"和"自动填表"的方法建立其余各列数据。如 B 列为销售价格 p，$p = 55 - 0.002\,5x$，鼠标点击 B3 单元格，键入"$=55-0.002\,5*A3$"，按 Enter 键确认，B3 单元格得计算结果 52.5。

接着，其他各列照此列制作：

单位成本 $d = 28 - 0.001x$， 即 C3："$=28-0.001*A3$"；

总成本 $C = 66\,000 + dx$， 即 D3："$=66\,000+C3*A3$"；

销售额 $S = px$， 即 E3："$=B3*A3$"；

利润额 $R = S - C$， 即 F3："$=E3-D3$"。

第三步：点取 B3：F3，按住 F3 单元格右下角的小十字向下拖拽进行自动填表，得到按照一定规律变化的各列数值（见图 4-5）。

	A	B	C	D	E	F
	产销量 x	售价 P	单位成本 d	总成本 C	销售额 Px	利润 R
1						
2	（件）	（元/件）	（元/件）	（元）	（元）	（元）
3	1000	52.5	27	93000	52500	-40500
4	2000	50	26	118000	100000	-18000
5	3000	47.5	25	141000	142500	1500
6	4000	45	24	162000	180000	18000
7	5000	42.5	23	181000	212500	31500
8	6000	40	22	198000	240000	42000
9	7000	37.5	21	213000	262500	49500
10	8000	35	20	226000	280000	54000
11	9000	32.5	19	237000	292500	55500
12	10000	30	18	246000	300000	54000
13	11000	27.5	17	253000	302500	49500
14	12000	25	16	258000	300000	42000
15	13000	22.5	15	261000	292500	31500
16	14000	20	14	262000	280000	18000
17	15000	17.5	13	261000	262500	1500
18	16000	15	12	258000	240000	-18000
19	17000	12.5	11	253000	212500	-40500

图 4-5 非线性盈亏平衡点数值分析

接下来利用 Excel 表格对图 4-5 作非线性盈亏平衡点的图形分析，步骤如下：

键入纵坐标曲线数值：在"数据区域"空栏中，用鼠标按住 D1 单元格左上角，拖拽到 F19 右下角，则选取了包括系列名称"总成本"、"销售额"、"利润"在内的三个纵坐标系列。

键入横坐标的数值：按"系列"键，在"分类X轴标志"空栏中，按住鼠标从A3拉到A19。然后键入标题，经过修饰、确认，立即可得图4-6。

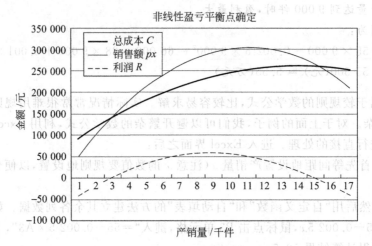

图4-6 非线性盈亏平衡点的图形分析

从折线图中我们可以看到：销售额高于总成本的区域是盈利的范围，左右两边是亏损区；利润曲线是上面两条曲线之差，它与横坐标相交的点就是盈亏平衡点，分别大致是：

x_1：2 900件，x_2：15 100件；

利润额最高的产销量x^*：9 000件；

最高利润R^*：55 500元。

这样的计算精度完全可以满足要求。也可用鼠标在各条曲线上逐渐移动，直接观察图上不断出现的各个具体的数值。

（2）多品种生产的产量决策

从事多品种生产的企业，在进行生产决策时，经常会遇到这样的问题，即根据销售量预测资料和企业现有生产条件，如何合理地运用人力、物力和财力来决定各种产品的生产数量，使企业取得最好的经济效益。这种决策问题，可运用线性规划的方法来解决。

线性规划是运筹学的一个重要组成部分，它是在满足一定的约束条件下，按照某一衡量指标寻求最优方案的一种有效管理方法。用线性规划来编制企业的年度生产计划，已在广大企业中得到应用。运用线性规划，首先要将实际问题抽象化，建立起线性规划的数学模型，然后用单纯型法求解模型，确定出各种产品的最优产量。

复杂的模型求解可以借助于计算机软件，Excel为线性规划的求解给出了非常方便的操作过程。Excel主菜单中的"工具"下"规划求解"栏目能解决绝大多数的线性规划求解计算，只要能建立模型，就能方便地完成所有的求解过程。下面结合实例介绍此种方法。

例：某家电制造企业根据市场需求打算加工生产三种产品，各产品的原材料消耗定额、工时定额、单位利润和最高资源限制（见表4-9）。现要求安排三种产品的产量x_1, x_2, x_3，满足在资源限制条件下使得总利润为最大。

由表4-9建立的线性规划模型为：

决策变量：$x_i (i=1,2,3)$表示三种产品的产量；

目标函数（利润最大） $\text{Max} R = 80x_1 + 109x_2 + 105x_3$

表　4-9

项　目	甲产品 x_1	乙产品 x_2	丙产品 x_3	资源限制
铝合金(公斤/件)	3	2	4	600 公斤
铜(公斤/件)	5	8	6	1 030 公斤
硬塑(公斤/件)	2	5	3	688 公斤
加工能力(工时/件)	2	3	2	495 工时
单位利润(元/件)	80	109	105	

约束条件(资源限制)　　$3x_1+2x_2+4x_3\leqslant 600$

$5x_1+8x_2+6x_3\leqslant 1\,030$

$2x_1+5x_2+3x_3\leqslant 688$

$2x_1+3x_2+2x_3\leqslant 495$

变量非负要求　　$x_1,x_2,x_3\geqslant 0$

下面用 Excel 来求解这一线性规划模型。

第一步：输入原始数据(即初始问题的数据集)。即将上例中的线性规划模型输入到 Excel 的工作表格中。(见图 4-7)

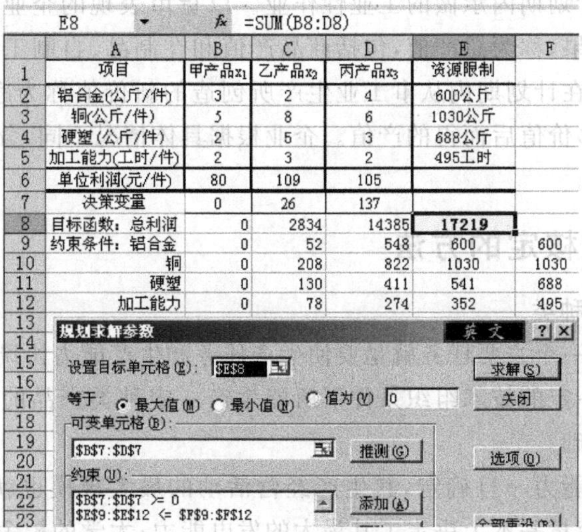

	A	B	C	D	E	F
1	项目	甲产品x1	乙产品x2	丙产品x3	资源限制	
2	铝合金(公斤/件)	3	2	4	600公斤	
3	铜(公斤/件)	5	8	6	1030公斤	
4	硬塑(公斤/件)	2	5	3	688公斤	
5	加工能力(工时/件)	2	3	2	495工时	
6	单位利润(元/件)	80	109	105		
7	决策变量	0	26	137		
8	目标函数：总利润	0	2834	14385	17219	
9	约束条件：铝合金	0	52	548	600	600
10	铜	0	208	822	1030	1030
11	硬塑	0	130	411	541	688
12	加工能力	0	78	274	352	495

图　4-7

第二步：定义函数关系(目标函数和约束条件方程)。注意要用鼠标拖拽“点取”的方式定义。这一步是解决线性规划问题的关键所在。对照表中的各单元格：

在目标函数所在的单元格中作相应的自定义函数：

“E8”＝B6＊B7＋C6＊C8＋ D6＊D7　　对应目标函数 $80x_1+109x_2+105x_3$

第三步：在约束条件所在的单元格中作相应的自定义函数：

“E9”＝ B2＊B7＋C2＊C7＋D2＊D7　　对应约束条件中：$3x_1+2x_2+4x_3$

“E10”＝B3＊B7＋C3＊C7＋D3＊D7　　$5x_1+8x_2+6x_3$

“E11”＝B4＊B7＋C4＊C7＋D4＊D7　　$2x_1+5x_2+3x_3$

“E12”＝B5＊B7＋C5＊C7＋D5＊D7　　$2x_1+3x_2+2x_3$

输入后按回车键,各单元格数值均见零。

第四步:在主菜单"工具"中选择"规划求解",并在对话框用鼠标"点取"的方式输入各目标函数、可变单元格所在的位置以及约束条件,然后按"求解"键即可得如图 4-7 结论。

3. 质量指标和产值指标确定的方法

(1) 质量指标

产品质量指标是反映一个企业的产品能满足顾客需求和社会要求的重要标志,也是一个企业能否赢得竞争优势的关键因素。

确定质量指标,可运用"质量与成本价格"的函数曲线来选择质量与费用的"最佳点"。

确定产品质量水平时,必须综合考虑质量水平与产品成本、产品销售额之间的关系。单纯片面地追求产品的高质量、高强度,并不一定会给企业带来好的效应,有时甚至恰恰相反。只有把产品质量和技术先进性与经济合理性结合起来加以考虑,制定出合理的质量特性,才能有利于企业经营。

(2) 产值指标

产值指标分为商品产值、总产值和净产值三种。企业在计划期内生产可供销售的产品和完成的工业性劳务价值称为商品产值,包括计划销售的成品、半成品的价值,对外单位来料的加工价值,以及计划期内承做的工业性作业。以货币表现的企业在计划期内预定完成的工业生产活动总成果,称为总产值,包括商品产值和在制品、自制工具等期末与期初结存量差额的价值。企业在计划期内从事工业生产所创造的新价值称为净产值,它是以总产值为基础,扣除一切转移价值后而得的产值。企业根据具体情况不同,分别用不变价格和现行价格来计算产值指标。

4.4.3 生产能力核定的方法

1. 生产能力及其种类

编制生产计划的一个主要任务就是要使生产任务和生产能力协调。生产能力是生产系统在一定时间内,在一定的技术组织条件下所能生产一定种类产品的最大数量。它是制订生产计划的前提和基础。

一个企业的生产能力一旦确定,其生产经营活动的最大规模也就基本上被限制住了。例如,发电厂的机组容量基本上决定了其最大的发电能力;大学的校舍面积和教师数量决定了在校学生人数;医院的床位数限制了住院病人的数量等。因此,正确地衡量企业的生产能力,对企业的生存和发展有着非常重要的意义。

企业生产能力,一般分为设计能力、查定能力和计划能力三种。

(1) 设计能力。设计能力是指工业企业设计任务书和技术设计文件中所规定的生产能力。它是按照工厂设计中规定的产品方案和各种设计数据来确定的,只是一种潜在的能力。在企业建成投产后,由于各种条件限制,一般均需经过一定时间后才能达到。

(2) 查定能力。查定能力是指企业重新调查核定的生产能力。当原设计能力水平已经明显落后,或企业的生产技术条件发生了重大变化后,企业需要重新查定生产能力。查定能力是根据查定年度内可能实现的先进的组织技术措施来计算确定的。

(3) 计划能力。计划能力也可称现有能力,是指工业企业在计划年度内依据现有的生产技术条件、实际能达到的生产能力。

以上三种生产能力各有不同用途。设计能力、查定能力是确定企业的生产规模,编制企业的长期计划,确定扩建改造方案,安排基本建设项目和采用重大技术组织措施的依据,计划能力是编制企业年度(季度)计划,确定生产指标的依据。

国际上也有将生产能力分成固定能力(fixed capacity)和可调整能力(adjustable capacity)两种,前者指固定资产所表示的能力,是生产能力的上限;后者是指以劳动力数量和每天工作时间和班次所表示的能力,是可以在一定范围内调整的。

2. 生产能力的核定

(1) 影响生产能力的因素。企业生产能力的大小,是企业生产过程中许多因素发展变化的结果。影响的因素虽然很多,主要有如下几种:

固定资产的数量　指企业在计划期内用于工业生产的机器设备、厂房和其他生产性建筑物的面积。

固定资产的工作时间　指机器设备的全部有效工作时间和工作面积的全部利用时间。

固定资产的生产效率　指机器设备和生产场地面积的产量定额或者产品的台时定额两种不同的表示形式,产量定额与台时定额为倒数关系。

(2) 生产能力的核定。企业生产能力核算应从基层开始,首先确定班组、工段、车间等各生产环节的生产能力,然后在综合平衡各生产环节的生产能力的基础上,核定企业的生产能力。

下面主要介绍设备组(工作地)生产能力的计算方法。

① 单一品种生产条件下生产能力的计算方法

当设备组(或工作地)仅生产单一品种时,其生产能力可按如下公式计算:

$$M = F \cdot S \cdot P$$

或

$$M = F \cdot S / t$$

式中:M——设备组生产能力(台或件);

F——单位设备有效工作时间(小时);

S——设备数量(台);

P——单位设备产量定额(台或件);

t——单位产品台时定额(小时)。

② 多品种生产条件下生产能力的计算方法

多品种生产条件下,设备组生产能力的计算方法,可以分为标准产品法、代表产品法和假定产品法三种。

- 标准产品法。标准产品是对具有不同品种或规格的同类产品,进行综合计算时所用的一种实物量折算单位。这种方法是从企业生产的产品中选择一种作为标准产品,再按一定标准把不同品种规格的同类产品换算成标准产品,最后用单一品种生产条件下核算生产能力的方法来确定设备组的生产能力。
- 代表产品法。代表产品一般是代表企业专业方向、产量最大,其结构和工艺具有代表性的产品。代表产品和具体产品之间的换算通过换算系数进行。产品换算系数可按下式计算:

$$K_i = t_i / t$$

式中：K_i——第 i 种产品的换算系数；

t_i——第 i 种产品的台时定额；

t——代表产品的台时定额。

通过换算系数，可将不同台时定额的各种产品的计划产量折合为代表产品的计划产量，然后用单一品种条件下核算生产能力的方法来确定设备组的生产能力。

• 假定产品法。当企业生产的产品品种复杂且各种产品的结构、工艺和加工劳动量相差甚大，难以确定出代表产品时，可按虚拟一个假定产品的方法来计算生产能力。

计算步骤如下：

第一步，确定假定产品的台时定额。

$$t_m = \sum_{i=1}^{n} t_i d_i \quad (i = 1, 2, \cdots, n)$$

式中：t_m——假定产品台时定额；

t_i——第 i 种产品单位产品台时定额；

d_i——第 i 种产品产量占产品总产量的比重(%)。

第二步，计算设备组生产假定产品的生产能力。

$$M_m = F \cdot S / t_m$$

式中：M_m——以假定产品为单位的生产能力。

第三步，计算设备组各具体产品的生产能力。

$$M_i = M_m d_i \quad (i = 1, 2, \cdots, n)$$

式中：M_i——第 i 种产品的生产能力。

3. 生产任务与生产能力的平衡

在编制生产计划的过程中，需要进行生产任务与生产能力的平衡工作，以便使生产任务得以落实，生产能力得以最大限度地利用。

生产任务与生产能力的平衡工作，首先是将两者进行比较，然后根据比较结果进行相应的调整。生产任务与生产能力平衡工作比较结果有三种情况：一是生产能力等于生产任务，这说明生产任务得到落实，企业的生产能力得到充分利用，这是最佳状态；二是生产能力大于生产任务，这说明企业现有生产能力除完成任务外还有空余，这种情况下，企业应进行市场调查和研究，开发新产品，充分利用企业的生产能力；三是生产任务大于生产能力，这种情况下，企业的生产任务得不到落实，这时应注意分析生产能力不足的原因，通过分析找出提高生产能力的有效途径，以完成生产任务。

4.4.4　生产作业计划与控制

1. 生产作业计划

生产作业计划是企业生产计划的具体执行计划，是生产计划的延续和补充，是组织企业日常生产活动的依据。

企业在编制生产计划时，不可能预见到计划年度内生产的一切变化；也不可能对计划年度内生产活动的全部细节都做出具体的安排，因此，必须根据企业各个时期的具体条件来编制生产作业计划，把生产计划具体化，以确保生产任务保质、保量、按期完成。

生产作业计划对生产任务从时间、空间和计划单位上逐步分解细化。在空间上，把生产任务细分到车间、工段、小组、工作地以至个人;在时间上,把生产任务由年度细分到季、月、周、日、轮班、小时甚至每一分钟;在生产对象上,由成台(整件)产品分解到部件、零件甚至具体到工艺、操作。各企业在具体操作中,不同类型的生产系统编制作业计划的方法,计划运行和制定是不一样的。

2. 生产作业计划编制的依据:期量标准

期量标准又称作业计划标准。期量标准就是对生产作业计划中的生产期限和生产数量,经过科学分析和计算而规定的一套标准数据,它反映了生产系统在当前生产技术与管理水平下生产对象(包括产品、零部件、工序等)在生产中一定批量与生产时间之间的内在对应关系,是"期"与"量"的规律性总结。合理地制定期量标准,对于正确规定产品的投入和出产时间,实现生产过程各个环节紧密衔接,充分利用企业资源,缩短生产周期,提高生产系统经济效益都起着很重要的基础性作用。

由于企业的生产类型和生产组织形式不同,因而采用的期量标准也就不同。一般来说,大批量、连续性生产系统的期量标准有节拍、节奏、运送批量、在制品定额、流水线标准工作指示图表等;成批轮番生产系统有批量、生产间隔期、生产周期、生产提前期、在制品定额等;而单件小批生产系统有生产周期、生产提前期、保险期、生产周期图表等。这里着重介绍批量和生产间隔期、生产周期、生产提前期和在制品定额的制定。

(1) 批量和生产间隔期

批量是指一次投入(或出产)同种制品(产品或零部件)的数量。生产间隔期,又称生产重复期,是前后两个同种制品投入(或出产)的间隔时间。它们是成批生产方式中互相关联的重要期量标准,生产间隔期是批量的时间表现,而批量则是生产间隔期的产量表现。它们之间的关系式如下:

$$批量 = 生产间隔期 \times 平均日产量$$

当生产任务一定,平均日产量不变时,生产间隔期与批量成正比。批量的大小,生产间隔期的长短,对成批生产方式的经济效益有着重要的影响。确定批量和生产间隔期的主要方法是:经济批量法和以期定量法。

① 经济批量法

这是一种根据费用最省原理确定合理批量的方法。在产品的生产费用中,与批量直接有关的费用包括设备调整费用和库存保管费用两种。这两种费用是互为消长关系,即批量大,设备调整次数少,分摊到每个产品的调整费用小,但库存保管费用大;反之,批量小,库存保管费用小,但设备调整费用大。经济批量,就是这两种费用的总和为最小时的批量。如图4-8所示。

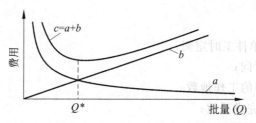

图4-8 设备调整费、库存保管费和批量的关系图

图 4-8 中,a 为设备调整费用曲线,b 为保管费用曲线,c 为上述两种费用之和的曲线。

设 N 为年计划产量;A 为每次设备调整费用;C 为每件产品的平均保管费用。

则年度设备的总调整费用
$$a(Q) = \frac{N}{Q} \cdot A$$

年度库存保管总费用
$$b(Q) = \frac{Q}{2} \cdot C$$

当调整费用曲线和保管费用曲线之和为最小时所对应的批量就是经济批量 Q^*。计算公式如下:

$$Q^* = \sqrt{\frac{2NA}{C}}$$

用经济批量法计算出批量后,一般还要进行适当修正。主要是综合考虑批量大小应与生产面积、工具耐磨时间等因素相适应,同一批制品在各车间的批量应成整数倍关系。批量确定后,就可求出生产间隔期了。

② 以期定量法

以期定量法就是先确定生产间隔期,然后再确定批量的一种方法。生产间隔期的确定按反工艺顺序进行,首先确定产品在装配车间的生产间隔期,然后确定各类零部件、毛坯在加工车间和毛坯车间的生产间隔期。

采用以期定量法,可先将零件分类,对价值大、体积大、生产周期长、工艺技术复杂的零件,生产间隔期定得短些,批量小些;反之,生产间隔期则长些,批量大些。

以期定量法的优点是简便易行,灵活性大,容易保证零件的成套性和生产均衡性,适用于中小型生产企业或生产条件不够稳定的企业。但此法明显缺点是缺乏定量分析,经济效果差。

采用这种方法,当产量变动时,只需调整批量,不必调整生产间隔期。企业常采用的生产间隔期有季、月、旬、日等,这样,既能考虑经济效益,又简化了生产管理。

(2) 生产周期

生产周期是指产品从原材料投入到成品产出所经历的全部日历时间。在制造业中,产品生产周期通常包括毛坯制造周期、零部件加工周期和产品装配周期。

缩短生产周期对于节省生产面积、加速流动资金周转、减少在制品的保管费用、提高劳动生产率、改善企业的经济效果,都具有重大作用。

以机械加工为例,确定产品生产周期的关键是确定零件的工艺生产周期。计算公式如下:

$$T = \sum_1^m \frac{nt_0}{csk_1} \cdot k_2 + \sum_1^m t_p + m \cdot t_q + t_r + t_s$$

式中:T——一批零件加工的生产周期;

m——工序数目;

n——批量;

t_0——零件工序单件工时定额;

c——有效工作时间;

s——执行该工序的工作地数;

k_1——预计定额完成系数;

k_2——工序之间的平行系数;

t_p——各工序设备调整时间;

t_q——平均每道工序的间断时间;

t_r——跨车间协作工序的时间;

t_s——工艺规定的自然时效时间。

上式中,t_q、t_r、t_s可根据工艺文件及有关统计资料计算确定,k_2在实际中一般零件取1.0,大型零件取0.6~0.8。计算出各个工艺阶段的生产周期T值后,加以汇总并加上保险期,即为一批产品的生产周期。

(3) 生产提前期

生产提前期是指产品(零件)在各生产环节出产或投入的日期比成品生产的日期应提前的时间。产品在每个出产环节都有投入和出产之分。因而生产提前期又分为投入提前期和出产提前期两种。

生产提前期是成批生产型企业编制生产作业计划不可缺少的期量标准。正确制定生产提前期标准,对保证各工艺阶段紧密衔接,减少在制品占用量、缩短交货期都有重要作用。

① 投入提前期的计算。最后工序车间的投入提前期,等于该车间的生产周期。而其他任何车间的投入提前期都比该车间出产提前期提早一个该车间的生产周期。计算公式如下:

$$某车间投入提前期=该车间出产提前期+该车间生产周期$$

② 出产提前期的计算。制定出产提前期,除了考虑后工序车间的投入提前期外,还要加上必要的保险期,保险期是预防本车间可能发生出产误期,及与后车间办理产品交接而预留的时间。此外,当前后车间批量不等因而生产间隔期也不同时,还要增加考虑前后车间因生产间隔期的差额所造成的额外提前期。当前后车间批量相等,即生产间隔期相等时,则可不必增加。计算公式如下:

$$某车间出产提前期=后车间投入提前量+保险期$$
$$+(该车间生产间隔期-后车间生产间隔期)$$

(4) 在制品定额

在制品定额,是指在一定的技术组织条件下,各生产环节为保证生产衔接所必需的、最低限度的在制品占用量。这里在制品是未完工产成品的总称。在制品占用过少,不能保证生产连续地、正常地进行;在制品占用过多,流动资金占用就多,生产周期也越长。所以必须确定一个合理的在制品占用量标准。

企业生产类型不同,制定在制品定额的方法也不相同。成批生产条件下在制品定额的制定,主要分以下两种情况:

① 车间内部在制品定额的制定。车间内部在制品定额,与车间生产产品的批量、生产间隔期和生产周期都有关。计算公式为:

$$车间在制品平均占用量=\frac{生产周期}{生产间隔期}×批量$$

从上式可看出,车间在制品平均占用量与生产周期和批量成正比,而与生产间隔期成反比。

根据批量与生产间隔期的关系式,上述公式可改写为:

$$车间在制品平均占用量=生产周期×平均日产量$$

② 车间之间库存半成品定额的制定。车间之间库存半成品定额是指两车间之间中间仓库计划期末半成品占用量。中间仓库半成品收发情况一般是：前车间按批量产出后将半成品成批入库，后车间根据每日需用量从仓库领用。这时仓库半成品占用量是一个周期变化量，其定额主要与前车间入库日期、生产周期及批量有关。计算公式为：

$$\text{中间仓库半成品定额} = \frac{\text{前车间每月第一批产品入库的日期}}{\text{前车间生产周期}} \times \text{前车间批量} + \text{保险储备量}$$

但如果前车间产品是成批入库，而后车间是分批领用时，中间仓库半成品定额就需考虑前后两个车间的批量变动了，这时计算公式改为：

$$\text{中间仓库半成品定额} = \text{前车间批量} - \frac{\text{前车间每月最后一批入库的日期到月末的天数}}{\text{后车间的领用间隔期}} \times \text{后车间批量} + \text{保险储备量}$$

3. 作业控制

生产作业控制就是对生产作业计划实施过程进行监督、检查，发现执行中已出现和可能出现的偏差，并通过调度防止和纠正上述偏差，以保证计划的圆满实现。它包括投入进度控制、出产进度控制和工序进度控制等内容。

投入进度控制。是指控制产品（零部件）开始投入的日期、数量和品种是否符合生产作业计划的要求，同时也包括原材料、毛坯、零部件投入提前期以及设备、劳动力、技术组织措施项目投入使用日期的控制。搞好投入进度控制，可以避免造成计划外生产和产品积压现象，保持在制品正常流转，保证产品（零部件）投入的均衡性。

出产进度控制。是对产成品的出产日期、出产提前期、产出量、出产均衡率与成套性进行控制，是保交货、保计划、保均衡、保质量的关键。对于大量大批生产系统，由于节拍、日均衡率等的系统控制技术，一般控制住了投入便能较好地控制产出，任务较简单；对于成批、单件的系统主要还是要根据产品、主关键件或零件的进度计划来控制、查合格品数量、入库成套率、缺件情况等，严格地控制来源于科学、详细的生产进度与作业计划。

工序进度控制。是指对产品（零部件）在生产过程中经过的每道加工工序的进度所进行的控制。主要用于单件生产、成批生产中，对那些加工周期长、工序多的产品（零部件）除控制投入和出产进度外，还要对工序进度进行控制。

在制品占有量的控制。是对生产过程各个环节的在制品实物和账目进行控制。主要包括控制车间内各工序之间在制品的流转和跨车间协作工序在制品的流转，加强检查站对在制品流转的控制。此外，还可以采用看板管理法控制在制品占用量。采用"看板方式"生产与一般方式生产的显著区别是，它不是采用前道工序向后道工序送货，而是实行后道工序在需要的时候向前道工序领取需要的零部件，前道工序只生产被后道工序取走的那部分零部件，严格控制零部件的生产和储备。

4.4.5 作业排序

作业排序是作业计划的基础。合理的作业排序，可以缩短生产周期，提高按时交货的能力。作业排序主要解决先加工哪个工件、后加工哪个工件的加工顺序问题；以及解决同一设备上不同工件的加工顺序问题，在很多情况下，可选择的方案都很多，而不同的加工顺序作出的结果差别很大。为此，需要采用一些方法和技术，尽量作出最优或令人满意的加工顺序。下面介绍一些比较成熟而实用的排序理论与方法及其在生产作业计划中的应用。

1. 多种零件由一台设备加工的顺序

当有几种零件都要在同一台设备上加工时,加工顺序的变动将直接影响到生产的经济效益。

例:有五种零件在一台机床上加工,每种零件的加工时间见表 4-10 所示。

表 4-10 零件加工时间表

零件编号	L_1	L_2	L_3	L_4	L_5
加工时间(日)	3	4	1	2	5

按上表零件加工的作业顺序,分别计算出加工时间、等待时间(即各零件在工作场上等待加工的时间)和完工时间(即加工时间+等待时间),如表 4-11 所示。

表 4-11

零件编号 \ 时间	加工时间(日)	等待时间(日)	完工时间(日)
L_1	3	0	3
L_2	4	3	7
L_3	1	7	8
L_4	2	8	10
L_5	5	10	15
合计	15	28	43

如果不是按上述作业顺序安排,而是按加工时间少的零件优先加工的原则排序,则可以减少等待时间,缩短完工时间,计算方法如表 4-12 所示。

表 4-12

零件编号 \ 时间	加工时间(日)	等待时间(日)	完工时间(日)
L_3	1	0	1
L_4	2	1	3
L_1	3	3	6
L_2	4	6	10
L_5	5	10	15
合计	15	20	35

如表所示,经过重新排序,零件等待加工总时间减少了 8 天(即 28−20),因而总完工时间也减少了 8 天(即 43−35)。

从上例可以看出,变换零件加工顺序,可以大大缩短零件等待加工时间,加速物流速度,提高车间生产场地利用率,相应减少在制品的保管工作量,有利于车间高效生产。

2. 多种零件由两台不同设备加工的顺序安排

假设有Ⅰ、Ⅱ、Ⅲ、Ⅳ、Ⅴ五种零件,都要先经过车床加工后再经铣床加工这两道工序。现有一台车床和一台铣床,各种零件加工时间如表 4-13 所示。

表 4-13 　　　　　　　　　　　　　　　　　　　　　　　　　　　　　单位/小时

设备＼零件	Ⅰ	Ⅱ	Ⅲ	Ⅳ	Ⅴ
车床 t_{Ai}	12	9	5	8	4
铣床 t_{Bi}	3	10	8	5	6

先按零件的序号进行顺序加工,则总加工时间可以从图 4-9 中直接求出,即等于 50 个小时。如果改换一种加工顺序,以Ⅴ、Ⅳ、Ⅲ、Ⅱ、Ⅰ为顺序加工,总加工时间为 41 个小时。五种零件加工顺序的排序法共有 5!,即 120 种。如采用枚举法把上述的 120 种都列出结果,逐一进行比较是非常麻烦的事情,可以采用约翰逊法求解此类问题。约翰逊法在零件组具有相同工艺与工艺顺序相同的情况下对零件加工顺序进行合理安排,可使零件等机床或机床等零件的时间最小化,即各种零件全部完成的时间最短。此种排序方法最初由数学家贝尔曼提出,后由约翰逊进行论证,得到美国运筹学界的认可,并为世界各国工业企业所应用,故也称约翰逊—贝尔曼法。本法应用于多种零件在两台机床上加工可获得最优解,使三台以上机床可获得较优解。

具体步骤如下:

第一步,先从上表各零件的加工时间值中找出最小值,本例的最小值是 3(零件Ⅰ在铣床上加工的小时数)。

第二步,如果最小值是属于上面的一行,就把它安排在加工顺序中的第一个最先加工;如果最小值是属于下面一行,就把它安排在加工顺序中的倒数第一个最后加工。本例中零件Ⅰ应最后加工。

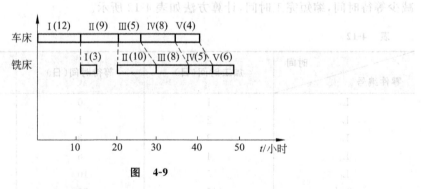

图 4-9

第三步,把已经确定加工顺序的那个产品(本例中为零件Ⅰ)除去,然后重复上述一、二两个步骤,确定其余产品的加工顺序,直到全部产品的加工顺序安排完为止。

第四步,如果碰上同行有两个相同的最小值,则先任选其中一个得一个优序,再选同值最小值构成的另一个优序,经比较两者的总加工时间确定最优加工顺序。

按上述步骤排出的上面实例的零件加工顺序为:Ⅴ、Ⅲ、Ⅱ、Ⅳ、Ⅰ,其总加工时间可从

图 4-10 中求得,即等于 41 个小时。

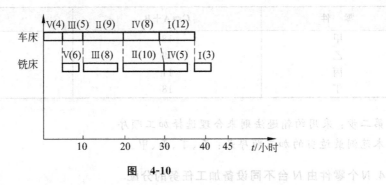

图 4-10

3. 多种零件由三台不同设备加工的顺序安排

当需要进行多种零件在三台不同机床 A、B、C 相继顺序加工时,可将约翰逊法则加以扩展来求总完工时间最短的排序,但必须满足下述两条件之一:

$$\text{Min} t_{Ai} \geqslant \text{Max} t_{Bi}$$

或

$$\text{Min} t_{Ci} \geqslant \text{Max} t_{Bi}$$

即第二台设备没有"瓶颈"。

具体操作时,可采用两台假设机床代替现实生产中的三台机床,然后再用约翰逊法则进行求解。见运用范例。

设有甲、乙、丙、丁四种零件需在机床 A、B、C 上加工,加工顺序均相同,其加工时间如表 4-14 所示。

表 4-14 单位/小时

零件	机床 A	机床 B	机床 C
甲	15	3	4
乙	8	1	10
丙	6	5	5
丁	12	6	7

第一步:把三台设备合并成两台假设机床。

为要确定合并的机床,若某台机床其各零件的加工时间的最大值等于或小于另一机床各零件加工时间的最小值时,则该机床应定为被合并的机床。本例中的机床 B,其各零件加工时间中的最大值 6 小时等于机床 A 各零件加工时间中的最小值,则机床 B 应定为被合并的机床。合并的方法是把被合并机床各零件的加工时间,分别与另外两台机床的各零件加工时间相加,即求得两台假设机床的各零件加工时间。设 G、H 为两台假设机床,则本例三台机床可合并为 G 和 H 两台机床,如表 4-15 所示。

表 4-15

零件	G=A+B	H=B+C
甲	18	7
乙	9	11
丙	11	10
丁	18	13

第二步：采用约翰逊法则来合理选择加工顺序。

本范例最适当的加工顺序是：乙、丁、丙、甲。

4. N个零件由N台不同设备加工任务的分配

有些车间有足够数量的合适机床，使得所有的作业都可在同一时间开始进行。在这里问题不是哪个作业先进行，而是将哪个作业指派给哪台机床，以使整个排序最佳。在这种情况下，我们可以运用指派方法。指派方法是线性规划中运输方法的一个特例。它可被应用于有 n 个资源和 n 个需求（例如5项作业在5台机床上进行）的情况下。其目的是极小化或极大化某些效率指标。这项技术可以很方便地运用于某些方面，如将作业分配给工作中心或按任务分配人员等。指派方法很适合解决具有如下特征的问题：

（1）n 个"事项"要分配到 n 个"目的地"。

（2）每个事项必须被指派给一个而且是唯一的目的地。

（3）只能用一个标准（例如，最小成本、最大利润或最少完成时间等）。

应用范例-----------------------------------

有六项工作分派给六个人去做。每项工作只允许一个人去完成，每个人只完成其中一项工作。根据平时的劳动技能测定，每人完成各项工作所需要的时间（工分）a_{ij} 如表4-16所示。问应该如何分派任务，可使完成六项工作的总消耗时间为最少？

表 4-16

人\时间\事项	A	B	C	D	E	F
1	46	62	39	51	28	47
2	24	31	49	65	74	53
3	29	38	56	49	38	42
4	43	51	32	36	43	49
5	26	43	34	60	38	36
6	76	50	42	58	51	32

建立线性规划的数学模型：

设 0-1 决策变量 x_{ij} 为第 i 人是否做 j 事。$(i,j=1,2,3,4,5,6)$

$x_{ij}=1$，表示第 i 人指派做 j 事；

$x_{ij}=0$，表示第 i 人不指派做 j 事。

目标函数：（总消耗时间最少）$\text{Min} S = \sum_{i=1}^{6}\sum_{j=1}^{6} a_{ij} x_{ij}$

约束条件：$\sum_{j=1}^{6} x_{ij} = 1 (i=1,2,2,3,4,5,6)$ （一人做一事）

$\sum_{i=1}^{6} x_{ij} = 1 (j=1,2,3,4,5,6)$ （一事被一人做）

图 4-11 表示了运用 Excel "规划求解"工具解决上述问题的界面。

图 4-11

第一步：设定 B9：G14 为 0-1 决策变量 x_{ij}。

第二步：设定目标函数（总时间），"B16"= sumproduct（B2：G7，B9：G14）。

第三步：设定 H9：H14 为决策变量 x_{ij} 的行和；设定 B16：G16 为决策变量 x_{ij} 的列和。

第四步：然后在主菜单"工具"中选择"规划求解"，并在对话框用鼠标"点取"的方式输入各目标函数、可变单元格所在的位置以及约束条件，然后按"求解"键即可得如图 4-11 结论。

计算结果表示：安排 1 号人员做 E 事项，2 号人员做 B 事项，3 号人员做 A 事项，4 号人员做 D 事项，5 号人员做 C 事项，6 号人员做 F 事项，总费时最小，为 190 工分。

4.5 生产管理的历史发展

生产管理的历史发展可以从两个角度来阐述。

1. 按照阶段的不同，可以将生产管理划分为四个阶段，见表 4-17。

2. 按时间顺序，可以将生产管理从 20 世纪开始到现在的历史发展总结如表 4-18 所示。

表 4-17 生产管理经历的阶段

	市场环境	主要问题	主要技术	出现时间
规模经济	供不应求	解决高效率生产的问题	科学管理、大量生产	20世纪70年代以前
范围经济	需求出现结构性饱和	追求多品种、低成本	自动化、电子化、柔性	20世纪70年代初到20世纪80年代中期
速度经济	市场饱和,产品生命周期缩短	解决多元化生产以及及时满足需求的问题	信息技术、JIT(准时生产)	20世纪80年代中期到20世纪90年代中前期
合作经济	市场需求多样化,供大于求,环保意识	解决个性化生产以及信息共享的问题	知识化、网络化,敏捷生产,电子商务,虚拟企业	20世纪90年代后期

表 4-18 生产管理的历史发展

年代	理论	技术
20世纪10~20年代	科学管理原理 工业心理学(研究疲劳对工作效果的影响) 大量生产原理(提高生产率) 经济批量模型	时间研究与工作研究 动作研究 流水生产线(运作管理的里程碑) 订货管理的经济订货点(EOQ)、订货的间隔期和订货量
20世纪30年代	质量管理(主要针对质量的事后控制,检查合格率等) 霍桑实验	抽样检查和统计表 工作活动的抽样分析
20世纪40年代	运筹学(主要用于解决军事问题,起源于并发展于美国)	线性规划的单纯形法
20世纪50~60年代	运筹学进一步发展(定量分析进一步发展) 自动化	仿真排队理论 决策理论 CPM(关键路径法) PERT(计划评审技术)
20世纪70年代	计算机的广泛应用 服务数量和质量	库存控制、预测、车间计划、项目管理、MRP 服务部门的大规模生产
20世纪80年代	制造战略 JIT CIMS 约束理论	作为竞争武器的制造 看板管理 计算机集成制造 "瓶颈"分析和约束的优化技术
20世纪90年代	全面质量管理 企业流程再造(BPR) 大规模客户化定制 供应链管理	ISO9000,价值工程 基本变化图 互联网、局域网 开发出许多软件
21世纪	电子商务 外包 柔性(进一步发展)	互联网、万维网 柔性制造单元(FMS)

资料来源:根据[美]理查德·B.蔡斯.运营管理(原书第11版)整理.北京:机械工业出版社,2007.

4.6 生产管理面临的形势及出现的新技术

生产管理的思想、方法随着市场环境的变化而变化,随着技术的发展而发展。生产管理在经历了一个世纪的发展之后,在 21 世纪的今天,面临着新的市场环境,在新技术的推动下,呈现出新的发展趋势。21 世纪,全球经济一体化,市场需求呈现多样化、个性化、系统化的趋势,同时,信息技术和制造技术高度发达。随着人们意识的逐渐转变以及互联网的迅速发展和普及,电子商务环境已经形成。在这样一个宏观环境中,企业的生产管理方式也正在发生着巨大的变化。

1. 信息技术高度发达

有人估计,近三十年出现的新技术,已超过了过去两千年的总和。从 20 世纪 70 年代开始,计算机技术在运作管理中得到了广泛的应用。主要体现在:作业计划中物料需求计划(MRP)及随后出现的 MRP Ⅱ、ERP 的应用、制造业中的计算机集成制造系统(CIMS)、基于互联网的电子商务的出现及迅猛发展,包括电子采购、电子拍卖等。科学技术的快速发展,将原有的以手工为主的制造方式改变为现在以自动化为主的制造方式,极大地提高了生产和管理的效率,促进了社会、经济的发展。

2. 产品生命周期缩短

信息技术高度发展的最重要的影响之一就是缩短了产品尤其是日常消费品的生命周期。产品的生命周期始于产品的构思、设计,经过投入、成长、成熟、萎缩等阶段,最后退出市场。产品生命周期的缩短,直接导致对企业生产效率、对市场需求变化反应速度的要求的提高。企业能否通过有效的运作管理方式,提高生产效率,提高交货速度,提高新产品开发速度,提高对市场需求变化的预测和响应能力是至关重要的。

3. 市场需求多样化

需求多样化这个概念对我们来说已经不陌生。在这个追求个性化的时代里,以前简单地通过大规模生产,以低成本提供无差异化的产品和服务已经行不通。市场结构由卖方市场转为买方市场。随着消费者经济能力的提高,观念的更新,消费模式发生了巨大的变化。产品需求呈现分散化,需求数量逐渐由大量转为小量甚至单件,这就要求企业做出相应的应对措施,大批量生产单一品种的时代已经结束,多品种小批量的生产方式成为主流。

随着经济与科技的发展,在发达国家兴起了管理变革的浪潮,相继创立了适应形势的新型生产方式和管理模式,其中,具有代表意义的有准时生产制(JIT)、精益生产(LP)、敏捷制造(AM)、大规模客户化定制(mass customization),以及再造工程等。这里主要介绍其中的四种。

4.6.1 准时生产制

准时生产(just-in-time,JIT)是由日本丰田汽车公司首创,被公认为是当代最理想和最有前途的生产系统,它是一种为了适应市场需求向多样化方向发展,如何有效地组织多品种、小批量混合生产而创造出来的高质量、低成本,并富有柔性的一种生产方式,它的基本思想可用现在已广为流传的一句话来概括,即"只在需要的时候,按需要的量,生产所需要的产品"。也就是 JIT 一词所要表达的本来含义。

1. JIT 的目标

准时生产方式目标是通过彻底地消除浪费以降低成本、获取利润和提高企业的竞争能力。

2. JIT 降低成本的三种手法

（1）适时适量生产。就是在需要的时候，按需要的量生产所需要的产品或提供所需要的服务。它强调的是"准时"和"准量"。

JIT 生产系统是一种重复生产系统，其中物料和产品的加工和移动仅在需要的时候才发生。在 JIT 生产系统中，产品移动、加工和供方的交货都严格准时进行，以致在生产过程中的每一阶段都是：恰好在当前生产任务完成时，下一个生产任务刚好到达。JIT 追求使零部件和物料准时流过整个生产系统、准时供给下道工序和准时加工，其结果是系统中没有等待加工的闲置物料，也没有等待加工的空闲工人和设备。从而避免这些由于生产过剩而引起人员、设备、库存费用等一系列的浪费。在实现适时适量生产时的重要工具是"看板"，确切地说，是通过"看板"来实现"准时"的思想。

（2）弹性配置作业人员。降低劳动费用是降低成本的一个重要方面，达到这一目的的方法是"少人化"，即随生产量的变化，灵活地增减各生产线上的作业人数，尽量以较少的人员去完成更多的工作。"少人化"技术作为有别于传统生产系统中的"定员制"的一种全新的人员配置方式。

（3）质量保证。质量是实现准时生产的保证。当需要一件才生产时如果某道工序出了废品，则后续工序没有输入，会立即停工，所有上游工序都必须补充一件，这样就会完全打乱了生产节拍。要实行准时生产，必须消除不合格品。所以，实施全面质量管理是准时生产系统的必要条件。准时生产系统下的全面质量控制是以零缺陷为目标，以生产过程的质量检测为核心，在生产操作过程中进行质量监控，把缺陷消灭于产品生产过程之中。

4.6.2　精益生产

精益生产方式（lean production）是美国在全面研究以 JIT 生产方式为代表的日本生产方式在西方发达国家以及发展中国家应用情况的基础上，于 1990 年所提出的一种较完整的生产经营管理理论。日本丰田汽车公司以 JIT 为代表的生产运作模式引起了世界各国学术界和企业界的广泛关注。为了进一步揭开日本汽车工业成功之谜，以美国麻省理工学院教授为首，由日、美、欧各国 50 多位专家参加的《国际汽车计划项目研究》小组，对 JIT 生产方式进一步作了详尽的实证考察和理论研究，提出了"精益生产"理论，该理论的研究用了 5 年时间，耗费了 500 万美元的巨资，调查了全世界 15 个国家的 90 个汽车制造厂，将大量生产方式与丰田生产方式进行分析对比，于 1991 年出版了《改造世界的机器》（*The Machine that Changed the World*）一书，将丰田生产方式定名为"精益生产"，总结出了一套较为完整的生产经营管理理论。

精益生产（lean production）中的英文"lean"单词本意是"瘦肉"，没有多余的脂肪和赘肉，这里是借喻"精干"、"精练"，要消除一切形式的浪费的意思，也可喻为要求精益求精，要不断改进、不断完善的意思。之所以用"lean"，是因为与传统的汽车生产方式（特别是美国的汽车生产方式)相比,日本的汽车生产只需要一半人员、一半生产场地、一半投资、一半的工程设计时间和少得多的库存,就能生产质量更高、品种更多的产品。因此,有时也译成"精细生产",以反映"lean"的本意。即丰田生产的基本理念:零缺陷和零库存,这就是"精"(高质量)和"细"(库存低)。

精益生产方式是对JIT生产方式的进一步升华,它是对JIT生产方式的提炼和理论总结,将原来主要应用于生产领域的JIT扩展到市场预测、产品开发、生产制造管理(其中包括生产计划与控制、生产组织、质量管理、设备保全、库存管理、成本控制等多项内容)、零部件供应管理以及产品销售和售后服务等领域,贯穿于企业生产经营的全过程,使其内涵更加全面、丰富,对指导企业生产方式的变革具有可操作性。

4.6.3 敏捷制造

敏捷制造(agile manufacturing)是美国凭借近年IT信息技术的发展,为重振其在20世纪80年代被日本、德国等国家夺去的制造业领导地位,在日本的精益生产方式基础上,经过更加细致深入的调查研究,面向21世纪的新型生产方式设想。敏捷制造是加工制造业生产方式的一次革命,为实现企业与市场的零距离接触,提供了一个可靠的制造平台。

1991年美国国会提出拟定一个长期的制造技术规划,于是里海大学牵头,以美国13家大公司为主,组织了100余家大学和咨询公司,向美国国会提交了一份"21世纪制造企业战略"的研究报告,提出了一种新的制造企业战略——敏捷制造。报告提交后,立即受到国会和企业界的广泛关注,几乎所有的美国大公司都参加了这一研究计划。欧洲和日本等发达国家也开始研究和实践基于虚拟组织的新战略。可以说,这种新型敏捷制造将成为21世纪信息时代制造业主导的生产方式。

尽管目前对敏捷制造的概念的理解没有一个统一的认识,但是一般认为敏捷制造是通过将先进的柔性生产技术、动态的组织结构和高素质人员三种资源集成为一个协调的,相互关联的系统来实现的。它立足于获得长期的经济效益,用全新的产品设计和产品生产的组织管理方法,来对消费者需求及市场变化做出高度灵敏、有效的响应。敏捷制造系统体现以下特征。

1. 敏捷制造的管理组织

21世纪衡量竞争优势的准则在于企业对市场反应的速度和满足用户的能力。而要提高这种速度和能力,必须以最快的速度把企业内部的优势和企业外部不同公司的优势集合在一起,组成为灵活的经营实体,即虚拟公司。

"虚拟公司"(virtual company)是敏捷制造在管理上所提出的最创新思想之一,敏捷制造认为,新产品投放市场的速度是当今最重要的竞争优势。推出新产品最快的办法是利用不同公司的资源,使分布在不同公司内的人力资源和物资资源能随意互换,然后把它们综合成单一的靠电子手段联系的经营实体——虚拟公司,以完成特定的任务。具体来说,当企业发现某一市场机遇时,迅速从本公司和其他公司选出各种优势力量,形成一个临时的经营实体即虚拟公司,来共同完成该产品或项目的设计、生产和服务等业务。而一旦原承接的产品或项目完成,虚拟公司即自行解体,各个公司转到其他项目。只有这样,才能不断地抓住机会,赢得市场竞争,获得长期经济利益。就组织而言,虚拟企业的应用,使得敏捷制造的组织具有高度的开放性、规模可调性、可重构性,突破了传统生产方式下僵硬的组织形态对企业发展的约束。

2. 敏捷制造的生产技术

敏捷制造在产品开发、制造过程中,其工艺设备是由可改变结构的模块化制造单构成的可编程的柔性机床组,且具有智能化的自动控制系统;产品的研发普遍采用数字化并行工程,能快速而可行地模拟出产品的状态和特性,精确地描绘产品的制造过程,从而大大缩短产品研发周期;组织(系统)对信息是高度集成处理的,各种信息所组织的市场部、技术部、工程部、制造部、财务部等部门以及供应商和顾客之间高速地交互流动;该系统使产品从设计、制造到最终完成的整个生产过程使顾客满意,真正做到了定制生产。

3. 敏捷制造的人力资源

在动态的竞争环境中,最关键的因素是人。柔性生产技术和柔性管理要使敏捷制造企业的人员能够学会从全面需要来考虑问题,还都要求自己不断学习、不断充实自己。敏捷制造的组织要充分重视员工的作用,能够最大限度地发挥人的主动性和创造性。由于敏捷制造企业是连续发展的生产系统,从根本上说,其系统能力仅受员工的创造性和技能的制约,所以企业的重要任务就是将成员组成学习型的团队,不断提高成员的综合素质,提高成员对于各种信息的创造性响应能力。

4.6.4 大规模客户化定制

1987年,Davis在其《未来理想》一书中首次提出了大规模客户化定制的概念,即通过灵活性和快速响应实现产品的多样化和定制化。1993年,Joseph Pine Ⅱ在其《大规模客户化定制——企业竞争的新前沿》一书中对大规模客户化定制作出了完整的描述。在短短的几年时间内,国内外一些企业在实施这种生产模式的过程中取得了巨大的成绩,获得了竞争优势,如戴尔公司、摩托罗拉、李维斯、松下自行车公司和PPG公司等。这种生产模式结合了定制生产和大规模生产的优势,以顾客能够接受的成本,为其提供定制产品,符合了时代发展的潮流,将成为21世纪的主流生产模式。

1. 大规模客户化定制的定义

1993年,Joseph Pine Ⅱ对大规模客户化定制的内容进行了完整的描述,他把大规模客户化定制描述为一种重点在于"通过柔性和快速响应实现产品的多样化和定制化"的新的管理模式。Joseph Pine Ⅱ想通过将大规模客户化定制与大规模生产模式相比较,说明虽然几十年前形成的大规模生产体系正是使美国经济在20世纪的大部分时期内处于优势的原因,但这种模式已不再适用于今天正面临市场剧变的工业企业。因此,他用"产品繁殖的爆炸"一词来形容大规模生产这一旧模式在今天已经行不通了,需要向新的模式转变,首先是品种多样化程度越来越高,并通过增强反馈圈,融入越来越高的定制化,直到每一个客户都能买到个性化的产品或服务。

大规模客户化定制是一种崭新的生产模式,它结合了大规模生产和定制生产两种模式的优势,在不牺牲企业经济效益的前提下,以大规模生产的成本提供定制化的产品,满足客户个性化的需求。因此,大规模客户化定制是在高效率的大规模生产的基础上,通过产品结构和制造过程的重组,运用现代信息技术、新材料技术、柔性技术、供应链管理技术等一系列技术,以接近于大规模生产的成本和速度,为单个顾客或小批量多品种市场定制任意数量的产品的一种生产模式。

2. 大规模客户化定制的优势

美国乔治·华盛顿大学对新兴技术发展所作的预测中,提出了2001—2030年的85项重要技术,大规模客户化定制技术便是其中之一。通过大规模客户化定制,企业可以以大规模生产的速度和效益,大规模地定制产品,全面提高顾客满意度。大规模客户化定制生产模式的优势主要体现在:

① 大规模客户化定制能够降低产品的多样化成本,增加收入,提高利润。在大规模生产模式中,通过对现有作业进行修改来为客户提供多样化的产品。大规模客户化定制模式通过利用大批量生产的效率,降低了定制成本。由于定制产品能够准确满足客户的需要,因而能够吸引更多的顾客,从而促进销售额的增加。

② 大规模客户化定制能够提升企业的竞争力,是企业获取差异化竞争优势的有效途径。在大规模生产中,企业生产单一产品,获取竞争优势的途径在于成本降低。但降低成本存在极限。大规模客户化定制是产品差异化战略的最高境界,每一位客户都可以按自己的需要设计产品或提出要求。因此,通过大规模客户化定制,企业能够持久地拥有差异化竞争优势。

③ 大规模客户化定制能够促使企业不断提高生产管理水平,促使管理思想升级换代。大规模生产形成的企业往往具有庞大的管理部门,不同管理层次、部门及产品系列的管理人员之间联系松散、协调性差、工作效率低。大规模客户化定制要求企业是一个精练的能够对外界变化做出快速反应的有机体,企业各部门应该具有一致的目标,以最低的成本、最好的服务满足消费者的需要。

3. 大规模客户化定制生产模式的特点

大规模客户化定制具有以下特点:

① 以客户需求为导向。在传统的大规模生产方式中,先生产,后销售,因而大规模生产是一种推动型的生产模式;而在大规模客户化定制中,企业以客户提出的个性化需求为最终产品生产的起点,因而大规模客户化定制是一种需求拉动型为主的生产模式。

② 以现代信息技术和柔性制造技术为支持。大规模客户化定制必须对客户的需求作出快速反应,这要求有现代信息技术作为保障。Internet网络技术和电子商务的迅速发展,使企业能够快速地获取客户的订单;CAD系统能够根据在线订单快速设计出符合客户需求的产品;柔性制造系统保证迅速生产出高质量的定制产品。

③ 以模块化设计、零部件标准化为基础。通过模块化设计、零部件标准化,可以批量生产模块和零部件,减少定制产品中的定制部分,从而大大缩短产品的交货提前期和减少产品的定制成本。

④ 以敏捷为标志。在大规模客户化定制模式中,企业与消费者是"一对一"的关系,企业面临的是千变万化的需求,大规模客户化定制企业必须快速满足不同客户的不同需求。因此,大规模客户化定制企业是一种敏捷组织,这种敏捷不仅体现在柔性的生产设备、多技能的人员,而且还表现为组织结构的扁平化和精练。

⑤ 以合作的供应链管理为手段。在未来市场经济中,竞争不是企业与企业之间的竞争,而是企业供应链与供应链之间的竞争。大规模客户化定制企业通过与其供应商建立起

合作关系,整合企业内外部资源,通过优势互补,共同来满足客户的需要。

本章小结

　　生产管理作为企业适应环境的一个重要环节,在整体性、动态化的管理中具有特别重要的地位,生产管理不正常的企业是不可能满足市场需要的,这样就失去了企业存在的价值。

　　生产管理是对生产活动的计划、组织、指挥、协调与控制。生产管理的基本目标可以概括为:高效、灵活、准时、安全、清洁地生产合格的产品来满足市场需要,同时实现企业的经营目标。

　　生产系统是一个为了实现预定目标而组成的有关生产元素的集合体。它由输入、转化、输出和反馈控制四个部分构成,并按一定的程序有规律地运行。生产系统的结构化要素包括生产技术、生产设备、生产能力和生产系统的集成;非结构化要素包括人员组织、生产计划、库存管理、质量管理。生产系统的结构化要素直接决定系统的功能性质,非结构化要素决定系统的运行特点。

　　生产管理的对象是生产过程,组织好生产过程要注意连续性、平行性、比例性、均衡性和适应性。企业最基层的生产单位是工作地,通常分为工艺专业化和对象专业化两种基本形式。流水生产是一种高效率的生产组织形式。组织流水生产需要注意生产结构和工艺的相对稳定、节拍的合理性以及工序的同期化。

　　生产计划和控制是生产管理活动的神经中枢。正确与合理的生产计划和控制是提高生产有效性与经济性的重要保证。生产计划的主要内容包括确定生产目标、生产能力的核定与平衡、确定生产进度以及组织和检查生产计划的实施。

　　确定产品品种的方法有市场引力——企业实力矩阵分析法;决定单品种生产的产量可以运用盈亏平衡分析法;决定多品种生产产量的方法则主要采用线性规划来解决。在计算机技术广泛应用的今天,可以方便地应用 Excel 的数据分析工具来达到有效决策的目的。

　　生产作业计划编制的依据是期量标准。合理地编制期量标准对于充分利用企业资源,缩短生产周期,提高生产系统的经济效益有着十分重要的基础性作用。

　　随着经济与科技的发展,生产管理的方法与技术又有了新的发展,其中最有代表意义的有准时生产制(JIT)、精益生产(LP)、敏捷制造(AM)、大规模客户化定制以及再造工程等,了解和掌握这些方法,对搞好生产管理也是十分重要、必不可少的。

 复习与思考

1. 试述生产管理在企业经济活动中的地位和作用。
2. 试述企业生产系统的个性化特征。
3. 生产系统有哪些要素构成,它们之间有何内在联系?
4. 合理组织生产过程的基本要求有哪些?

5. 大量生产、成批生产和单件生产各有何特点？
6. 工艺专业化与对象专业化的区别在哪里？
7. 流水生产有哪些主要特征，组织流水生产要具备哪些主要的条件？
8. 生产计划的主要指标有哪些？
9. 试述生产能力的含义和种类，影响生产能力的主要因素。如何进行生产能力与生产任务的平衡？提高生产能力有哪些途径？
10. 什么是敏捷制造，它有何特点？
11. 某公司生产甲产品售价 68 元/件，固定费用 100 000 元，单位变动费用 40 元，求线性盈亏平衡点产量。

又由于该厂产量扩大，并提高了材料利用率和工时利用率，设单位产品变动费用下降随产量增加而递减 0.001 元/件，单位产品价格也随产量增加而递减 0.002 4 元/件，求非线性盈亏平衡点产量及最大利润的产量和利润额。

12. 某产品有 9 个零件需要在两个工作中心进行加工，加工顺序均为先在工作中心 1 进行加工，后在工作中心 2 进行加工，每个零件的加工时间（单位为小时）如下表所示，请运用约翰逊法制订最优排序计划，使完成所有零件的加工总时间达到最少。

	零件								
	A	B	C	D	E	F	G	H	I
加工中心 1	4	8	5	8	14	6	12	3	7
加工中心 2	8	3	12	5	7	5	8	5	9

案例分析1

自行车的个性化生产

你的自行车是你想要的样子吗？你想要一辆适合自己的自行车吗？如果你愿意付出比那些批量生产的自行车贵 20%～30% 的价格，那么你将会买到一辆大小、重量以及颜色都非常适合你的松下牌自行车。订货后三周内，你就可以收到这辆车（在日本境内则只需两周）。这一切都是由"松下顾客定制系统"（PICS）来完成的。日本东京的国际自行车工业公司的工厂应用该系统，巧妙地运用计算机、机器人和少量工人，完成定制生产以满足顾客的个性化要求。

国际自行车工业公司（NBIC）——电子巨人松下的附属公司，从 1997 年开始生产松下牌自行车。随着该公司在日本市场引入个性化订单系统（POS）（PICS 是为海外销售而研制的系统），它由于定制生产，日益受到国际的广泛关注，并成为吸引顾客消费群的典范。

工厂本身拥有 21 名雇员和一个计算机辅助设计系统，用户可以在 18 种模式、199 种颜色的模型中选择赛车、脚踏车、山地车等 800 万种车型。

PIC 系统的工作程序如下：顾客先到当地松下自行车商店，在一架专门的车架上接受测量，然后店主将顾客要求的自行车的说明书传真给工厂的主控制室。在那儿，数据被输入微机中，然后自动生成自行车的初步蓝图，并且产生一个条形码（CAD 设计只需 3 分钟，而先前工厂的绘图员只需要 3 小时），接着条形码被贴到金属管架和齿轮上，最后经组装就生产出满足顾客个性化要求的自行车了。在生产过程中的不同阶段,一线工人持条形码标签和扫描仪就可以知道顾客的要求。这个显示在扫描仪的阴极射线管终端的信息直接传到计算机局域网控制的机器上。在生产的每个阶段,计算机读条形码就可以分辨出属于特定自行车的部件,然后告诉机器人在哪里进行焊接,告诉喷漆工人按哪种模式喷漆。

除了应用计算机和机器人,流程并非完全的自动化。齿轮组是手工装配的,装配人姓名和顾客的姓名由工人手工完成。整个制造和装配时间是150分钟/辆。工厂一天可生产60辆自行车,NBIC的工厂(完成其年产量的90%)可以在90分钟内完成一辆标准的自行车。也许有人会问:为什么3小时之内就能做出的车,顾客却要等3周之久才能拿到?经销经理这样回答:"我们是可以缩短时间的,但我们想让顾客感觉那种期待着某种独特产品的激动心情。"

为与顾客保持有更多的联系,工厂将同顾客建立直接联系作为自己的责任。收到顾客的订单后,工厂立即将计算机生存的顾客定制的自行车图样连同一封感谢顾客惠顾的信函一起寄给顾客。3个月后寄出第二封信询问顾客对自行车的满意程度。最后,寄出一张"自行车生日卡"与顾客共同庆祝这辆自行车的周岁生日。

NBIC现在正在考虑将松下系统扩展到它所有的自行车生产上去。与此同时,松下还在考虑在工业机器制造中采用这种观念。

资料来源:SurechKotha,"The National Bicycle Company: Implementing a Strategy of Mass-Customization", case study from the International University of Japan,1993.

思考题:
1. 这个案例说明了什么新的市场和生产概念?
2. 如何低成本高效率地满足个性化需求?有哪些特点?
3. 这种生产模式与传统的生产管理模式有哪些不同点?

案例分析2 玩具小熊的生产流水线

礼品店中出售的玩具小熊,外观可爱,加上触动式的声音效果,所以一直是孩子们的最爱。随着儿童节的临近,订单数量一直增加,虽然制作工厂已经进行了一次大规模的扩建,但现在的生产水平仍然无法满足市场的需求。

现在,一切都是不确定的,随着需求淡、旺季的变化,市场需求变得越来越难预测。玩具小熊的生产主管没有任何实质性的改进措施,只是说:"保持生产的柔性。我们也许会收到5万件的生产订单,但是如果没有足够的订单,我们既要保持现有人员,又不希望面对持有巨大库存的风险。"基于这种不确定性的市场背景,工厂经理们正在寻求提高流程能力的方法,同时,这些方法的实施绝对不能以牺牲生产柔性和提高生产成本为代价。

玩具小熊通过一个混合批量流水线生产过程加工出来。6个填充人员同时工作,把填充材料装进相应的布料中,这样就制成了小熊身体各个部位的基本形状。由于此作业部门相对分离,故每生产完25套小熊的部件就放在一个箱子内运给下一道工序。在另一个批量作业地,8个操作工人将整块的胚布裁剪成适当大小的布料,然后缝制成小熊的外衣。

接下来的生产流程是由9个工人将填充好的各个肢体部分进行塑形,比如身体、头部等,然后将这些部分拼凑缝制出完整的小熊。接下来,由4个工人为小熊粘贴好嘴巴、眼睛、鼻子和耳朵,并为它们穿好缝制的外衣。经过打扮的小熊都交给3个工人,他们为小熊装入预先准备好的声音设备(含有电池)。最后,经过2小时把胶水进行自然晾干,小熊由两个包装工人放进包装袋中,并把它们装入便于运输的箱子里。

为了分析研究流程能力,经理和生产主管们对玩具小熊的各道加工工序以及转移时间做了估计,每个工序之间的运输时间可以忽略不计,工序每人单位产品的加工时间如下表所示。

除去不可避免的拖延和休息时间,生产主管可以对一个8小时的班次按7小时计算实际工作时间。

各工序的加工时间

工　　序	加工时间/分钟	工　　序	加工时间/分钟
填充	1.5	粘贴五官	0.8
缝制身体	2.4	添加声音设备	0.75
缝制外衣	1.6	包装	0.33

思考题:

1. 根据生产主管的方法,一个班次可生产多少个玩具小熊?如果一周生产7天,一天上3班,那么一周能生产多少?

2. 如果所有工人按照生产主管所观察的速度工作,并且假定有充足的资源投入,那么当一个班次结束时各工序累积有多少在制品库存?

3. 在流水线的改进上,你能向生产主管提几条建议吗?

参考文献

1. F.罗伯特·雅各布斯,理查德·B.蔡斯.运营管理(第13版).北京:机械工业出版社,2011.
2. 金占明,白涛.企业管理学(第3版).北京:清华大学出版社,2010.
3. 陈荣秋,马士华.生产运作管理(第4版).北京:机械工业出版社,2013.
4. 刘丽文.生产与运作管理(第4版).北京:清华大学出版社,2011.
5. 潘家轺.现代生产管理学(第3版).北京:清华大学出版社,2011.
6. 季建华.运营管理(第2版).上海:格致出版社,2010.
7. 威廉·J.史蒂文森.生产与运作管理(第11版).北京:机械工业出版社,2012.

第5章　企业质量管理

质量管理（quality control）

质量保证（quality assurance）

全面质量管理（total quality management，TQM）

国际标准化组织 ISO（International Organization for Standardization）

统计过程控制（statistical process control）

正态分布（normal distribution）

直方图（histogram）

工序能力指数（working procedure ability index）

控制图（control chart）

参数估计值（parameter estimation）

质量成本（quality cost）

http://www.sac.gov.cn/i　　　http://www.cnqm.net/forum.php

http://www.saq.org.cn/　　　http://www.bsigroup.cn/zh-cn/

> **质量，企业的生命**
>
> 　　随着全球贸易竞争的加剧，企业的管理者已清醒地认识到，高质量的产品和服务才是取信顾客、立足市场的根本保证。企业为了占领和扩大市场，并获得更大利润，必须建立、健全质量管理体系，不断改进产品和服务的质量，将"以质量求生存，以质量求发展"作为企业健康发展的经营之道。
> 　　然而，十分奇怪的现象是，十多年来，有的企业虽然抓了质量管理，但是产品质量不仅没提高，反而更差。这里面有方法不对头的原因，也有措施不到位、组织不落实的原因。综观来看，因素是多方面的。但最突出的还是对质量管理的重要性认识不足，以及企业管理者素质与能力低下所致。

5.1 质量管理概述

5.1.1 质量与质量管理的基本概念

1. 质量的含义

质量有广义和狭义之分。广义的质量是指"产品、体系或过程的一组固有特性满足规定要求的程度"。根据这一含义,质量可以分为产品质量、工序质量和工作质量。"产品质量"是指产品适合于规定的用途以及在使用期间满足顾客的需求。这里的"产品"包括有形的实物产品和无形的服务。"工序质量"是指工序能够稳定地生产合格产品的能力。"工作质量"是指企业管理、技术和组织工作对达到质量标准和提高产品质量的保证程度。狭义的产品质量是指实物产品的质量,包括实物产品内在质量的特性,如产品的性能、精度、纯度、成分等;以及外部质量特性,如产品的外观、形状、色泽、手感、气味、光洁度等。

实物产品质量特性一般可概括为产品性能、寿命、可靠性、安全性、经济性五个方面。

2. 质量管理的意义

企业质量管理是指导、控制企业的与质量有关的相互协调的管理活动。质量管理作为企业经营管理的一部分,其范畴包括企业最高管理层对质量方针(即宗旨和方向)和质量目标的确定,以及为实现方针和目标所作的质量策划、质量控制、质量保证和质量改进的一系列管理工作。

质量管理的最终目标是能够用最经济、最有效的手段进行设计、生产和服务,生产出用户满意的产品。质量管理工作的步骤,一般是根据实践和试验,发现产品质量上的薄弱环节和问题,从科学技术原理、工艺上研究产生的原因;采取有针对性的措施,并组织稳定的生产工艺路线,切实加以改进,将改进的结果同原来的情况对比,看是否达到预期的效果;在主要质量问题得到解决时,次要问题又上升为主要矛盾,这时再重复上述过程,以解决新产生的质量问题。

5.1.2 质量管理的演变

随着社会生产力的发展,质量的含义和质量管理的内涵在不断丰富和扩展。历史地考察质量管理的形成与发展,大致经历了以下三个阶段:质量检验阶段、统计质量控制阶段、全面质量管理阶段。质量管理发展的三大阶段,其中后一阶段并不是对前一阶段质量职能的否定和取消,而是在前一阶段基础上的带有突破性的发展。

1. 质量检验阶段

从 20 世纪初到 20 世纪 30 年代初属于这个阶段。在这一阶段,人们对质量管理的理解还只限于对有形产品的质量检验,即通过严格检验来控制和保证产品质量。在生产制造过程中,运用各种各样的检测设备和仪器仪表进行百分之百的检验来保证转入下一道工序的零部件质量。从 20 世纪初,美国出现以泰勒为代表的"科学管理运动",在工厂中设立了专职检验的职能工长。随着许多公司的生产规模和生产批量的不断扩大,这一职能又由工长转移给检验部门的专职检验人员,负责企业各生产单位的产品检验工作。

这种靠检验把关的质量职能,实质上只是从生产产品中挑出废品。实践表明,专职检验促进了专业分工,保证最终产品的质量,对当时企业的生产发展有极大的积极推动作用。但也有其固有的弱点:首先是预防作用弱,这样的"事后检验"完全是一种被动的质量管理方式,不能控制和预防不合格品的发生。其次是适宜性差,要求对成品百分之百的检验,检验费用增多,有时在经济上不合理。对于某些生产类型的产品不能全检(如破坏性试验),而有些产品不必要进行全检。

2. 统计质量控制阶段

第二次世界大战期间,美国军火生产迅猛发展,战争对军需品的特殊需要,强烈地刺激了统计质量控制方法的应用。1924年,美国数理统计专家休哈特提出了控制与预防缺陷的概念,在1929年出版的《工业产品质量的经济控制》一书中,休哈特提出了用数理统计中正态分布的原理来预防废品,设计出质量工序控制图,并把预防缺陷的这种方法应用到工厂生产现场。

到了20世纪50年代初,数理统计方法在质量管理中的应用迅速普及达到高峰。在联合国的赞助下,通过国际统计学会等组织的努力,美国、日本、墨西哥、印度、西欧等国家,都积极推广统计质量控制的活动,并取得显著成效。20世纪50年代中期,我国机械、纺织等行业,也试点过统计质量控制方法的应用,效果十分明显。

统计质量控制阶段的特点是:利用数理统计原理在生产流程的工序之间进行质量控制,使生产过程处于受控状态,从而预防不合格品的大量产生。同时在产品检验和验收检查中采用了统计抽样方案。

应当看到,当时在统计质量控制阶段由于过分强调质量控制的统计方法,忽视了质量管理的各种组织管理工作,使得人们误认为"质量管理就是统计方法"。同时数理统计理论和方法比较复杂,这在一定程度上也影响了质量管理的进一步推广。

3. 全面质量管理阶段

进入20世纪60年代以后,质量管理产生了质的变化,不再以质量技术为主线,而是以质量经营为主线。随着社会生产力的迅速发展、科学技术的日新月异、产品更新换代的加速、市场竞争的加剧,人们对产品质量和质量管理方面提出了更高的要求。人们认为必须重视产品质量的经济性和质量成本。人们还认为产品质量有个产生、形成和实现的过程,产品质量是在市场研究、设计、生产、检验、销售服务的全过程中形成的,同时,又在这个周而复始的全过程中不断改进和提高。所以不能单纯应用质量控制统计方法控制生产过程,还需要一系列的组织管理工作,需要全方位综合性的质量管理理论和方法。

20世纪60年代初,美国两个著名的质量管理专家费根堡姆和朱兰提出全面质量管理思想。他们指出,全面质量管理就是以最经济的水平充分考虑满足用户要求所进行的一系列市场研究、设计、生产和服务。全面质量管理不局限于对制造过程的控制,而是把企业各部门的研制质量、维持质量和提高质量的活动综合起来,构成有效的质量管理体系。

5.2 全面质量管理

5.2.1 全面质量管理的特征

全面质量管理是质量管理发展的最新阶段,它起源于美国,后来其他一些工业发达国家也开展了全面质量管理的活动,并在实践中各有所长。特别是日本,20 世纪 60 年代以后开展全面质量管理取得了丰硕的成果,引起了世界各国的瞩目。

全面质量管理就是以质量为中心,全体员工和有关部门积极参与,综合运用管理技术、专业技术和科学方法,建立起产品的研究、设计、生产、服务等全过程的质量管理体系,从而有效地利用各种资源,以最经济的手段生产出顾客满意的产品的管理活动。

全面质量管理的特征可以概括为"三全一多"。

1. 全员的质量管理

它要求企业各部门、各环节的全体员工都参加质量管理。因为产品质量是企业各方面、各部门、各环节全部工作的综合反映。企业中任何一个环节、任何一个人的工作质量都不同程度上会直接或间接地影响产品质量。因为只有人人关心质量,全体参加质量管理活动,企业的质量管理才能搞好,生产优质产品才有保证。

2. 全过程的质量管理

要求对产品质量形成全过程的各个环节、各因素实行控制,包括从市场调查、产品设计开发、生产、销售直到服务的全过程的质量管理。除了基本生产过程以外,还要重视辅助生产过程的质量管理。要求做到以预防为主,防检结合,全面提高产品质量。同时,要求做到全过程中各个环节的配合和信息的及时反馈,树立"下道工序就是用户"、"努力为下道工序服务"的思想,这是提高产品质量、促进产品质量良性循环不可缺少的条件。

3. 全企业的质量管理

从组织的角度来看,企业可划分成上层、中层和基层,"全企业的质量管理"就是要求企业各个管理层次都有明确的、不同侧重点的质量管理活动内容。上层管理侧重制定企业的质量方针、目标,并协调企业各部门、各环节、各类人员的质量管理活动;中层管理侧重贯彻落实上层管理的质量决策,执行各自的质量职能和具体的管理基层工作;基层管理则要求每个职工要严格地按标准、按规程进行生产,相互间进行分工合作,并结合本职工作,开展合理化建议和质量管理小组活动,不断进行作业改善。

为了有效地进行全面质量管理,就必须加强各部门的组织协调。从组织上、制度上保证企业长期稳定地生产出符合规定要求、满足顾客需要的产品,企业应该建立和健全质量体系,使企业的各种质量活动构成一个有效的整体。可见,全企业的质量管理就是要"以质量为中心,领导重视,组织落实,体系完善"。

4. 多方法的质量管理

要系统地控制一系列影响产品质量的复杂因素,就必须广泛、灵活地运用多种多样的现代管理方法来解决质量问题,尤其要特别注重运用统计方法。在运用这些方法时,首先应尊重客观事实,用真实的数据定量地描述客观事实,更好地分析问题和解决问题。应该广泛地运用科学技术的最新成果,如先进的专业技术、检测手段、电子计算机和系统工程、价值工程、网络计划技术等先进的科学管理方法,不断提高企业质量管理的水平。

5.2.2 全面质量管理的内容

1. 设计和开发过程的质量管理

质量是设计、制造出来的,不是检验出来的。产品的设计开发决定了产品质量的先天性,制造使设计的质量要求得到实现。因此,设计开发过程的质量管理是十分关键的。在设计开发过程的策划、设计和试制阶段,要做好下列的质量管理工作:

(1) 研究、掌握顾客对产品的适用性要求,做好技术经济分析,确保产品具有竞争力。

(2) 认真按照产品质量计划所规定的内容和要求开展工作,对其各个环节实行有效控制。

(3) 运用预警手段,加强早期管理,防患于未然,确保设计质量。

(4) 组织好与保证设计质量有关的其他活动。

2. 生产和制造过程的质量管理

生产制造过程的质量管理是实现设计意图、形成产品质量的重要环节。生产制造过程的质量管理工作有:

(1) 严格贯彻执行制造质量控制计划,按质量控制计划建立各级责任制,对影响工序质量的因素进行有效控制。

(2) 用先进的控制手段,找出造成质量问题的原因,采取纠正措施,保证工序质量处于控制状态。

(3) 有效控制生产节拍,及时处理质量问题,确保均衡生产。

具体质量管理活动包括:明确质量责任;合理组织生产;加强岗位培训;保证设备运行;提供计量保障;确保物资供应;严肃工艺纪律;控制关键工序;加强在制品管理;加强质量信息管理;组织文明生产;完善技术文件与资料管理;严格工艺更改控制;加强检查考核。

3. 使用过程的质量管理

产品的质量特性是根据使用要求设计的。产品实际质量的好坏,只有在使用过程中才能作出充分的评价,因此,企业的质量管理工作必须从生产制造过程延伸到使用过程,使用过程是考验产品实际质量的过程,是质量管理的"归宿点",又是下一轮质量管理的起点。

产品使用过程的质量管理,应抓好以下工作:积极开展技术服务,包括编写产品使用说明书,帮助用户培训操作维修人员,指导用户安装和调试,建立维修服务网点,提供用户所需的备品配件等;进行使用效果和使用要求的调查;完善售后服务,实行"三包"等。

5.3 质量管理体系的标准化

5.3.1 质量认证和国际标准化组织 ISO

"质量认证"是为确信产品和服务完全符合有关标准或技术规范而进行的第三方机构的证明活动,是国际上通行的制度。随着商品经济规模的扩大和经济多元化、国际化,为了提高产品信誉度,减少产品质量的重复检验,消除贸易技术壁垒,维护供方、需方、顾客、消费者各方的利益,产生了第三方认证。对一个企业来说,申请权威机构对其质量管理体系进行认证,使用国际公认的合格标志,其产品和服务就可以得到世界各国的普遍承认,并在国内外市场上获得顾客的信任,有利于扩大市场占有率,参与国际竞争。

国际标准化组织 ISO(International Organization for Standardization)成立于 1947 年,是由 131 个国家标准化机构参加的国际组织,其宗旨是:在全世界范围内促进标准化工作的发展,扩大各国在技术、经济各方面的交流与合作。它的主要活动是制定 ISO 标准,协调世界范围内的标准化工作。1978 年,我国成为 ISO 的正式成员。

5.3.2 ISO9000 系列标准的制定与修订

1. ISO9000 系列标准的制定和简介

1979 年 ISO 按专业性质设立了"质量保证技术委员会"(ISO/TC176)负责制定有关质量保证技术和应用的国际标准。ISO/TC176 成立之后,在总结各国质量保证经验的基础上,于 1987 年 3 月,正式发布了 ISO9000 系列国际标准。

ISO9000 与通常的工程技术标准不同,它的概念是管理工作的普遍特征可以实现有效的标准化,给供需双方带来好处。ISO9000 的发布使质量管理和质量保证工作的概念、原则和方法统一在国际标准的基础上,实现了规范化和程序化,满足了当今国际贸易中商业和工业应用的需要。迄今为止,有 100 多个国家采用 ISO9000 作为本国的国家标准。

第一版的 ISO9000 系列标准共分为五个组成部分:

(1) ISO9000:质量体系 ISO9000——该系列标准的选用指南,并为 ISO9001、ISO9002、ISO9003、ISO9004 的使用建立了准则。

(2) ISO9001:质量体系——设计、开发、生产、安装和服务的质量保证模式。其包括了企业全部活动的总标准。

(3) ISO9002:质量体系——生产、安装和服务的质量保证模式。当需要证实供方生产合格产品的过程控制能力时,应选择和使用此种模式的标准。

(4) ISO9003:质量体系——最终检验和试验的质量表征模式。当仅要求供方保证最终检验和试验符合规定要求时,应选择此种模式的标准。

(5) ISO9004:质量管理和质量体系要素指南——它是企业建立和实施全面有效的内部管理的质量体系文件。它的基本原则对于所有企业都是适用的。包括两方面的内容:一是引言,阐述了质量管理和质量体系的目标和任务;二是正文,阐述了质量管理和质量体系的及其要素的要求。

在第一版 ISO9000 系列标准发布之后,TC176 从 1994 年起,对其陆续作了修订和增补,第二版的 ISO9000 共含有 22 个文件和两个技术报告。

2. 2000 版 ISO9000 系列标准的构成与特点

2000 年 12 月 15 日,ISO 正式发布了 ISO9000:2000《质量管理体系——基础和术语》,取代了第二版的 ISO9000 系列标准。同时,我国等同采用 ISO9000:2000 系列标准,代替 GB/T6583—1994。

ISO9000:2000 系列标准是在第二版 ISO9000 的基础上作了重大的修订和补充,其对原有的标准有四种处置方式:并入新的标准;以技术报告(TR)或技术规范(TS)的形式发布;以小册子的形式出版发行;转入其他技术委员会(TC)。ISO9000:2000 的核心标准为:

ISO9000：2000《质量管理体系——基础和术语》；
ISO9001：2000《质量管理体系——要求》；
ISO9004：2000《质量管理体系——业绩改进指南》；
ISO9011《质量和环境管理体系审核指南》。

2000版ISO9000系列标准与1994版相比,适用范围广,通用性强,整体结构简化,操作性强,同时强化了领导的关键作用和自我评价与改进。

5.3.3 ISO9000系列标准与全面质量管理(TQM)的比较

1. 世界共同的知识资源

1994版ISO9000系列标准对TQM的定义是:"一个组织以质量为中心,以全员参与为基础,目的在于通过让顾客满意和本组织所有成员及社会受益而达到长期成功的管理途径。"由此可见TQM的作用和地位。从TQM和ISO9000系列标准的产生与发展可知,两者都是世界各国尤其是工业发达国家质量管理经验的总结和理论的发展,因此,它们属于全世界共同的知识财富,已经成为各国企业广泛运用且行之有效的质量管理手段。在国务院颁发的《质量振兴纲要》中,明确要求所有企业都要贯彻ISO9000系列标准和推行TQM。

2. 打基础与求发展的关系

ISO9000系列标准着眼于为企业建立质量管理体系提供具体指导和为实行对外质量保证作出明确规定,可操作性强,按ISO9000系列标准建立质量管理体系是企业质量管理的重要基础和基准。而TQM还具有更丰富的内涵,几乎涉及企业所有的经营活动,尤其是它包含了企业长期成功的经营管理战略,它是引导企业持续不断地以质量为中心,以全员参与为基础,坚持质量改进,从而取得长期成功的管理途径。在企业的实际工作中,应当把开展全面质量管理(TQM)和实施ISO9000系列标准有机地结合起来。

3. 全面质量管理(TQM)是达到和保持世界级质量水平的要求

ISO9000系列标准是TQM发展到一定阶段的产物,可视为TQM的一部分。但ISO9000作为国际标准,难免又是一个协调的产物,因此它不可能是企业质量管理的最高要求,而TQM则是达到和保持世界级质量水平的要求,其中各个国家和区域性质量奖可视为当今世界TQM最高水平的代表,推行和深化TQM是达到这一水平的全过程活动,推行TQM是每个组织的一项长期任务。

著名质量管理学家张公绪教授讲述了这样一次经历:不久前,国内一家大型元件厂通过认证拿到证书后,兴致勃勃地欢迎外商来采购。谁知对方考察完竟然出乎该厂意料之外地拒绝采购,外商说你们企业连SPC(统计过程控制)都没有推行,如何能保证产品质量?这时,中方企业才急着去了解SPC究竟是什么以及如何进行SPC,最后他们找到了张教授,请他给予指导。张教授为之十分感叹:SPC和企业的关系其实是非常密切的!

现代化的生产,速度快、产品数量大,如果仅靠事后检验来管理生产会造成很大的浪费,应用 SPC 可以对生产的异常及时告警起到预防作用,而应用 SPC 则可以尽快诊断出异常并及时调整,这些当然可以保证产品质量、降低成本、增加利润。例如,有个大型化工企业,生产中发生的异常有五六成只凭他们的技术经验就可以诊断出来,但其余四五成的异常他们则判断不了。这时,如果应用张教授的多因素诊断理论及其软件 DTTQ 2000 则可把这部分异常也诊断出来,可以想象那会给企业增加多少利润!

资料来源:http://www.saq.org.cn/.

5.4 工序质量控制与质量改进方法

现代质量管理活动中进行工序质量控制与质量改进时,需要应用各种数理统计技术方法。早在 1924 年美国的贝尔电话研究所,首次在产品质量管理上应用数理统计图表。经过七十多年的实践和发展,应用数理统计的原理和方法研究质量变化的客观规律,已经成为工序质量控制和质量改进的重要内容。

5.4.1 质量管理中的数据及其分布

1. 质量管理中的数据

质量数据是定量描述质量特性值的数据。在质量管理中,所涉及的数据按其本身特性来分,一般可以分为计数值数据和计量值数据。

计数值数据是通过数数得到,它们往往只能取非负整数。例如,一批产品中的不合格品的个数、铸件上的气泡个数等都属于计数值数据。

计量值数据的取值可以通过某种量具、仪器等的测定得到,它们可以取某一区间的一切值,例如轴的直径、钢材的强度、产品的化学成分、产品的寿命等都属于计量值数据。

在数理统计中,将计数值的质量特性称做"离散型随机变量 X",将计量值的质量特性称做"连续型随机变量 X"。不同的随机变量有不同的概率分布。

收集数据一般采用抽样检查的方法。抽样检查的对象称为"总体",从总体中抽取出一部分的个体构成"样本"。对样本进行测试就可以得到若干数据,通过数据的整理分析,并计算出所需要的质量特性指标值,以此便可判断总体是否符合质量标准。数理统计中,将样本质量特性值称为"统计量",统计量也是随机变量,服从一定的分布。

由于目的不同,收集数据的对象和方法有两种:一种是以工序为对象,按零件或产品生产时间先后顺序取样,如每间隔一段时间连续取几个产品个体进行检验,多用于工序质量控制。另一种是以一批产品为对象总体,从中随机抽样进行测试。"随机抽样"就是每件产品被抽取的概率相同,是为了保证样本对总体的代表性。这种抽检方法多用于产品验收。

2. 质量数据的变异性

在产品加工过程中,无论环境和条件控制得多么严格,所生产出来的产品,都不会绝对相同,其产品质量总是在一定的范围内波动,这种波动形成的质量数据变异是产品质量的固有本性。要达到控制质量的目的,就应分析造成质量变异的原因。引起质量变异的原因按性质可以分为两大类:

(1) 偶然性原因。偶然性原因不可避免,经常对质量变异起着细微的作用。如生产过程中机床的轻微振动、工具的正常磨损、电压的微小波动、操作和材质的微小变化等。这些因素的出现带有随机性,测量困难且不易消除,造成质量的波动较小,为正常原因。

(2) 系统性原因。系统性原因是一种可以避免的原因。例如,使用了不合标准的原材料、机械松动、工艺参数失调、操作失误等。这些原因造成质量的波动较大,使工序处于不稳定状态,但是这些情况容易被发现,采取措施后可以消除,所以系统原因为异常原因。

工序的质量控制就是运用各种统计方法,及时发现生产过程中系统性原因的存在趋势,并加以调整,使工序处于稳定状态,防止不合格品的出现。

3. 质量变异的统计规律

在质量控制统计方法中,需要掌握样本质量特性值——统计量的分布。由数理统计的原理可知,当工序处于控制下的稳定状态时,即产品在生产过程中仅受到许多微小独立的偶然因素的影响,则计量值的质量特性(连续型随机变量 X)多为服从正态分布,如产品的尺寸、重量等。即 $X \sim N(\mu, \sigma^2)$,其中 μ 为随机变量 X 的均值,σ 为随机变量 X 的标准差。

计量值的统计量中,最常用的是"样本平均数"$\bar{x}$,由数理统计的原理可知,当所抽取观察的样本容量 n 较大时($n \geq 30$),无论原先总体的分布如何,$\bar{x}$ 服从正态分布,即 $\bar{x} \sim N(\mu, \sigma^2/n)$。

计数值的统计量中,常见的有样本次品数和样本次品率。对于样本次品数(离散型随机变量 X),当样本容量 n 较大的时候,渐近地服从正态分布。两个参数分别为:$\mu = np$,$\sigma^2 = npq$,即 $X \sim N(np, npq)$。其中,p 为总体次品率 $q = 1 - p$。当 n 较大时,计数值统计量"样本次品率"也服从正态分布,此时 $\mu = p$,$\sigma^2 = pq/n$。

由数理统计的原理又可知,随机变量若服从正态分布,其概率分布曲线的特征是:

(1) 曲线的位置由 μ 确定,以 $x = \mu$ 为对称轴,呈中间高、两头低的钟形。见图 5-1。

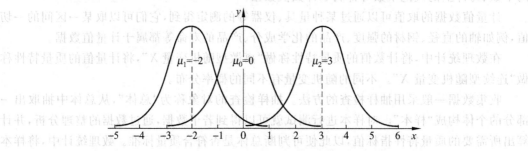

图 5-1 中心位置不同时的正态分布图($\sigma = 1$)

(2) 曲线的形状由 σ 确定。σ 大,曲线呈矮胖状;σ 小,曲线呈瘦高状。曲线与 x 轴所围面积之和等于1。见图 5-2。

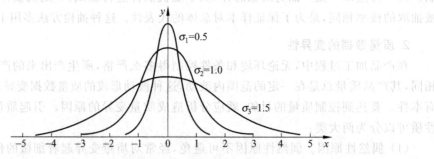

图 5-2 标准差不同时的正态分布图($\mu = 0$)

(3) 由概率论的基本知识可知,某数值区间$[a,b]$与其上方概率分布曲线所围成的曲边梯形面积,表示产品质量特性数据(随机变量的数值)落在区间$[a,b]$范围内的概率。

(4) 通过正态分布的概率计算,可以得到这样的结论(见图5-3):

X 落在区间$[\mu-\sigma,\mu+\sigma]$范围内的概率等于 0.682 7

X 落在区间$[\mu-2\sigma,\mu+2\sigma]$范围内的概率等于 0.954 5

X 落在区间$[\mu-3\sigma,\mu+3\sigma]$范围内的概率等于 0.997 3

在图5-3中,以$\mu\pm3\sigma$的区间为例,它表示:在正常生产状态下,产品质量数据服从正态分布,其数值落在总体平均数$\mu\pm3\sigma$范围内的概率为0.997 3。从统计的角度而言,如果生产状态是正常的、稳定的,则将有99.73%的产品质量数据在$\mu\pm3\sigma$范围内,超出此范围的产品,1 000件中只有3件不到。反过来讲,假如产品质量数据的分布违反了这一规律,我们就有理由认为产品的加工工序不正常。利用这一规律,可以进行工序能力的判断以及工序稳定状态的控制。

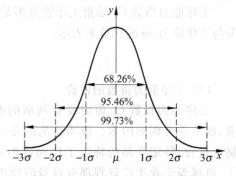

图5-3 正态分布3σ原则示意图

统计工序控制保证了 AVX-KYOCERA 的产品质量

在北卡罗来纳州原道—康宁(Dow-Corning)工厂内,为了使顾客满意。AVX(一家日本芯片制造商)的员工,向缺陷品开战。

AVX的第一个步骤是对每台机器生产的样品进行估计,以保证工序确实能达到质量要求。同时,所有质检人员都转为承担生产任务,所有工程人员和技工都接受统计方法的培训。工序和产品质量的"所有权"都交给了被授权的员工,建立工作小组来负责生产过程中各设备。现在6个小组已是工厂经营的一个有机成分。

员工授权和统计过程控制(SPC)现在已是工作规范,员工绘制有关统计质量控制图表以跟踪有关趋势,并将其与工序界限及顾客指定规范相比较。

AVX的生产过程现在也是许多世界一流企业中的典范之一。在1980年以前,企业只注意用质检原检验成品来保证质量。到了20世纪80年代,他们开始注意通过改进生产过程和员工授权来提高质量。现在,像AVX-Kyocera等世界一流企业,注意收集顾客期望,在产品和服务上满足所有顾客的要求。

资料来源:Basile A. Denisson,"War with Defects and Pease with Quality", Quality Progress(September 1993):97-101.

5.4.2 工序质量控制方法

工序质量控制的目的是将工序控制在稳定的状态,防止废品的产生,主要运用的统计方法有:工序能力指数、直方图法、控制图法。

1. 工序能力指数

(1) 工序能力指数的含义

工序能力是指工序在一定生产技术条件下所具有加工精度,即工序处于正常和稳定的状态下,所表现出来的保证生产合格产品的能力,工序能力也可以理解为工序质量。从定量角度看,工序加工产品的质量特性数据的波动幅度可用 6σ 来表示,即表示工序质量能力大小量值为 6 倍的标准差。

工序能力指数 C_p 是指工序能力满足标准要求的程度,用技术要求或产品公差 T 的范围与工序能力 6σ 的比值来表示。

$$C_p = \frac{T}{6\sigma}$$

(2) 工序能力指数的评价

工序能力指数 C_p 值需要有判断的准则,通常是根据实际情况综合考虑质量保证要求、成本等方面的因素。应当指出的是,通常所谓工序能力不足或过高,都是指特定生产制造过程、特定产品的特定工序而言的,不能理解为统一的模式,不同的行业如化工、电子、机械等工业生产过程都有自身的特点。表 5-1 是工序能力指数 C_p 值评价标准的一般原则。

表 5-1　工序能力基本评价

工序能力指数	工序能力等级	工序能力评价
$C_p > 1.67$	特级	工序能力过高
$1.33 < C_p \leq 1.67$	一级	工序能力充足
$1.00 < C_p \leq 1.33$	二级	工序能力尚可
$0.67 < C_p \leq 1.00$	三级	工序能力不充足
$C_p \leq 0.67$	四级	工序能力太低

(3) 工序能力指数的计算

① 质量分布中心 μ 与公差中心 M 重合

$$C_p = \frac{T}{6\sigma} = \frac{T_U - T_L}{6\sigma}$$

式中:T_U——公差上限;

T_L——公差下限,在大样本的情况下,总体标准差 σ 可以用样本标准差来代替。

例 1:某零件内径尺寸公差为 $\Phi 25^{+0.023}_{-0.008}$,加工并测量 100 个内径零件,计算得平均内径为 25.007 5,标准差为 0.004,求该工序的工序能力指数 C_p。

解:公差中心 $M = \dfrac{T_U + T_L}{2} = \dfrac{25.023 + 24.992}{2} = 25.007\,5$

所以,质量中心与公差中心重合,则

$$C_p = \frac{T}{6\sigma} = \frac{T_U - T_L}{6\sigma} = \frac{25.023 - 24.992}{6 \times 0.004} = 1.29$$

计算结果表明,该工序能力尚可。

② 质量分布中心 μ 与公差中心 M 不重合

当质量分布中心 μ 与公差中心 M 不重合时会产生偏移量,此时,要对 C_p 进行修正,修正工序能力指数记为 C_{pk}。C_{pk} 的计算公式为：

$$C_{pk} = C_p(1-k)$$

其中，k 为相对偏移系数，$k = \dfrac{|M-\mu|}{T/2}$

例2：某零件内径尺寸公差为 $\Phi 25^{+0.023}_{-0.008}$，加工并测量 100 个内径零件，计算得平均内径（质量中心）为 25.003，标准差为 0.004，求该工序的工序能力指数 C_{pk}。

解：公差中心 $M = \dfrac{T_U + T_L}{2} = \dfrac{25.023 + 24.992}{2} = 25.0075$

所以，质量中心 25.003 与公差中心不重合，产生 0.0045 的绝对偏移量，则相对偏移系数

$$k = \dfrac{|M-\mu|}{T/2} = \dfrac{|25.0075 - 25.003|}{(25.023 - 24.992)/2} = \dfrac{0.0045}{0.01551} = 0.2902$$

$$C_p = \dfrac{T}{6\sigma} = \dfrac{T_U - T_L}{6\sigma} = \dfrac{25.023 - 24.992}{6 \times 0.004} = 1.29$$

$$C_{pk} = C_p(1-k) = 1.29(1-0.2902) = 0.917$$

计算结果表明，该工序能力不充足。

在实际工作中收集了大量的样本质量数据之后，可以采用 Excel 软件直接计算样本平均数和样本标准差，并用以估计 μ 和 σ（见表 5-3）。

2. 直方图法

(1) 直方图的绘制。

直方图是将大样本的质量数据整理绘制成直观的分布图，直方图法是调查工序能力的常用方法。通过观察直方图的形状，可以大致判断工序所处的状态和质量特性值分布情况。

下述例子，说明了如何利用计算机 Excel 软件来求得样本质量特性值和制作直方图。

例3：测量工序所加工的 $\Phi 8^{-0.05}_{-0.1}$ 的小轴 100 根，外径数据如表 5-2 所示。

表 5-2　100 根小轴外径数据　　　　　　　　　单位/mm

7.938	7.93	7.918	7.925	7.923	7.93	7.92	7.929	7.922	7.925
7.93	7.925	7.913	7.925	7.927	7.92	7.925	7.928	7.918	7.938
7.938	7.93	7.925	7.925	7.927	7.924	7.93	7.93	7.922	7.922
7.914	7.93	7.926	7.925	7.927	7.925	7.926	7.935	7.925	7.915
7.924	7.925	7.928	7.927	7.923	7.929	7.923	7.93	7.925	7.918
7.929	7.918	7.927	7.92	7.922	7.922	7.92	7.928	7.92	7.927
7.928	7.92	7.922	7.922	7.923	7.925	7.929	7.93	7.922	7.935
7.92	7.918	7.923	7.927	7.929	7.93	7.93	7.924	7.922	7.931
7.918	7.928	7.915	7.923	7.931	7.926	7.925	7.93	7.93	7.919
7.923	7.928	7.919	7.925	7.922	7.918	7.922	7.935	7.93	7.922

第一步：将上述数据输入 Excel 电子表格。选择：Excel→工具→数据分析→描述统计，得到一系列样本质量特性数值（见表 5-3）。

表 5-3

平均	7.925 16	(质量中心)
标准偏差	0.005 092 52	(标准差)
区域	0.025	(极差)
最小值	7.913	
最大值	7.938	
计数	100	

第二步：确定组数：当样本单位数为 100 时，分 9 组比较合适。

确定组距：$h = \dfrac{7.938 - 7.913}{9} = 0.002\,5 \approx 0.003$

确定组限：以最小值作为第一组的组中值，则第一组的上限为：$7.913 + \dfrac{0.003}{2} = 7.914\,5$

以此为基础加上组距 0.003，在电子表格中循环拖拽得到各组上限，见表 5-4 所示。

第三步：选择：工具→数据分析→直方图，对话框中，在输入区域中点取 100 个数据；→在接受区域中点取"各组上限"；→确定输出区域；→选项"图表输出"，按"确定"键并经过适当的修饰，得到 100 个数据的直方图，见图 5-4（其中横坐标是各组上限，纵坐标是各组的频数）。

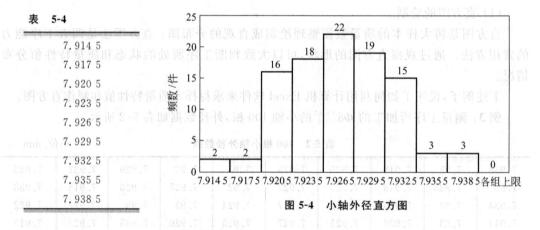

表 5-4

各组上限
7.914 5
7.917 5
7.920 5
7.923 5
7.926 5
7.929 5
7.932 5
7.935 5
7.938 5

图 5-4 小轴外径直方图

本例中，质量中心为用大样本的平均数 7.925 16 表示

公差中心为 $M = \dfrac{T_U + T_L}{2} = \dfrac{7.95 + 7.9}{2} = 7.925$

二者很接近，所以

$$C_{pk} \approx C_p = \dfrac{T}{6\sigma} = \dfrac{T_U - T_L}{6\sigma} = \dfrac{7.95 - 7.90}{6 \times 0.005\,1} = 1.634$$

表明工序能力相当高。同时直方图的形态表明产品质量分布为正态分布。

（2）直方图的观察与判断

直方图是样本的分布，由于样本容量较大和抽样的随机性，样本的分布也能反映工序总体的分布。通过对直方图的观察、分析，可以判断生产过程的质量状况。图 5-5 是几种典型的直方图形态和对应的产生该分布的原因。

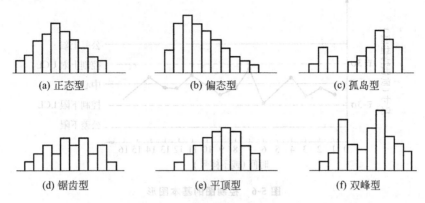

图 5-5　各种典型的直方图形态

(a) 正态型。直方图的数据中心与公差中心重合,中间高,两边低,左右对称,呈钟形正态分布。如果分布两端均在公差限内,与公差上、下限间隔适当,则说明工序处于统计控制状态,这是生产正常情况下常常呈现的图形。

(b) 偏态型。这里有两种常见的形:一种是峰偏在左边,而右面的尾巴较长;另一种是峰偏在右边,而左边的尾巴较长。造成这种形状的原因是多方面的,有时是剔除了不合格品后作的图形,也有的是质量特性值的单侧控制造成的,譬如加工孔的时候习惯于孔径"宁小勿大",而加工轴的时候习惯于"宁大勿小"等。

(c) 孤岛型。这种图形往往表示出现某种异常,譬如原材料发生了某种变化,生产过程发生了某种变化,有不熟练的工人替班等。

(d) 锯齿型。这个图形的出现可能由于测量方法不当,或者是量具的精度较差引起的,也可能是分组不当引起的。

(e) 平顶型。往往是由于生产过程中有某种缓慢变化的因素造成的,如刀具的磨损等。

(f) 双峰型。这种情况的出现往往是将两批不同的原材料生产的产品混在一起,或将两个不同操作水平的工人生产的产品混在一起等造成的。

当我们观察到的直方图不是正态型的形状时,需要及时加以研究,如出现平顶型时可以检查一下有无缓慢变化的因素,又如出现孤岛型时可以检查一下原材料有无变化等,这样便于及时发现问题,采取措施,改进质量。

根据直方图,把数据的实际分布(直方图)与质量标准(公差范围)进行比较,也可看出生产过程能否满足质量标准的要求。

3. 工序质量控制图

(1) 控制图的基本概念

控制图又叫管理图。它是控制生产过程状态,保证工序加工产品质量的重要工具。控制图作为工序质量控制的主要手段,可以对工序过程进行分析、预测、判断、监控和改进,预防废品产生。控制图的基本图形如图 5-6 所示。

控制图的纵坐标是样本质量特性值,横坐标为取样时间和样本号。图上主要有三条横

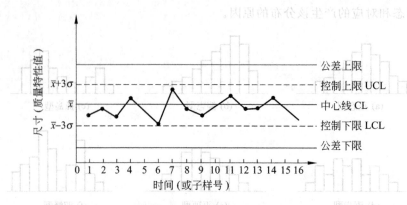

图 5-6 控制图的基本图形

线,当中的一条实线叫中心线,用 CL 表示;上面的一条虚线叫控制上限,用 UCL 表示;下面的一条虚线叫控制下限,用 LCL 表示。有的控制图还可以在控制上、下限两侧再添上公差上、下限。

工序所生产的全部产品是总体,从中抽取的一部分个体构成样本。控制图是利用样本质量特性值反映和控制总体的工序运行质量。在工序过程进行中,按规定的时间抽取样本,测量有关样本的质量特性数据,将其点画在控制图上并连成折线,以此动态观察并控制工序状态。

(2) 控制图的制作原理

控制图中的中心线、控制上限、控制下限的数值,是在某一段生产处于正常稳定状态时期,通过收集大量的质量数据,并运用一定的统计规则计算出来的。

首先根据需要确定作为研究和控制对象的样本质量特性值。根据样本质量特性值的数据类型不同,可以分为计量值控制图和计数值控制图。计量值控制图控制的样本质量特性值主要是质量中心位置和质量分布的离散差异程度,如样本平均数 $\bar{x}$ 和样本极差 R;计数值控制图是将样本不合格品数、不合格率、缺陷数等样本质量特性值作为研究和控制的对象。

上述被研究和控制的样本质量特性值,作为统计量都有着各自的抽样分布,可以计算出统计量的平均数和标准差。根据数理统计的原理,在正态分布的情况下,统计量的取值区间为平均数加减 3 倍标准差的概率是 0.997 3。也就是说,在稳定的工序状态下生产的产品,其 99.73% 的样本质量特性值应当落在此范围,仅有 3‰ 不到会超出此范围。否则,有理由认为工序发生异常情况——这就是 3σ 原则。按照 3σ 原则,将统计量(样本质量特性值)的平均数加减 3 倍标准差作为控制范围,并在以平均质量特性值为中心线的上下形成两条控制界限。

(3) $\bar{x}-R$ 控制图制作过程

以最常用的计量值控制图——$\bar{x}-R$ 控制图为例,其研究和控制的样本质量特性值(统计量)为样本平均数 $\bar{x}$ 和样本极差 R。样本极差可以反映质量数据分布的离散程度,但是计算要比标准差来得简单。

当总体为正态分布时:$X \sim N(\mu, \sigma^2)$,样本平均数 $\bar{x}$ 为正态分布:$\bar{x} \sim N(\mu, \sigma^2/n)$,如果

样本容量 n 为较小的数值时,样本极差 R 的分布很近似地为正态分布。根据 3σ 原则,$\bar{x}$ 的控制上、下限为:$(\mu-3\sigma_{\bar{x}}, \mu+3\sigma_{\bar{x}})=\left(\mu-3\dfrac{\sigma}{\sqrt{n}}, \mu+3\dfrac{\sigma}{\sqrt{n}}\right)$;$R$ 的控制上、下限为 $[E(R)-3\sigma_R, E(R)+3\sigma_R]$。在正常生产情况下,将有 99.73% 的 $\bar{x}$ 和 R 的观察值落在上述控制界限之内。

实际制作中,在稳定生产状态的某一段时间内,取样本容量为 n,组数 k 足够多($k \geqslant 20$) 的样本,利用 Excel 直接计算出 $\bar{x}-R$ 控制图中上、下限的有关估计值:

用"粘贴函数"直接计算出 $N(N=kn)$ 个质量数据的总平均数 $\bar{\bar{x}}$ 和修正标准差 s 作为总体平均数 μ 和总体标准差 σ 的估计值;

计算出 k 个样本的极差 R_i,用平均极差数值 $\bar{R}$ 作为 $E(R)$ 的估计值;

将 k 个极差值 R_i 作为容量为 k 的极差样本观察值,求出样本极差的修正标准差 S_R 作为极差标准差 σ_R 的估计值(注:样本修正标准差为总体标准差的无偏估计)。

各估计量的数学表达式为:

总平均数 $\bar{\bar{x}}=\dfrac{\sum x_i}{N}$;   样本修正标准差 $s=\sqrt{\dfrac{\sum(x_i-\bar{\bar{x}})^2}{N-1}}$;

平均极差 $\bar{R}=\dfrac{\sum R_i}{k}$;   样本极差修正标准差 $S_R=\sqrt{\dfrac{\sum(R_i-\bar{R})^2}{k-1}}$。

应用范例1

某机械加工企业在生产处于稳定状态的一段时期,测量工序所加工的 $\Phi 8_{-0.1}^{-0.05}$ 的小轴外径,共 25 组样本($k=25$),样本容量 $n=4$,共 $N=100$ 根。数据见表 5-5。

第一步:在 Excel 表格上利用"粘贴函数"和循环计算功能计算总体质量参数的估计值:

总平均数:$\bar{\bar{x}}=$"AVERAGE(B2:E26)"$=7.92516$,用于估计总体的质量中心 μ;

样本修正标准差 s:="STDEV(B2:E26)"$=0.00509$,用于估计总体的标准差 σ;

样本极差 R_i:F2="MAX(B2:E2)-MIN(B2:E2)",然后循环计算,见 F 列;

平均极差:$\bar{R}=$"AVERAGE(F2:F26)"$=0.01068$,用于估计总体极差的数学期望 $E(R)$;

样本极差修正标准差:$S_R=$"STDEV(F2:F26)"$=0.00458$,用于估计总体极差的标准差 σ_R。

第二步:用上述估计值代入控制限的计算式:

样本平均数的控制中心 CL 为 $\mu=7.925$(取公差中心);

控制上限 UCL 为:$\mu+3\dfrac{S}{\sqrt{n}}=7.925+3\times 0.00509/2=7.9326$;

控制下限 LCL 为:$\mu-3\dfrac{S}{\sqrt{n}}=7.925-3\times 0.00509/2=7.91737$。

表 5-5 小轴外径样本质量数据和样本极差

	A	B	C	D	E	F
1	样本序号	x_1	x_2	x_3	x_4	样本极差 R_i
2	1	7.938	7.93	7.918	7.925	0.02
3	2	7.93	7.925	7.913	7.925	0.017
4	3	7.938	7.93	7.925	7.925	0.013
5	4	7.914	7.93	7.926	7.925	0.016
6	5	7.924	7.925	7.928	7.927	0.004
7	6	7.929	7.918	7.927	7.92	0.011
8	7	7.928	7.92	7.922	7.922	0.008
9	8	7.92	7.918	7.923	7.927	0.009
10	9	7.918	7.92	7.915	7.923	0.013
11	10	7.923	7.928	7.919	7.925	0.009
12	11	7.923	7.93	7.92	7.929	0.01
13	12	7.927	7.92	7.925	7.928	0.008
14	13	7.927	7.924	7.93	7.93	0.006
15	14	7.927	7.925	7.926	7.935	0.01
16	15	7.923	7.929	7.923	7.93	0.007
17	16	7.922	7.922	7.92	7.928	0.008
18	17	7.923	7.925	7.929	7.925	0.006
19	18	7.929	7.93	7.93	7.924	0.006
20	19	7.931	7.926	7.925	7.93	0.006
21	20	7.922	7.918	7.922	7.935	0.017
22	21	7.922	7.925	7.92	7.927	0.007
23	22	7.918	7.938	7.929	7.935	0.02
24	23	7.922	7.922	7.922	7.931	0.009
25	24	7.925	7.915	7.93	7.919	0.015
26	25	7.925	7.918	7.93	7.922	0.012

样本极差 R 的控制中心 CL 为：$\bar{R}=0.01068$；

控制上限 UCL 为：$\bar{R}+3S_R=0.01068+3\times0.00458=0.02442$；

控制下限 LCL 为：$\bar{R}-3S_R=0.01068-3\times0.00458=-0.00036$。

样本极差 R 的控制下限 LCL 一般可取 0。

第三步：以图 5-6 的形式，画出 $\bar{x}-R$ 质量控制图。

(4) 控制图的观察与分析

在正常生产的情况下，统计量相应的点子应当随机地分布在中心控制线的附近，并位于上下控制界限之内。

如果点子落在上下控制界限之外，表明出现了异常现象，生产过程处于失控状态，需要及时查明原因，采取调整措施，确保生产过程达到稳定状态。

即使点子在上下控制界限之内，但是出现了下述之一的情况，也应当判断工序出现了异常情况,必须立即引起注意,查明原因。
① 连续7个点子落在中心线一侧;
② 连续3个点子中有2个点子接近控制线;
③ 点子发生倾向性变化,连续上升或下降;
④ 点子出现周期性变化。

5.4.3 质量问题分析方法

上述工序能力指数、直方图和控制图的运用,提供了工序生产现场动态控制的有效方法。如果一旦产品质量出现了问题,则应当对产品质量问题产生的原因进行进一步的分析,寻找、解决主要矛盾。质量问题的分析方法一般有以下几种:

1. 调查表法

调查表是一种收集和整理质量原始数据的表格,用于粗略地分析影响质量原因的一种常用图表。常用的有缺陷位置调查表、不良品原因调查表、频数分布调查表。如铸件的不良品原因调查表,如表5-6所示。

表 5-6 不良品原因调查表

模 号	不 良 品 原 因			
	裂纹	气孔	掉砂	……
A	正		正	
B		正	正	
C	一			
……				

2. 分层法

它是一种把收集来的原始数据按照不同的目的加以分类整理,以便分析影响产品质量的具体因素的方法。分层的目的是为了分清责任,找出原因。分层可以从不同的角度分,如按设备、工艺方法、原材料、操作者、检测手段等来分类。

3. 主次因素排列图法

主次因素排列图是将质量改进项目从最重要到最次要进行排列而采用的一种简单图示。由于影响产品质量的因素很多,而主要因素往往只是其中少数几项,由它造成的废品却占总数的绝大部分。主次因素排列图就是用来寻找影响产品质量主要因素的一种有效而简单的方法。

排列图是由一个横坐标、两个纵坐标、几个按高低顺序排列的矩形和一条累计百分比折线组成。横坐标表示影响产品质量的各项因素,按影响因素大小从左到右排列。折线表示各影响因素大小的累计百分数。通常把累计百分数分为三类:0%~80%为A类因素,称为主要因素;80%~90%为B类因素,称为次要因素;90%~100%为C类因素,称为一般因素。找到主要因素就可以集中力量加以解决。

例:对于表5-7资料,可以选用Excel→"图表类型"→"两轴线一柱图",略加修饰可以得到排列图,见图5-7。

表 5-7

原因	内径	外径	内沟	外沟	平面	裂纹
频数（件）	60	35	12	8	3	2
累计频率（%）	50	79.2	89.2	95.8	98.3	100

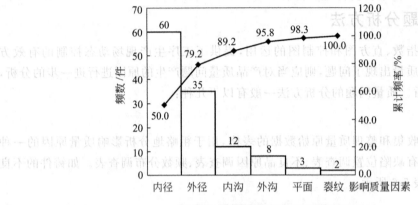

图 5-7 轴承套圈不合格品排列图

4. 因果分析图法

因果分析图用来表示质量特性波动与原因的关系，是一种分析影响质量诸因素的有效方法。影响产品质量的因素很多，可以从大到小层层分解。因果分析图以需要改善的某主要质量问题为结果，画出一个主干线、箭头线，然后从操作者（Man）、机器（Machine）、方法（Method）、原材料（Material）、环境（Environment）五大方面（4M1E），分别寻找原因，从大到小，从粗到细，把各种层次的原因都用箭线记录在图上。

例如，对于上述通过主次因素排列图分析，可以看到轴承内径尺寸造成的不合格品数占总废品数的50%，针对这个问题作进一步的因果分析，如图5-8所示。

因果分析图的主要特点在于能够全面地反映影响产品质量的各种因素，而且层次分明，可以从中看出各种因素之间的逻辑关系。通过这种分析，有助于管理工作越做越细，从而找出产生废品的真正原因，然后有针对性地加以解决。

5. 散布图法

散布图又称相关图，是借助统计图表的形式，在直角坐标系上表示两个变量之间大致的变化关系。在质量分析和改进工作中应用散布图时，将一些质量特性和工艺参数都可以作为变量。当所研究的两个变量之间存在着不严格的数量依存关系的时候，可以通过收集一系列成对的实际质量数据，并用坐标描点的方法加以直观表示。

散布图的绘制直观地反映了两个变量之间相互依存的大致关系。在线性相关的前提下，相关系数的计算则定量地表明这种关系的密切程度和变化方向；而进一步地对实际质量数据进行回归分析，利用计算出的回归方程还可以对质量特性进行控制。

相关系数 r 是定量地判断两个变量间线性相关密切程度的统计指标。r 取正值，表明 x 与 y 是正相关：即随着 x 的增加，y 大致等比例地增加；r 取负值，表明 x 与 y 是负相关：即随着 x 的增加，y 大致等比例地减少。在观察数据 n 较大时，判断规则为：

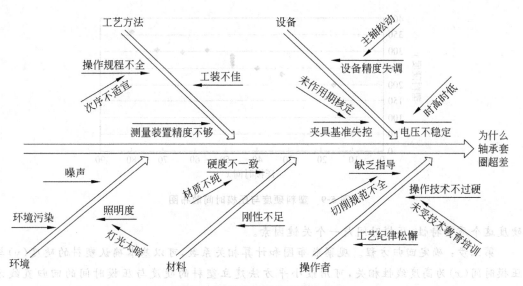

图 5-8 轴承内径超差因果分析图

$0.8 < |r| < 1$ 为高度相关；

$0.5 < |r| \leq 0.8$ 为中度相关；

$0.3 < |r| \leq 0.5$ 为低度相关；

$0 < |r| \leq 0.3$ 为线性不相关。既有可能不相关，也有可能曲线相关。

通过散布图的观察和相关系数的计算，如果两个变量之间确为高度的线性相关关系，而且其中一个是可控制的工艺参数（自变量）；另一个为质量特性（因变量），则可以用最小平方法建立两变量的线性回归方程 $\hat{y}=a+bx$，表示两变量的平均变化关系，并可用来控制质量特性。

应用范例2

某厂生产塑料制品。在生产过程中发现塑料的硬度（y）与压模时间（x）有关，现记录每一批产品的压模时间并检验塑料的硬度，数据如表 5-8 所示。

表 5-8

压模时间 x	32	48	72	64	48	16	40	48	48	24	80	56
塑料硬度 y	230	262	303	298	285	199	248	279	267	214	359	305

借助于计算机的相关分析过程为：

第一步：绘制散布图。进入 Excel→点击"图表类型"→选择"xy 散点图"，得图 5-9。

第二步：确定相关系数 r。在 Excel 界面中→点击功能函数"fx"→选择"统计"→选择"Correl"，在对话框中点取塑料的硬度（y）与压模时间（x）两变量的实际观察数据数列，得到两变量的相关系数 $r=0.9651$，为高度正相关。表明两变量的相关关系密切，要控制塑料的

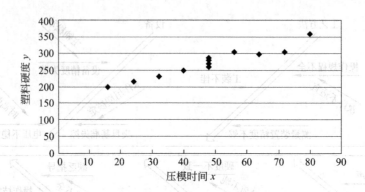

图 5-9　塑料硬度与压模时间散布图

硬度这个质量特性,压模时间是一个关键因素。

第三步:确定回归方程。观察散布图和计算相关系数,可以基本确认塑料的硬度(y)与压模时间(x)为高度线性相关,可用最小平方法建立塑料的硬度与压模时间的回归直线方程 $\hat{y}=a+bx$;在 Excel 界面中→点击工具栏"工具"→选择"数据分析"→选择"回归",在对话框中分别输入自变量压模时间(x)和因变量塑料的硬度(y)的数组,得到回归方程系数,见图 5-10 所示。

图 5-10　回归方程系数

即
$$\hat{y}=160.75+2.291\,7x$$

回归方程给出了硬度与时间的平均变化关系,在一定的范围内,可以通过压模时间的确定来控制塑料硬度。如压模时间设为 50,则塑料硬度为 $160.75+2.029 \times 50 = 275.33$。

在更多的质量因素分析中,因素和质量的关系是非线性的,此时要设法将变量代换,化曲线为直线,求得直线系数后再还原。

应用范例3

某影像材料制造公司研究彩色显影中染料光学密度 x 与析出银光学密度 y 的关系,一系列的实验数据如图 5-12 前两列，图 5-11 的散点图直观表明了两变量呈非线性关系。

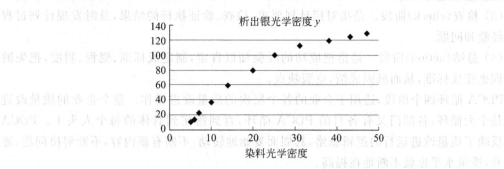

图 5-11 染料光学密度与析出银光学密度的关系

根据专业理论知识可知两变量的函数关系为：$y=ae^{b/x}$，回归曲线的拟合步骤为：

第一步：等式两边取对数：$\mathrm{Ln}y=\mathrm{Ln}a+b/x$，

转化为线性模型：$Y=A+bX$；

第二步：对实验数据分别作对数与倒数变换(见图 5-12 中 C、D 列)；

第三步：利用 Excel 中的"回归"工具，求得 $A=5.152\,8$，$b=-14.592\,9$(见 F13、F14)；

D3 搜索 fx =EXP(F13)

	A	B	C	D	E	F
1	染料光学	析出银光学	X=1/x	Y=Lny	回归统计	
2	密度x	密度y			Multiple R	0.9982764
3	5	10	0.2000	2.3026	R Square	0.9965558
4	6	14	0.1667	2.6391	Adjusted R	0.9961731
5	7	23	0.1429	3.1355	标准误差	0.0576647
6	10	37	0.1000	3.6109	观测值	11
7	14	59	0.0714	4.0775	方差分析	
8	20	79	0.0500	4.3694		df
9	25	100	0.0400	4.6052	回归分析	1
10	31	112	0.0323	4.7185	残差	9
11	38	119	0.0263	4.7791	总计	10
12	43	125	0.0233	4.8283		Coefficient
13	47	129	0.0213	4.8598	Intercept	5.15282
14					X Variable	-14.5929
15	a =	172.91842				

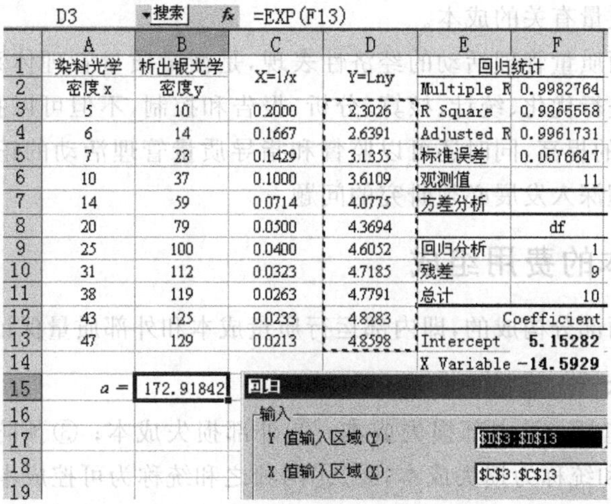

图 5-12 非线性回归的 Excel 计算

第四步：作相应的还原：$a=e^A=172.918$(见 B15)。

$$\hat{y}=172.918\times e^{-14.592\,911\,6/x}$$

此曲线回归方程同样可以用作于不同因素水平下的质量数值推算。

5.4.4 质量改进的运行方式

计划(plan)、执行(do)、检查(check)、总结(action)循环，简称 PDCA 循环，是质量改进活动中所必须经历的四个阶段。这四个阶段不断循环，是质量活动的一般运行方式和程序。

(1) 计划(plan)阶段。是指以提高产品质量、降低消耗为目的，通过分析诊断，制定改进目标，确定达到这些目标的具体措施和方法。

(2) 执行(do)阶段。是指按照已经制订的计划内容，克服各种阻力，扎扎实实地去做，以实现质量改进分目标。

（3）检查(check)阶段。是指对照计划要求,检查、验证执行的结果,及时发现计划过程中的经验和问题。

（4）总结(action)阶段。是指把成功的经验加以肯定,制定成标准、规程、制度,把失败的教训也变成标准,从而巩固成绩,克服缺点。

PDCA 循环四个阶段,适用于企业的各个层次的质量改进工作。整个企业的质量改进工作是个大循环,各部门又有各自的 PDCA 循环,直到落实到具体的每个人头上。PDCA 循环反映了质量改进运行的逻辑思路,其周而复始地转动,不断有新内容,不断解决问题,逐步上升,质量水平也就不断地在提高。

5.5 质量成本管理

5.5.1 质量成本的意义

质量成本是指企业为保证或提高产品质量活动所支出的费用和由于质量故障所造成损失费用的总和。质量成本是针对产品制造过程的符合性质量而言,不同于产品的制造成本,后者只是和满意的质量有关的成本。

质量成本是全面质量管理活动的经济性表现,是衡量质量管理体系有效性的一个重要因素。对质量成本进行优化、统计、核算、分析、报告和控制,不但可以找到降低生产成本的途径,促进经济效益的提高,同时还可以监督和指导质量管理活动的正常进行。因此,质量成本是全面质量管理深入发展必须研究的问题。

5.5.2 质量成本的费用组成

质量成本是由两部分构成的,即内部运行质量成本和外部质量保证成本。

1. 运行质量成本

运行质量成本包括：①内部损失成本；②外部损失成本；③预防成本；④鉴定成本。其中,①、②两项之和统称为损失成本,③、④两项之和统称为可控成本。

（1）内部损失成本

内部损失成本是交货前因产品不能满足质量要求所造成的损失,也就是指产品在出厂前由于发生质量缺陷而造成的损失,以及为处理质量故障所发生的费用之和。详细包括废品损失、返工损失、复检费、停工损失、产量损失、质量故障处理费、质量降级损失和不合格项整改费和损失费。

（2）外部损失成本

外部损失成本是交货后因产品不能满足质量要求所造成的损失,也就是指产品在用户使用中发生质量缺陷而产生的一切费用和损失总和。它同内部损失成本的区别在于产品质量问题是发生在发货之后。详细包括索赔费用、退货损失、保修费用、降价损失、诉讼费用和返修或挑选费。

（3）鉴定成本

鉴定成本是用于试验和检验,以评定产品是否符合所规定的质量水平所支付的费用。

一般包括进货检验费、工序检验费、成品检验费、试验设备维修费、试验材料及劳务费和检验和计量人员工资及福利费。

(4) 预防成本

预防成本是为了保证产品质量的稳定和提高,控制工序质量,减少故障损失而采取措施所发生的各项费用。一般包括质量计划工作费、新产品评审费、工序能力研究费、质量审核费、质量情报信息费、质量培训费、质量改进措施费、质量奖和供货单位质量保证费。

2. 外部质量保证成本

在合同环境下,根据用户提出的要求而提供客观证据所支付的费用,统称为外部质量保证成本,包括:

(1) 为提供特殊的附加质量保证措施、程序、数据等所支付的费用;

(2) 产品验证试验和评定的费用,如经认可的独立试验机构对特殊的安全性进行检测试验所发生的费用;

(3) 为满足用户要求,进行质量体系认证所支付的费用。

5.5.3 质量成本的合理构成与改进步骤

质量成本的优化与质量成本的合理构成有关,运行质量成本的四个项目之间存在一定的比例关系,见表5-9所示。

表5-9 质量成本项目占质量成本的比重

质量成本项目	占质量成本的比重/%
内部损失成本	25~40
外部损失成本	22~40
鉴定成本	10~50
预防成本	1~5

需要指出的是,上述质量成本的比例关系在不同企业之间并不相同。不同行业的质量成本占销售收入比重也有较大差异,加工精度越高的企业,其质量成本占销售收入比重越大。

为了提高产品质量、降低质量成本,可以按下列步骤来改进质量成本:

(1) 当内外部损失成本之和大于70%,预防成本小于10%时,工作重点应放在研究提高质量的措施和加强预防性上。

(2) 当内外部损失成本之和接近50%,预防成本接近10%时,工作重点应放在维持和控制上。

(3) 当内外部损失成本之和小于40%,鉴定成本大于50%时,工作重点应放在巩固工序控制的成效、改进检验程序上。

5.5.4 质量成本特性曲线与最佳质量成本

运行质量成本中的四大项目的费用大小与产品合格质量水平(即合格品率)之间存在一

定的变化关系。反映变化关系的曲线称为质量成本特性曲线。见图 5-13 所示。

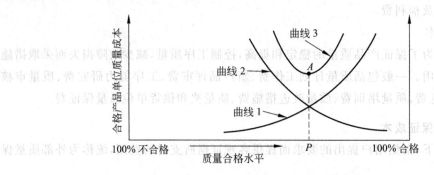

图 5-13　质量成本各项费用与合格率关系

从图 5-13 中可以看到，随着产品质量的提高，预防鉴定成本随之增加，达到一定的质量水平后，预防鉴定成本的提高速率变得很大，提高单位合格率将投入更多的预防鉴定成本；内外故障成本与合格率形成反比关系，合格率越高，次品数越少，由于次品造成的内外故障损失几乎直线下降，直至合格率为 100% 处，故障成本为零。将预防鉴定成本和故障成本两条曲线叠加为质量总成本曲线，可以看到随着合格品率的提高，质量总成本曲线由高到低，再由低到高的变化形态。最低的质量总成本称为"最佳质量水平"，所对应的合格率称为"最佳质量水平"。

分析质量总成本曲线，一般可以分为质量改进区、质量适宜区和高鉴定成本区，见图 5-14 所示。

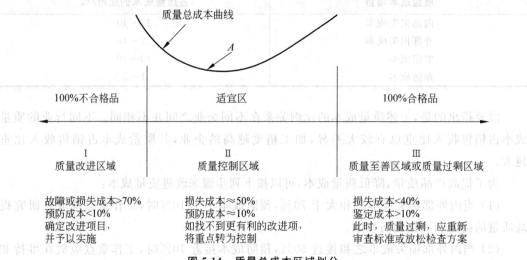

图 5-14　质量总成本区域划分

Ⅰ 区是质量损失成本较大的区域。这时损失成本是影响达到最佳质量成本的主要因素，因此质量管理工作的重点应放在加强质量预防措施，加强质量检验，以提高质量水平，降低内外部损失成本。

Ⅱ 区是质量成本处于最佳水平的区域。如果用户对这种质量水平表示满意，认为已达到要求，而进一步改善质量又不能给企业带来新的经济效益，则这时的质量管理的重点应是维持或控制现有的质量水平，是总成本处于最低点 A 附近的区域。

Ⅲ区是鉴定成本较大的区域。鉴定成本成为影响质量总成本的主要因素；这时质量管理的重点在于分析现有的标准，降低质量标准中过严的部分，减少检验程序和提高检验工作效率，使质量总成本趋于最低点 A，这个区域称为质量至善区或质量过剩区。

5.5.5　全面质量成本

值得注意的是，上述"最佳质量成本"的概念是建立在企业经济效益的基础上的，认为从投入和产出的角度出发，企业可以接受一个适当的不合格率。但是从现代全面质量管理的不断改进的思想出发，质量竞争已进入"零缺陷"的阶段。对于十分接近"零缺陷"生产的产品，需要采用新的模式来解决传统质量成本模式未能解决的问题，建立"全面质量成本"的概念。

全面质量成本分成为两类基本要素：反应型要素和进攻型要素。传统的"预防－鉴定－故障"的质量成本是反应型的，对其的鉴定、管理是企业内部各种过程实际作业的反应。进攻型成本要素则进一步包括了：

(1) 过程成本模式。即划分出并降低在各种规定过程中存在的低效能和不必要的开支。

(2) 指标对比法。即与最强劲的竞争对手和世界一流水平进行质量指标对比。

(3) 世界级制作技术。采用最先进的一系列现代生产技术。

(4) 市场份额分析。定量计算质量的产出效益时，应考虑由于质量提高而增加的市场份额，以及由此提高的公司利润。

(5) 商誉分析。研究产品质量对于企业品牌和商誉等无形资产的重要影响。

另外，进攻型成本要素还包括应用统计方法对生产过程的控制，以及采用"田口方法"——强调设计质量以获得产品质量稳定可靠。

5.5.6　6σ(六西格玛)质量标准活动简介

6σ 质量标准活动的核心是通过一套以数理统计为科学依据的数字分析，找到问题，分析原因，然后改善，最后使企业在运作能力方面达到最佳的境界。

早在 20 世纪 80 年代，摩托罗拉公司为实现最佳绩效，将 6σ 作为开展全面质量管理过程、一种质量理念和方法。摩托罗拉公司就此成为美国波多里奇国家质量奖的首位获得者。

"σ"(西格玛)是希腊字母，在统计学上用来表示数据的分散程度。对连续可计量的质量特性，用"σ"度量质量特性总体上对目标值偏离程度。

从本章前面论述的内容可知：当工序处于控制下的稳定状态时，则计量值的质量特性(连续型随机变量 X)多为服从正态分布。即 $X \sim N(\mu, \sigma^2)$，其中 μ 为随机变量 X 的均值，σ 为随机变量 X 的标准差。同时通过正态分布的概率计算可知：

X 落在区间 $[\mu-2\sigma, \mu+2\sigma]$ 范围内的概率等于 0.9545。

X 落在区间 $[\mu-3\sigma, \mu+3\sigma]$ 范围内的概率等于 0.9973。

……

X 落在区间 $[\mu-6\sigma, \mu+6\sigma]$ 范围内的概率等于 0.999997。

也就是说，如果企业质量控制为 2σ 原则，则次品率在 5% 左右；如果企业质量控制为 3σ 原则，则次品率在 0.3%（千分之三）左右。由此推得，倘若采用 6σ 原则，企业缺陷品率将控制在一百万分之三，几乎就是零缺陷。"σ"于是就成了度量缺陷率的特殊单位。

6σ 是获得和保持企业在经营上的成功，并将其经营业绩最大化的综合管理体系和发展战略，是使企业获得快速增长的经营方式（见图 5-15）。

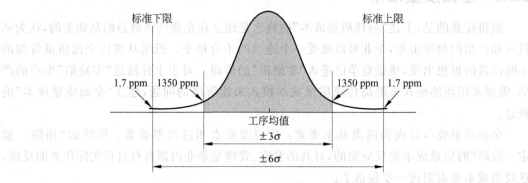

图 5-15　3σ 和 6σ 质量标准对比图

本章小结

质量管理的形成有三个发展阶段：质量检验阶段、统计质量控制阶段和全面质量管理阶段。

全面质量管理是以质量为中心，全员和各部门积极运用管理技术、专业技术和科学方法，建立起全过程的质量管理体系，以最经济的手段生产出顾客满意的产品的管理活动。

"质量认证"是为确信产品和服务完全符合有关标准或技术规范而进行的第三方机构的证明活动，是国际上通行的制度。国际标准化组织 ISO 的主要活动是制定 ISO 标准，协调世界范围内的标准化工作。ISO 在第二版 ISO9000 的基础上作了重大的修订和补充，于 2000 年正式发布了 ISO9000：2000《质量管理体系——基础和术语》。我国等同采用 ISO9000：2000 系列标准。

工序质量控制与质量改进方法需要应用各种数理统计技术方法。具体方法有：工序能力指数、直方图法、控制图；调查表法、分层法、主次因素排列图法、因果分析图法、散布图法。

质量改进的运行方式一般是 PDCA 循环，即计划、执行、检查、总结。

质量成本是和满意的质量有关的成本。由运行质量成本和外部质量保证成本两大部分组成，反映了全面质量管理活动的经济性。运用质量成本特性曲线可寻找最佳质量成本。

"全面质量成本"的概念和 6σ 质量标准活动适用于"零缺陷"产品的生产。

复习与思考

1. 叙述广义的质量的含义。
2. 质量管理的形成大致经历了哪几个发展阶段？各阶段的主要特点是什么？
3. 叙述全面质量管理的意义和基本要求。
4. 质量认证的作用是什么？
5. 已知钢板加工厚度标准为 6.28～6.60mm，现测定轧制的 100 张钢板厚度数据如下：

6.56	6.46	6.48	6.5	6.42	6.43	6.52	6.49	6.44	6.48
6.52	6.5	6.52	6.47	6.48	6.46	6.5	6.56	6.41	6.37
6.47	6.49	6.45	6.44	6.5	6.49	6.46	6.55	6.52	6.44
6.5	6.45	6.44	6.48	6.46	6.52	6.48	6.48	6.32	6.4
6.52	6.34	6.46	6.43	6.3	6.49	6.63	6.48	6.47	6.38
6.52	6.45	6.48	6.41	6.59	6.54	6.46	6.51	6.48	6.5
6.68	6.6	6.46	6.4	6.5	6.56	6.5	6.52	6.46	6.48
6.46	6.52	6.56	6.48	6.46	6.45	6.46	6.54	6.54	6.48
6.49	6.41	6.45	6.34	6.44	6.47	6.47	6.41	6.51	6.54
6.5	6.38	6.46	6.46	6.46	6.52	6.46	6.56	6.4	6.47

根据上述资料，利用 Excel 软件：

(1) 制作频数分布表；
(2) 计算平均数和标准差；
(3) 绘制直方图；
(4) 计算工序能力指数，并对工序能力作分析判断。

6. 下列数据是在生产处于稳定的控制状态下随机抽样获取的，利用 Excel 软件设计 $\bar{x}-R$ 控制图。

组号	测 定 值					$\bar{X}$	R
	X_1	X_2	X_3	X_4	X_5		
1	75	91	92	97	93		
2	83	80	78	81	88		
3	91	88	88	85	78		
4	83	83	81	83	75		
5	81	86	91	78	84		
6	98	73	71	67	78		
7	85	91	83	76	80		
8	83	91	87	88	88		

续表

组号	测定值					$\bar{X}$	R
	X_1	X_2	X_3	X_4	X_5		
9	80	83	83	95	81		
10	91	79	87	81	83		
11	85	79	81	75	77		
12	77	77	84	88	83		
13	88	80	82	85	85		
14	89	83	88	95	96		
15	82	84	85	91	85		
16	76	71	77	80	85		
17	80	84	79	90	86		
18	86	77	73	83	71		
19	82	86	76	80	79		
20	88	86	83	87	83		

7. 举例说明应该怎样理解质量的经济性。

8. 企业常见的质量损失主要包括哪几个方面？

9. 通过课外书籍的阅读和网络资料的查询，谈谈你对"6σ质量标准活动"的认识。

惠普改善质量目标的十项原则

惠普公司曾经做过的一项内部研究表明，25%的生产成本是应付不合格质量造成的。

John Young 作为惠普公司前总裁经分析认为，无论是产品的实物转移、发货信息的传递、复杂的组织计划体系的设计，还是对电话投诉的处理方式，每一过程中都蕴藏着改善质量的机会。问题的关键在于如何对这种改善进行管理。为此，John Young 为公司建立了一套改善质量的目标，该目标作为"全面质量控制"的结构性程序，是由一套基本管理原则组成：

1. 以用户、用户的需要及期望为中心。只有了解市场上用户的需求，你才有指望提供高质量的产品及服务。

2. 把下一道工序中的后续者当做用户。人人都要了解后续者的需求和期望，及其对所受服务的衡量标准，就像对待外部用户一样。

3. 定期检查用户的满意程度。用户对产品性能的意见是衡量改善程度的标准。一项研究结果表明，如果有了问题，只有4%的用户会投诉，只剩下10%的用户还会继续购买这家公司的产品。每一个不满意的顾客又会向另外十个人倾诉自己的不满。

4. 努力排除造成用户不满的根本原因。把问题掩盖起来只会加大成本和降低生产率。曾经有几个工人把不属于他们工作范围的零件和用户手册保留在身边。当问他们为什么要这样做时，他们解释说，送到这里来的产品经常有缺零件的情况，为了保证按期出运，就不得不自存一部分零件。但是这样做的结果，是管理层无法看到存在于制造系统中的更重大缺陷。

5. 保持目标的稳定性，如"始终如一地向用户提供足以超出他们不断变化着的需求和期望的产品和服务"等。改善质量不是一个项目，它是一种经营方式。惠普质量管理的早期，经常有人把全面质量控制当做一个项目。但也有许多人看到了这种方法的威力，并把它作为工作方式的一部分。

6. 实行标准化以保持成果。当一个工序发生变化时，应当对有关流程、衡量标准和人员培训做出相应的调整，确保所做的改进能够巩固下去。

7. 从上游开始，确保全过程每个环节的质量。从供货商提供的产品和服务开始保证高质量。

8. 打破部门障碍。如果对一道工序的改进会造成对另一工序的损害，那么对双方都不会有好处。各部门需要建立有利于各方的内部供货商/顾客关系。如果一个部门采纳了全面质量控制，而另一部门却不执行，全面质量控制只会给整个企业造成"疲劳"。

9. 消除企业上下的畏惧情绪。鼓励有效的双向交流，以便各方愿意无所顾忌地表达意见；人们应该不怕承认错误。在出现问题的时候，人们往往很自然地找出是哪个人的问题，而不注意是哪个抽象过程的毛病，这么做既不准确，也于事无补。

10. 不断地对员工进行教育、培训，以便发挥并保持员工的最大潜力。在技术日新月异的当今环境下，企业只有依靠知识才能在竞争中立于不败之地。

惠普在质量领域取得相当大的成绩，节约了8亿美元保修成本，减少了5亿美元库存，并因此节省了2亿美元占地。但它的努力还远未结束。在当今飞速发展的环境下，光做改进还不够。一个公司必须以比对手更快的速度进行改进。所以，全面质量控制和年度方针计划都不是一次性用完便可置之脑后的项目。它们是持续的过程，是一种生活的方式。

原文节选自 Business Quarterly 杂志 1993 年春季号。The University of Western Ontario 大学(London, Ontario N6A3K7)1993 年版权所有。李秉勤译。作者 George B. Cobbe 是惠普(加拿大)公司主席、总裁和首席行政总监。

思考题：

1. 将惠普改善质量目标的十项宗旨与全面质量管理的基本要求作比照，分析惠普公司的实际做法和理论要求相吻合之处。

2. 我国企业在推行全面质量管理中的最大障碍是什么？

参考文献

1. 苏秦. 现代质量管理学(第2版). 北京：清华大学出版社，2013.
2. 刘广第. 质量管理(第2版). 北京：清华大学出版社，2003.
3. 胡铭. 质量管理学. 武汉：武汉大学出版社，2004.
4. 约瑟夫·M. 朱兰，约瑟夫·A. 德费欧. 朱兰质量手册(第6版). 北京：中国人民大学出版社，2014.

第6章 企业技术管理

技术贸易(technique trade)
模仿创新(mimic creation)
许可证贸易(licensing)
新产品开发(new product development)
无形磨损(intangible ware and tear)
现值法（present value method）

专有技术(special technique)
合作创新(cooperative creation)
补偿贸易(compensatory trade)
技术创新(technical innovation)
年费法(annuity method)
有形磨损(tangible ware and tear)

http：//www.bmw.com
http：//www.mattel.com
http：//www.cadbury.co.uk/

> **技术是企业保持生命力的源泉**
>
> 　　我们的时代正处在新的技术革命的浪潮之中，一场世界性的技术战争正在默默地进行。这里没有硝烟，没有士兵和将军，在这里决定胜负的是最先进的技术，是科学家、工程师、企业家和经营战略。对于一个民族、国家尚且如此,对于一个企业更是生死攸关了。
>
> 　　技术是智慧和经验的结晶,企业的技术引进和技术创新,就是把人类的历史在企业中得到延续与发扬,从而创造了新的物质财富；技术是企业保持生命力的源泉,企业之间的较量在很大程度上就是技术先进性、适应性的比拼,在许多时候掌握技术比对手快一点,好一点,多一点,都会成为企业生命力强弱的关键所在；技术是企业核心竞争力的重要组成部分,在技术上的任何一次重大的改革都会带来企业竞争格局的变化,最终成为企业竞争成败的决定因素。

6.1 技术引进

6.1.1 技术引进的概念

技术引进是指为发展自己的科学技术和经济,通过各种途径,从国外引进本国没有或尚未完全掌握的先进技术,它是企业促进经济和技术发展的主要战略和措施,也是技术管理的重要内容之一。国际间的技术引进可分为贸易形式和非贸易形式两种。

1. 贸易形式

贸易形式是有偿的技术转移,也叫技术贸易。它包括许可证贸易、咨询服务、合作生产、补偿贸易、合资经营等。

2. 非贸易形式

非贸易形式通常是无偿的技术转移,它包括科学技术的交流、聘请外国技术专家、参加国际学术会议、技术座谈、交流技术资料与情报、举办国际展览等。

6.1.2 技术引进的内容

技术引进的内容主要是指专利许可、专有技术许可和商标许可的许可证贸易。许可证贸易是卖方向买方转让技术时,买方要向卖方支付技术转让费用。但许可证贸易只是技术使用权的转让而不是所有权的转让。

1. 专利

专利是指一项发明创新的首创者到专利机关申请并批准后在法律上取得的专利权。它分为发明专利、实用新颖专利和外观设计专利三种。所谓购买专利,买的只是专利技术的使用权,并不是具体的技术内容。凡是具有新颖性、实用性和创造性的发明,都可以申请专利。获专利管理部门批准以后,发明人就获得了该项发明的专利权。任何企业或个人要使用该项发明专利,必须事先得到专利拥有者的许可,并缴纳规定的专利费,否则就构成了侵权。

2. 专有技术

专有技术也叫技术诀窍,它是指从事生产所必需的、未向社会公开的秘密技术知识、经验和技巧,包括各种设计资料、图纸、生产流程、加工工艺、材料配方、测试方法等技术关键;经营策略、管理方法、产品销售手段、操作技能等有关经验积累;技术人员、管理人员和工人所掌握的各种知识和技巧。专有技术有些属于不能获得专利的技术,有些则属于虽然可以获得专利而有意不去申请专利的技术。许多发达国家的企业家认为,有时保守技术秘密而不去申请专利,从而控制技术扩散,这样对自己更为有利。

3. 商标

商标是工商企业用来表明其商品与其他商品区别的标志,它可以用文字、记号、图案或其综合加以表示,是代表商品的质量和信誉。商标经申请注册批准后,可获得注册商标权,也是工业产权的一种,受本国商标法的保护。商标法是防止伪造冒充的一项重要法律。发展中国家在引进某项专利和技术诀窍时,常常采用外国公司的商标,以便借助于该商标的声誉为自己的产品打开国际市场的销路。因此,在技术引进中签订专有技术和商标相结合的许可证是比较普遍的。

6.1.3 技术引进的方式

技术引进可以通过各种不同的方式进行,其具体方式有:

1. 合资经营

它是两个或两个以上的法人共同举办某企业,双方共同投资经营、分享利润、共担风险的一种经营方式。一般来说,一方提供机器设备、专利技术、专有技术等先进的技术手段;另一方则可根据自身情况提供厂房、土地、劳动力和现金等入股。

2. 合作生产

它是指一项产品或一个工程项目,由双方或多方各自承担其中某些部分或部件的生产来共同完成全部项目的一种合作方式。合作生产所采用的技术可以由一方提供;另一方则可以在合作生产的过程中达到技术引进的目的。

3. 许可证贸易

它指的是技术转让方和技术引进方就某项技术转移问题进行商业性磋商,然后,双方就磋商结果达成协议。按照协议规定,技术引进方有权使用技术转让方所拥有的技术,生产和销售利用这种技术所制造的产品,并按协议规定返回技术转让方一定的费用。

4. 成套设备引进

它是指从国外购买生产某种产品或系列产品的全套设备,在引进设备的同时引进技术,引进的内容通常包括工艺技术、工程设计、成套设备,甚至包括厂房、生产管理、产品销售和培训技术人员等服务项目。

5. 技术咨询服务

它是指技术引进方就引进项目的可行性研究,引进技术方案的设计,引进方案的审核等问题委托咨询机构进行专项或系列项目的帮助。

6. 补偿贸易

又称产品返销,一般是指技术引进方在信贷的基础上,从国外另一方买进机器、设备、技术、原材料或劳务,约定在一定期限内,用其生产的产品,其他商品或劳务,分期清偿贷款的一种贸易方式。

7. 设备租赁

它是由租赁公司按用户承租人的要求垫付资金,向制造商购买设备,租给用户使用。用户一方面,定期向租赁公司支付租金;另一方面,又与制造商签订技术合同(如技术指导,人员培训,设备维修等)。

6.1.4 技术引进选择要考虑的因素

1. 技术的先进性

引进的技术必须是比国内已经掌握的技术更加先进的,而且自己研究开发确有较大的困难,但又急需的,或由自己研究费用过大或时间过长等。先进性是相对的,比如有些技术我国还没有,有些产品国内尚不能生产,引进这些技术和设备对我国来说是先进的,而对技术输出方来说就不一定是先进的。引进先进技术必须与我国的工业体系、原有技术基础、资源条件和市场需求相适应,能够消化吸收和推广应用。引进的技术如果不能消化吸收,不能在本国"植活",则其先进性从技术上来说就是不完善的。

2. 技术的生命力

从技术本身的自然寿命来讲,任何技术都要经过萌芽探索、完善提高、成熟应用、没落淘汰四个阶段。据国外有人估算,当今世界上一项新技术的平均寿命只有 5 年左右。但有的经过改进,可能延长其生命力,主要是看它是否有较好的经济效益。所以,应根据经济效益标准来衡量不同发展阶段上的技术。对于萌芽阶段的技术,虽然将来很有希望获得重大收益,但需投入较多的人力、物力和财力去进一步探索,而且风险也较大;处于完善阶段的技术,一般已显示出优越性,开始小规模试生产,风险较小,但仍需投入一定的力量进一步提高,才能获得较大的收益;处于成熟阶段的技术是目前大规模应用的技术,无须再为研究完善而投入资金和承担风险即可获得收益;处于没落阶段的技术,与目前通行技术相比经济效益较差。但值得注意的是,一种技术的经济效益是相对的,不能简单地以该技术生产的年限来决定取舍。总之,技术的生命力不完全取决于技术本身,而是取决于它与使用者的关系。如果技术与使用者产生互动,即它被使用,从中便产生了技术的生命力。如果技术不被使用,它就会被淘汰,就会失去生命力。

3. 技术的适用性

适用技术是指一个国家、一个地区、一个企业为了达到一定的目的而采用的最符合本国、本地区、本企业的实际情况,经济效益和社会效益最好的一种技术。适用技术主要是对发展中国家现有的资源状况而言是适用的、便于吸收和掌握的。工业发达国家的一些最先进的技术,很多暂时不适用于发展中国家的具体条件。某些技术和设备是在资本过剩、工资过高和劳动力不足的条件下发展起来的。当然,这并不排斥各种先进的、直接从发达国家移植而来的现代技术,因为这些技术,对于某些部门仍可以是非常适用的。

4. 技术的配套条件

任何一项先进技术都不可能脱离周围的配套条件,引进的成套项目一般还要配上大量的国内设备和土建工程,才能形成新的生产能力。

决策借鉴

技术引进并不意味着企业技术能力的提升和实现

长期以来,受比较优势理论的误导,有的学者认为我国企业在国际分工中应遵循比较优势原则,只要发挥劳动和资源的比较优势就可以了,没有必要进行自主研发。因此,绝大多数企业缺乏研发意愿和努力,知识吸收、学习能力普遍低下。

企业技术能力的提升是一个自身不断积累的过程。技术能力的提升一般要经历"技术引进—消化吸收—创新"三阶段的持续学习才能够实现。只是简单的买来或引进,不做任何进一步的努力,是无法实现技术进步的。据统计,日本战后为解决企业的技术落后状态,实施了一系列的技术引进,是世界上引进力度最大的国家,短短 20 年间引进世界先进技术支付的外汇达总额高达 79.98 万亿美元。但是,日本技术引进的同时,十分重视消化、吸收和创新。用在技术引进和消化吸收的资金比例高达

> 1∶7。通过大量的技术吸收和学习,日本企业迅速消除了与美欧发达国家的技术差距,最终走上了自主创新之路。相比之下,我国企业用在技术引进和消化、吸收部分的资金之比仅为1∶0.08。由于忽视了对引进技术的消化、吸收,所以企业的对外技术依存度一直偏高,2009年我国对外技术依存度为41.1%。对外技术的依赖已经成为当前我国许多行业自主创新能力提高的重要"瓶颈",许多企业陷入了"引进—落后—再引进—再落后"的恶性循环怪圈。
>
> 资料来源:陈颖.我国技术引进政策的反思与调整.现代管理科学,2012年第4期.

6.2 技术创新

6.2.1 技术创新的类型

技术创新在经济学上的意义只是包括新产品、新过程、新系统和新装备等形式在内的技术通过商业化实现的首次转化。这一定义突出了技术创新在两方面的特殊含义:一是活动的非常规性,包括新颖性和非连续性;二是活动必须获得最终的实现。

技术创新的分类方法基本上可以归结为两类范畴:

1. 渐进性创新和根本性创新

根据技术创新过程中技术变化强度的不同,技术创新可以分为渐进性创新和根本性创新。

(1) 渐进性创新。渐进性创新也称改进型创新,是指对现有技术的改进引起的渐进的、连续的创新。

(2) 根本性创新。根本性创新也称重大创新,是指技术有重大突破的技术创新。它常常伴随着一系列渐进性的产品创新和工艺创新,并在一段时间内引起产业结构的变化,最终彻底地放弃原来的生产方式和原来的技术方式。

2. 产品创新和过程(工艺)创新

根据技术创新中创新对象的不同,技术创新可以分为产品创新和过程创新。

(1) 产品创新。产品创新是指技术上有变化的产品的商业化。按照技术变化量的大小,产品创新可以分为重大(全新)的产品创新和渐进(改进)的产品创新。

① 重大(全新)的产品创新是指产品用途以及应用原理有重大变化的创新。如美国贝尔公司发明的电话和半导体晶体管、美国无线电公司生产的电视机、得克萨斯仪器公司首先推出的集成电路、斯佩里兰德开发的电子计算机等,一步一步地将人类带进了信息社会,对人类的生产和生活产生了重大影响。

② 渐进(改进)的产品创新是指在技术原理没有重大变化的情况下,基于市场需要对现有产品所作的功能上的扩展和技术上的改进。如在火柴盒、包装箱基础上发展起来的集装箱,由收音机发展起来的组合音响等。

(2) 过程创新。过程创新也称工艺创新,是指产品的生产技术的变革,它包括新工艺、新设备和新的组织管理方式。

过程(工艺)创新同样也有重大和渐进之分。如炼钢用的氧气顶吹转炉、钢铁生产中的连铸系统、早期福特公司所采用的流水作业生产方式以及现代的计算机集成制造系统等,都是重大的过程创新。

另外,也有很多渐进式的过程(工艺)创新,如对产品生产工艺的某些改进,提高生产效率的一些措施,或导致生产成本降低的一些方式等。

6.2.2 技术创新的基本战略

技术创新有自主创新、模仿创新和合作创新三种基本战略思路。从中国国情出发,现阶段我国企业实施技术创新,应当以在引进技术基础上的模仿创新为主,逐步增加自主创新的比重,同时,采取适当形式积极进行合作创新。

1. 自主创新

所谓自主创新,是指企业主要依靠自身的技术力量进行研究开发,并在此基础上,实现科技成果的商品化,最终获得市场的认可。自主创新具有率先性,因为一种新技术或一种新产品的率先创新者只有一家,而其他采用这项技术、生产这种产品的企业都是创新的跟随者或模仿者。"北大方正"推出电子出版系统便是一个自主创新的典型实例。自主创新要求企业有雄厚的研究开发实力和研究成果积累,处于技术的领先地位,否则是做不到率先创新的。

2. 模仿创新

所谓模仿创新,是指在率先创新的示范影响和利益诱导之下,企业通过合法手段(如通过购买专有技术或专利许可的方式)引进技术,并在率先者技术的基础上进行改进的一种创新形式。模仿创新并不是原样仿造,而是有所发展、有所改善。明智的选择应该是先做到高质量的模仿,在模仿中再创新。

3. 合作创新

所谓合作创新,是指以企业为主体,企业与企业,企业与研究院所或高等院校合作推动的创新组织方式。合作的成员之间,可以是供需关系,也可以是相互竞争的关系。一些较大规模的创新活动往往是一个单位难以独立实施的,多个单位进行合作创新,可以充分发挥各自优势,实现资源互补,从而缩短创新周期,降低创新风险,提高创新成功的可能性。合作创新的条件是合作各方共享成果、共同发展。借助合作创新,亦能把有激烈竞争关系和利益冲突的企业联合起来,使各方都从合作中获得更大利益。

6.2.3 技术创新过程

技术创新过程是一个将知识、技能和物质转化成顾客满意的产品的过程,也是企业提高技术产品附加价值和增强竞争优势的过程。从 20 世纪 60 年代以来,国际上出现了以下几代具有代表性的技术创新过程模式:

1. 技术推动创新过程模式

人们早期对创新过程的认识是:研究开发或科学发现是创新的主要来源,技术创新是由技术成果引发的一种线性过程。这一创新过程模式的基本顺序是基础研究、应用研究与开发、生产、销售和市场需求。

许多根本性创新是来自于技术的推动,对技术机会的认识会激发人们的创新能力,特别是新的发现或新的技术常常会引起人们的注意,并刺激人们为之寻找应用领域。如无线电和计算机这类根本性创新就是由技术发明推动的。

2. 需求拉动创新过程模式

研究表明,出现在各个领域的重要创新有60%~80%是市场需求和生产需要所激发的。市场的扩展和原材料成本的上升都会刺激企业技术创新,于是有人提出了需求拉动(或市场拉动)的过程模式。在需求拉动创新过程模型中,强调市场是研究开发构思的来源,市场需求为产品和工艺创新创造了机会,并激发研究与开发活动。需求拉动创新过程模式的基本顺序是:市场需要、销售信息反馈、研究与开发、生产。

3. 技术与市场交互作用创新过程模式

技术与市场交互作用创新过程模式强调创新全过程中技术与市场这两大创新要素的有机结合,技术创新是技术与市场交互作用共同引发的,技术推动和需求拉动在产品生命周期及创新过程的不同阶段有着不同的作用,单纯的技术推动和需求拉动创新过程模式只是技术和市场交互作用创新过程模式的特例。

4. 一体化创新过程模式

一体化创新过程模式是将创新过程看做是同时涉及创新构思的产生、研究开发、设计制造和市场营销的并行的过程,它强调研究开发部门、设计生产部门、供应商和用户之间的联系沟通和密切合作。波音公司在新型飞机的开发生产中采用了一体化创新方式,大大缩短了新型飞机的研制生产周期。

5. 系统集成网络模式

系统集成网络模式最显著的特征是强调合作企业之间更密切的战略联系,更多地借助于专家系统进行研究开发,利用仿真模型替代实物原形,并采用创新过程一体化的计算机辅助设计与计算机集成制造系统。创新过程不仅是一体化的职能交叉过程,而且是多机构系统集成网络联结的过程。例如,美国政府组织的最新半导体芯片的开发过程就是多机构系统集成网络联结的过程。

6.2.4 技术创新过程管理

1. 创新计划的制订

产品创新计划主要包括以下几个方面的内容:

(1) 确定产品竞争领域。如产品的类型和档次;产品的最终用途;产品面向的顾客群;产品所拥有的技术资源。

这几方面因素的各种可行的组合就是产品竞争领域的备选方案集。最终确定产品竞争领域需要综合考虑各种备选方案对企业总体目标的贡献。

(2) 确定具体的产品创新目标。如发展目标;市场态势;特殊目标等。

(3) 明确实现创新目标的具体规划。如确定关键性创新要素的来源,确定创新方式和创新的技术变化强度,选择进入市场的次序和时机等。

(4) 制订应急计划。应急计划是指应付创新过程中出现的不利情况和突发事件的安排。这些不利条件和突发事件包括市场突然衰退;创新产品不被市场接受;竞争对手的产品受到严格的专利保护;市场被竞争对手所控制;企业经营遇到困难,没有足够的资金支持创新;营销渠道难以打通;与合作伙伴的合作不顺利;所需要的外部技术无法得到;关键技术人员离开企业等。

2. 开发过程控制

(1) 开发过程控制的任务和重点。开发过程控制的主要任务是:制订合理的资源配置计划、开发活动计划和各阶段的开发产出目标;根据项目实施过程中的反馈信息纠正偏差,调整计划和目标;协调各职能部门的活动;消除开发过程中企业内部技术转移的障碍;解决因意外情况出现或影响开发的企业内外部因素变化导致的有关问题。

(2) 开发过程控制的方法。采用何种方法进行开发过程控制,取决于开发项目的复杂性和控制可能带来的损失。简单的开发项目的过程控制可以采用简单的方法,复杂项目的控制则需要采用相对复杂的方法,美国曾为北极星潜艇的开发专门设计了一种非常复杂的过程控制技术——计划评审协调技术(PERT)。

(3) 开发过程中的技术转移。在新产品或新工艺开发过程中,新技术在企业内部从上游开发部门向下游部门的完整转移是一个非常复杂和困难的问题。解决这个问题涉及四项相互关联的决策:技术转移的时机;技术转移的去向;参与转移的人员以及上下游部门间的沟通方式。

3. 创新阶段整合

创新阶段整合的方式主要有三种:串行整合、交叉整合和并行整合。

(1) 串行整合。串行整合是一种传统的创新阶段整合方式。在串行整合的方式下,创新构思形成、实验原型开发、工程原型开发、小批量试制、商业规模生产、市场营销和售后服务等这些阶段依次完成。上游阶段的任务完成后,创新阶段成果被移交到下游工作部门,下游阶段的工作才能开始。

串行整合方式的优点在于:在各个创新阶段中,职能部门的内部效率较高,也易于管理。缺点在于:由于部门之间缺乏信息交流,在移交创新阶段成果时缺乏负责的态度,创新思想在转移过程中会产生失真,造成工作反复,这样一方面增加了创新成本;另一方面延长了创新周期,最后可能导致生产出来的产品市场不接受,从而给企业带来巨大的损失。

(2) 交叉整合。如果对创新过程中的各个阶段仔细剖析的话,就会发现下游阶段的工作往往不必等到上游阶段的工作完全结束以后再开始,上下游的工作可以有一定的交叉。交叉整合方式就是基于这种认识提出的,交叉整合有两重含义:一是在上游阶段的工作还未完成时就开始下游阶段的工作;二是在每一个上游工作阶段都吸收一定的下游工作部门的人员参加,从而在不同的职能部门之间形成了一定的交叉。

在交叉整合方式下,由于有下游阶段的人员参与上游阶段的工作,在上游阶段的开发过程中就会充分考虑到下游阶段的要求,人员交叉也有助于下游阶段的职能部门加深对上游阶段创新成果的理解,这使得前一阶段的成果向后一阶段转移的效率大为提高,从而减少信息失真和工作反复,节约费用和时间。交叉整合非常适合汽车工业等产品结构复杂,工序繁多的行业中的创新管理。

(3) 并行整合。并行整合是一种全新的创新协调与管理方式。并行整合也称为同步工程或并行工程,这是一种在创新过程中支持集成化并行作业的系统方法。它要求把创新看成是多职能部门并行推进的过程,各部门在一开始就一起运行,一开始就要考虑到创新过程中的全部要素,及早沟通信息,发现问题及时消除,尽量缩短创新周期,降低创新成本。与交叉整合相比,并行整合的先进之处在于强调尽可能早地开始下游阶段的工作,不仅相邻的阶段有交叉,不相邻的阶段之间也尽可能地交叉。

运作标杆

三洋电机公司的模仿创新

1952年夏,三洋电机当时的社长井植岁男看到了洗衣机市场存在的巨大潜力,决定开始制造洗衣机。当时洗衣机并不是什么新奇产品了,一些日本家庭使用国外洗衣机已经有十多年历史,日本其他一些厂家在三洋之前也已推出了自己的洗衣机,但洗衣机作为产品还很不完善,笨重得像个大水桶,用起来轰轰作响,而且质量也不稳定,作为商品还很不成熟。为了研制三洋自己的洗衣机,井植岁男买来各种不同品牌的洗衣机,送至公司干部的家中,让他们反复研究琢磨,公司总经理室中也放满了各种各样不同类型的洗衣机。经过反复试验和摸索,充分总结和剖析其他厂家产品的优缺点,最后从产品的安全性能、使用方便程度以及普通老百姓能够接受的价格水平等方面,找到一种比较圆满的设计方案,并试制成功一台样机,同市场上已有出售的洗衣机相比,性能略高一筹。正当这种洗衣机准备投产之际,他们又发现了英国胡佛公司最新推出的涡轮喷流式洗衣机,这种涡轮喷流式洗衣机较原先搅拌式洗衣机的性能有了很大的提高。三洋公司的管理者深深懂得:"后开发的产品,如果在性能上没有明显优于已经上市的同类产品的长处,那么你不仅应当预计到在今后的竞争中必然遭受失败的后果,甚至一开始就应考虑是否投产的问题。"于是三洋公司果断放弃已投入几千万元研制出的即将成批生产的洗衣机,开始对胡佛公司的涡轮喷流式洗衣机进行全面解剖和改进,并巧妙地解决了专利权问题。1953年春研制出日本第一台喷流洗衣机的样机,命名为 SW-53 型,并于同年夏天成批生产。这种性能优异,价格只有传统搅拌式洗衣机一半的崭新产品,一上市便引起了市场的轰动,不仅为三洋公司带来巨大的经济利益,而且使得三洋公司在洗衣机行业站稳了脚跟。

资料来源:傅家骥. 技术创新学. 北京:清华大学出版社,1998年,第114页。

6.3 产品开发

6.3.1 产品创新

1. 新产品的概念

新产品是指产品在原理、用途、性能、结构和材质等方面或某一方面同已有产品相比具有显著改进、提高或独创的,具有先进性和实用性,能提高经济效益,有推广价值,并在一定的地域范围内第一次试制成功的产品。新产品是一个相对的概念,是同原有产品相比,在结构、性能等方面有重大突破的产品。那种仅在产品的包装、款式上作改进的,不能列为新产品。此外,从市场角度出发,那些试制成功后只放在陈列室供参观或供展览的产品,不能纳入新产品之列。新产品必须是正式生产并投入市场的产品,因为只有接受消费者的选择,产品才能真正为企业、社会创造效益。

2. 新产品的分类

（1）按地域范围分类

① 国际新产品。指在世界范围内第一次生产和销售的产品。这类产品有重大的发明创造，企业应注意保护，必要时应申请专利。

② 国内新产品。指国外已有，国内第一次生产和销售的产品，通常称为"填补国内空白"。开发这类产品对赶超世界先进水平，加快我国的经济建设有重大意义。

③ 地区新产品。指国内已有，但在本地区尚未试制过的产品。当其他地区此类产品不能满足国内外需要时，开发这类产品就很有必要了。

（2）按创新程度分类

① 全新产品。指用新原理、新结构、新技术、新材料等制成的新产品，这类产品有明显的技术经济优势。

② 换代新产品。指采用的基本原理不变，只是部分地应用了新技术、新材料、新结构而使产品的性能或技术经济指标得到显著提高。如数控机床及加工中心是对普通机床的升级换代产品。

③ 改进新产品。指在原有产品的基础上采用了某些改进技术，使产品的性能有一定程度的提高。改进新产品是在原有产品基础上派生出来的变形产品，企业较多地采用这种形式开发新产品。

（3）按决策方式分类

① 企业自主开发的新产品。指企业通过市场调查来预测用户需求趋势，并以此决定开发和销售的新产品。

② 用户订货开发的新产品。指企业根据用户提出的具体产品方案而进行开发的新产品。

3. 产品创新的方法

在产品创新的过程中，关键是新产品的构思等创意活动，它已从原有的偶然发现方式转到有计划地运用各种科学方法的激发方式，用不同的原理将人的创造能力激发出来。产品创新的方法一般有以下几种：

（1）品质分析法。这种方法的依据是通过分析已有的产品而获得的。具体有水平思考法、多维分析法、品质扩展法和弱点分析法等。如市场上出现方便面以后又扩展出方便米饭等。

（2）需求信息交合法。这种方法是将注意力集中在需求信息上，从研究产品的购买者或长期使用者中获得创新的启示。具体有功能组合法、问题分析法、综合列表法等。如手表是用来计时的，能否进行功能组合成既能计时又能测量血压的新产品，这就是功能组合法。

（3）遐想构成法。这种方法就是通过对未来的社会生活环境的变化来预测适应这一变化的新产品的创意，使产品超越时代的节拍。具体有自由遐想法、趋势预测法、假设方案法等。如可以遐想以后的服装具有诊断人体疾病的功能等。

（4）群体创造法。这种方法是集群体创造能力之大成而进行的产品创新。具体有头脑风暴法、德尔菲法、多学科小组法等。现代的新产品要有高的附加值，其技术含量往往是多学科的综合，这就需要运用群体的创造能力，如智能机器人等。

6.3.2 新产品开发的程序

新产品开发的程序因开发与决策方式的不同而有所区别。新产品开发方式以独立研制开发最为复杂。下面以机械加工装配式企业独立研制新产品为例,它的开发程序如下。

1. 调查研究阶段

这一阶段的目的是根据企业的经营目标、产品开发策略和企业的资源条件确定新产品开发目标。企业开发新产品首先要做好调查研究工作,其中包括技术调查和市场调查。

(1) 技术调查。技术调查是指调查有关产品的技术现状与发展趋势,预测未来可能出现的新技术,以便为制定新产品的技术方案提供依据。对专用产品,要走访用户,了解用户要求、生产规模、远景规划等生产技术特点,以便为用户选择最佳方案或代为用户进行成套设计;对通用产品,可以在收集技术情报的基础上,采用专家预测法等进行技术预测。

(2) 市场调查。要了解国内外市场对产品的需求情况,从而根据市场需求来开发新产品。

2. 新产品开发的创意阶段

企业新产品开发的构思创意主要来源有:

(1) 用户。开发新产品的目的是要满足用户需要,因此企业要通过各种途径收集用户的需要,了解用户在使用老产品过程中提出的需要改进的意见,并在此基础上形成新产品开发的构思创意。

(2) 本企业职工。企业职工熟悉本企业生产条件,关心本企业的发展,特别是销售人员和技术服务人员能经常接触用户,比较了解用户对老产品的改进意见和需求趋势。因此,企业要鼓励职工提出开发新产品的创意。

(3) 厂外科技人员。他们有比较丰富的专业知识,掌握较多的国内外科技信息,因而可通过多种方式鼓励他们为企业开发新产品提供创意。主要方法有:聘请专家当顾问,请求提供咨询;运用专家学者的科研成果,从中汲取开发新产品的构思创意。

3. 新产品开发创意的筛选阶段

这一阶段要从已经征集到的许多方案中,选择出具有开发条件的构思创意。筛选创意时,一要坚持新产品开发的正确方向;二要兼顾企业长远发展和当前市场的需要;三要有一定的技术储备。

4. 决策方案和编制设计任务书

产品决策方案就是根据新产品开发目标的要求,对未来产品的基本特征和开发条件进行概括的描述,包括主要性能、目标成本、销售预计、开发投资、企业现有条件利用程度等。决策的目的就是对不同方案进行技术经济论证,通过比较来决定取舍。一般决策结果可能出现几种情况:一是所有方案都不付诸开发;二是因某些情况尚不清楚而推迟开发;三是选择两个各有利弊的方案制造出样品,然后依试验结果再决定取舍;四是选择某个真正较优者开发。

新产品开发方案决定后,要组织力量编制设计任务书。设计任务书的内容比产品开发方案更具体。它包括开发新产品的结构、特征、技术规格、用途、使用范围、与国内外同类产品的分析比较、开发这一产品的理由和根据等。

5. 新产品设计

设计任务书经审查批准后便可进行产品设计工作。新产品设计一般分为初步设计、技术设计和工作图设计三个阶段。为了提高产品设计的工作效率，近年来计算机辅助设计（CAD）也广泛应用于产品设计的全部过程，人们称这是设计工作的一场革命。另外，工业发达国家在产品设计中开展了工业设计运动。工业设计是将科学技术、文化艺术和社会经济紧密结合，形成三位一体的综合设计产品。

6. 新产品工艺设计

工艺设计是产品创新试制阶段和大批量生产时，为达到产品设计的技术要求，指导工人操作，保证产品质量的一项重要技术工作。在产品制造过程中，工艺设计具有工作量大，费用高等特点。

7. 新产品的试制

新产品的试制一般包括样品试制和小批试制两个步骤。样品试制的目的是考核产品的设计质量，考验产品结构、性能及主要工艺，验证和修正设计图纸，使产品设计基本定型。小批试制的目的是考验产品的工艺，检查图纸的工艺性，验证全部工艺文件和工艺装备，并对设计图纸再进行一次审查修改。

8. 新产品试验与评价鉴定

新产品装配至鉴定前，应做好试车及试验工作，对样品进行全面检查、试验与调整。试验和调整后要做出总结，交企业鉴定委员会进行鉴定。

9. 新产品的市场开发

新产品的市场开发既是产品开发过程的终点，又是下一代新产品开发的起点。它的主要工作有：

（1）市场分析。市场分析的目的是对产品未来销售量进行预测，并根据预测值来估算收益情况，了解新产品是否有开发价值。

（2）样品试用。在新产品开发的样品试制阶段，可将部分样品送给用户试用，请他们提意见。

（3）市场试销。对某些新产品在正式投放市场之前，要组织试销，即将产品及其包装、装潢、广告、销售的组织工作等置于小型的市场环境之中，以便进一步了解产品的销售状况，针对试销中发现的问题，采取必要的措施，为产品正式投放市场打好基础。

（4）产品投放市场。新产品经过鉴定、试销就可以投放到市场中正式销售。这时企业要做的工作有：将新产品列入其正式产品目录；编制产品性能和使用说明书；选择适当广告媒介，安排广告宣传；制定产品商标，向有关部门登记注册；培训销售人员；制定合理的价格；组织好技术服务工作等。

观察与思考

3M——不断创新的百年老店

商业趋势就像时装一样神秘莫测。资产重组、企业合并、质量控制都是企业对市场规则作出的战略反应，但这一系列趋势都好比时装界的长裙和短裙一样你方唱罢我登场。对企业而言，永远不会过时的时尚是技术创新。

正是因为创新,成立于1902年的明尼苏达矿业和制造公司(以下简称3M公司)摆脱了初创期采矿的命运,从美国中西部并不起眼的小公司发展成为发明67 000多种产品的"百年老店"。套用3M自己的说法:每人起床后3米内必看到3M的产品——胶带、报事贴、无痕挂钩、百洁布、拖把、屏幕增亮膜、车身反光系统、牙科修复材料、输电导线……

这些发明也给3M带了回报:2011年3M以超过160亿美元的营收位列财富全球500强第316位。同时,3M也是美国道琼斯30种工业股票指数成分股之一。

对于一个视创新为生命的企业而言,管理很大程度上意味着对人的管理。3M前任董事长兼总裁威廉·L.麦克奈特认为:管理在某种程度上会压抑人们的创新精神。3M管理层意识到宏观管理的考核标准常常使研发人员带着"脚镣"跳舞。3M的一条经验是:"最重要的是应该知道什么时候'放松管制',去放任具有创新的反叛精神。"推崇研发人员的"自由"福利"15原则"。即允许每个技术人员在工作时间内可用15%的时间从事个人感兴趣的工作方案,也就是干点"私活",其含义并不是大家每天都看着自己的表,把8小时中的1小时12分用于自己的研究计划,而是:如果研发人员有个好主意,想花时间进行研究,那就有拒不执行实验室主任命令的权力。

资料来源:节选自付志勇.3M创新管理:纪律与想象力的阴阳平衡.牛津商业评论,2012年7月.

6.4 设备更新

6.4.1 设备磨损的经济规律

1. 设备磨损规律

设备的磨损包括两个方面:一是有形磨损,又称物质磨损;二是无形磨损,又称精神磨损。两者共同作用于设备形成综合磨损。

有形磨损往往是机器设备在运行中,其零部件的配合面发生摩擦、振动而产生磨损,使零部件的原始尺寸变化,配合不理想,精度下降,造成操作维修费用较高。另外,在设备闲置时,由于维护不当而引起生锈、腐蚀、变质,自然丧失精度和工作能力。这两种情况都属于有形磨损。计算有形磨损的公式为:

$$a_p = \frac{R}{K_1} \tag{6-1}$$

式中:a_p——设备有形磨损程度;

R——修复全部磨损零件所需的费用;

K_1——在确定磨损时该种设备的重置价值。

无形磨损是指生产设备由于制造部门的工艺和管理水平的提高,使生产同样结构的设备的成本不断下降,此类磨损含有"贬值"的意义。另外,由于科学技术的发展,不断出现结构更新颖、技术更完善、生产效率更高、经济性更好的设备,使原有设备在自然寿命到达之前显得陈旧落后,此类磨损又有"提前淘汰"的含义。计算无形磨损的公式为:

$$a_q = \frac{K_0 - K_1}{K_0} = 1 - \frac{K_1}{K_0} \tag{6-2}$$

式中:a_q——设备的无形磨损程度;

K_0——旧设备的原始价值。

计算设备综合磨损程度的公式为：
$$a = 1 - (1-a_p)(1-a_q) \tag{6-3}$$
设备受到综合磨损后的净值 K 为：
$$K = (1-a)K_0 \tag{6-4}$$
将式 6-1、6-2、6-3 代入式 6-4 可得：
$$K = K_1 - R \tag{6-5}$$
即受到综合磨损后设备的价值 K 等于设备的重置价值减去修理费用。

对设备磨损的经济补偿是提取设备的折旧费，而对设备技术上的补偿主要是进行修理、改造和更新。

设备的零部件磨损一般可分为三个阶段，如图 6-1 所示。

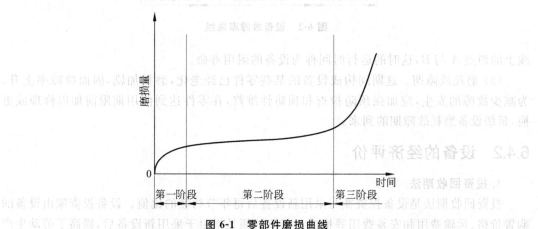

图 6-1 零部件磨损曲线

第一阶段——初期磨损阶段。在这一阶段中，主要由于运动零件的表面微观粗糙不平度、氧化层、脱碳层等在摩擦力作用下的磨损。这一阶段磨损速度较快，但时间较短。

第二阶段——正常磨损阶段。在这一阶段中，运动零件的抱合情况良好，磨损速度均匀、平稳，磨损量的增加非常缓慢。这一阶段是设备运行状态最好的阶段，设备的生产率和加工质量最有保证。这一阶段可持续较长的时间。

第三阶段——剧烈磨损阶段。在这一阶段中，正常的磨损关系破坏，磨损急剧增加，设备的精度、性能和生产率迅速降低。所以一般不允许零件使用到剧烈磨损阶段，在零件处于正常磨损阶段的后期就应该修理或更换，否则会加大维修工作量，增加维修费用，延长修理停工时间。

2. 设备故障率曲线

设备磨损后就会发生故障，使加工达不到质量要求。设备的故障状况可用设备故障率曲线来表示，如图 6-2 所示。

故障率曲线像浴盆断面，故又称浴盆曲线。按故障率变化状况共分为三个时期：

（1）早期故障期。这期间故障主要是由于设计、制造的缺陷，零件抱合关系不好，零件筛选上的问题，操作者不适应等原因造成的。针对以上情况，找出故障原因，进行调整和预防，是这一阶段的主要对策。

（2）偶发故障期。这期间设备运转正常，故障最少。一般是由于操作失误和设备维护不当等偶然因素造成的。这是设备最好的运行时间，若确定一个故障率 P 对应的故障率曲

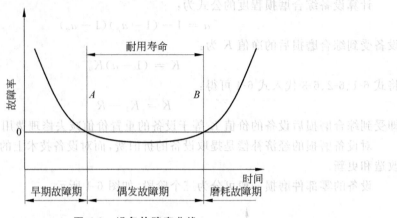

图 6-2 设备故障率曲线

线上的两点 A 与 B，这时的运行时间称为设备的耐用寿命。

(3) 磨耗故障期。这期间构成设备的某些零件已经老化，磨损加剧，因而故障率上升。为减少故障的发生，应加强预防检查和预防性维修，在零件达到使用期限前加以修理或更换，延缓设备磨耗故障期的到来。

6.4.2 设备的经济评价

1. 投资回收期法

投资回收期法是设备投资额与采用新设备后每年节约额的比值。设备投资额由设备的购置价格、运输费用和安装费用等构成。年节约额是指由于采用新设备后，提高了劳动生产率，改进了质量、降低了各种消耗等带来的节约费用。其计算公式为：

$$投资回收期 = \frac{设备投资额(元)}{采用新设备每年节约额(元/年)} \tag{6-6}$$

如果采用新设备每年节约额不相等，在考虑资金时间价值的情况下，可以用 Excel 图解法直接进行计算。

应用范例：某机械厂年初(第零年)投资新设备 800 万元，每年末可节约金额见图 6-3 C 列，贴现率为 10%，计算动态投资回收期即计算："各年投资收益净现值累计盈亏"为零时的年度。计算步骤如下(见图 6-3)。

第一步：键入 D2="C2−B2"　　　对应：年收益净值=年节约额−年投资额

　　　　E2="D2/1.1^A2"　　　　折合现值=年收益净值/1.1^t

　　　　F3="F2+E3"　　　　　　本年累计盈亏=上年累计盈亏+本年净现值

第二步：分别按住 D2、E2、F3 单元格右下角的小十字进行循环运算，得各年末各列数值。

第三步：选中 A 列、F 列，作 x、y 散点图，得"投资收益净现值累计盈亏图"。

由公式：

$$动态投资回收期\ T = 累计净现值开始为正的年份 - 1 + \frac{|上年净现值累计额|}{当年净现值流入量} \tag{6-7}$$

$$动态投资回收期\ T = 5 - 1 + \frac{|-79.25|}{93.14} = 4.85(年)$$

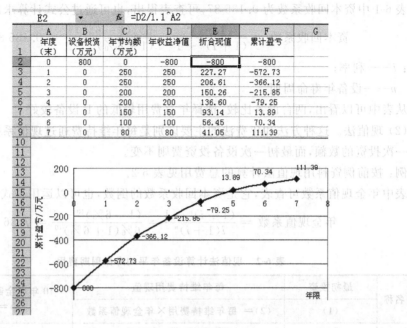

图 6-3 投资收益净现值累计盈亏

在其他条件相同的情况下,投资回收期越短,说明设备的投资效益越好。要计算不同方案的投资回收期,在小于基准投资回收期前提下从中选择投资回收期最短的方案为最优方案。

2. 年平均寿命周期费用法

设备除了购入时一次性投资外,在使用过程中还须投入一定的费用,其中包括操作人员工资、能源消耗、维修保养费、事故发生后的停机损失费、保险费等。所以设备整个寿命周期的总费用是由投资费用和使用费用两部分构成,称为寿命周期费用。其计算公式为:

$$设备年平均寿命周期费用 = \frac{设备投资费用 + 整个寿命周期内的使用费用}{设备的寿命周期} \quad (6-8)$$

以上公式没有考虑资金的时间价值,但在实际工作中还应考虑这种随着时间变化的资金价值。设备的年平均寿命周期费用可用年费法和现值法两种方法进行比较和选优。

(1)年费法。这种方法是把购置设备一次性支出的最初投资费,依据设备的寿命周期,按复利年利率换算成相当于每年末等额费用的支出,然后再加上每年的维修费用,求出不同设备的年总费用,从中选择年总费用最低的设备为最优设备。

例:有 A、B 两台设备,估计寿命周期为 10 年,利率为 6%,其最初投资费用及每年维修费用见表 6-1。

表 6-1 年费法计算设备年平均寿命周期费用 单位/元

设备名称	最初投资	最初投资折算为等额年金	每年维持费	每年总费用
	(1)	(2)=(1)×资本回收系数	(3)	(4)=(2)+(3)
A	7 000	7 000×0.135 9=951	2 500	3 451
B	10 000	10 000×0.135 9=1 359	2 000	3 359

表 6-1 中资本回收系数为 0.135 87，可查表得出，也可通过公式计算求出：

$$\text{资本回收系数} = \frac{i(1+i)^n}{(1+i)^n-1} = \frac{6\%(1+6\%)^{10}}{(1+6\%)^{10}-1} = 0.135\,87 \tag{6-9}$$

式中：i——利率；

n——设备年寿命周期。

从表中可以看出，两台设备比较，选择年总费用较低的 B 设备较好。

（2）现值法。这种方法和年费法的主要区别是每年维持费通过现值系数换算成相当于最初一次投资的数额，而最初一次设备投资费则不变。

例： 按前例资料用现值法计算的总费用见表 6-2。

表中年金现值系数可查表，它是资本回收系数的倒数，也可以运用公式计算：

$$\text{年金现值系数} = \frac{(1+i)^n-1}{i(1+i)^n} = \frac{(1+6\%)^{10}-1}{6\%(1+6\%)^{10}} = 7.36 \tag{6-10}$$

表 6-2 现值法计算设备年平均寿命周期费用　　　　　　　　　单位/元

设备名称	最初投资	每年维持费用现值	10 年内全部支出现值合计
	（1）	（2）= 每年维持费用×年金现值系数	（3）=（1）+（2）
A	7 000	2 500×7.36=18 400	25 400
B	10 000	2 000×7.36=14 720	24 720

从表中数据计算结果可知，选择全部支出现值合计较低的 B 设备同样优于 A 设备，上述两种计算方法虽然不同，但结论是一样的。

利用 Excel 软件，也可以方便地求出每年等额投资费和每年维持费用现值：在 Excel 电子表格中选择一个单元格，键入相应的财务函数即可。

在年费法中，求 A 设备的每年投资费：键入"=PMT(0.06,10,7 000)"，回车得－951；

求 B 设备的每年投资费：键入"=PMT(0.06,10,10 000)"，回车得－1 359。

分别去负号加年维持费即得年总费用，便可作出判断结论。

在现值法中：

求 A 设备的每年维持费用现值：键入"=PV(0.06,10,2 500)"，回车得－18 400；

求 B 设备的每年维持费用现值：键入"=PV(0.06,10,2 000)"，回车得－14 720 。

分别去负号加年初投资额即得总现值费用，便可作出判断结论。

注：电脑计算结果的负值代表投资费用和年维持费用的支出。

3. 费用效率法

年平均寿命周期费用较小的设备并不一定是综合经济性好的设备。考虑到综合效益还可以用费用效率法进行分析。费用效率是指单位费用所能提供的效益成果。其计算公式为：

$$\text{设备费用效率} = \frac{\text{设备的综合效率}}{\text{设备寿命周期总费用}} \tag{6-11}$$

设备寿命周期费用包括生产率、对产品质量的保证、产品成本、交货期、安全性、环保性等。凡可用数量表示的，如生产率、能耗、原材料节约等都要定量分析。不可用数量表示的，如安全性、环保性等也应作定性分析比较。

例：有 A、B、C 三种设备可选择，有关资料见表 6-3。

表 6-3 费用效率法计算设备年平均寿命周期费用

设备名称	寿命周期费用/万元	设备效率/件/天	费用效率(件/天)/万元
(1)	(2)	(3)	(4)＝(3)/(2)
A	10	1 500	150
B	12	1 680	140
C	18	3 150	175

从上表计算的结果可以知道，每万元设备的费用所提供的效益成果以设备 C 为最大，即 C 设备的费用效益最高，所以选 C 设备。

6.4.3 设备的更新改造

1. 设备的寿命

设备在使用过程中，除了物质磨损外，还存在因维修费用增加、技术更新加快、市场需求变化等因素而产生的精神磨损。所以设备的寿命按其性质可分为以下四种：

(1) 物质寿命。物质寿命也称自然寿命，是指设备从开始使用到报废所经过的时间。设备的物质寿命主要取决于设备的质量、使用和维修。维修做得好，设备的物质寿命就会延长，但随着设备的物质寿命的延长，维修费用也会增加。

(2) 经济寿命。在设备使用后期，由于设备老化而使维修费用大大增加，这样往往是不经济的。因此，必须根据设备的使用成本来决定设备是否应该淘汰。这种根据使用成本决定的设备寿命称为经济寿命。

(3) 技术寿命。由于科学技术的发展，出现技术经济指标更为先进的设备，使现有设备在物质寿命尚未结束前就遭淘汰。这种从开始使用到因技术落后而被淘汰所经过的时间称为技术寿命。科学技术发展越快，技术寿命越短。

(4) 产品寿命。当某些专用设备还处于良好的技术状态时，市场已经不需要这些设备生产的产品了，这样迫使这些设备提前退出使用，这种设备寿命称为产品寿命。

设备的经济寿命是对设备修理、改造、更新、折旧、报废等问题决策的重要依据，可以据此来确定设备的最佳更新期和最佳折旧年限。

2. 设备经济寿命的计算方法

(1) 低劣化数值法。设以 K 代表设备的原始价值，T 代表已使用的年限，则每年平均分摊的设备费用为 K/T。随着 T 的增长，按年平均的设备费用不断减少，但设备的维护修理费用及燃料、动力消耗增加，这就叫设备的低劣化。若这种低劣化每年以 G 的数值增加，则 T 年的低劣化数值为 GT，T 年中平均劣化数值为 $GT/2$。由此可得，平均每年的设备费用总和为：

$$y = \frac{G}{2}T + \frac{K}{T} \qquad (6\text{-}12)$$

若欲使设备费用 y 最小，则取

$$\frac{dy}{dt} = 0 \quad 得 \quad T = \sqrt{\frac{2K}{G}} \tag{6-13}$$

例：某设备的原始价值为 80 000 元，每年低劣化增加值为 3 200 元，求其经济寿命。

$$T_{\min} = \sqrt{\frac{2 \times 80\ 000}{3\ 200}} = \sqrt{50} \approx 7(年)$$

即这种设备的经济寿命约为 7 年。以上计算没有考虑利率。

（2）面值法。设备的年均使用费用是由年折旧费用和年均运行维护费用两部分组成。计算设备每年的年均费用值，观察各种费用的变化，年均费用值最小时的年份即为最佳更新期，也就是设备的经济寿命。具体计算公式如下：

$$第 n 年使用费 = \frac{设备原值 - 第 n 年残值 + 各年的累计维持费}{使用年限} \tag{6-14}$$

例：某装置原值为 3 000 元，根据有关统计资料，其逐年维持费和逐年实际残值均为已知，见表 6-4 所示，试求其经济寿命。

表 6-4　用面值法计算设备的使用寿命　　　　　　　　　　　　单位/元

使用年限（1）	1	2	3	4	5	6	7
维持费用（2）	600	700	800	900	1 000	1 200	1 500
实际残值（3）	2 000	1 333	1 000	750	500	300	300
累计维持费用（4）	600	1 300	2 100	3 000	4 000	5 200	6 700
损失价值（5）= 原值 －（3）	1 000	1 668	2 000	2 250	2 500	2 700	2 700
使用费用（6）=（5）+（4）	1 600	2 968	4 100	5 250	6 500	7 900	9 400
年度使用费用（7）=（6）/n	1 600	1 484	1 367	1 312	1 300	1 317	1 343

从上表计算结果可知，年度使用费用第 5 年最少，所以该装置的经济寿命为 5 年。

3. 设备技术改造

设备技术改造是把科学技术的新成果应用于企业现有设备，以改变现有设备落后的技术面貌，改善和提高设备的性能，提高设备的生产效率。设备技术改造是企业技术改造的主要内容。

（1）设备技术改造的途径

根据我国的实际情况，设备技术改造主要有三种途径：

① 大（重）型设备的技术改造。大（重）型设备一般较少报废。随着它们役龄的延长，落后的技术状态大部分可结合大修进行现代化技术改造，更换部件、装置附件，以改变原有结构，使之达到新设备的技术水平。

② 通用设备专业化改造。不少企业配备有大量通用设备。在生产专业化程度较高，生产产品批量大，品种单一的情况下，通用设备显得效率低下，设备局部磨损严重，产品质量不易保证。因此，可将通用设备改造为高效的专用设备。

③ 一般设备改造。企业为了扩大生产能力和降低消耗，需要对现有老设备进行改造。对老设备的改造最好能结合设备的大、中修理有计划地进行，使原有的设备恢复精度，提高性能。

(2) 设备技术改造的工作程序

① 提出设备技术改造任务书。主要由设备使用部门、工艺技术部门、设备动力部门和安全环保部门提出进行改造的理由和应达到的目标。

② 确定设备技术改造项目。承担设备技术改造项目的设计单位或部门,应按批准的技术改造任务书的要求,通过调查研究,提出两个以上的技术改造方案。

③ 编制设备技术改造计划。主要内容包括项目编号和主要内容、项目申请部门负责人、设计部门负责人、实施部门负责人、设计工作进度、生产技术准备进度、实施进度、验收评估日期、费用计划、资金来源等。

④ 设备技术改造的设计工作。一般的设备技术改造项目可由本企业设备动力部门承担,也可委托国内外的科研、设计单位来承担设计任务。

⑤ 设备技术改造项目的实施。结合大修理进行的设备技术改造项目,由设备部门负责生产技术准备工作,并按大修理渠道,下达加工、制造、修复、改造和调试任务。也可委托外厂实施。

⑥ 设备技术改造项目的竣工验收。设备技术改造的验收条件为:技术改造后的设备应符合任务书的基本要求,验收后移交试用六个月;应符合安全生产、环境保护的要求,外观完好;有关图纸资料和操作维护规程齐全,并符合实际使用要求。

⑦ 设备技术改造评价。主要有设备技术改造前后技术经济效益评价和设备技术改造项目奖励等。

4. 设备的更新

设备的更新是以比较经济和完善的新设备来替换物质磨损严重,不能继续使用或经济上不宜使用的设备。设备更新有两种形式:

(1) 设备的原型更新。设备的原型更新也叫简单更新或形式更新。这是同型号设备以旧换新。这类更新主要用来更换损坏、陈旧的设备,以保证原有的生产能力和产品质量,节约能耗和减少维修费用的增长,但它不具备技术更新的性质。

(2) 设备的技术更新。这是指以技术上更加先进,经济上更加合理的新设备来代替经济上不宜继续使用的陈旧设备。即以结构更先进、技术更完善、效率更高、性能更好、能源消耗更少、外观新颖的设备来代替那些落后陈旧的设备。

6.4.4 高级制造技术(AMT)

现代企业在设备更新中对系统的选择性越来越大,而决策的原则又变得越来越模糊,引进或开发一个现代化生产系统的价格又极为昂贵,因此导致投资决策的风险剧增。高级制造技术(AMT)是现代信息技术与制造技术相结合所产生的各种设备、技术、系统的总称,也是由于电子计算机技术的应用而给传统制造技术带来巨大变化的新型系统。高级制造技术一般是由三个部分构成的:

1. AMT 的硬件组成

计算机辅助制造(CAM)是 AMT 硬件的核心部分,它是利用计算机直接进行制造工艺的操作、控制与监督,它具体包括数控机床(NC)、计算机数控(CNC)、直接数控(DNC)、机器人(ROBOT)、计算机工艺过程监视/控制器(CPM/CPC)、机器视觉技术(MV)、自动运货小车(AGV)、自动物料指挥系统(AMH)等由设备为主体构成的高级制造技术。AMT的硬件构成完成了现代制造技术中工艺加工、物料输送、过程监控的功能,形成了自动化工作站的基本单位。

2. AMT的软件组成

它主要由支持制造系统运行的功能部分所组成,其中包括计算机辅助设计(CAD)、计算机辅助工程(CAE)、计算机辅助工艺设计(CAPP)、物料需求计划(MRP)、主生产计划(MPS)、生产作业排序(Sequencing)、制造资源计划(MRPⅡ)等,它们相对于CAM而言都是具有信息软件的特点,而且在不同程度上直接参与生产系统的运行,并在其中担当着指挥、控制、协调、调度等方面的作用。AMT的软件形成了现代制造系统的连接和支持性系统,它们与AMT的硬件组成一起构成AMT系统。

3. AMT的集成系统

AMT的集成系统包括三个层次:加工中心或制造单元(MC)柔性制造系统(FMS)、计算机集成制造系统(CIMS)。

(1) 加工中心或制造单元(MC)是指实现了工作站一级的制造自动化,能够在多功能CNC机床、CPM/CPC和微机的支持下实现多工序的连续作业,完成某一类零件的主要加工任务。

(2) 柔性制造系统(FMS)是由若干个加工中心所组成,其间有机器人或自动送货小车加以连接,完成不同工种、多工序的连续作业,可以实现对全部零件或绝大部分工序的边加工、边运输,且无须工人看管。

(3) 计算机集成制造系统(CIMS)主要致力于全部工厂业务的计算机化,从产品设计、绘画、工艺设计到制造,以及通过MRPⅡ完成生产与市场、库存、财务、质量、设备等各方面的统筹、协调,使整个工厂,甚至全部企业管理都能够得到计算机的支持。

AMT之所以要逐步向集成系统发展,主要是因为AMT本身具有这样的特点:局部的技术突破或高技术的应用,往往只能形成自动化的孤岛,而这种孤岛对系统整体的产出贡献往往又是微不足道的,但同时该孤岛的造价却比其他可替代设备高出很多,因此会产生巨大的浪费。所以AMT从自身的发展规律上看,它需要通过集成实现整个系统的重新构造,形成与经典生产类型截然不同的一种全新的功能结构。

本章小结

技术是生产实践过程中人们掌握的技能和技艺,它是智慧和经验的结晶。企业的技术系统可分为狭义和广义两种,狭义的技术系统如同企业的技术部门,主要任务是负责产品开发、技术进步,以及工程活动的开展。而广义的技术系统应对整个企业的经营对象和经营方法进行支持。

技术引进选择要考虑以下因素:技术的先进性;技术的生命力;技术的适用性;技术的配套条件。

技术创新的基本战略有以下几种：自主创新；模仿创新；合作创新。

新产品开发是企业技术管理的重要组成部分，新产品开发的程序包括调查研究、开发创意、创意筛选、编制设计任务书、新产品设计、新产品试验与评价鉴定和新产品的市场开发。这些程序的规范性和先进性决定了新产品开发的成败。

设备的经济评价方法有以下几种：投资回收期法；年平均寿命周期费用法；费用效率法。

设备的寿命按其性质可分为以下几种：物质寿命；经济寿命；技术寿命；产品寿命。

高级制造技术一般是由以下几个部分构成的：AMT 的硬件组成；AMT 的软件组成；AMT 的集成系统。

复习与思考

1. 技术引进选择要考虑的因素有哪些？
2. 技术创新有哪几种基本战略思路？企业如何从实际出发进行合理选择？
3. 新产品开发的程序包括哪些环节，在实施时要注意些什么？
4. 试述设备的磨损规律及故障发生规律。
5. 设备的经济评价方法有哪几种？分别是如何计算的？
6. 设备的寿命按其性质划分有几种？企业确定设备的最佳更新期限和最佳折旧年限的依据是什么？
7. 高级制造技术一般是由哪几个部分构成的？各个部分又分别包括哪些组成内容？
8. 设某企业为添置新设备，提出三个投资方案的有关数据资料如下表。试采用投资回收期法对三个方案进行经济评价，并选择出最优的设备投资方案，基准投资回收期为 8 年。

方　案	设备投资费用/元	采用设备后的年节约额/元
Ⅰ	6 000	1 200
Ⅱ	8 000	2 000
Ⅲ	7 200	1 600

9. 有 A、B 两台设备，估计寿命周期为 10 年，年利率为 8%，其最初投资费用及每年维修费用见下表：试分别用年费法和现值法确定应购买的设备。

| 设备名称 | 最初投资/万元 | 每年维持费/万元 |
	（1）	（2）
A	8 000	3 500
B	15 000	2 400

10. 某方案的投资与年收益如下表所示：设基准投资回收期为 5 年，试判断方案的可行性。如果年利率 $i=15\%$，重新判断方案的可行性。

年限	0	1	2	3	4	5	6	7	8
投资/万元	50	50							
年净收益/万元		10	20	20	30	30	30	30	30

案例分析：IBM 以新产品赢得"复归"

IBM 曾是世界上最大的计算机公司，也曾是世界上经济效益最好的计算机公司。1985年 IBM 的通用大型机毛利率高达 85%，中小型机毛利率高达 50%，产能占领世界大中型计算机市场的 70%。

然而 20 世纪 80 年代后期，小机器化趋势开始后，通用计算机失去了当年的风采。到了 1993 年，IBM 连续亏损已高达 168 亿美元。IBM 已不是电脑的象征，电脑业有了新的偶像——微软。

为了重振昔日辉煌，号称"蓝色巨人"的 IBM 开始了夺回市场的一系列行动。IBM 认真分析了新一轮电脑发展的趋势，认为在新的浪潮中通信将取代运算成为关键因素，遍布四方的低成本数字网络将成为掀起这股浪潮的主要驱动力。由于英特尔和微软夺走了技术上的领先优势，而康柏和其他电脑制造商又使 IBM 输掉了个人电脑的市场优势，IBM 的董事长格斯特纳做出决定：放眼未来，不再以 OS/2 和微软 Windows 在台式电脑上竞争。格斯特纳说，新的争夺将在网络软件上展开。于是，IBM 和苹果结成了联盟，推出 PowerPC 芯片，接着 IBM 又兼并了莲花公司（Lotus）及其"组群软件"程序 Notes，IBM 开始在电脑市场全线出击，精心搭建 IBM 金字塔。

IBM 别无选择，只能集中火力对准网络化未来。如果 IBM 的网络取代了主机成为大公司的主要信息技术，IBM 将保持"利润控制"，试图通过销售从个人电脑、网络服务器到大量磁盘驱动器等其他产品和服务来获得优势。格斯特纳希望有一天，网络的运算也能像电话线那样无所不在。

思考题：

1. IBM 当年失败的原因是什么？
2. 你如何看待 IBM 的产品及其进军网络的策略？
3. 高科技企业应如何顺应时代潮流设计产品策略？

参考文献

1. F. 罗伯特·雅各布斯，理查德·B. 蔡斯. 运营管理（第 13 版）. 北京：机械工业出版社，2011.
2. 金占明，白涛. 企业管理学（第 3 版）. 北京：清华大学出版社，2010.
3. 陈荣秋，马士华. 生产运作管理（第 4 版）. 北京：机械工业出版社，2013.
4. 威廉·J. 史蒂文森. 生产与运作管理（第 11 版）. 北京：机械工业出版社，2012.
5. 袁明鹏，胡艳，庄越. 新编技术经济学. 北京：清华大学出版社，2007.

企业财务管理

第7章

筹资渠道(financing channel)　　　　筹资方式(financing method)
资本金(capital)　　　　　　　　　　股票价格(stock price)
负债筹资(debt financing)　　　　　　融资租赁(financing lease)
年金终值(annuity future value)　　　年金现值(annuity present value)
净现值(net present value)　　　　　 内含报酬率(internal rate of return)
因素分析法(factor analysis method)　 流动比率(liquidity ratio)
速动比率(quick ratio)　　　　　　　 资产负债率(equity-debt ratio)
产权比率(equity ratio)　　　　　　　市盈率(price to earnings ratio)
综合系数法(comprehensive coefficient method)　杜邦模型(du-pont model)

http//:www.sino-manager.com
http//:www.chinaacc.com/kuaijishiwu/cwgl
http//:club.business.sohu.com

市场经济的新视角

随着国内外经济环境的不断变化,企业面临日益严峻的竞争和挑战,这就要求企业从"市场是资源配置的决定因素"的新视角来审视企业的发展战略,明确财务管理在企业管理中的核心地位,重视企业理财的基本理论、科学决策的程序和方法。企业财务管理是一项综合性管理、全过程管理,不仅涉及企业内部各种关系,而且涉及企业外部有关各方的利益关系。在实施企业财务管理中必须处理好各项关系,处理得好,相得益彰;处理不好,相互掣肘,影响财务管理作用的发挥。企业要树立正确的理财观念,通过各种渠道和方式,经济有效地筹集企业所需的资金;正确地运用各种投资决策方法,进行科学有效的投资;以企业财务报表等核算资料为基础,对企业财务活动的过程和结果进行全面的分析和评价,为企业的财务决策和控制提供重要的管理信息。

7.1 企业财务管理综述

7.1.1 财务的概念

财务是指企业在生产经营过程中客观存在的资金运动及其所体现的经济利益关系。财务活动与财务关系构成财务概念完整的内涵。财务管理是根据国家法律和财经法规,利用价值形式组织企业财务活动,处理企业同各方面财务关系的一项综合性的管理工作。

1. 企业财务活动

企业财务活动是指企业为生产经营需要而进行的资金筹集、资金运用和资金分配等一系列的活动。

(1) 资金筹集。企业要从事生产经营活动,首先必须筹集一定数量的资金,筹集资金是企业财务管理的一项基本内容,是资金运动的起点。在市场经济条件下,企业的筹资渠道和筹资方式主要有以下三个方面:一是从所有者处取得的资金形成的资本金;二是从债权人处取得的资金形成的负债;三是企业以留利形式取得的资金形成所有者权益的一部分。

在筹资过程中,企业要进行认真的分析和选择,采用最佳方案来筹集企业所需要的资金。

(2) 资金运用。资金的运用包括资金的投放、资金的耗费和资金的回收过程。

① 资金的投放。企业筹集的资金可以对内投资,即通过购买或自制等形成企业的固定资产、流动资产和无形资产。另外,企业筹集的资金也可以对外进行投资,即以现金、实物、无形资产等方式向其他单位投资。

② 资金的耗费。企业在生产过程中,要消耗各种材料,耗损固定资产,支付职工工资和其他费用。各种耗费的货币表现就是费用,其中计入产品等有关对象的费用就是成本。在发生资金耗费的过程中,生产者创造新的价值,包括补偿预付给劳动者工资的这部分价值和形成企业利润等来源的这部分价值。所以,资金的耗费过程又是资金的积累过程。

③ 资金的回收。企业生产的产品通过销售取得销售收入,使企业在生产过程中所创造的价值得以实现,不仅可以补偿产品成本和费用,而且可以实现企业利润。

(3) 资金分配。企业通过投资取得的收入要进行分配,一部分用以弥补生产耗费,使企业生产经营活动能持续进行;另一部分按规定缴纳各种税金;剩余部分是企业的净利润,它的所有权属于企业的投资者。净利润应按规定提取法定公积金和公益金,分别用于扩大积累、弥补亏损和改善职工集体福利设施,其余利润可作为投资收益分配投资者或留存企业。

2. 企业财务关系

企业财务关系是指企业在财务活动中与有关各方所发生的经济利益关系。

(1) 企业与所有者之间的财务关系。这种关系是指企业所有者对企业投入资金,企业向所有者支付投资报酬所形成的经济利益关系,体现着企业法人财产权与投资者终极所有权之间的关系。

(2) 企业与债权人之间的财务关系。这种关系是指企业向债权人借入资金,并按借款合同的规定支付利息和归还本金所形成的经济利益关系,体现的是债权债务关系。

(3) 企业与国家之间的财务关系。这种关系是指企业按照税法规定向国家缴纳税金等形成的经济利益关系,是一种强制的无偿的分配关系。

（4）企业与被投资企业的财务关系。这种关系是指企业将资金以购买股票或直接投资的形式向其他企业投资所形成的经济利益关系，体现着"投资—风险—收益"的对等关系。

（5）企业与债务人的财务关系。这种关系是指企业将其资金以购买债券、提供借款或商业信用等形式出借给其他单位所形成的经济利益关系，体现的是债权债务关系。

（6）企业与内部职工的财务关系。这种关系是指企业用其收入向职工支付工资、劳保及福利等方面的报酬或费用所形成的经济利益关系，体现着企业与职工之间的按劳分配关系。

7.1.2 企业财务管理的目标

1. 企业的目标

（1）实现最高的投资利润。在股份公司里，投资利润的高低主要由每股收益来衡量，其计算公式为：

$$每股收益 = \frac{税后利润 - 优先股股利}{发行在外的普通股股数}$$

（2）实现最佳偿债能力。短期偿债能力一般可用流动比率和速动比率等指标表示，这两个比率越高，说明企业短期偿债能力越强；长期偿债能力一般可用资产负债率等指标表示，该指标越低，说明企业长期偿债能力越强。

（3）实现最大的市场占有。市场是企业赖以生存的基础，以优质的产品、合理的价格、良好的信誉不断扩大市场份额是企业十分重要的目标之一。

（4）实现最大的股东财富。股东财富最大化是从股东的根本利益出发，通过财务等各项经营管理的改善为股东带来最多的财富。以此为目标，在一定程度上能够克服企业片面追求利润的短期行为。

（5）承担相应的社会责任。企业处在一个社会大环境里，应主动承担相应的社会责任，如帮助政府减少失业、为企业员工提供标准的劳动条件、信守对客户的承诺、改善生态环境、支持社会公益事业发展等。

2. 财务管理的目标

财务管理的目标应服从于企业的目标，财务管理的整体目标应是股东财富最大化和企业价值最大化，主要体现在以下几个方面：

（1）在筹资风险一定的前提下，应以最低成本筹集所需资金。要筹得成本较低的资金，必须十分熟悉资本市场和资金市场，并与之建立起良好的业务联系。另外，还要具有很强的选择筹资方式和设计筹资方案的能力。

（2）实现最合理的资本结构。资本结构是否合理会直接影响企业的财务状况。如果负债过多，而偿债能力又跟不上，企业就会发生财务风险。

（3）制订最佳的财务计划。财务计划是企业财务管理的依据和目标，如果财务计划脱离实际而不能实现预期目标，投资者会认为企业财务和经营状况欠佳，就会抛出股票，导致股价及资产价值下降。

（4）实现最佳的跨国经营效益。在经济全球化背景下，企业要了解国际经济和国际金融动态，懂得外汇风险规避，懂得有关国际法规。要以国际市场研究为基础，进行投资决策、筹资决策、国际税收管理和国际转让价格管理等。

7.1.3 企业理财观念

企业理财观念是财务人员从事财务管理应具备的价值取向和理念。

1. 时间观念

企业的经济活动是在一定的时间范围内进行的。"时间就是金钱,效率就是生命。"企业财务管理过程中的时间观念主要体现在以下三个方面:

(1) 周转快速。资金只有在运动中才能创造效益,缩短周转时间,增加一定时期内的资金周转次数,是提高经济效益的必要手段。

(2) 衔接及时。企业生产经营活动的各个环节,必须做到采购及时、投产及时、产出及时、销售及时、货款回收及时。

(3) 资金时间价值。资金时间价值揭示不同时点上资金量之间的换算关系,这是企业正确进行筹资、投资决策的重要基础。

2. 均衡观念

企业财务管理自始至终要贯彻一个均衡的原则。如收益与成本的权衡、投资收益率与风险程度的权衡、企业与有关各方的经济利益关系的均衡协调等。

3. 风险观念

现代社会技术进步日新月异,市场竞争日趋激烈,企业作出的各项决策,常常会出现实际结果偏离预期效果的情况,因而会给企业带来风险。因此,企业在涉及金额大、跨期长的重要决策过程中,必须充分估算风险,有效预防和规避风险。

4. 弹性观念

企业财务管理中所讲的弹性,是指企业适应市场变化的能力,要留有调整的余地。如为了降低筹资成本和减少筹资风险,就要求企业的筹资结构能够被调整或具有弹性;为了提高投资收益和减少投资风险,就要求企业的投资结构能够被调整或具有弹性等。

5. 信息观念

市场的变化是通过信息来传递和引导的,这些信息包括价格、利率、汇率和证券指数等的变化。现代企业的财务管理要全面、准确、迅速地收集和分析信息,并在合理预期的基础上,作出正确的财务决策。

7.1.4 企业财务管理的环境

企业财务管理的环境是指影响企业财务活动的各种客观条件和因素,它主要包括经济环境、金融市场环境和法律环境。

1. 客观经济环境的影响

(1) 国内生产总值与财务管理的关系。国内生产总值是一个国家或地区一年内所生产的最终产品和劳务的市场价值的总和。国内生产总值预计增加,意味着经济形势看好,投资机会增多,财务活动趋于活跃;反之,则意味着经济形势严峻,投资机会减少,财务活动趋于冷清。

(2) 通货膨胀与财务管理的关系。通货膨胀是指货币发行量超过商品流通所需的货币量而引起的货币贬值、物价上涨的现象。通货膨胀率的高低会直接影响投资收益和筹资成本,从而影响财务活动。

(3) 国际收支经常项目与财务管理的关系。国际收支经常项目是指国家在一定时期内(如一年内)商品和劳务出口收入、利息收入、接受的捐赠等与产品和劳务的进口费用、利息支付、各种捐赠等形成的差额。如果经常项目出现顺差,说明出口大于进口,国内生产形势较好,投资机会较多,财务活动较活跃;如果经常项目出现逆差,说明进口大于出口,国内生产形势较差,投资机会较少,财务活动较冷清。

(4) 政府开支与财务管理的关系。政府开支的增减会影响企业财务活动。如果政府增加开支,企业投资机会增多,财务活动活跃;反之则企业的投资机会减少,财务活动冷清。

(5) 银行利率与财务管理的关系。银行利率的高低会直接影响公司的投资成本和筹资成本等财务活动,从而影响公司的每股价格和每股收益。

2. 货币和资本市场的影响

(1) 货币市场与财务管理的关系。短期借款和短期债券利率的高低会影响企业的筹资成本和税后利润,从而影响企业的财务活动。

(2) 债券市场与财务管理的关系。债券行情也可以反映企业的财务状况。如果企业财务管理业绩突出,有利于支撑债券行情;如果企业财务管理业绩不佳,则无助于债券行情。

(3) 股票市场与财务管理的关系。股票市场的行情是衡量宏观经济和企业财务状况的"晴雨表"。股市行情看涨,说明宏观经济前景看好,公司财务和经营成果状况令人满意;股市行情看跌,说明宏观经济前景暗淡,企业财务和经营成果状况令人担忧。

(4) 期货期权交易市场与财务管理的关系。期货期权交易市场不仅对公司的投资活动(如远期购买某种资产)、筹资活动(如通过发行认股权证筹资)等具有重要意义,对公司企业的风险回避(如外汇的套期保值)等也有重要价值。

7.2 筹资管理

筹资是指企业根据其生产经营、对外投资及资本结构调整的需要,通过一定的筹资渠道,采取适当的筹资方式,经济有效地筹集企业所需的资金。企业筹资决策的核心问题是权衡筹资成本与筹资风险之间的关系。

7.2.1 筹资渠道与筹资方式

1. 筹资渠道

筹资渠道是指资金来源的方向与通道,体现着资金的来源主体。我国现行的企业筹资渠道主要有以下几种:

(1) 国家财政资金。国家对企业的直接投资是国有企业最主要的资金来源渠道。从产权关系上看,国家投资的财政资金,产权属国家所有。

(2) 银行信贷资金。银行对企业的各种贷款,是我国现有各类企业最为重要的资金来源之一。同时,银行也可以成为企业的投资者。

(3) 非银行金融机构资金。非银行金融机构是指信托投资公司、保险公司、租赁公司、证券公司、财务公司等。它们所提供的各种金融服务包括信贷投放、物资融通、证券承销等。它的投资业务也成为企业权益资金的来源之一。

(4) 其他企业资金。在市场经济条件下，企业间的商业信用和互相投资业务十分频繁，企业可通过联营、入股及商业信用等方式获得长期资金的使用或短期资金的调剂。

(5) 居民个人资金。资本市场开放后，社会个人除了可以对企业进行直接投资外，也可以通过购买各种证券进行间接投资，形成民间资金渠道，成为企业的重要资金来源之一。

(6) 企业留成收益。企业留成收益是指提取公积金和未分配利润等企业内部形成的资金。这些资金无须企业通过外部筹集，而直接由企业内部自动生成或转移。

(7) 境外投资资金。境外投资资金是指外国投资者及我国香港、澳门、台湾地区投资者投入的资金，它是我国外商投资企业重要的资金来源渠道。

2. 筹资方式

筹资方式是指企业通过一定筹资渠道筹措资金时所采用的具体形式。目前我国企业的筹资方式主要有以下几种：

(1) 吸收直接投资。企业设立时，由投资者投入企业的资金，构成企业的资本金。

(2) 发行股票。通过发行股票的方式而形成的企业资本金，即股本。

(3) 短期或长期借款。即从银行等金融机构借入的资金。

(4) 商业信用。即企业在购销活动中发生的应付未付款项等。

(5) 发行债券。即通过发行债券方式筹集的债务资金。

(6) 融资租赁。即通过融资租赁方式筹集的债务资金。

7.2.2 资本金制度

1. 资本金的概念

资本金是指企业在工商行政管理部门登记的注册资金，因此，资本金就是注册资本。资本金的确定可分为实收资本制和授权资本制。实收资本制即要求在公司成立时确定资本金总额，并一次性缴入其出资额。因此实收资本与注册资金要保持一致，否则公司不得成立。授权资本制即在公司成立时，虽然也要确定资本金总额，但不要求投资者一次性缴付其全部出资额，而只要缴纳了第一期出资额，公司即可成立，没有缴纳的部分则要委托董事会在成立后进行筹资。因此，它允许在公司成立时实收资本与注册资本不一致。

开办公司制企业必须筹集到法律规定的最低的资本金数额，否则企业不得批准成立，这就是所谓的法定资本金。

根据我国有关法律规定，有限责任公司的最低注册资本为人民币 3 万元；一人有限责任公司的最低注册资本为人民币 10 万元；股份有限公司的最低注册资本为人民币 500 万元。法律、行政法规对公司注册资本的最低限额有较高规定的，从其规定。

2. 资本金制度的内容

资本金制度是指国家围绕资本金的筹集、管理以及所有者责权利等方面所制定的法律规范。

(1) 资本金筹集制度。资本金筹集制度主要涉及筹资方式、筹资期限、吸收无形资产出资限额、验资及出资证明等内容。

① 筹资方式。企业筹集资本金的方式可以多种多样，既可以吸收货币资金的投资，也可以吸收实物、无形资产等形式的投资；企业还可以发行股票筹集资本金。公司全体股东或

发起人的货币出资额不得低于公司注册资本的30%。募集设立的股份公司发起人认购的股份不得少于公司股份总数的35%；但是，法律、行政法规另有规定的，从其规定。非货币财产出资的，应当依法办理其财产权的转移手续。

② 筹资期限。企业的资本金可一次或者分期筹集，具体应按国家有关法律、法规以及合同、章程的规定来确定。例如，有限责任公司全体股东的首次出资额不得低于公司注册资本的20%，也不得低于法定的注册资本最低限额，其余部分由股东自公司成立之日起两年内缴足；发起设立的股份有限公司全体发起人的首次出资额不得低于公司注册资本的20%，其余部分由发起人自公司成立之日起两年内缴足。其中，投资公司可以在五年内缴足。

③ 吸收无形资产出资限额。我国现行法律、法规允许企业用无形资产进行投资。1994年7月1日开始实施的《公司法》中规定，无形资产（不包括土地使用权）出资的金额不得超过公司注册资本的20%，国家对采用高新技术有特别规定的除外。1998年5月1日国家科技部和国家工商局曾发文规定："以高新技术成果出资入股，作价总金额可以超过公司注册资本的20%，但不得超过35%。"2006年1月1日开始实施的现行《公司法》对无形资产出资比例放宽了限制，仅要求货币出资金额不得低于有限责任公司注册资本的30%，即无形资产出资比例可达到有限责任公司注册资本的70%。

④ 验资及出资证明。验资是指对投资者所投资产进行法律上的确认。现金出资以实收现金额进行确认，即以实际收到或存入企业开户银行的日期和金额，作为投入资本的入账依据。实物投资、无形资产投资的应按合同、协议或评估确认的价值作为投资入账价值。在时间上，以实物投资以办理完物料转移手续时确认其投资，无形资产投资则以合同、协议或公司章程规定移交有关凭证时确认其投资。

(2) 资本金管理制度。企业筹集的资本金在管理上有许多方面的要求，从总体上看主要包括资本保全制度和投资者的权利与责任两项内容。

① 资本保全制度。它要求企业在生产经营过程中，应取得盈利，以保证资本的保值增值。如果企业发生亏损，则必须用企业以前年度留用的利润予以弥补，如果以前年度利润不足以弥补的，则须由以后年度的利润予以弥补。

② 投资者的权利与责任。它要求投资者必须按规定比例出资，并分享企业利润和分担风险及亏损。

为降低创业成本，激发社会投资活力，国务院于2013年10月25日部署推进公司注册资本登记制度改革。推进此项改革就是要按照便捷高效、规范统一、宽进严管的原则，创新公司登记制度，降低准入门槛，强化市场主体责任，促进形成诚信、公平、有序的市场秩序。改革的主要内容：一是放宽注册资本登记条件。除法律、法规另有规定外，取消现行公司最低注册资本的限额；不再限制公司设立时股东（发起人）的首次出资比例和缴足出资的期限。公司实收资本不再作为工商登记事项；二是将企业年检制度改为年度报告制度，任何单位和个人均可查询，使企业相关信息透明化。建立公平规范的抽查制度，克服检查的随意性，提高政府管理的公平性和效能；三是按照方便注册和规范有序的原则，放宽市场住所（经营场所）登记条件，由地方政府具体规定；四是大力推进企业诚信制度建设。注重运用信息公示和共享等手段，将企业登记备案、年度报告、资质资格等通过市场主体信用信息系统予以公示。完善信用约束机制，将有违规行为的市场主体列入经营异常的"黑名单"，向社会公示，使其"一处违规、处处受限",提高企业"失信成本";五是推进注册资本由实缴登记制改为认缴登记制,降低开办公司成本。在抓紧完善相关法律、法规的基础上,实行由公司股东(发起人)自主约定认缴出资额、出资方式、出资期限等,并对缴纳出资情况真实性、合法性负责的制度。

3. 资本公积金

资本公积金是一种资本的储备形式,属于所有者权益的一项重要内容。它主要包括以下内容:

(1) 资本溢价。即投资者实际缴付的出资额大于或超出其资本金的部分,如企业发行股票的溢价收入等。

(2) 法定财产重估增值。即企业按照国家法律规定进行财产重估,其重估增值部分作为资本公积金。

(3) 资本折算差额。即企业由于记账汇率不同引起的资本账与资产账的账面差额。

(4) 接受捐赠。即企业接受其他单位或个人的捐赠而形成的资本公积金。

资本公积金作为准资本,是资本充实原则的必然要求。资本公积金主要用于转增资本。

7.2.3 主权资本筹集

企业筹资方式可分为两大类形式:主权资本筹资和债务资本筹资。主权资本筹资按筹集方式的不同又可分为三种形式:一是吸收直接投资;二是发行股票;三是留成收益。与负债融资相比,权益融资的筹资成本较高,但筹资风险较低。

1. 吸收直接投资

吸收直接投资是指企业以协议等形式吸收国家、其他企业、个人和外商等直接投入的资金。吸收直接投资从投资者的出资形式来划分,主要有两种类型:

(1) 吸收现金投资。吸收现金投资是企业吸收直接投资最为主要的形式之一。因为现金比其他出资方式在使用上具有更大的灵活性,它可以直接用于购置各类资产或支付各项费用。

(2) 吸收非现金投资。吸收非现金投资又可分为两类:一是吸收实物资产投资,即投资者以房屋、建筑物、设备等固定资产和材料、产品等流动资产作价出资;二是吸收无形资产投资,即投资者以专利权、商标权、非专利技术、土地使用权等无形资产投资。

2. 股票筹资

股票是股份公司为筹集主权资本而发行的、表示股东按其持有的股份享有权益和承担义务的可转让的书面凭证。

(1) 股票的种类

① 按票面是否记名,可分为记名股票和无记名股票。记名股票应在股票票面上记载股东的姓名或名称,公司在发行记名股票时应当置备股东名册。无记名股票在股票票面上不记载股东的姓名或名称,公司发行无记名股票应当记载其股票数量、编号及发行日期。我国现行法律规定,股份公司发行的股票均为记名股票。

② 按股东权益不同,可分为普通股股票和优先股股票。普通股股票是公司发行的代表股东享有平等的权利、义务,不加特别限制且股利不固定的股票。优先股股票则是公司发行

的优先于普通股东分得股息和公司剩余财产的股票。一般来讲,普通股享受红利,优先股享受股息。股息率事先确定并不随公司利润的变化而变化,所以优先股股票虽属于公司筹集自有资本的形式,但也可以认为兼有债券的性质,具有财务杠杆作用。

③ 按投资主体不同,可分为国有股、法人股、个人股和外资股。国有股是有权代表国家投资的部门或机构以国有资产向公司投入而形成的股份。法人股是企业法人或具有法人资格的事业单位或社会团体,依法以其可支配的资产向公司投入而形成的股份。个人股是社会个人或本公司职工以个人合法财产投入公司而形成的股份。外资股是指外国及我国港、澳、台地区投资者购买的人民币特种股票。

④ 按发行对象和上市地区不同,可分为 A 股、B 股、H 股和 N 股。A 股是供我国个人或法人买卖的、以人民币标明票面价值并以人民币认购和交易的股票。B 股是在国内发行上市,以人民币标明票面价值但以折合的外币金额认购和交易的股票。H 股是国内公司在香港发行并上市的股票。N 股是国内公司在美国纽约证券交易所发行并上市的股票。

(2) 股票的价格

① 票面价格。股票的票面价格是股票票面上所标明的金额,也叫作股票面值。股票面值只是公司章程规定股票的价格,并无实质的经济意义。目前我国股票面值通常为 1 元。

② 账面价格。或称账面价值,是指资产净值与普通股数的比值,即每股净资产。用公式表示为:

$$每股账面价格 = \frac{股东权益总额 - 优先股权益}{普通股股数}$$

③ 清算价格。清算价格是公司在清算时每股所代表的实际金额。从理论上讲,每股清算价格应当等于每股账面价格。但在实务中,清算时公司资产的变卖金额往往低于账面价格。

④ 市场价格。市场价格是股票在市场交易时所确定的价格。影响股票市场价格变动的主要因素有企业经营状况及收益预期、银行利率变化、通货膨胀预期、政治因素等。

(3) 股票发行条件

不是所有的股份公司都能发行股票,公司发行新股必须具备下列条件:

① 前一次发行的股份已经募足,并间隔一年以上。

② 公司在最近 3 年内连续盈利,并可向股东支付股利,但以当年利润分派新股不受此限。

③ 公司在最近 3 年内财务会计文件无虚假记载。

④ 公司预期利润率可达同期银行存款利率。

(4) 股票发行价格决策

公司在确定股票发行价格时应考虑以下因素:

① 市盈率。市盈率是指普通股每股市价与每股税后利润的比率,它反映股票的投资价值。股票发行价格一般是根据每股税后利润乘以一个参考市盈率确定的。

② 每股净资产。一般情况下,每股所代表的净资产越多,其发行价格可定得越高。

③ 行业前景。它主要考虑公司所处行业的发展前景、未来的盈利能力。行业发展前景越好,股东的期望收益也越大,其发行价格也就越高。

④ 公司在同行业中的地位。公司的信誉及经营管理水平在一定程度上决定发行价格。

⑤ 证券市场的供求状况及股价水平。这是公司发行价格确定的外部环境与条件。

7.2.4 负债筹资

负债筹资是指企业通过向金融机构借款、发行债券、融资租赁和商业信用等形式筹集所需资金。按照期限的长短,负债筹资又可分为短期负债筹资和长期负债筹资两大类。

1. 银行借款

银行借款是指企业根据借款合同向银行或其他金融机构借入的款项。

(1) 银行借款的种类

① 按借款期限分类,可分为短期银行借款和长期银行借款。短期借款是企业向银行等金融机构借入的期限在1年以内的借款。如生产周转借款、临时借款、结算借款等。长期借款是企业向银行等金融机构借入的期限在一年以上的借款。如固定资产投资借款、更新改造借款、科研开发与新产品试制借款等。

② 按有无担保分类,可分为抵押借款和信用借款。抵押借款是企业以其资产或其他担保财产作抵押而从银行借入的款项。抵押品可以是不动产、机器设备等实物资产,也可以是股票、债券等有价证券。信用借款是凭借款企业的信用或保证人的信用而从银行借入的款项。由于信用借款的风险比抵押借款的风险要大,因此,银行利率通常较高,且往往附加一些必要的限制条件。

(2) 银行借款的优劣分析

银行借款的优点:筹资成本较低,筹集简便迅速,借款还款弹性较大,可避免公开财务信息。银行借款的缺点:筹资风险较高,使用限制较多,筹资数量有限。

2. 企业债券

企业债券是企业为筹集资金而发行的、约期向债权人还本付息的有价证券。

(1) 企业债券的类型

① 按有无特定的财产担保分类,可分为抵押债券和信用债券。抵押债券是发行企业以特定的财产作为担保品的债券。它按担保品不同又可分为不动产抵押债券、动产抵押债券和信托抵押债券。其中,信托抵押债券是以企业持有的有价证券为担保而发行的债券。信用债券是发行企业没有设定担保品,仅凭其信用而发行的债券。

② 按是否记名分类,可分为记名债券和无记名债券。记名债券在券面上记有持券人的姓名或名称,发行企业只对记名人偿本,持券人凭印鉴支取利息。无记名债券在券面上不记有持券人的姓名或名称,还本付息以债券为凭,一般采用剪票付息方式。

③ 按能否转换为本公司股票分类,可分为可转换债券和不可转换债券。可转换债券是根据发行契约允许持券人按预定的条件、时间和转换率将持有的债券转换为公司普通股股票的债券。不能享有这种权利的债券则为不可转换债券。

④ 按筹资期限长短分类,可分为长期债券和短期债券。长期债券是筹资期限在1年以上的债券,主要用于企业长期、稳定的资产占用需要;短期债券则是筹资期限在1年以内的债券,主要用于临时性的流动资产需要。

(2) 债券发行价格

债券发行价格是发行公司或承销机构发行债券时所使用的价格,也即投资者向发行公司认购债券时实际支付的价格。债券发行价格的高低取决于以下因素:

① 债券面额。债券面额越大,发行价格越高;债券面额越小,则发行价格越低。

② 票面利率。相对于市场利率而言,债券票面利率越高,投资价值越大,从而发行价格越高;债券票面利率越低,则投资价值越小,从而发行价格越低。

③ 市场利率。在债券面值与票面利率一定的情况下,市场利率越高,则发行价格越低;市场利率越低,则发行价格越高。

一般来说,债券的发行价格主要用来调节票面利率和市场利率的差异。

(3) 债券筹资的优劣分析

债券筹资的优点:与权益融资相比,债券筹资的成本较低,它既可发挥财务杠杆作用,又能保证股东对公司的控制权;与银行借款相比,它的筹资成本较高,但筹资数量较大。债券筹资的缺点:财务风险较高,限制条款较多,筹资门槛较高。

3. 融资租赁

租赁是出租人以收取租金为条件,在契约或合同规定的期限内,将资产租给承租人使用的一种经济行为。按租赁业务性质划分,可分为经营租赁和融资租赁两种。经营租赁是出租人向承租人提供租赁设备,并提供设备维修和人员培训等服务性业务的租赁形式。融资租赁是由出租人(租赁公司)按照承租人(承租企业)的要求融资购买设备,并在契约或合同规定的较长时期内提供给承租人使用的信用业务。

(1) 融资租赁的特点

融资租赁有以下特点:

① 设备租赁期较长。租期一般为租赁资产预计使用年限的一半以上。

② 租赁合同比较稳定。在合同有效期内双方均无权单方面撤销合同。

③ 租赁成本较高。租金除了包含设备的价款外,其分期支付的利息一般要高于同期银行借款的利息。

④ 租赁期满后,按事先约定的方式来处置资产,或由出租人收回;或延长租期续租;或将设备作价转让给承租人。

(2) 融资租赁的具体形式

① 直接租赁。直接租赁是由出租人将设备直接租给承租人,然后向其收取租金。直接租赁业务只涉及出租方和承租方,没有中介环节。出租方一般是产品制造厂家、独立租赁公司、专用设备租赁公司等。

② 返回租赁。返回租赁是公司根据协议先将设备卖给租赁公司,然后再以租赁的方式从租赁公司手中将该项设备租回使用。通常是一些制造设备的厂家把自己生产用的机器设备以与市价大致相同的售价卖给租赁公司,然后又将该设备租用。出租方多为金融机构,如保险公司、金融公司、投资公司等。

③ 杠杆租赁。杠杆租赁又称借款租赁或减税优惠租赁,出租方对价格昂贵的设备难以靠自有资金购进时,只需自筹该项设备所需价款的20%～40%,其余所需大部分资金可以向银行等金融机构要求贷款,同时以该设备作为贷款的担保品。出租人能够以少量资本带动巨额的租赁业务,就如杠杆原理一样。这种租赁形式适用于飞机、船舶、海上钻井设备等巨额资产的租赁业务。

(3) 融资租赁的优劣分析

融资租赁的优点:增加资金调度的灵活性,具有税收抵免作用;如果承租期满设备归还出租方,还可避免设备过时的风险,降低管理成本。融资租赁的缺点:租赁成本较高,损失资产残值。

4. 商业信用

商业信用是企业在商品购销活动中因延期付款或预收货款而形成的借贷关系。

(1) 商业信用的具体形式

① 应付账款。这是由赊购商品形成的,以记账方法表达的商业信用形式。账款的支付主要依赖于买方的信用。卖方为促使买方及时承付货款,一般均给对方一定的现金折扣。例如,规定"3/10, n/30",就是指买方如能在购货发票日算起 10 天内付款,可享受 3% 的购货折扣;若在 10 天后至 30 天内付款,则不能享受这笔折扣,买方必须支付全部货款;允许买方付款期限最长为 30 天。

② 应付票据。这是买方或卖方根据购销合同开出并经过承兑的商业票据。应付票据的付款期限一般为 1~6 个月,它又可分为带息与不带息两种,我国目前的大多数票据属于不带息票据。

③ 预收货款。这是卖方按合同或协议规定,在销售商品之前向买主预收部分或全部货款的信用方式。对于生产周期长、售价高的商品,生产者经常要向订货者分次预收货款,以缓和本企业经营收支不平衡的矛盾。

(2) 商业信用筹资的优劣分析

商业信用筹资的优点:随经营业务开展而自动产生,筹资方便,限制条件少;如果不存在现金折扣或票据不带息,筹资成本低。商业信用筹资的缺点:所筹资金利用时间短,还款或供货不及时会影响企业信誉,有一定的风险。

决策借鉴

盈科数码动力筹资运作的大手笔

2000 年 2 月前后,香港商界上演了一场震惊东西方市场的收购大战。香港巨商李嘉诚之子李泽楷任主席的盈科数码动力(简称盈动)与新加坡前总理李光耀之子李显扬任总裁的新加坡电信行政(简称新电信),争夺收购香港电讯的胜券。双方斗智斗勇,几经波折,最终盈动胜出。在这场收购大战中,盈动获胜的一个重要因素,是其为争夺香港电讯控制权,与多家银行包括汇丰投资、法国国家巴黎银行及中银融资等,筹措 100 亿美元(约 770 亿港元)的过渡性贷款,不惜每年负担 50 亿港元的利息支出,打破以往银团贷款的最高纪录。实为借入资本筹资运作的大手笔。

当然,公司随后面临着巨大的还款压力。该公司一年后出现亏损并负债过重,这又从另一方面说明了借入资本筹集的风险。

资料来源:陈兴滨.公司理财.北京:企业管理出版社,2002 年,第 126 页。

7.3 投资管理

7.3.1 投资的目的

投资是企业以收回现金并取得收益为目的的现金流出,投资对于企业的生存和发展具有重要意义。企业的任何投资行为,其最终目的都是获取最大的投资收益,从而实现企业价值最大化的理财目标。投资按资金的投向可分为对内投资和对外投资。对内投资包括固定资产投资、无形资产投资和流动资产投资等,对外投资包括证券投资和对外直接投资。但对各个独立的投资项目来说其具体的目的又分为以下三种:

1. 增强竞争实力,取得投资收益

收益的取得可以表现为利润的增加,也可以表现为成本的节约。企业可以通过投资扩大原有产品和市场的规模,或者开发新的产品和市场,从而扩大经营规模,以取得规模效益。另外,企业还可以通过投资引进效率更高的设备,或进行技术改造,从而降低产品成本和各项费用,以达到增强竞争实力和增加收益的目的。

2. 降低投资风险

投资风险就是投资收益超出预期变动的可能性。企业各个投资项目的风险程度是不同的,当企业已有投资项目的风险都比较高时,企业就应考虑再投资一些低风险的项目,以形成多元化投资或经营的格局,以降低投资风险。

3. 承担社会义务

企业对生产安全设施和环境保护方面的投资,表面上看没有直接的经济效益,相反,会增加眼前的支出,但这是企业对社会所尽的义务,能产生一定的间接效益和良好的社会效益,避免因安全或环保设施缺失等引起的人员和财产损失以及环境的污染,维护企业的形象。从长远看,这实际上也是企业的一笔财富,而不能仅仅看作是企业的负担。

7.3.2 投资决策的基本程序

1. 短期投资决策程序

短期投资的对象一般为企业的流动资产,通常在1年以内就可收回。因此,短期投资决策程序比较简单。

(1) 根据实际需要,提出投资项目。当企业需要进行集中的季节性原材料采购时,或者当出现有利的采购机会时,就要追加流动资金的投放;当企业现金有富余时,就可将暂时闲置的现金投资于短期有价证券,以获取投机性收益。

(2) 分析投资收益,作出投资决策。当短期投资项目提出后,要分析项目的收入与成本,以便确定投资的收益。当投资收益大于零或达到企业预定的投资报酬率时,投资项目才是可行的,但当企业用现金投资短期有价证券特别是股票时,还应评估投资风险。

(3) 积极筹措资金,及时组织投放。当短期投资项目确定后,应及时保证资金的到位。资金来源应在综合考虑企业原有资金结构的基础上,从企业内部调剂或从外部融通。

(4) 及时反馈信息,实施财务监控。由于企业各类短期投资频繁发生,资金投放后要及时反馈信息,并注意实施监控,确保实现决策目标并有利于以后的投资。

2. 长期投资决策程序

长期投资属于战略性投资,投资的对象一般为固定资产、无形资产和长期有价证券等。长期投资的回收期长,投资金额大,因此,要特别重视投资前的调查研究和可行性论证。长期投资的决策程序如下:

(1) 提出投资意向。根据市场需求、资源状况和国家产业扶持政策等涉及投资机会的各种因素,就投资目的和投资方向等提出原则性设想。

(2) 拟定项目建议书。拟定项目建议书也称为立项，它是就投资项目提出的理由和依据，对项目要求的生产经营条件、投资概算、未来经济效益和风险等内容所作出的书面报告。

(3) 进行可行性研究。在立项批准以后，就投资项目的主要内容和标准、项目的必要性、技术的先进性和可行性、经济效益的可靠性等内容所作的综合性论证，并形成书面报告。

(4) 投资项目的评估与决策。这是对投资项目的可行性报告进行评价，并提出评估报告，根据评估的结果，由企业管理当局作出最后的投资决策。

(5) 执行投资项目。制订期间计划，进行投资建设。包括设计图纸、根据决策方案详细制订分年度建设计划并实施工程建设。

(6) 投资项目再评估。投资项目建成后，经过一段时间的投产运营，要进一步评价投资项目运转是否正常，预期收益能否实现，投资能否按时收回等以利于以后的投资。

7.3.3 货币时间价值

由于长期投资涉及的时间周期长，在投资决策评价时，必须考虑货币的时间价值。货币时间价值又称资金时间价值，是指货币随着时间的推移发生的增值。货币时间价值的基本表现形式为利息或利率，在实际运用中通常以终值和现值来表示。在投资决策评价中，一般都是计算投资项目相关现金流量的现值。

1. 复利终值

复利终值是指一定数量的本金按复利计息情况下未来某一时点的本息之和。计算公式如下：

$$复利终值 = 现值 \times (1 + 利率)^{计息期数}$$

$$S = PV \cdot (1 + i)^n$$

例如，1元本金在复利年利率10%的情况下：

第1年终值 = $1 \times (1+10\%)^1 = 1.1$(元)

第2年终值 = $1 \times (1+10\%)^2 = 1.21$(元)

第3年终值 = $1 \times (1+10\%)^3 = 1.331$(元)

2. 复利现值

复利现值是指未来一定时间的货币资金按复利计息情况下折算的现在价值。通常把终值折算为现值称为贴现或折现。计算公式如下：

$$复利现值 = \frac{终值}{(1+利率)^{计息期数}} = \frac{S}{(1+i)^n}$$

例如，在年利率10%的情况下，某一时点的1元钱的现值计算如下：

第1年年末1元的现值 = $\frac{1}{(1+10\%)^1} = 0.909$(元)

第2年年末1元的现值 = $\frac{1}{(1+10\%)^2} = 0.826$(元)

第3年年末1元的现值 = $\frac{1}{(1+10\%)^3} = 0.751$(元)

3. 年金终值

年金是指一定时期内，每期都收入或支出一笔相同金额的货币资金。年金有后付年金

(又称普通年金)、先付年金、递延年金和永续年金四种形式。以下以普通年金为例介绍年金终值和现值的计算方法。

年金终值是在复利计息情况下,各期期末收入或支出相等金额的货币资金终值的总和。其计算公式如下:

$$年金终值 = 年金 \times \frac{(1+利率)^{期数}-1}{利率}$$

$$S_A = A \times \frac{(1+i)^n-1}{i}$$

例如,在复利年利率10%的情况下,连续5年每年年末收入100元,则5年后的本利和为:

$$S_A = 100 \times \frac{(1+10\%)^5-1}{10\%} = 610.5(元)$$

4. 年金现值

年金现值是指在复利计息情况下,未来各期期末收入或支出相等金额货币资金的现值总和。其计算公式如下:

$$年金现值 = 年金 \times \frac{(1+利率)^{期数}-1}{利率 \times (1+利率)^{期数}}$$

$$PV_A = A \times \frac{(1+i)^n-1}{i \cdot (1+i)^n}$$

例如,在复利年利率10%的情况下,未来五年中每年年末收入100元,求年金现值。

$$PV_A = 100 \times \frac{(1+10\%)^5-1}{10\% \cdot (1+10\%)^5} = 379.08(元)$$

年金终值和年金现值的计算也可以利用 Excel 的财务功能函数来计算。以下结合例子介绍计算方法:

年金终值的功能函数为:FV(利率,期数,各期等额收入或支出金额)

例:在复利年利率10%的情况下,连续5年每年年末收入100元,求5年后的本利和。

计算步骤:进入 Excel 界面,在任一单元格中键入"=FV(0.1,5,100)",回车可得答案:610.5。

也可点击 Excel 工具栏中"fx",选择财务函数 FV,根据对话框的提示键入相应的数值,得到结果。

年金现值的功能函数为:NPV(利率,未来各期数值)。其中"未来各期数值"可以不相等。

例:在复利年利率10%的情况下,未来5年中每年年末收入100元,求年金现值。

计算步骤:进入 Excel 界面,在任一列中(不妨为B1:B5)键入5个100,选择某一单元格中键入"=NPV(0.1,B1:B5)",回车可得答案:379.08。

也可点击 Excel 工具栏中"fx",选择财务函数 NPV,根据对话框的提示键入相应的数值,得到结果。

7.3.4 投资决策的方法

投资决策的方法有多种,按是否考虑货币时间价值划分,可分为非贴现法和贴现法两大类。非贴现法不考虑货币时间价值,计算较简单,但长期投资决策时间跨度长,不考虑货币时间价值的计算结果在经济上并不可靠。贴现法要考虑货币时间价值,计算较复杂,但结果更为可靠。

1. 非贴现法

(1) 投资回收期法。投资回收期法是以投资额完全收回所需时间的长短来评价投资方案的方法。投资回收期的计算,因每年的现金净流量是否相等而有所不同。

如果每年的现金净流量相等,则计算公式如下:

$$投资回收期 = \frac{原始投资额}{年现金净流量}$$

如果每年的现金净流量不等,则要根据每年年末尚未回收的投资额加以确定。计算公式如下:

$$投资回收期 = (n-1) + \frac{第(n-1)年年末尚未回收的投资额}{第 n 年当年的现金净流量}$$

例如,某企业某项投资总额为 12 000 元,其现金净流量如表 7-1 所示。

表 7-1 某企业现金净流量表

时间	0	1	2	3	4	5	6
现金净流量/元	-12 000	3 000	4 000	4 000	2 000	2 000	1 000

从表中可以看出:到第三年年末,累计的现金净流量已达到 11 000 元(3 000+4 000+4 000),尚未收回的投资额仅余 1 000 元,而第 4 年的现金净流量为 2 000 元,因此,可根据公式计算:

$$该项目投资回收期 = (4-1) + \frac{1\ 000}{2\ 000} = 3.5(年)$$

(2) 投资报酬率法。投资报酬率法是通过计算投资项目寿命周期内平均的年投资报酬率,来评价投资方案的方法。其计算公式有两种:

$$投资报酬率 = \frac{年平均净利润}{原始投资额} \times 100\%$$

$$投资报酬率 = \frac{年平均现金净流量}{原始投资额} \times 100\%$$

其中:

$$年平均净利润 = \frac{各年投资净利润总额}{年数}$$

$$年平均现金净流量 = \frac{各年现金净流量总额}{年数}$$

在采用年平均投资报酬率法评价投资方案时,应事先确定一个企业要求达到的必要平均报酬率,只有当投资方案的投资报酬率等于或高于必要的投资报酬率时,投资方案才是可行的。如果有多个可行方案可供选择,则应选择投资报酬率最高的方案。

2. 贴现法

(1) 净现值法。净现值法是指通过计算投资项目的净现值来反映投资的报酬水平并确定投资方案取舍的方法。净现值是指投资项目在未来时期内的现金流入量,按照资金成本率或企业愿意接受的最低报酬率折算为现值后减去投资额现值的差额。其计算公式为：

净现值 = 投资项目未来现金流入的总现值 - 投资额现值

$$\text{NPV} = \left[\frac{\text{NCF}_1}{(1+K)^1} + \frac{\text{NCF}_2}{(1+K)^2} + \cdots + \frac{\text{NCF}_n}{(1+K)^n}\right] - C$$

$$= \sum_{t=1}^{n} \frac{\text{NCF}_t}{(1+K)^t} - C$$

式中：NPV——净现值

NCF_t——第 t 年的现金净流量

K——贴现率

n——投资项目预计建设和运营年限

C——投资额的现值

净现值法的判断标准是：净现值为正，说明该方案的投资报酬率高于企业的资金成本率或企业愿意接受的最低报酬率，该投资方案在经济上可行；净现值为零，说明该方案的投资报酬率等于企业的资金成本率或企业愿意接受的最低报酬率，孤立的看，该投资方案在经济上也是可行的；净现值为负，则方案不可行。在有多个备选方案时，应在净现值大于等于零的基础上，选择净现值最高的方案为最优方案。

例如，某企业有 A、B 两个投资方案，如果贴现率为 10%，试求 A、B 方案的净现值。资料见表 7-2 和表 7-3。

表 7-2 某企业 A 方案现金流量表

年序	现金流出/元	现金流入/元		现金净流量/元	累计现金流量/元
		利润	折旧		
0	100 000			-100 000	-100 000
1		15 000	20 000	35 000	-65 000
2		15 000	20 000	35 000	-30 000
3		15 000	20 000	35 000	5 000
4		15 000	20 000	35 000	40 000
5		15 000	20 000	35 000	75 000
合计	100 000	75 000	100 000	175 000	

表 7-3 某企业 B 方案现金流量表

年序	现金流出/元	现金流入/元		现金净流量/元	累计现金流量/元
		利润	折旧		
0	100 000			-100 000	-100 000
1		10 000	20 000	30 000	-70 000
2		15 000	20 000	35 000	-35 000
3		13 000	20 000	33 000	-2 000
4		20 000	20 000	40 000	38 000
5		17 000	20 000	37 000	75 000
合计	100 000	75 000	100 000	175 000	

A 方案每年现金净流量相等,可用年金现值公式计算净现值。

$$NPV_A = 35\,000 \times \frac{(1+10\%)^5 - 1}{10\% \cdot (1+10\%)^5} - 100\,000$$

$$= 35\,000 \times 3.791 - 100\,000$$

$$= 132\,685 - 100\,000$$

$$= 32\,685(元)$$

B 方案每年现金净流量不相等,可用复利现值公式计算净现值。

$$NPV_B = \left[30\,000 \times \frac{1}{(1+10\%)^1} + 35\,000 \times \frac{1}{(1+10\%)^2} + 33\,000 \times \frac{1}{(1+10\%)^3} \right.$$

$$\left. + 40\,000 \times \frac{1}{(1+10\%)^4} + 37\,000 \times \frac{1}{(1+10\%)^5}\right] - 100\,000$$

$$= 131\,260 - 100\,000 = 31\,260(元)$$

投资决策方法中"净现值法"的计算也可以利用 Excel 的年金现值的功能函数来计算。

例:图 7-1 为某企业的 A、B 两个投资方案的有关资料,并可以直观地表示"净现值法"的计算过程。

其中,A 方案的净现值单元格 F8"=NPV(0.1,E4:E8)+E3"=32 677.54

B 方案的净现值单元格 F17"=NPV(0.1,E13:E17)+E12"=31 286.36

	A	B	C	D	E	F
1	年序	现金流出	现金流入		现金净流量	
2			利润	折旧		
3	0	100000			-100000	
4	1		15000	20000	35000	
5	2		15000	20000	35000	
6	3		15000	20000	35000	
7	4		15000	20000	35000	A方案净现值:
8	5		15000	20000	35000	¥32,677.54
9						
10	年序	现金流出	现金流入		现金净流量	
11			利润	折旧		
12	0	100000			-100000	
13	1		10000	20000	30000	
14	2		15000	20000	35000	
15	3		13000	20000	33000	
16	4		20000	20000	40000	B方案净现值:
17	5		17000	20000	37000	¥31,286.36

图 7-1

A、B 方案的净现值均为正值,两方案均为可行方案。但 A 方案的净现值大于 B 方案的净现值,因此 A 方案为最优方案。

净现值法的优点是考虑了资金的时间价值,能够反映各种投资方案的现值净收益。缺点是该指标是反映投资方案净收益的绝对数指标,因此,它不适用于独立方案中投资额不同的方案之间的比较。

(2)现值指数法。现值指数又称为利润指数或获利指数,它是投资项目未来现金流入的总现值与投资额现值之比。现值指数的计算公式如下:

$$PI = \left[\frac{NCF_1}{(1+K)^1} + \frac{NCF_2}{(1+K)^2} + \cdots + \frac{NCF_n}{(1+K)^n}\right] \div C$$

$$= \sum_{t=1}^{n} \frac{NCF_t}{(1+K)^t} \div C$$

式中：PI是现值指数，其他指标同净现值计算公式。

现值指数法的判断标准是：现值指数大于或等于1时，方案可行；现值指数小于1时，方案不可行。在有多种方案可供选择时，现值指数超过1最多的为最优方案。

例如，某企业有A、B两个投资方案，如果贴现率为10%，其余资料见前例表7-2和表7-3，试求A、B方案的现值指数。

$$PI_A = \frac{132\,685}{100\,000} \approx 1.33$$

$$PI_B = \frac{131\,260}{100\,000} \approx 1.31$$

A、B方案的现值指数均大于1，两方案均为可行方案。但A方案的现值指数大于B方案的现值指数，因此A方案为最优方案。

现值指数法的优点是考虑了资金时间价值，能够真实反映投资项目的盈亏程度，即现值指数减1就是净现值率，反映项目的投资效率。

（3）内含报酬率法。内含报酬率是使投资项目的净现值等于0的贴现率。其表达式如下：

$$\left[\frac{NCF_1}{(1+IRR)^1} + \frac{NCF_2}{(1+IRR)^2} + \cdots + \frac{NCF_n}{(1+IRR)^n}\right] - C = 0$$

即

$$\sum_{t=1}^{n} \frac{NCT_t}{(1+IRR)^t} - C = 0$$

式中：NCF——每年现金净流量

IRR——内含报酬率

C——投资额现值

n——期数

内含报酬率法的优点是考虑了货币时间价值，反映了投资方案本身的投资报酬率水平，因此，内含报酬率指标是投资效益评价的主要指标。

"内含报酬率"的计算也可以用Excel的财务功能函数进行计算。内含报酬率的功能函数为：IRR(各期数值)。

例：图7-2是某企业的A、B两个投资方案的数据资料，计算内含报酬率。图中同时直观地表示了"内含报酬率"的计算过程。

其中，A方案的内含报酬率单元格F8"=IRR(E3：E8)"=22.106 3%

B方案的内含报酬率单元格F17"=IRR(E12：E17)"=21.111 3%

上述利用Excel功能函数计算内含报酬率十分简捷。可以验证：

$$NPV_B = \left[30\,000 \times \frac{1}{(1+21.11\%)^1} + 35\,000 \times \frac{1}{(1+21.11\%)^2}\right.$$

$$+ 33\,000 \times \frac{1}{(1+21.11\%)^3} + 40\,000 \times \frac{1}{(1+21.11\%)^4}$$

$$\left. + 37\,000 \times \frac{1}{(1+21.11\%)^5}\right] - 100\,000$$

$$\approx 0$$

	A	B	C	D	E	F
1	年序	现金流出	现金流入		现金净流量	
2			利润	折旧		
3	0	100000			-100000	
4	1		15000	20000	35000	
5	2		15000	20000	35000	
6	3		15000	20000	35000	
7	4		15000	20000	35000	A方案内含报酬率:
8	5		15000	20000	35000	22.1063%
9						
10	年序	现金流出	现金流入		现金净流量	
11			利润	折旧		
12	0	100000			-100000	
13	1		10000	20000	30000	
14	2		15000	20000	35000	
15	3		13000	20000	33000	
16	4		20000	20000	40000	B方案内含报酬率:
17	5		17000	20000	37000	21.1113%

图 7-2

上述的计算可以在 Excel 表上实现,同时可以近一步加深对内含报酬率概念的理解,在图 7-3 的 Excel 电子表格上对 B 方案的内含报酬率进行验证。计算步骤如下:

第一步,对首期净现金流量折现。在单元格 F3 中设自定义函数:F3 "= E3/1.211 112 81^A3",("^"为高次方的运算符;为了使计算精确,内含报酬率的小数取了六位,为 21.111 281%),并回车确定;

第二步,对各期净现金流量折现。在单元格 F3 的右下角以小十字往下拖曳至 F8 进行循环运算,可得各期净现金流量的折现值;

第三步,对各期折现值求和。单元格 F9 中设自定义函数:F9"= sum(F3:F8)",回车得各期净现金流量折现值的总和:0.000 87,几乎为 0。

	A	B	C	D	E	F
1	年序	现金流出	现金流入		现金净流量	净流量折现
2			利润	折旧		
3	0	100000			-100000	-100000
4	1		10000	20000	30000	24770.6075
5	2		15000	20000	35000	23861.5609
6	3		13000	20000	33000	18576.3398
7	4		20000	20000	40000	18591.8069
8	5		17000	20000	37000	14199.6858
9						折现值合计: 0.00087147

图 7-3

至此,验证了内含报酬率的准确,同时体会了内含报酬率的意义。

运用上述三个贴现指标评价不同投资方案的优劣,有时会出现互相矛盾的结论,这源自于净现值是绝对数指标,而现值指数和内含报酬率是相对数指标。一般情况下,若投资方案之间的关系是互斥方案,应优先考虑采用净现值指标来选择方案;若是独立方案,则优先考虑采用现值指数或内含报酬率指标来选择方案。

投资决策评价中除了要考虑资金时间价值之外,还应考虑投资的风险因素。考虑投资项目风险的决策方法一般有两种,即按风险调整贴现率法和按风险调整现金流量法。

7.4 资产管理

企业的资产包括流动资产和非流动资产两大类。流动资产主要包括货币资金、交易性金融资产、应收票据、应收账款、预付款项和存货等项目;非流动资产主要包括长期股权投资、固定资产和无形资产等项目。固定资产和流动资产是企业赖以开展生产经营的两项最基本的资产,本节主要介绍企业固定资产和流动资产的管理内容。

7.4.1 固定资产管理

1. 固定资产的含义

固定资产是指为生产商品、提供劳务、出租或经营管理而持有的,使用寿命超过一个会计年度的有形资产。固定资产在使用过程中保持原有物质形态,其价值逐步转移到产品中去。它包括房屋及建筑物、机器设备、运输设备、工具器具等。会计上将价值较低且容易损耗的物品,如一般工具、专用工具和玻璃器皿等归入低值易耗品以简化核算。

固定资产的计价有以下三种形式,每种形式都有一定的用途。

(1) 原值。表示固定资产的原始投资,指建造或购买时支付的原价加运输、安装、调试费用等。

(2) 重置价值。是重新估价时,重建或购置与原物基本相同的固定资产所需要的费用。

(3) 净值,又称折余价值。是固定资产原值减去累计折旧后的净额,反映固定资产的新旧程度。

2. 固定资产折旧的计算方法

固定资产在使用过程中损耗的价值就是固定资产折旧。固定资产的价值转移,不仅要考虑使用过程的有形损耗,而且要考虑伴随技术进步所造成的无形损耗,即生产同样固定资产所花费的劳动减少和由于技术进步而使原有固定资产相对贬值,经济寿命缩短,要求提前报废更新的问题。

企业的固定资产折旧一般采用平均年限法;企业内部专业车队的汽车、大型设备可以采用工作量法;在国民经济中具有重要地位、技术进步较快的电子、船舶、机床、飞机、汽车、化工、医药生产企业及其他经财政部门批准的特殊行业企业的机器设备,可以采用双倍余额递减法或年数总和法等加速折旧的方法。关于固定资产的折旧年限,财政部分类规定了最低和最高年限,企业根据规定,有权选用具体的折旧方法和折旧年限,报主管财政机关备案。

(1) 平均年限法。平均年限法就是把应提折旧总额按折旧年限平均分摊于每个年度的一种折旧计算方法。它的特点是每年折旧额相等,一般企业都采用这种折旧方法。其计算公式如下:

$$年折旧率 = \frac{1 - 预计净残值率}{折旧年限}$$

$$月折旧率 = 年折旧率 \div 12$$

$$年折旧额 = 固定资产原值 \times 年折旧率$$

$$月折旧额 = 年折旧额 \div 12$$

预计净残值率就是预计净残值占固定资产原值的比率,一般按原值的 3%~5%确定;若要低于 3%或高于 5%,要报主管财政机关备案。

例:某项固定资产的原值为 800 000 元,预计净残值率为 5%,折旧年限为 10 年,有关数据计算如下:

$$年折旧率 = \frac{1-5\%}{10} = 9.5\%$$

$$年折旧额 = 800\,000 \times 9.5\% = 76\,000(元)$$

$$应提折旧总额 = 800\,000 \times (1-5\%) = 760\,000(元)$$

$$月折旧率 = 9.5\% \div 12 = 0.791\,67\%$$

$$月折旧额 = 800\,000 \times 0.791\,67\% = 6\,333.36(元)$$

(2) 工作量法。工作量法就是把应提折旧总额按该项固定资产所完成的工作量平均分摊的一种折旧计算方法。它的特点是单位工作量的折旧额相等。计算公式如下:

① 按行驶里程计算折旧额

$$单位里程折旧额 = \frac{原值 \times (1-预计净残值率)}{总行驶里程}$$

② 按工作小时计算折旧额

$$每工作小时折旧额 = \frac{原值 \times (1-预计净残值率)}{总工作小时}$$

例:某施工企业水泥运输车每辆原值 650 000 元,可行驶 120 000 千米,挖掘机每台原值 850 000 元,可工作 7 200 小时,预计净残值率为 5%,本月水泥运输车行驶 2 600 千米,挖掘机工作 130 小时,有关数据计算如下:

$$水泥运输车每千米折旧额 = \frac{650\,000 \times (1-5\%)}{120\,000} = 5.15(元/千米)$$

$$水泥运输车本月应提折旧额 = 2\,600 \times 5.15 = 13\,390(元)$$

$$挖掘机每工作小时折旧额 = \frac{850\,000 \times (1-5\%)}{7\,200} = 112.15(元/小时)$$

$$挖掘机本月应提折旧额 = 130 \times 112.15 = 14\,579.50(元)$$

(3) 双倍余额递减法。双倍余额递减法是一种折旧率按平均年限法的双倍,折旧基数按折余价值进行计算的加速折旧方法。这种方法第 1 年提取的折旧额等于平均年限法的双倍,以后随着折余价值的减少而逐年递减下来,折旧年限到期前 2 年,要把固定资产原值扣除预计净残值后的净额在两年内平均分摊。这种折旧计算方法和下面将要讲到的年数总和法同属加速折旧法,适用于在国民经济中具有重要地位、技术进步快的电子生产企业、船舶工业企业、生产"母机"的机械企业、飞机制造企业、汽车制造企业、化工生产企业和医药生产企业以及其他经财政部批准的特殊行业中的机器设备。计算公式如下:

$$年折旧率 = \frac{2}{折旧年限} \times 100\%$$

$$月折旧率 = 年折旧率 \div 12$$

年折旧额 = 固定资产账面净值×年折旧率

月折旧额 = 年折旧额÷12

例：某项机械设备原值180 000元，预计净残值为9 000元，折旧年限定为5年。采用双倍余额递减法计提折旧，各年折旧额如表7-4所示。

表7-4 某项机械设备年折旧额计算表(双倍余额递减法计)

年序	年初账面折余价值/元	年折旧率	年折旧额/元	累计折旧/元	年末账面折余价值/元
①	②	③=2/5×100%	④=②×③	⑤=∑④	⑥=原值-⑤
第1年	180 000	40%	72 000	72 000	108 000
第2年	108 000	40%	43 200	115 200	64 800
第3年	64 800	40%	25 920	141 120	38 880
第4年	38 880	(38 880-9 000)/2	14 940	156 060	23 940
第5年	23 940	(38 880-9 000)/2	14 940	171 000	9 000

(4) 年数总和法。年数总和法又称变率递减法，它是一种折旧基数不变、折旧率采用一个变率分数的加速折旧方法。这个变率分数的分母是折旧年限各年序数总和，分子是折旧年限各年序数，最大的序数在前，逐年递减。用这种方法计算的年折旧额也是开始很大，以后逐年递减下来。计算公式如下：

$$年折旧率 = \frac{折旧年限 - 已使用年数}{折旧年限 \times (折旧年限 + 1) \div 2} \times 100\%$$

月折旧率 = 年折旧率÷12

年折旧额 = (固定资产原值-预计净残值)×年折旧率

月折旧额 = 年折旧额÷12

例：某项机械设备原值650 000元，预计净残值32 500元，折旧年限为8年，采用年数总和法计提折旧，各年折旧额如表7-5所示。

表7-5中的折旧率是一个变率分数，分子是折旧年限从大到小的序数，分母按公式计算为折旧年限×(折旧年限+1)÷2=8×(8+1)÷2=36，其实这是一个折旧年限从1到8的序数连加之和。

表7-5 某项机械设备年折旧额计算表(年数总和法)

年　序	年折旧额的计算/元	累计折旧/元
第1年	(650 000-32 500)×8/36=137 222	137 222
第2年	(650 000-32 500)×7/36=120 069	257 291
第3年	(650 000-32 500)×6/36=102 917	360 208
第4年	(650 000-32 500)×5/36=85 764	445 972
第5年	(650 000-32 500)×4/36=68 611	514 583
第6年	(650 000-32 500)×3/36=51 458	566 041
第7年	(650 000-32 500)×2/36=34 306	600 347
第8年	(650 000-32 500)×1/36=17 153	617 500

3. 固定资产投资效益的预测和决策

进行固定资产投资效益预测,除了要有市场预测和技术经济分析的依据之外,还需要有决策方案的依据,下面对租购方案、新购改建方案的选择作一举例说明。

(1) 租购方案决策

例:某企业需要一台电子测试设备,有两个方案可供选择:一个方案是租赁,每天需付租金 150 元;另一个方案是购入,价格是 142 000 元,折旧年限 12 年,估计净残值 13 000 元,每年需支付维修费 9 500 元。无论租与购,使用时需承担开机费 100 元/天。试分析以上资料并确定一个较优方案。有关分析过程如下:

首先,建立租赁方案年成本方程式。设 $C1$ 为租赁方案年成本,a 为年固定成本,b 为变动成本,X 为用机天数,则租赁方案年成本方程式如下:

$$C1 = a + bX = 0 + (150 + 100)X = 250X$$

其次,建立购入方案年成本方程式。设 $C2$ 为购入方案年成本,a 为年固定成本,b 为变动成本,X 为用机天数,则购入方案年成本方程式如下:

$$C2 = a + bX = \left(\frac{142\,000 - 13\,000}{12} + 9\,500\right) + 100X$$
$$= 20\,250 + 100X$$

然后,令 $C1 = C2$,求出 X 的数值。$C1 = C2$ 时的用机天数 X,是两者平衡的临界点。

$$250X = 20\,250 + 100X$$
$$X = 135(\text{天})$$

结论:当每年用机天数小于 135 天时,租赁方案较优;当每年用机天数大于 135 天时,购入方案较优;当每年用机天数为 135 天时,两个方案年成本相等。

(2) 新购改建方案决策

例:某企业原有一项生产设备丧失生产能力,有两个方案可供选择:一个方案是新购一项新的性能相近的设备,价格为 360 000 元,旧设备可回收净残值 60 000 元,新设备生产产品每件变动成本为 8 元;另一个方案是对原生产设备进行大修和改建,投资总额为 120 000 元,改建后设备生产产品每件变动成本为 10 元,两种方案的设备使用寿命均为 10 年。试分析以上资料并确定一个较优方案。有关分析过程如下:

首先,建立新购方案总成本方程式。设 $C1$ 为新购方案总成本,a 为固定成本,b 为变动成本,X 为总产量,则新购方案总成本方程式如下:

$$C1 = (360\,000 - 60\,000) + 8X$$

其次,建立改建方案总成本方程式。设 $C2$ 为改建方案总成本,a 为固定成本,b 为变动成本,X 为总产量,则改建方案总成本方程式如下:

$$C2 = 120\,000 + 10X$$

然后,令 $C1 = C2$,求出总产量 X 的数值。

$$(360\,000 - 60\,000) + 8X = 120\,000 + 10X$$
$$X = 90\,000(\text{件})$$

结论:当总产量超过 90 000 件时,新购方案较优;当总产量小于 90 000 件时,改建方案较优。

7.4.2 流动资产管理

1. 流动资产的含义

流动资产是指可以在一年内或者超过一年的一个营业周期内耗用或变现的资产,包括原材料、低值易耗品、在产品、库存商品等各种存货,现金及各种存款,交易性金融资产,应收及预付款项等。流动资产在生产经营过程中不断流转,由货币形态转化为实物形态,再由实物形态转化为货币形态,其价值一次转移到产品中去。

2. 流动资产管理的内容

流动资产管理也称为营运资金管理。一般把企业全部流动资产的货币表现称为广义营运资金,而把流动资产减流动负债后的货币表现称为狭义营运资金或净营运资金。存货、货币资金、应收和预付款项构成了广义营运资金的三个最重要的组成部分,应在保证企业生产经营需要的前提下,力求减少资金占用并加快资金周转,提高资金使用效益。

(1) 存货管理。存货是指企业在生产经营过程中为耗用或销售而存储的物资,包括材料、燃料、修理用备件、低值易耗品、在产品、半成品、库存商品等。存货管理要求在存货数量必须保证生产过程正常需要的前提下,要尽可能减少存货占用的资金,防止超储积压,加速资金周转。具体措施包括:合理确定保险储备数量;对存货实行 ABC 分类管理;合理确定生产批量与订货数量;降低生产用物资的消耗定额;缩短生产周期;压缩物资供应在途日数和产成品销售发运日数等。

(2) 货币资金管理。货币资金包括现金和银行存款两类。企业与外部单位和内部职工的经济往来,用现金收付的为现金结算,通过银行转账收付的为转账结算。货币资金的管理,要求合理确定现金余额,积极组织资金收支,合理调度资金,充分挖掘资金潜力,保证生产经营所需资金的供应,加快资金周转,提高资金利用效果和企业经济效益。

(3) 应收和预付款项管理。应收票据是指企业在采用商业汇票结算方式时,因销售产品等而收到的商业汇票。应收票据管理要求及时回收款项,加速资金周转;遵守商业汇票管理制度。应收账款是企业在销售产品、提供劳务等业务中,因结算方式等原因,有一部分资金被购货单位占用,有待收取的款项。应收账款管理要求严格控制应收账款限额和回收时间,做到及时催收。其他应收款项是指除应收票据、应收账款、预付账款以外的企业预付、暂付款项,如预付给企业内部各部门和个人的备用金和应向职工收回的垫付款;应收的出租包装物租金及使用包装物押金;应收的各种赔款、罚款等。其他应收款应及时组织回收。预付账款是企业按购货合同规定,预付给供货单位的一部分货款。对预付账款的管理要严格遵守国家有关结算制度,控制预付货款的范围、比例和期限,减少资金占用,加速资金周转。

3. 存货资产的分析

存货资产一般在流动资产中所占的比重高、数额大,因此有必要在合理制定定额的基础上,对实际与计划的差异进行分析。存货资产的分析可以从因素分析着手,对存货的占用情况进行研究。

(1) 储备资产的分析。储备资产的分析,首先应按材料大类列表,比较实际与计划的增减变动情况,然后再按品种进行逐一因素分析。

例:某公司钢材期末库存资料如表 7-6 所示,试用差额计算法分析各因素变动对库存金额的影响。

表 7-6 某公司钢材期末库存资料

项目	计划	实际	差异
库存量/吨	284	270	−14
每吨价格/元	1 200	1 760	560
库存金额/元	340 800	475 200	134 400

库存金额＝库存量×每吨价格

由于钢材库存量变动

　　对库存金额的影响＝(270−284)×1 200＝−16 800(元)

由于钢材每吨价格变动

　　对库存金额的影响＝270×(1 760−1 200)＝151 200(元)

　　　　　　　　　　　合计　　134 400(元)

以上计算过程可以看出：钢材价格上升使库存金额增加是客观原因，而由于库存量减少而节约的储备资金占用则是企业加强库存管理的结果，应予以肯定。

(2) 在产品资产的分析。在产品资产占用额的多少，受产品产量、产品单位成本、生产周期等因素变动的影响，因此，可以从因素分析入手，分析各因素变动对在产品资金占用的影响。

例：某公司生产甲产品，有关在产品资金占用情况如表 7-7 所示，试用差额计算法分析各因素变动对在产品资金占用额的影响。

表 7-7 某公司在产品资金占用情况

项目	计划	实际	差异
平均日产量/件	400	420	20
生产周期/天	5	4.75	−0.25
单位成本/元	25	26	1
在产品成本系数/%	80	80	—
在产品资金/元	40 000	41 496	1 496

在产品资金占用额＝平均日产量×生产周期×单位成本×在产品成本系数

由于平均日产量变动对

　　在产品资金占用额的影响＝(420−400)×5×25×80%＝2 000(元)

由于生产周期变动对

　　在产品资金占用额的影响＝420×(4.75−5)×25×80%＝−2 100(元)

由于单位成本变动对

　　在产品资金占用额的影响＝420×4.75×(26−25)×80%＝1 596(元)

　　　　　　　　　　　合计　　1 496(元)

以上分析可以看出，由于平均日产量增加的原因，使在产品资金占用增加，只要产品有销路，这是正常现象。而由于单位成本上升造成的资金占用增加，则应结合成本分析，找出具体原因。

(3) 成品资产的分析。影响成品资金占用的主要因素是期末库存量和产品单位成本，而期末库存量的变动又受期初库存量、本期入库量和本期出库量等因素的影响。

例：某厂生产甲产品，已知成品资产占用情况的资料如表 7-8 所示，试用差额计算法分析各因素变动对产成品资金占用额的影响程度。

表 7-8 某厂成品资产占用情况资料

项目	计划	实际	差异
期初库存量/件	1 620	1 580	−40
本期入库量/件	144 000	151 200	7 200
本期出库量/件	144 720	149 800	5 080
期末库存量/件	900	2 980	2 080
单位成本/元	25	26	1
产成品资金/元	22 500	77 480	54 980

产成品资金占用额 ＝ 期末库存量 × 单位成本

＝（期初库存量 ＋ 本期入库量 − 本期出库量）× 单位成本

由于期初库存量变动对

产成品资金占用的影响 ＝（1 580 − 1 620）× 25 ＝ −1 000（元）

由于本期入库量变动对

产成品资金占用的影响 ＝（151 200 − 144 000）× 25 ＝ 180 000（元）

由于本期出库量变动对

产成品资金占用的影响 ＝（144 720 − 149 800）× 25 ＝ −127 000（元）

由于单位成本变动对

产成品资金占用的影响 ＝ 2 980 ×（26 − 25）＝ 2 980（元）

合计   54 980（元）

以上分析可以看出，产成品资金占用实际比计划增加 54 980 元，其原因除了单位成本上升外，主要是由于入库量的增加大于出库量的增加而造成的。

运作标杆

浙江万向钱潮的"零库存"管理

浙江万向钱潮股份有限公司 1996 年开始实行原材料、在产品和产成品存货接近于零的做法。在实施零库存的过程中，公司以市场为导向，以财务为核心，推行"三转"式的目标管理：销售围绕市场转，生产围绕销售转，部门围绕生产转。

在生产环节中，生产的产品都要严格根据市场需要配置，不至于积压在仓库里而占用资金。在销售环节中，努力提高市场占有率。实施的结果，大大减少了流动资金的占用，一年就节约流动资金占用 5 500 万元。

资料来源：陈兴滨. 公司理财. 北京：企业管理出版社，2002 年，第 218 页。

7.5 财务分析

财务分析是利用企业财务报告提供的会计信息及其他相关资料,采取一定的方法进行计量分析,以综合评价企业的财务状况、经营成果和现金流量状况。企业财务分析的基本内容包括偿债能力、营运能力和赢利能力分析、综合财务分析和现金流量分析等几个方面,运用的基本分析方法是对比分析法、比率分析法和趋势分析法。企业现金流量分析可以提供企业赢利质量和现金流转状况等重要信息,但由于需要具备更多的会计知识,因此,本节主要以企业资产负债表和利润表提供的信息介绍财务分析的基本内容和方法。对现金流量分析基本方法有兴趣的读者可进一步阅读相关参考书和本章后的案例分析2。表7-9、表7-10、表7-11 分别列举A公司资产负债表、利润表和现金流量表的有关资料。

表7-9　A公司资产负债表
2013年12月31日

编制单位:A公司　　　　　　　　　　　　　　　　　　　　　　　　　　　单位:元

资产	年初数	期末数	负债和股东权益	年初数	期末数
流动资产:			流动负债:		
货币资金	1 109 450	588 901	短期借款	450 000	75 000
交易性金融资产	22 500	0	交易性金融负债		
应收票据	369 000	69 000	应付票据	300 000	150 000
应收账款	448 650	897 300	应付账款	430 700	430 700
预付款项	150 000	150 000	其他应付款	325 000	325 000
应收利息			应付职工薪酬	165 000	270 000
应收股利			应交税费	54 900	243 689.5
其他应收款	7 500	7 500	应付利息		
存货	3 870 000	3 862 050	应付股利		
其他流动资产	150 000	0	其他应付款		
一年内到期的非流动资产			其他流动负债	1 500	0
流动资产合计	6 127 100	5 574 751	一年内到期的非流动负债	1 250 000	0
非流动资产:			流动负债合计	2 977 100	1 494 389.5
可供出售金融资产			非流动负债:		
持有至到期的投资			长期借款	900 000	1 890 000
长期股权投资	375 000	375 000	应付债券		
投资性房地产			长期应付款		
固定资产	1 400 000	1 221 500	预计负债		
在建工程	2 250 000	2 967 000	递延所得税负债		

续表

资　产	年初数	期末数	负债和股东权益	年初数	期末数
无形资产	1 200 000	1 110 000	其他非流动负债		
开发支出			负债合计	3 877 100	3 384 389.5
商誉			所有者权益：		
长期待摊费用			实收资本	7 250 000	7 250 000
递延所得税资产			资本公积		
其他非流动资产			减：库存股		
非流动资产合计	5 225 000	5 673 500	盈余公积	225 000	283 329.2
			其中：公益金		19 443.08
			未分配利润		330 532.3
			所有者权益合计	7 475 000	786 3861.5
资产总计	11 352 100	11 248 251	负债及所有者权益总计	11 352 100	11 248 251

表 7-10　A 公司利润表

2013 年度

编制单位：A 公司　　　　　　　　　　　　　　　　　　　　　　　　　　　单位：元

项　目	本期金额	上期金额（略）
一、营业收入	1 875 000	
减：营业成本	1 125 000	
营业税金及附加	0	
销售费用	105 000	
管理费用	160 650	
财务费用	62 250	
资产减值损失	1 350	
加：公允价值变动收益	0	
投资收益	77 250	
二、营业利润	498 000	
加：营业外收入	75 000	
减：营业外支出	29 550	
其中：非流动资产处置损失	29 550	
三、利润总额	543 450	
减：所得税费用	154 588.5	
四、净利润	388 861.5	
五、每股收益		
（一）基本每股收益	0.053 6	
（二）稀释每股收益		

表 7-11　A 公司现金流量表

2013 年度

编制单位：A 公司　　　　　　　　　　　　　　　　　　　　　　　　　　　单位：元

项　　目	本期金额	上期金额（略）
一、经营活动产生的现金流量		
销售商品、提供劳务收到的现金	2 013 750	
收到的税费返还		
收到的其他与经营活动有关的现金		
经营活动现金流入小计	2 013 750	
购买商品、接受劳务支付的现金	588 399	
支付给职工以及为职工支付的现金	450 000	
支付的各项税费	220 850	
支付的其他与经营活动有关的现金	105 000	
经营活动现金流出小计	1 364 249	
经营活动产生的现金流量净额	649 501	
二、投资活动产生的现金流量		
收回投资所收到的现金	24 750	
取得投资收益收到的现金	75 000	
处置固定资产、无形资产和其他长期资产而收到的现金	450 450	
处置子公司及其他营业单位收到的现金净额		
收到的其他与投资活动有关的现金		
投资活动现金流入小计	550 200	
构建固定资产、无形资产和其他长期资产所支付的现金	676 500	
投资所支付的现金		
取得子公司及其他营业单位支付的现金净额		
支付的其他与投资活动有关的现金		
投资活动现金流出小计	676 500	
投资活动产生的现金流量净额	−126 300	
三、筹资活动产生的现金流量		
吸收投资收到的现金		
借款所收到的现金	600 000	
收到的其他与筹资活动有关的现金		
筹资活动现金流入小计	600 000	
偿还债务所支付的现金	1 625 000	
分配股利、利润或偿付利息所支付的现金	18 750	
支付的其他与筹资活动有关的现金		
筹资活动现金流出小计	1 643 750	
筹资活动产生的现金流量净额	−1 043 750	
四、汇率变动对现金的影响额		
五、现金及现金等价物净增加额	−520 549	
加：期初现金及现金等价物余额	1 109 450	
六、期末现金及现金等价物余额	588 901	

为了便于说明,本节以下各项财务比率的计算将主要使用 A 公司有关报表的资料。

7.5.1 偿债能力分析

偿债能力是企业对债务清偿的承受能力或保证程度。按照债务偿付期限(通常以 1 年为限)的不同,企业偿债能力可分为短期偿债能力和长期偿债能力。

1. 短期偿债能力分析

企业短期偿债能力的衡量指标主要有流动比率、速动比率和现金比率。

(1) 流动比率。流动比率又称为营运资金比率,是资产负债表中流动资产总额与流动负债总额的比率。计算公式如下:

$$流动比率 = \frac{流动资产}{流动负债} = \frac{5\ 574\ 751}{1\ 494\ 389.5} = 3.73$$

一般认为,制造业中的企业,流动资产中约有 50% 是存货,为使企业有较强的短期偿债能力,流动比率为 2 比较合适,但在具体运用时还应考虑以下几个因素:

① 流动比率高也可能是由于存货积压、应收账款增多及待摊费用增加所致,所以还需进一步对流动资产的构成加以考察。

② 过高的流动比率可能意味着企业闲置较多的流动资产,或者企业对流动负债的利用过于谨慎,这会造成企业机会成本增加和获利能力的降低。

③ 不同行业的企业以及同一企业不同时期的流动比率的评价标准是不同的,因此,不能用统一的标准来评价各企业流动比率的高低。一般与行业平均的流动比率水平进行对比有较大的参考意义。

(2) 速动比率。速动比率也称酸性测试比率,计算公式如下:

$$速动比率 = \frac{速动资产}{流动负债} = \frac{流动资产-存货}{流动负债} = \frac{5\ 574\ 751-3\ 862\ 050}{1\ 494\ 389.5} = 1.15$$

一般认为,速动比率为 1 比较合适,它表明每 1 元短期负债都应有 1 元易于变现的流动资产或速动资产作为抵偿。速动比率低于 1 表明短期偿债能力偏低,但如果速动比率过高,又说明企业拥有过多的速动资产,表明企业对流动负债的利用过于谨慎。另外,不同行业的速动比率有很大区别。如采用大量现金销售的商店,几乎没有应收账款,速动比率低于 1 有时是很正常的。

(3) 现金比率。现金比率是反映企业即刻偿还短期债务的能力。计算公式如下:

$$现金比率 = \frac{现金+现金等价物}{流动负债} = \frac{588\ 901}{1\ 494\ 389.5} = 0.39$$

公式中的现金等价物一般是指企业拥有的交易性金融资产中,期限不超过 3 个月的短期政府债券。

在一般情况下,企业没有必要保留过多的现金类资产,但过低的现金比率反映企业支付能力存在问题。因此,保持合理的现金比率是很有必要的。

2. 长期偿债能力分析

企业长期偿债能力的衡量指标主要有资产负债率、产权比率、所有者权益比率和已获利息倍数。

(1) 资产负债率。资产负债率又称负债比率,它是企业负债总额对资产总额的比率。

计算公式如下：

$$资产负债率 = \frac{负债总额}{资产总额} \times 100\% = \frac{3\ 384\ 389.5}{11\ 248\ 251} \times 100\% = 30.1\%$$

资产负债率表明企业资产总额中，债权人提供的资金所占的比重，以及企业资产对债权人权益的保障程度。资产负债率对债权人来说越低越好，而企业则希望尽可能高一些，但过高的资产负债率会影响企业的长期偿债能力和进一步筹资的能力。当资产负债率大于100%时，表明企业已资不抵债，因而被视为破产警戒线。一般认为，资产负债率的上限控制在50%~60%比较合适，否则会使企业承受较大的财务风险。

（2）产权比率。产权比率也称债务股权比率，表明所有者权益对债权人权益的保障程度。计算公式如下：

$$产权比率 = \frac{负债总额}{所有者权益总额} \times 100\% = \frac{3\ 384\ 389.5}{7\ 863\ 861.5} \times 100\% = 43\%$$

产权比率越低，表明企业长期偿债能力越强，债权人权益的保障程度越高，承担的财务风险越小。但从股东角度看，在通货膨胀加剧时期，企业多借债可以把通货膨胀风险转嫁给债权人，在经济繁荣时期，多借点债可以获得负债经营的额外利润。

（3）所有者权益比率。所有者权益比率也称为自有资本比率，它反映在企业资产总额中，投资者提供了多少资本。计算公式如下：

$$所有者权益比率 = \frac{所有者权益总额}{资产总额} \times 100\% = \frac{7\ 863\ 861.5}{11\ 248\ 251} \times 100\% = 69.9\%$$

所有者权益比率越大，负债比率就越小，企业的财务风险也就越小。

（4）已获利息倍数。已获利息倍数指标是企业经营业务的收益（即息税前利润）与利息费用的比率，用以衡量偿付借款利息的能力。计算公式如下：

$$\begin{aligned}已获利息倍数 &= \frac{息税前利润}{利息费用} = \frac{利润总额 + 利息费用}{利息费用} \\ &= \frac{净利润 + 所得税 + 利息费用}{利息费用} \\ &= \frac{388\ 861.5 + 154\ 588.5 + 18\ 750}{18\ 750} \\ &= 29.98\end{aligned}$$

注：利息费用数据取自现金流量表，若无法直接查到，可用利润表中的财务费用金额近似地代入。

已获利息倍数越大，利息支付的保障程度越高，本金偿还也越安全；已获利息倍数越小，利息支付的保障程度越低，本金偿还也就风险越大。

7.5.2 营运能力分析

营运能力是指通过企业生产经营资金周转速度的有关指标所反映出来的资金利用的效率，因而也称为资产管理能力。营运能力分析包括流动资产周转分析、固定资产周转分析和总资产周转分析。其中流动资产周转分析又可细分为应收账款周转和存货周转分析。衡量资金周转快慢有两个互相联系的指标，即周转率和周转天数。周转率是指有关资金在1年中的周转次数；周转天数是指有关资金周转1次所需的天数。假定1年以360天计，周转天数＝360÷周转率。

1. 应收账款周转率

应收账款周转率是赊销收入与应收账款平均余额的比率。计算公式如下：

$$应收账款周转率 = \frac{赊销收入净额}{应收账款平均余额} = \frac{销售收入-现销收入-销售退回、折让}{(期初应收账款+期末应收账款)\div 2}$$

$$= \frac{1\,875\,000}{(448\,650+897\,300)\div 2} = 2.79(次)$$

注：若无赊销收入的相关数据，可用利润表中的营业收入近似地代入。

应收账款周转率主要反映企业应收账款的流动程度。这一比率越高，说明企业应收账款变现迅速，不易发生坏账损失。

2. 存货周转率

存货周转率是评价企业购入存货、投入生产、销售等各环节管理状况的综合性指标。计算公式如下：

$$存货周转率 = \frac{营业成本}{平均存货} = \frac{营业成本}{(期初存货+期末存货)\div 2}$$

$$= \frac{1\,125\,000}{(3\,870\,000+3\,862\,050)\div 2} = 0.29(次)$$

一般来说，存货周转率高，说明企业经营效率高，存货数量适度。如过低则说明采购过量或产品积压，应及时分析处理。

3. 流动资产周转率

流动资产周转率是营业收入与流动资产平均占用额的比率。计算公式如下：

$$流动资产周转率 = \frac{营业收入}{流动资产平均占用额} = \frac{1\,875\,000}{(6\,127\,100+5\,574\,751)\div 2} = 0.32(次)$$

流动资产周转率反映流动资产的周转速度。周转速度越快，同样生产经营规模所占用的流动资产越少，等于相对扩大资产投入，增强企业的盈利能力。

4. 固定资产周转率

固定资产周转率是营业收入与固定资产净值平均额进行对比所确定的一个比率。计算公式如下：

$$固定资产周转率 = \frac{营业收入}{平均固定资产净值} = \frac{1\,875\,000}{(1\,400\,000+1\,221\,500)\div 2} = 1.43(次)$$

这项比率主要用于分析固定资产的利用效率，比率越高说明利用率越高，管理水平越好。

5. 总资产周转率

总资产周转率是企业营业收入与平均资产总额的比率。计算公式如下：

$$总资产周转率 = \frac{营业收入}{平均资产总额} = \frac{1\,875\,000}{(11\,352\,100+11\,248\,251)\div 2} = 0.166(次)$$

这一比率反映资产总额的周转速度，周转越快说明销售能力越强。企业可以通过生产更加适销对路的产品或薄利多销等办法，加速资产周转，使年利润绝对额增加，提高资产报酬率。

7.5.3 获利能力分析

获利能力是企业赚取利润的能力。获利能力分析是企业财务分析的重要组成部分,也是评价企业经营管理水平的重要依据。

1. 企业获利能力的一般分析

(1) 销售净利率。销售净利率是指净利润与营业收入的比率。计算公式如下:

$$销售净利率 = \frac{净利润}{营业收入} \times 100\% = \frac{388\,861.5}{1\,875\,000} \times 100\% = 20.74\%$$

通过分析销售净利率的升降变动,可以促使企业在扩大销售的同时,注意改善经营管理,提高赢利水平。

(2) 销售毛利率。销售毛利率是营业毛利与营业收入的比率。计算公式如下:

$$销售毛利率 = \frac{营业毛利}{营业收入} \times 100\% = \frac{营业收入 - 营业成本}{营业收入} \times 100\%$$

$$= \frac{1\,875\,000 - 1\,125\,000}{1\,875\,000} \times 100\% = 40\%$$

销售毛利率是企业销售净利率的基础,没有足够的毛利率便不能盈利。

(3) 成本费用净利率。成本费用净利率是指净利润与成本费用的比率。计算公式如下:

$$成本费用净利率 = \frac{净利润}{成本费用总额} \times 100\%$$

$$= \frac{净利润}{销售成本 + 销售费用 + 销售税金及附加 + 管理费用 + 财务费用} \times 100\%$$

$$= \frac{388\,861.5}{1\,125\,000 + 105\,000 + 0 + 160\,650 + 62\,250} \times 100\% = 26.76\%$$

这是一个能直接反映增收节支、增产节约的指标,企业生产销售的增长和费用开支的节约,都能使这一比率提高。

(4) 资产净利率。资产净利率是净利润与平均资产总额的比率。计算公式如下:

$$资产净利率 = \frac{净利润}{平均资产总额} \times 100\% = \frac{388\,861.5}{(11\,352\,100 + 11\,248\,251) \div 2} \times 100\% = 3.44\%$$

该指标反映企业资产利用的综合效果,表示企业每占用的 1 元资产可以获得多少净利。

(5) 净资产收益率。净资产收益率是净利润与平均所有者权益的比率。计算公式如下:

$$净资产收益率 = \frac{净利润}{平均所有者权益总额} \times 100\%$$

$$= \frac{388\,861.5}{(7\,475\,000 + 7\,863\,861.5) \div 2} \times 100\%$$

$$= 5.1\%$$

这一比率涉及投资者的权益,是投资者最关心的指标。该项比率越高,表明投资者的收益水平越高,获利能力越强。

2. 股份公司税后利润分析

(1) 每股收益。每股收益是税后利润除以普通股流通在外的股数,如果发行了优先股则还要扣除优先股应分的股利。计算公式如下：

$$每股收益=\frac{税后利润-优先股股利}{普通股流通在外股数}=\frac{388\ 861.5}{7\ 250\ 000}=0.053\ 6(元/股)$$

在股市分析中常以每股收益来衡量股票的优劣，例如绩优股和绩差股等。

（2）每股股利。每股股利是普通股每股股利，反映每股普通股获得现金股利的水平。计算公式如下：

$$每股股利=\frac{支付给普通股的现金股利}{普通股流通在外股数}$$

（3）市盈率。市盈率又称市价盈利比率，表示股票市价除以每股税后利润所得的倍数。计算公式如下：

$$市盈率(倍)=\frac{当天股市收盘价}{(上年度年报)每股税后利润}$$

例如，某日某股票的收盘价为 20 元，上年度年报每股税后利润（每股收益）为 0.50 元，则市盈率＝20/0.50＝40 倍。假设投资者长期持有该股票，该公司能维持目前的赢利水平并且每年都将每股收益全部以现金股利的方式分配给股东，则投资者需要 40 年才能收回投资。实际上投资者购买股票，不仅看重股票的每股收益，也看重股票本身的升值潜力，有的甚至更看重后者。股票市盈率高，说明投资者对它的评价高，但是另一方面也意味着投资风险高，反之亦然。

7.5.4 综合财务分析

综合财务分析是将偿债能力、营运能力和获利能力等诸方面的分析纳入一个有机的整体之中，以对企业的赢利能力和财务状况作出综合的评价与判断。

1. 沃尔评分法

对于财务状况进行综合评价的早期探索者之一是亚历山大·沃尔。他在 20 世纪初出版了《信用晴雨表研究》和《财务报表比率分析》两部专著，其中提出了信用能力指数的概念，把若干个财务比率用线性关系结合起来，以此来评价企业的信用水平。他选择了七种财务比率，分别给定了其在总评价中所占的分值比重，总和为 100 分。然后确定标准比率，并与实际比率相比较，评出每项指标的得分，最后求出实际总评分。下面用沃尔的综合评分法，给某公司的财务状况进行评分，见表 7-12 所示。

表 7-12 某公司财务状况评分表

财务比率	比重①	标准比率②	实际比率③	相对比率④＝③÷②	评分⑤＝①×④
流动比率	25	1.00	1.17	1.17	29.25
净资产/负债	25	1.50	0.88	0.59	14.75
资产/固定资产	15	2.50	3.33	1.33	19.95
销售成本/存货	10	8.00	12.00	1.50	15.00
销售额/应收账款	10	6.00	10.00	1.70	17.00
销售额/固定资产	10	4.00	2.66	0.67	6.70
销售额/净资产	5	3.00	1.63	0.54	2.70
合计	100				105.35

沃尔的评分法从理论上讲有一个弱点,就是他没有说明为什么要选择这七个指标,而不是更多或更少些,或者选择别的财务比率,他也没有证明每个指标所占比重的合理性。

沃尔评分法从技术上讲存在一个问题,就是当某一个指标严重异常时,会给总评分产生不合逻辑的影响。这个缺点是由相对比率与比重相"乘"得到评分值而引起的。财务比率提高1倍,其评分增加100%;而缩小1倍,其评分只减少50%。

尽管沃尔的方法在理论上还有待证明,在技术上也不完善,但它还是在实践中常常被应用,尤其是该方法的评价理念,即全面、综合地对企业打分,立体地观察评价企业,更是常常被应用。

2. 综合系数分析

综合系数分析是在沃尔评分法的基础上作出一些改进。企业财务评价的内容主要是赢利能力,其次是偿债能力和营运能力,此外还有成长能力等。它们之间大致可按5:3:2来分配比重。赢利能力的主要指标有资产净利率、销售净利率和净资产收益率。虽然净资产收益率最重要,但前两个指标已经分别使用了总资产和净利,为减少重复影响,三个指标可按2:2:1安排。偿债能力有两个常用指标,营运能力有两个常用指标,成长能力有三个常用指标(都是本年增量与上年实际的比值)。如果仍以100分为总评分,则评分的标准分配如表7-13所示。

表7-13 综合评分的标准

指标	评分值	标准比率/%	行业最高比率/%	最高评分	最低评分	每分比率的差/%
盈利能力:						
总资产净利率	20	10	20	30	10	1
销售净利率	20	4	20	30	10	1.6
净资产收益率	10	16	20	15	5	0.8
偿债能力:						
自有资本比率	8	40	100	12	4	15
流动比率	8	150	450	12	4	75
营运能力:						
应收账款周转率	8	600	1 200	12	4	150
存货周转率	8	800	1 200	12	4	100
成长能力:						
销售增长率	6	15	30	9	3	5
净利增长率	6	10	20	9	3	3.3
资本积累率	6	10	20	9	3	3.3
合计	100			150	50	

在给每个指标评分时,应规定上限和下限,以减少个别指标异常对总分造成不合理的影响。上限可定为正常评分值的1.5倍,下限定为正常评分值的1/2。此外,给分时不采用"乘"的关系,而采用"加"或"减"的关系来处理,以克服沃尔评分法的缺点。例如,总资产净利率的标准值为10%,标准评分为20分;行业最高比率为20%,最高评分为30分,则每分的财务比率差为1%,即[(20%−10%)÷(30分−20分)]。也就是说,总资产净利率每提高1%,多给1分,但该项得分不超过30分。

3. 杜邦分析法

杜邦分析法是美国杜邦公司的经理们首先采用的。他们根据主要财务比率之间的内在联系构建了一个财务分析体系,用于对企业的经营状况、赢利能力和财务状况进行综合分析与评价。

杜邦财务分析体系的核心指标是净资产收益率,它是反映投资者收益水平的综合指标。净资产收益率可以分解为资产净利率与权益乘数的乘积。权益乘数实际上是企业资产负债率的另一种表达方式,即:权益乘数=总资产÷股东权益=总资产÷(总资产-负债)=1÷(1-资产负债率)。而资产净利率又可以进一步分解为销售净利率与总资产周转率的乘积。因此,净资产收益率=销售净利率×总资产周转率×权益乘数,这就是著名的杜邦等式或杜邦模型。它表明投资者收益的高低既取决于企业资产的报酬率,又取决于企业负债经营的程度或财务杠杆率;而企业资产报酬率的高低又取决于企业销售营利水平和资产效能的发挥。它也表明,销售营利能力较弱的企业可以借助资产效能的发挥改善业绩;而周转率不佳的企业可以借助销售净利率的提升改善赢利状况。

借助于杜邦财务分析体系可以对企业相关财务指标进行动态比较,进而为寻找企业经营管理过程中存在的问题和原因提供线索。杜邦财务分析体系的结构如图7-4所示。

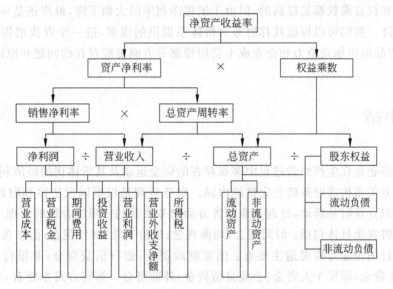

图 7-4 杜邦财务分析体系结构图

现以上市公司珠海格力电器股份有限公司(000651)2010年和2011年母公司财务报表为例,格力电器杜邦模型分析参见表7-14。

表 7-14 格力电器杜邦模型分析

年份 \ 指标	销售净利率(%)	总资产周转率(次)	权益乘数	净资产收益率(%)
2010	4.53	1.12	5.31	26.94
2011	3.25	1.17	5.96	22.66

格力电器是以空调机生产为主的家电制造企业,大型设备等固定资产投入相对较多,总资产周转速度较慢。由于家用电器行业竞争比较充分,总体来讲,该行业赢利水平属于中等偏下的行业。从这两年的数据看,格力电器的销售净利率和总资产周转率从而总资产的获利能力都不算高,但是它的净资产收益率不仅在行业中处于最高水平,而且在大多数行业中属于相当高的水平,甚至与我国烟草行业中该指标的优秀值相当。原因是该企业的权益乘数出奇的高,换算为资产负债率,这两年都超过80%。如此高的杠杆率,将该企业的净资产收益率大幅提高。问题是过高的资产负债率会大幅增加企业的财务风险。但查阅格力电器2010年和2011年的资产负债表可知,该企业的负债主要由流动负债构成,非流动负债很少;而且在流动负债中,商业债务(包括应付票据、应付账款和预收款项)分别占到72.74%和80.22%。这种无息商业债务与从银行或其他金融机构获得的短期借款不同,没有硬性约束力,只要格力电器的产品在市场上继续保持较强的竞争力,格力电器的短期偿债风险并不高。而且,该企业的资产负债表表明,2010年和2011年格力电器的商业债务分别是305亿元和458亿元,商业债权(包括应收票据、应收账款和预付款项)分别是207亿元和310亿元,可见,格力电器这两年净利用客户的资金分别达到98亿元和148亿元。

从格力电器2010年和2011年杜邦模型对应项目的对比可见,尽管该企业2011年的总资产周转率和权益乘数都是提高的,但由于销售净利率的大幅下降,最终还是导致当年净资产收益率下降。我们可以根据杜邦财务分析体系提供的线索,进一步查找销售净利率下降背后,企业产品的市场竞争力和企业成本费用控制等方面可能存在的问题和原因。

本章小结

财务是指企业在生产经营过程中客观存在的资金运动及其所体现的经济利益关系。财务活动与财务关系构成财务概念完整的内涵。财务管理是根据国家法律和财经法规,利用价值形式组织企业财务活动,处理企业同各方面财务关系的一项综合性的管理工作。

企业理财观念具体包括:时间观念;均衡观念;风险观念;弹性观念;信息观念。

我国现行的企业筹资渠道主要有:国家财政资金;银行信贷资金;非银行金融机构资金;其他企业资金;居民个人资金;企业自留资金;外商资金。筹资方式主要有:吸收直接投资;发行股票;银行借款;商业信用;发行债券;融资租赁。

货币时间价值又称资金时间价值,是指货币随着时间的推移发生的增值。货币时间价值的基本表现形式为利息或利率,在实际运用中通常以终值和现值来表示。

投资决策的方法有多种,按是否考虑货币时间价值划分,可分为非贴现法和贴现法两大类。非贴现法不考虑货币时间价值,计算较简单,但结果不太可靠。贴现法要考虑货币时间价值,计算较复杂,但结果更为可靠。

固定资产折旧的计算方法主要有:平均年限法;工作量法;双倍余额递减法;年数总和法。企业存货、货币资金和应收账款等流动资产的管理,应在保证生产经营需要的前提下,力求减少资金占用并加快资金周转以提高资金使用效益。

企业财务分析的基本内容主要包括:偿债能力、营运能力和赢利能力分析,综合财务分析和现金流量分析。

 复习与思考

1. 现代企业理财观念主要有哪些？
2. 我国目前有哪些筹资的渠道和方式？
3. 什么是货币时间价值？
4. 投资决策有哪些方法？各有什么特点？
5. 固定资产折旧的方法主要有哪几种？分别是如何计算的？
6. 企业财务分析的基本内容主要包括哪几个方面？
7. 某人每年年末向银行存入 2 000 元，存款复利年利率为 2.5%，试求 5 年后的年金终值是多少？
8. 某企业在未来 5 年每年年末有 100 万元的收益，若按 5% 的贴现率计算，试求年金现值是多少？
9. 某企业拟购置一套设备，原值 200 万元，预计可使用 10 年，期末净残值为 20 万元。该设备可使企业每年增加现金净流量 35 万元，如果企业要求的最低报酬率为 10%，试分别用净现值法和内含报酬率法来评价该方案是否可行。
10. 已知某设备原值 180 万元，折旧年限 8 年，预计净残值率 5%，试分别用双倍余额递减法和年数总和法计算各年的折旧率和折旧额。

 案例分析1 —— **全程股份的营运资金管理**

全程公司成立于 1993 年，总部位于北京，致力于为油气公司在勘探、开发和生产的过程中提供产品与技术服务。公司采用事业部组织形式。公司在国内外设有西部分公司、东部分公司、哈萨克分公司、北美公司，并在天津设有制造中心。主要服务市场覆盖国内各主要油气田和以哈萨克斯坦为中心的中亚市场。目前，行业内主要的竞争者中有中海油服、安东石油和准油股份三家。2007 年财务数据显示，全程公司无论营收规模还是各利润率，业绩都远远超过另外三家。但是，该公司却存在年中资金断流问题，严重影响经营。案例通过对营运资金管理的分析，找出资金断流症结，并试图提出改进办法。

分析全程公司 2005 年至 2007 年这三年的财务报表，其主要财务指标数据见下表 7-15。财务指标从侧面反映了营运资金管理的问题，主要有以下特征。

表 7-15　全程公司 2005—2007 年相关财务数据

指标 \ 年份	2005	2006	2007
流动比率	1.7	1.78	2.42
资产负债率	0.48	0.45	0.34
流动资产占资产比	0.81	0.8	0.82

续表

指标 \ 年份	2005	2006	2007
货币资金占资产比	0.14	0.16	0.19
净营运资金占收入比	0.31	0.35	0.47
存货周转天数	40.57	85.7	133.35
应收账款周转天数	176.15	153.86	127.69
应付账款周转天数	129.04	119.17	91.77
现金周转期	87.69	119.86	169.27

1）存货积压逐年增多

全程公司存货周转天数由2005年的40.57天上升到2007年的133.35天，增加了92.78天。公司存货占用大量资金，导致现金周转期过长，资金未能发挥最大效用。全程公司存货主要是服务开采设备，需求量要根据油气公司油气开采量而定，并承担全部风险。一方面，全程公司为保障油气公司的顺利开采而不得不提前储备2~3个月的存货；另一方面，油气公司开采存在重大不确定性，一旦油气公司开采的油气井不成功或开采量远不如预期，将导致全程公司存货大量积压。

2）上游供应链薄弱，信用期缩短

全程公司应付账款周转天数由2005年的129.04天降到2007年的91.77天，平均提前了37.27天。全程公司所需的存货主要由美国的能源服务公司哈里伯顿提供。该公司对于全程公司在境外如北美、中亚等地区开展业务则要求预付20%的款项、缩短信用期，其余款项在交货时一次付清。导致全程公司应付账款周期缩短，财务风险加大。

3）年末货币资金多，中期营运资金短缺

全程公司主要客户为中石油、中石化、中海油等石油勘探开采公司，由于其领域的特殊性，其资金的结算主要集中在年末或年初，因而在全程公司的年末账上滞留大量的资金，其货币资金占公司总资产的平均比例高达16%。但到了年度中期6~8月，容易出现现金短缺。这是因为：第一，在非战略合作地区公司需预付存货采购款项的20%；第二，就是在亚太合作伙伴区，发货时也要付清全款，不允许赊购。为此，全程公司在2007年为解决中期资金短缺问题，向银行申请了200万元短期借款。公司资金结算的非均衡性给全程公司的日常运营带来不确定性因素。

4）负债率低，净营运资金存量大

从上表可以看出，全程公司资产负债率由2005年的48%降为2007年的34%，负债比率逐年降低。在全程公司近三年的资产负债表上我们发现：公司无长期借款，2005—2006年公司无短期借款。全程公司一方面较少利用财务杠杆，另一方面，公司拥有大量流动资产，主要为应收账款和存货。全程公司近三年净营运资金占收入比例分别为31%、35%、47%，呈逐年上升趋势，且上升幅度较大。

5）营运资金生产率低，收益指标逐年下降

营运资金生产率表示每一元净营运资金所带来的销售净额。分析全程公司数据我们得知其近三年的营运资金生产率逐年降低，由2005年的3.23下降到2007年的2.15，下降幅度较大。营运资金管理效率逐年降低，加之近年来公司营业成本增加，导致全程公司

2005—2007年度各主要收益指标呈递减态势。

综上可知,全程公司处于供应链的中间段,上端受制于哈里伯顿公司,下端受制于中石油、中石化和中海油等主要油气勘探开采公司。2007年年末,虽然应收账款高达1.68亿元,但第二年第一季度就能收回。关键的问题是应收账款的回收缺乏均衡性,下游客户能拖则拖,一般总要拖到年底或年初才能集中结算。资金的集中结算导致了每年6~8月营运资金的短缺。不仅如此,全程公司的存货采备又受制于哈里伯顿公司。面对如此态势,全程公司所能采取的措施如下:一是加强与下游公司的合作,确保资金结算的及时性和均衡性;二是加大投资力度,合理利用富余营运资金,开发自主品牌,增强公司竞争力,保障公司持续发展;三是合理利用财务杠杆,提高经济效益。全程公司在过去营业年度中,负债水平低,净营运资金多,营运效率低下。全程公司应在加大投资力度的基础上,合理利用财务杠杆,提升公司价值;四是强化风险管理意识。油气开采行业营收与利润均受油价波动的影响,而全程公司下游客户油气开采的不确定性又较大,全程公司在扩展业务的同时,更应提高风险管理意识,加强预算管理和资金调度,尽量减少不确定性因素带来的损失。

资料来源:王冬梅.财务报表分析.大连:东北财经大学出版社,2013:87—89.

案例分析2 ST科龙的现金断流预警分析

表7-16是ST科龙2009—2011年现金流量表的部分数据。分析该表回答以下问题:
(1) ST科龙有无现金断流的风险?严重吗?从哪些指征来判断?
(2) ST科龙现金流量表上的"销售商品、提供劳务收到的现金"列示的数据是否有误?

表7-16 ST科龙2009—2011年现金流量表的部分数据   单位:万元

项 目	2011年	2010年	2009年
销售商品、提供劳务收到的现金	173 619	174 978	96 445
购买商品、接受劳务支付的现金	221 964	192 612	11 211
经营活动产生的现金流量净额	-19 759	-2 216	-81 807
收回投资收到的现金	9 641	32 154	24
取得投资收益收到的现金	2 274	846	0
构建固定资产、无形资产和其他长期资产支付的现金	209	2 091	6 506
投资支付的现金	—	—	4 500
投资活动产生的现金流量净额	12 576	32 104	-10 125
取得借款收到的现金	62 000	27 251	115 184
偿还债务支付的现金	59 285	43 268	181 779
筹资活动产生的现金流量净额	729	-17 759	-71 928
现金及现金等价物净增加额	-6 454	12 129	-246

1) 现金流转质量的定性判断

从表7-16可以看出:ST科龙"销售商品、提供劳务收到的现金"和"购买商品、接受劳务支付的现金",在2009—2011三年间相对于利润表的"营业收入"和"营业成本"而言,绝对流转额均很低。在2010年和2011年这两年,"销售商品、提供劳务收到的现金"居然低于

"购买商品、接受劳务支付的现金",导致两年的经营活动现金净流量为负。ST科龙经营的是像空调这样的成熟产品,经营活动现金净流量为负是企业陷于衰退的警示信号。2009年,ST科龙虽有8亿元左右的经营活动现金净流量,但那是因为其"购买商品、接受劳务支付的现金"只有1亿元左右的缘故。换句话说,ST科龙2009年收得少但付得更少。

再观察表7-16的投资现金流部分发现:除2009年外,ST科龙的投资活动现金流入主要依靠处置投资产生。而三年间"构建固定资产、无形资产和其他长期资产支付的现金"逐年减少,从2009年的6 506万元到2011年的209万元,下降的幅度相当大,表明其无力再购置新的长期资产了。至于"投资支付的现金"只有在2009年的4 500万元,其他两年均为零。可见ST科龙的投资活动现金流转的质量也很差。

最后考察一下ST科龙的筹资活动现金流转状况发现:除2011年外,该公司在2009年和2010年均陷入借新债还旧债的境地,且新借入的债务金额小于应归还的旧债金额。其结果就是2009年和2010年筹资活动现金净流量均为负。

综合以上三方面的分析可以得出一个定性的结论:ST科龙现金流转的质量低,应引起足够的重视并采取切实有效的办法来解决这一问题,否则很有可能出现现金断流的问题。

2) 现金断流预警分析

表 7-17　几个衡量ST科龙的现金流转质量的定量指标

项　　目	2011 年	2010 年	2009 年
销售商品、提供劳务收到的现金/营业收入=销售收现比	173 619/1 184 773×100%=14.65%	174 978/974 088×100%=17.96%	96 445/468 547×100%=20.63%
购买商品、接受劳务支付的现金/营业成本=采购付现比	221 964/950 385×100%=23.36%	192 612/810 098×100%=23.78%	11 211/378 103×100%=2.97%
收回投资收到的现金/投资活动现金流入小计	9 641/12 785×100%=75.41%	32 154/34 195×100%=94.03%	24/881×100%=2.72%
收回投资收到的现金/投资活动现金净流量	9 641/12 576×100%=76.66%	32 154/32 104×100%=100.16%	24/(−10 125)
取得投资收益收到的现金/投资收益	2 274/14 151×100%=16.07%	846/45 182×100%=1.87%	0/239

从表7-17所选用的几个衡量ST科龙的现金流转质量的定量指标可以看出:ST科龙销售收现比很低,低于经验值的下限50%,且2009—2011三年间逐年降低,显示ST科龙销售回款异常艰难。采购付现比在2009年异常低,只有不到3%。2010年和2011年虽有所回升达到23%左右,但依旧低于经验值的下限50%,显示ST科龙采购付款的能力也很弱。再看ST科龙投资活动现金流入小计中通过"收回投资所收到的现金"在2010年和2011年分别达到75%和94%,说明投资活动现金流入主要靠处置投资获得。这也从一个侧面反映了ST科龙现金短缺的事实。ST科龙"收回投资收到的现金"对"投资活动现金净流量"的比率在2010年和2011年分别达到77%和100%,则进一步说明了该公司因现金短缺而无力新增大额投资的窘况。再查看ST科龙的利润表可知投资收益对其营业利润的贡献很大。现在我们就考察一下ST科龙投资收益的质量。通过计算"取得投资收益收到的现金"对投资收益的比率得知:ST科龙在2009年投资收益没有对应的现金流入,2010年和2011年这一比率也仅为1.87%和16.07%,投资收益现金回流均不多,可见其投资收益的质量并

不高。ST科龙的筹资活动也基本陷入借新债还更多的旧债的境地。因此综合来看,ST科龙的资金链异常脆弱,现金断流的风险很大,应给与严重级的警示信号提醒其注意。

3)报表数据之间的勾稽关系验证

以2010年为例,先按资产负债表和利润表上列示的相关数据调节计算出"销售商品、提供劳务收到的现金"的大致金额为:

销售商品、提供劳务收到的现金=(主营业务收入+其他业务收入)×(1+17%)
+预收账款增加额(或-预收账款减少额)
-应收账款增加额(或+应收账款减少额)
-应收票据增加额(或+应收票据减少额)
= 974 088×1.17+(84 707-38 474)
-(56 069-51 335)-(31 169-259)
= 1 139 683+46 233-4 734-30 910
= 1 150 272(万元)

我们发现这一结果与现金流量表上列示的174 978万元差距甚大。虽然贸然下结论说报表数据造假是不负责任的行为,但大致可以怀疑如果资产负债表和利润表上的数据没有错误的话,现金流量表上列示的数据或许有误。

资料来源:王冬梅.财务报表分析.大连:东北财经大学出版社,2013:142—144。

参考文献

1. 陈兴滨.公司理财(第4版).北京:中国人民大学出版社,2012.
2. 王文华.财务管理学.北京:清华大学出版社,2013.
3. 欧阳令南.公司财务.上海:上海交通大学出版社,2004.
4. 王冬梅.财务报表分析.大连:东北财经大学出版社,2013.
5. 戴欣苗.财务报表分析(技巧·策略)(第2版).北京:清华大学出版社,2008.
6. 国务院国资委财务监督与考核评价局制定.企业绩效评价标准值2012.北京:经济科学出版社,2012.

第 8 章 人力资源管理

人力资源(human resource)
工作描述(job description)
工作分析(job analysis)
工作设计(job design)
招聘(recruitment)
甄选(selection)
薪酬(compensation)

人力资源管理(human resource management)
人力资源规划(human resource planning)
人力资源战略(human resource strategy)
培训(training)
职业生涯开发系统(career development systems)
绩效评估(performance appraisal)

http：//www.shrm.org
http：//www.hrmguide.net
http：//www.citehr.com/

人力资源管理的新导向

中国社会面临着一个大的社会阶段的转换,我们即将进入以幸福作为主题的时代。当社会发展进入这个阶段,社会的主要矛盾不仅仅是聚焦于劳动生产率的提高,而是如何能够提高人民群众的幸福感。相应地,在这个阶段,企业战略也变化了,不像以前都是围绕着生产效率的提高,而是围绕着创新,围绕着如何满足客户不断变化的需求。在这种社会发展阶段大背景和企业发展阶段小背景下,包括员工的需求也变化了,原来的需求是相对稳定的,主要是物质的,可是现在精神变得越来越重要,甚至对幸福的追求成为员工的主要需求。

什么是幸福,那么多专家都没有讲清楚,要把一个专家都讲不清楚的员工的精神追求作为管理的大背景,可想而知管理的复杂性就要增加很多。在这个新的背景下,那么,

> 人力资源以什么为导向呢？不再仅仅以效率为导向,而是以创新、员工的幸福为导向;人力资源不仅仅对雇主负责,同时还要对员工负责。换句话说,员工关爱和幸福不再仅仅是人力资源管理的手段,而是人力资源管理的最终目的之一。
>
> 资料来源:苏中兴.中国人力资源管理十大趋势.2013年人力资源管理新年报告会,2012年12月29日.

当今世界,人力资源是第一资源已成为共识。人力资源是指能够为社会创造物质文化财富,为社会提供劳务和服务的人,具体包括人的体质、智力和道德素养等内容。人是生产力要素中最基本、最活跃的因素,但在不同的管理方式下,人的因素发挥的作用是不同的。例如有些企业,在扩大职工队伍以后,劳动生产率不但没有上升,反而有所下降,这里就有一个人力资源管理的问题。

人力资源管理是研究组织中人与人之间的关系调整、事与事之间的关系协调以及人与事之间的匹配适应,以调动人力资源积极性,发挥人力资源潜能,提高人员工作效率,使得人尽其才、事得其人、人事相宜,最终实现组织目标的理论、方法、工具和技术的统称。换言之,人力资源管理是对人力资源获取、整合、保持、开发、控制与调整等方面所进行的计划、组织、协调和控制等活动,即通过规划、招聘、甄选、培训、考核、报酬等各种技术与方法,有效地运用人力资源来达成组织目标的活动,其实质就是对人的管理。

8.1 人力资源规划

一个组织如果没有好的规划运筹,仅凭感觉或主观判断进行管理是不会取得成功的。规划有助于预见未来,有助于企业更好地应付未来的各种变化,处理解决好各种复杂的问题。要保证企业战略目标的实现,就必须对未来各种人力资源的需求进行可行的预测和规划。

8.1.1 人力资源规划的分类

人力资源规划是根据组织的战略目标,科学预测组织在未来环境变化中人力资源的供给与需求状况,制定必要的人力资源获取、利用、保持和开发策略,确保达到组织对人力资源在数量上和质量上的需求,使组织和个人获得长远利益,并达成各自的目标。

人力资源规划主要可分为两大类:总体规划与业务规划。

1. 总体规划

总体规划要以企业战略目标为依据,对规划期内人力资源开发利用管理的总目标、总方针与政策、实施步骤、时间安排表、费用预算等作出总体的安排。如公司进行组织重组,则要对组织结构及职务职位重新进行详细的分析并确定后才能作出总体规划。

2. 业务规划

业务规划包括人员补充计划、人员使用计划、后备人才选拔与任用计划、老职工与老专业技术人员安排计划、教育培训计划、员工职业开发与职业发展计划、效绩评估及激励计划、劳动关系与员工参与团队建设计划等。

业务规划的名称与内容都必须按本单位实际情况来决定,但其目的是一致的,即都是围绕总体规划展开的具体计划;同时其构成也是基本一致的,由目标、政策措施或条例制度办法等文件、实施步骤及时间表、经费预算四部分构成,最终应能确保总体规划目标的完成。

从人力资源规划的时限来划分,又可分为长期规划、中期规划和短期规划。长期规划编制的时间幅度较宽,一般在5~10年,主要是确立人力资源的战略;中期规划一般是2~5年,主要是根据战略来制定战术;短期规划时限较短,一般是半年到1年,主要是制订作业性的行动方案。

8.1.2 人力资源规划的制定

1. 人力资源规划的制定程序

人力资源规划的制定程序一般可分为四个阶段：

(1) 分析预测阶段。主要是收集信息、分析资料、作出预测。首先要广泛收集组织内外部的各种有关信息。外部信息主要包括：宏观经济环境与发展趋势、本行业的发展前景、主要竞争对手的动向、劳动力与人才市场的变化、政府的政策法规等。内部信息主要包括：企业发展战略与规划、企业人员流动趋势、人力资源成本的变化等。其次,要对现有资料进行分析。如通过现有的人力资源数据库资料来分析员工的知识、经验和技能情况,分析员工的教育培训情况。另外还要分析企业目前及今后的生产力状况及组织结构的变动趋势,这样可以帮助管理者更好地了解企业内部职位结构在数量上是否合理有效,是否需要增加或删减某些职位。最后就可以通过一些定性或定量的方法对人力资源的需求进行预测,结合企业内部的供给预测,就可得出人员的净需求量。

(2) 确立目标阶段。主要是制定人力资源的目标和政策,并取得高层管理者的认同和支持。人力资源的目标应与企业的目标要求相一致,才能真正发挥人力资源规划的作用。

目标分为"硬性"与"软性"两种。"硬性"的目标是指人员年龄结构、学历层次、职称比例、人力总成本等可以定量化的目标。"软性"的目标是指员工满意度、员工成熟度、员工岗位的适合度、组织效能的提高程度等不易定量但可定性描述的目标。

(3) 实施规划阶段。主要是设计和实施各项规划。企业明确了人力资源需求以后,就要制订相应的行动计划来确保达到人力资源目标。行动计划可包含多种项目,如增加人员供给项目,保留优秀员工项目,也可能是减员项目。

(4) 控制评价阶段。这是人力资源规划制定程序的最后一个阶段,主要是对各项规划的实施情况进行控制和评价。在此阶段,可以用一些量化的手段分析人力资源规划所带来的效益。当人力资源规划有效时整个企业都会受益,企业可以通过计算成本收益比等方法来评价该项目的实施能给企业带来多大收益。

2. 人力资源总体规划与业务性规划的制定

(1) 人力资源总体规划的制定。人力资源总体规划一般包含以下内容：

① 与组织的总体规划有关的人力资源规划目标、任务、指导思想、原则的说明,组织现状分析,优势与薄弱环节说明。

② 有关人力资源管理的各项政策、措施及其说明。

③ 内外部人力资源需求与供给预测。

④ 在综合考虑人力资源供需一体化分析的基础上制定相应措施。

对于不同的人力资源供需情况,企业要采用不同的策略。比如,在供不应求状况下,企业会考虑采取向外部招聘,对现有员工进行培训、开发,从内部提拔,让员工加班加点工作,招收一些临时工等策略。在供大于求状况下,企业可能会考虑采用让员工下岗、减少报酬、缩短工作时间、提前退休等策略。而在供需平衡条件下,企业可作一些内部的工作岗位调换,以增加员工的工作积极性。

(2)人力资源业务性规划的制定。人力资源业务性规划可涉及人力资源管理的各个方面,如招聘计划、培训开发计划、薪资计划、升迁计划、人员保留计划及人员裁减计划等。由于这些计划是相互影响的,在制定规划时要考虑各项计划的综合平衡问题。如人员培训计划可以使员工通过培训得到提高,工作绩效有所改善,但由于其报酬没有变动,这会使员工感到培训是浪费时间,影响其参加培训的积极性。另外,各项人力资源计划还应与企业的其他计划相协调,避免出现冲突。如报酬计划要与组织中的财务计划等协调起来。

8.1.3 人力资源需求预测

人力资源需求预测有许多方法,下面介绍几种较为简便的方法。

1. 德尔菲法——该方法在第 3 章中已有说明

这种方法又称专家意见法,该方法的显著特点是采取匿名形式进行咨询,使参与预测咨询专家互不通气,可以消除心理因素的影响;通过几轮反复发函咨询,每一轮的统计结果都寄回给专家作为反馈,供下一轮咨询参考;对调查结果采用一定的统计处理,使之有使用价值。一般来说,经过四轮咨询,专家们的意见可以相互协调。其整个过程可以用图 8-1 表示。当然,协调程度要受专家人数的制约,一般认为专家人数以 10~15 人为宜。

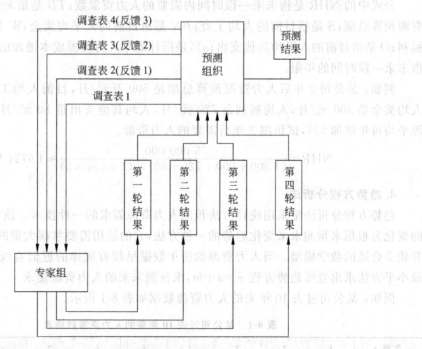

图 8-1 德尔菲法图示

德尔菲法能够有效地避免不同专家受到他人的干扰,另外,它不需要专家面对面地坐在一起,这样就可以使不同地方的专家参与到同一个决策项目中。这种技术被广泛地运用于人力资源规划。现代社会技术更新非常迅速,用传统的人力资源预测方法很难准确预计未来的技术人员的需求。相关领域的技术专家由于把握技术发展的趋势,所以能更加容易对该领域的技术人员状况作出预测。不过,这种方法也有它的不足——费时,如果想迅速做出决策,这种方法就不适用了。

2. 总体需求结构分析预测法

总体需求结构分析预测法可以用下列公式表示:

$$NHR = P + C - T$$

公式中的 NHR 是指在未来一段时间内所需要的人力资源数;P 是指现有的人力资源数;C 是指未来一段时间内需要增减的人力资源数。如果未来一段时间内业务有迅速发展,则 C 是正的;如果未来一段时间业务萎缩,C 就可能是负的;T 是指由于技术提高或设备改进后节省的人力资源数。

例如:某公司目前员工是 300 人,在 3 年后由于业务发展需要增加 100 人,但由于技术提高后可以节省 25 人,试预测 3 年后需要的人力资源数。

$$NHR = 300 + 100 - 25 = 375(人)$$

3. 人力资源成本分析预测法

这是从成本角度进行人力资源需求预测的方法,其公式为:

$$NHR = \frac{TB}{(S + BN + W + O) \times (1 + \alpha\% \times T)}$$

公式中的 NHR 是指未来一段时间内需要的人力资源数;TB 是指未来一段时间内人力资源预算总额;S 是指目前的人均工资;BN 是指目前的人平均奖金;W 是指目前的人平均福利;O 是指目前的人平均其他支出;$\alpha\%$ 是指计划年人力资源成本增加的平均百分数;T 是指未来一段时间的年限。

例如:某公司 3 年后人力资源预算总额是 500 万元/月,目前人均工资是 1500 元/月,人均奖金是 300 元/月,人均福利是 720 元/月,人均其他支出是 80 元/月,公司计划人力资源平均每年增加 5%,试预测 3 年后需要的人力资源。

$$NHR = \frac{5\,000\,000}{(1\,500 + 300 + 720 + 80) \times (1 + 5\% \times 3)} \approx 1\,672(人)$$

4. 趋势方程分析法

趋势方程分析法是采用统计方法预测人力资源需求的一种技术。该方法主要是以过去的变化为根据来预测未来变化趋势的一种方法,它的运用需要掌握大量的历史数据的资料,并建立合适的数学模型。当人力资源的历年数据呈较有规律的近似直线趋势分布时,可用最小平方法求出直线趋势方程 $\hat{y} = a + bt$,来预测未来的人力资源需求。

例如:某公司过去 10 年来的人力资源数据如表 8-1 所示。

表 8-1 某公司过去 10 年来的人力资源数据表

年度 t	1	2	3	4	5	6	7	8	9	10
人数 y	500	480	490	510	520	540	560	550	580	620

假设今后公司仍保持这种发展趋势,试预测今后第三年,第五年所需人数。

根据第 3 章"趋势方程"中最小平方方法原理的叙述,趋势方程的系数由下式确定:

$$\begin{cases} b = \dfrac{n\sum ty - \sum t \sum y}{n\sum t^2 - (\sum t)^2} \\ a = \bar{y} - b\bar{t} \end{cases}$$

则
$$y = 465.98 + 12.55x$$

未来第三年所需人数
$$y = 465.98 + 12.55 \times (10 + 3)$$
$$\approx 630(人)$$

未来第五年所需人数
$$y = 465.98 + 12.55 \times (10 + 5)$$
$$\approx 655(人)$$

8.1.4 人力资源供给预测

供给预测主要是了解企业是否能得到足够的人员去满足需要。首先要做的是企业内部人员供给预测,若内部供给不足,则要考虑外部人员的供给状况。

1. 人力资源内部供给预测

根据企业内部人员的信息来预测可供的人力资源以满足未来人事变动的需求。常用的预测方法有以下几种:

(1) 管理人员接替图。这种方法是对现有管理人员的状况进行调查评价后,列出未来可能的管理者人选,又称为管理者继承计划。该方法是对主要管理者的总的评价,如主要管理人员的现有绩效和潜力,发展计划;所有接替人员的现有绩效和潜力;其他关键职位的现职人员的绩效、潜力及对其评定意见。图 8-2 所示为一典型的管理人员接替图例。

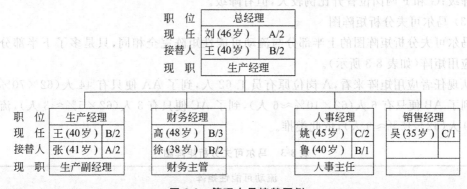

图 8-2 管理人员接替图例

图中括号内数字表示该管理者的年龄,竖线旁的字母和数字是对其绩效和晋升可能性的评估。A 表示现在就可以提拔,B 表示还需要一定的开发,C 表示现职位不很适合。对其绩效的评估可分为四个等级:1 表示绩效表现突出,2 表示优秀,3 表示一般,4 表示较差。通过这样一张图既能对内部管理人员的情况非常明了,又能体现组织对管理人员职业生涯发展的关注。如果出现人员不能适应现职,或缺乏后备干部,则组织应尽早做好充分的准备。

(2) 内部员工流动可能性矩阵图

企业内部员工每年都在流动,人力资源管理部门先要了解员工的流动趋势,就可能知道人力资源内部可能的供应数量。如表 8-2 所示。

表 8-2　内部员工流动可能性矩阵图

工作级别		终止时间									流出	总量
		A	B	C	D	E	F	G	H	I		
起始时间	A	1.00									—	1.00
	B	0.15	0.80								0.05	1.00
	C		0.16	0.76	0.04						0.04	1.00
	D		0.01	0.23	0.73						0.03	1.00
	E					0.85	0.05				0.10	1.00
	F					0.25	0.65	0.05			0.05	1.00
	G						0.40	0.50	0.03		0.07	1.00
	H						0.02	0.15	0.75		0.08	1.00
	I							0.20	0.50	0.30		1.00

上表中,工作级别(或岗位)从 A 到 I 降序排列,其中 A 最高,I 最低。它实际是员工流动调查图。表中的数字是该岗位现有人员与应有人员的百分比,例如,AA 为 1.00,是指这个时间段内,最高工作级别的人员未流动;BB 为 0.80,是指这个时间段内,这个级别的人员留住 80%,其中 15% 晋升到 A 岗位,5% 流出企业;依此类推。从矩阵图中可以看出员工流动的趋势,例如,I 岗位上流走的人最多,占 30%,其次是 E 岗位,占 10%;D 岗位只有晋升,没有降级;G 和 F 两岗位晋升比例较大,但有降级。

(3) 马尔可夫分析矩阵图

马尔可夫分析矩阵图的上半部分与流动可能性矩阵完全相同,只是多了下半部分的现任者应用矩阵(如表 8-3 所示)。

从现任者应用矩阵来看,A 岗位原有员工 62 人,到了 AA 便只有 44 人(62×70%≈44 人),到了 AB 便只有 6 人(62×10%≈6 人),到了 AC 便只有 3 人(62×5%≈3 人),流出人数为 9 人(62×15%≈9 人),依此类推。

表 8-3　马尔可夫分析矩阵图

流动可能性矩阵						
终止时间		A	B	C	D	流出
起始时间	A	0.70	0.10	0.05	0	0.15
	B	0.15	0.60	0.05	0.10	0.10
	C	0	0	0.80	0.05	0.15
	D	0	0	0.05	0.85	0.10

续表

原有员工数	现任者应用矩阵					流出
	A	B	C	D	
A	62	44	6	3	0	9
B	75	11	45	4	8	7
C	50	0	0	40	2	8
D	45	0	0	2	38	5
终止期员工数		55	51	49	48	29

> **决策借鉴**
>
> **企业大学**
>
> 　　企业大学又称公司大学,是指由企业出资,以企业高级管理人员、一流的商学院教授及专业培训师为师资,通过实战模拟、案例研讨、互动教学等实效性教育手段,以培养企业内部中、高级管理人才和企业供销合作者为目的,满足人们终身学习需要的一种新型教育、培训体系。一系列实践证明,企业大学体现了完美的人力资源培训体系,是有效的学习型组织实现手段,更是公司规模与实力的有力证明。1955 年全球第一所企业大学——GE 克劳顿学院正式成立。从 20 世纪 80 年代开始,企业大学进入快速发展期,全球企业大学从 20 世纪 80 年代中期的 400 多所到 2010 年达到 3 700 所;财富世界 500 强中近 80% 的企业,拥有或正在创建企业大学。
>
> 　　按照开放程度来看,企业大学可以分为内向型企业大学和外向型企业大学。内向型企业大学是企业培训部或训练中心的拓展,主要是为构筑企业全员培训体系而设计,它的学员主要由企业全体员工构成,基本不对外开放,如麦当劳大学、GE 克劳顿学院。外向型企业大学又可以分为两类:一种是仅仅面向其供应链体系开放,将供应商、分销商或客户纳入学员体系当中,主要目的是支持其业务发展,如摩托罗拉大学;另一种是面向整个社会,主要目的是提升企业形象或实现经济效益,如惠普商学院。

2. 人力资源外部供给预测

当内部供给不能满足需求时,就有必要寻找外部供给的资源,人力资源外部供给的渠道主要有:大中专院校应届毕业生、复员转业军人、技职校毕业生、失业人员以及其他组织在职人员。

影响人力资源外部供给的因素一般有以下几种:

(1) 劳动力市场或人才市场。劳动力市场或人才市场的变化,能反映人力资源供给的数量和质量,反映求职者对职业的选择,反映当地经济发展的现状与前景等。

(2) 人口发展趋势。从我国人口发展情况看,以下变化趋势必将影响人力资源供给的预测:如人口绝对数增长较快,人口老龄化,男性人口的比例增加,沿海地区和城市人口的比例增加等。

(3) 科学技术发展。科学技术的发展对组织人力资源供给有以下影响:如掌握高科技的白领员工需求量增大,办公自动化普及使中层管理人员大规模削减,特殊人才相对短缺,第三产业人力资源需求量逐渐增加等。

8.2 工作分析与工作设计

工作分析即职务分析，是对企业中各项职务的工作内容、规范、任职资格、任务与目标进行描述和研究的一项管理活动与制定具体的职务说明的过程。利用工作分析提供的信息，对一个新建组织设计工作流程、工作方法、工作所需的工具及原材料、零部件、工作环境条件等就是工作设计。而对一个已经在运行的组织，根据其发展的需要重新设计组织结构，重新界定工作，改进工作方法，改进设备，提高员工的参与程度，从而提高员工的积极性、责任性和满意度则是工作再设计。

8.2.1 工作分析的程序

工作分析是一项政策性和技术性都很强的评价工作过程，大致可分为以下四个阶段：

1. 准备阶段

准备阶段的主要任务是组织人员到基层去了解基本情况，确定工作分析的样本，建立联系，设计调查方案并明确调查方法。具体工作如下：

(1) 建立工作分析小组。小组成员应当既有工作分析的理论知识，又有一定的实践经验。小组成员应有明确的责任和权限，以保证分析工作的协调和顺利进行。

(2) 明确工作分析的目的。有了明确的目的，才能正确确定调查的范围，对象和使用的方法。

(3) 确定调查方法，设计调查方案。通过确定调查对象，选择样本，以及使用那些方法和技术来收集信息。

(4) 掌握分析工作的基本情况。查阅已有的基础资料，了解此项工作的主要任务、主要职责及工作流程图。

(5) 向有关人员进行宣传和解释。双方建立理解、信任和友好的合作关系，使员工对工作分析消除顾虑，形成良好的心理准备。

(6) 确定调查和分析对象的样本。为了保证分析结果的正确性，应选择有代表性和典型性的工作。

2. 调查阶段

调查阶段主要任务是对整个工作过程、工作环境、工作内容和工作人员等各个方面做一个全面调查。具体有以下几项工作：

(1) 编制各种调查问卷和提纲。

(2) 综合运用各种调查方法进行实地调查。

(3) 有针对性地收集相关工作的特征及所需的各种数据。

(4) 重点收集工作人员必需的特征信息。

(5) 要求被调查的员工对各种工作特征和人员特征的发生率和重要性作出等级评定。

3. 分析阶段

分析阶段的主要任务是对各种不同岗位的工作特征、人员特征的调查结果进行深入全面的分析和总结。具体工作如下：

(1) 仔细审核已收集到的各种信息。
(2) 以创新精神分析现状,尽可能地发现有关工作人员在工作中存在的问题。
(3) 归纳总结出工作分析的要点,包括关键岗位的职责、任务、工作关系、职务范围等。
(4) 针对工作分析提出的问题,提出改进建议,重新划分工作范围、内容、职责,确保所提出的问题都能得到解决。

4. 完成阶段

完成阶段的主要任务就是根据所收集的信息和调查的结果,综合提出工作描述和工作规范,并制定职务说明书(或工作说明书、工作标准),报高层领导批准作为正式文件下达。

8.2.2 工作分析的方法

工作分析作为研究和描述工作的过程,主要确定收集哪些信息,怎样收集,如何进行工作描述等。常用的工作分析方法有以下几种:

1. 访谈法

工作分析者通过访谈有关工作人员或主管人员以了解工作的特点和要求,从而取得详细全面的工作分析资料。

(1) 访谈的形式
① 个人访谈:对员工个人进行访谈。
② 群体访谈:对从事同种工作或相近工作的群体进行访谈。
③ 管理人员访谈:对了解所分析对象的主管人员进行访谈。

(2) 访谈的内容
① 工作内容:员工为了完成此项工作,必须从事那些与工作有关的活动。
② 工作关系:该工作在组织中的地位及上下级职能的关系。
③ 绩效标准:以何种绩效标准来评估该项工作的完成情况。
④ 工作背景:包括工作的物理环境、社会环境等。
⑤ 任职资格:工作本身对承担工作的人的知识、技能及个性特征方面的要求。

2. 问卷法

问卷法是依据工作分析的目的、内容等要求,以标准化问卷的形式列出一组任务或行为,要求调查对象对各任务或行为的出现频率、重要程度、难易性以及与整个工作的关系等打分,然后再经过整理归纳,从中提取所需的信息。使用问卷法获取工作信息有以下两种形式:

(1) 工作日志法。工作日志法是依照时间顺序记录工作过程,然后经过分析整理,取得所需工作信息的一种信息提取方法。这种方法要求职位上的工作人员将工作时间内所有的活动和行为按时间顺序如实记录下来,作为工作分析的对象。

工作日志法的优点是:获取信息的可靠性比较高,适用于确定有关工作职责、工作内容、劳动强度等方面的信息,所需费用也比较低。缺点是:适用范围小,不适用于工作循环周期长,技术含量较高的专业性工作,且信息处理量大,归纳工作比较烦琐;工作执行者在填写时,会由于不认真而遗漏很多工作内容,若由第三人填写,人力投入量非常大,不适合分析大量内容的工作。

（2）职务调查法。职务调查法是根据工作分析的目的、内容等编写结构性调查问卷,由工作执行者填写并经过收集整理而获得工作信息的方法。调查问卷的设计要求：明确要获取信息的种类,并将获取的信息转化为可操作的具体问题,语言简洁易懂,问题设计尽量规范化。

职务调查法的优点是：调查范围广、费用低、速度快,调查的结果可以量化,由计算机进行统计分析,提高分析的准确性和速度。缺点是：受到员工表达能力和理解能力的限制,不同员工对同一问题的理解和解释可能会不一致,因此会带来一些负面影响,由于不是面对面的交流,对被调查者的配合程度有很大的依赖性,不容易了解到对方的真实态度和动机。

3. 实地观察法

实地观察法是分析人员在工作场所对员工的工作过程实地观察和详细记录（见表8-4）,然后再系统分析工作流程和工作方法,找出其不合理之处。

表8-4　职位分析观察提纲

```
被观察者姓名：_____    日期：_____
观察者姓名：_____     观察时间：_____
工作类型：_____       工作部门：_____

观察内容：
 1. 什么时候开始正式工作？_____
 2. 上午工作多少小时？_____
 3. 上午休息几次？_____
 4. 第一次休息时间从_____到_____
 5. 第二次休息时间从_____到_____
 6. 上午完成产品多少件_____
 7. 平均多长时间完成一件产品_____
 8. 与同事交谈几次_____
 9. 每次交谈约_____分钟
10. 室内温度_____度
11. 抽了几支香烟_____
12. 喝了几次水_____
13. 什么时候开始午休_____
14. 出了多少次品_____
15. 搬了多少原材料_____
16. 噪音是多少分贝_____
```

实地观察法的优点是：可以更为直接全面地了解工作过程,还可以获得一些隐含的信息,观察所获得信息一般比较客观和准确,能够为工作分析提供可靠的依据。缺点是：对工作周期长和主要是脑力劳动的工作不适宜采用该方法,仅仅适用于从事重复性劳动的操作性工作,如保安、流水线操作工等。

4. 关键事件法

关键事件是指使工作成功或失败的特别有效或无效的工作行为及事件。它要求管理人员、普通员工或其他熟悉该工作的人员记录工作行为中的关键事件,包括导致事件发生的原因和背景,员工的特别有效或无效行为的特征现象、关键行为的后果、员工能否支配或控制上述后果等。当大量的关键事件收集起来以后,对其进行归纳整理,分析其发生的频率,重要程度及对任职者的能力要求,并从中总结出工作的关键特征和行为要求。

关键事件法的优点是:可以揭示工作的动态信息,有助于确定选拔和任用的标准及开发培训方案的主要内容。缺点是:收集归纳事件并进行分析需投入大量时间,可能会遗漏一些不显著的工作行为。

8.2.3 工作说明书及其主要内容

工作分析形成两大成果:工作描述和工作规范。

1. 工作描述

(1) 工作描述的主要内容

工作描述具体说明了某一工作职位的物质特点和环境特点,主要包括工作名称、工作活动和工作程序、物理环境、社会环境、聘用条件等内容。它明确地标识出员工实际在做什么,如何做以及在什么条件下做等内容。

① 工作标识。工作标识是识别某一工作的基本要素,包括工作的名称、编号、所属部门、等级、工资水平、工作说明书编写日期等内容。

② 工作概要。也称工作综述,是工作说明书的基本要件,它是对工作内容、目的、要求、范围等做的概括性的描述。

③ 工作说明。工作说明是对有关工作任务的具体描述。它要求逐项说明工作的每项任务所占工作时间的比率以及考核标准。

④ 工作执行。工作执行是对工作职责、技术领域、管理领域、设备应用、工作结果等内容的描述。

⑤ 工作环境。工作环境是工作中所包含的一般工作条件。如工作场所、工作环境的危险性、职业病、工作时间要求和工作的均衡性等。

⑥ 职业条件。职业条件往往包括工资结构、支付工资的方法、福利待遇、晋升的机会、休假制度及进修机会等。

(2) 工作描述的编写要求

编写工作描述应符合以下要求:

① 工作描述的结构可依据工作分析的目的加以调整,反映所需的工作内容。

② 对工作的描述应清晰透彻,使员工可以确切地理解其工作。

③ 使用简洁精练的语言明确工作的种类、复杂程度及应承担的责任范围等。

④ 工作描述的编写可由该职务的员工、上级主管共同分析协商,将各方面的意见考虑在内。

(3) 工作描述的范例

表 8-5 为简单的工作描述范例。

表 8-5　简单的工作描述

职位：人事助理	职等：七
部门：人力资源部	职务编号：1176-912
日期：2004 年 5 月 21 日	

工作概要：负责组织人力资源开发与管理的具体业务

工作说明
1. 人员招募与岗前培训实务。
2. 为新增职位制定工作说明书。
3. 人事资料登记、整理与统计。
4. 人事规章拟订。
5. 人员之任免、调动、绩效评价、薪资管理等事项办理。
6. 员工保险、退保和理赔事宜。
7. 监督保健工作的开展。
8. 研究、开发和执行就业关系方面的计划。

工作条件和物理环境：85%以上时间在室内工作，一般不受气候影响；温度适中，无严重噪音；有外出要求，一年中有 5%～10%的工作时间出差在外；工作地点本市。

社会环境：直接上级是人事经理，需要经常交往的部门是生产部、投资咨询部、财务部，可参加俱乐部等活动。

2. 工作规范

(1) 工作规范的主要内容

工作规范是对一定工作所需的任职资格与条件的确认，是工作分析的重要结果之一。如果说工作描述专注于研究某项工作自身的构成，则工作规范更关心完成此项工作所必需的条件。工作规范的组成要素主要有：

① 从事工作所需的最低学历要求。
② 需要培训的内容和时间。
③ 从事本职工作和其他相关工作的年限和经验。
④ 一般能力。
⑤ 兴趣爱好。
⑥ 个性特征。
⑦ 工作所需的性别和年龄要求，要注意有关法律规定，避免劳动争议。
⑧ 体能要求。如体力消耗和精神紧张程度等。

(2) 编写工作规范的注意事项

① 不要改变基本要求，如知识、能力要求等。
② 对工作规范中的描述应具体明了。
③ 坚持只列举本工作要求的关键技能、知识和能力。如某项技术工作所需的知识可描述为"必须掌握 Windows 下的 C 语言编程知识"。

(3) 工作规范样本示例

简单的工作规范样本示例如表 8-6 所示。

表 8-6　简单的工作规范样本

1. 职务名称<u>销售经理</u>　2. 直接上级职位<u>总经理</u>　3. 所属部门<u>销售部</u>	
4. 分析人员_____　　5. 批准人_____	

1. 学历与资历要求
 大学本科文化程度,从事销售工作5年以上。
2. 知识要求
 具有(销售类课程)等经济门类的基础知识。
 具有网络技术、决策技术、管理信息、计算机技术等现代管理知识。
 熟悉各项经济技术指标体系的编制、计算和考核办法。
 熟悉企业的销售政策及方法。
3. 能力要求
 具有较强的组织领导能力。
 具有综合分析、判断和决策能力。
 具有较强的公关能力。
 具有较强的文字表达和语言表达能力。
4. 生理要求
 身体健康,精力充沛。

3. 工作说明书

工作描述和工作规范组成了工作说明书。简单的工作说明书样本示例如表 8-7 所示。

表 8-7　人力资源经理职位说明书

职位名称	人力资源经理	职位代码		所属部门	人力资源部
直属上级	人力资源总监	管辖人数		职等职级	
晋升方向	人力资源总监	候选渠道		轮转岗位	
薪金标准		填写日期		核准人	

工作内容
- 编制公司人力资源规划；
- 组织公司人员招聘活动；
- 办理公司员工人事变动事宜；
- 建立健全公司人力资源管理制度；
- 负责劳动合同的签订和管理工作,代表公司解决劳动争议、纠纷或进行劳动诉讼；
- 制订员工培训计划,组织技能考核鉴定和培训实施；
- 组织制定公司考核制度,定期进行员工考核；
- 编制工资计划,审核各职能部门的奖金或提成分配方案；
- 负责公司全员考勤的汇总及整理工作；
- 组织制定生产工人的定额工时并监督实施；
- 建立公司人力资源管理信息系统,为公司重大人力资源管理决策提供参考依据；
- 完成上级主管交办的其他工作。

权责范围
权力：
- 经总经理授权后,可独立开展人员招聘、录用及考核等项工作。
- 有权根据公司有关规定对员工进行日常考核并提出奖惩意见,经公司批准后执行奖惩决定；
- 有权代表公司处理劳动争议或参加劳动诉讼。

续表

责任：
• 对公司人力资源的合理配置、人力资源管理制度的建立健全,以及全员劳动合同制的推行负组织责任；
• 发生劳动争议时,负协商处理责任；
• 由于劳动合同的签订与管理不善,发生劳动争议并给公司造成损失,应负相应的经济责任和行政责任。
任职资格
教育背景：人力资源管理、行政管理或相关专业大专以上学历。
培训经历：受过现代人力资源管理技术、劳动法规、基本财务知识等方面的培训。
经验：从事人力资源管理或人事管理实务工作5年以上。
技能：能够独立解决比较复杂的人事管理实际问题,具有较强的计划、组织、协调能力和人际交往能力,能熟练使用办公软件。
工作环境
办公室：工作环境舒适,基本无职业病危险。

8.2.4 工作设计

工作设计是指为了有效地达到组织目标,而采取的满足员工个人需要有关的工作内容、工作职能和工作关系的设计。随着科学技术的发展,设备自动化程度越来越高,企业在进行工作设计时开始重视人的因素。工作设计的方法主要有以下几种：

1. 工作专业化

工作专业化是通过对工作的动作研究和时间研究,把工作分解为许多单一化、标准化的工作内容和工作程序,然后对员工进行分工与培训,以提高工作效率。在工业生产中,流水作业生产线就是工作专业化的某种体现。工作专业化是工作设计发展的第一阶段。

工作专业化的优点：可以把工作分解为许多单一、标准的工作内容和工作程序,对员工的要求比较低,可以降低工资成本,减少费用开支；可以提高员工的工作熟练程度,有利于提高工作效率；可以制定标准的工作内容和工作程序,有利于组织内部的严格管理,有利于对每个员工的考核。但是工作专业化也有缺点：由于采用高度的、过分的专业化,使每个员工所承担的工作变得简单、枯燥和单调,从而产生对工作的厌烦和不满,会出现一些消极对抗的行为,如缺勤或离职。

2. 工作轮换制

企业为了解决员工对高度专业化的不满情绪,有时也可以在允许的条件下,以一专多能为目标,采用工作轮换的办法。

工作轮换就是在不影响工作秩序的前提下,员工可以从一个岗位换到另一个岗位,以解决工作专业化带来的员工中存在的厌烦情绪,提高工作效率。图 8-3 表示工作轮换的基本过程。

工作轮换制不仅适用高度专业化的流水线操作工人,同样也适用于管理人员。对于管理人员进行轮换是一种学习培训过程,在工作轮换过程中,管理人员可以增加对企业全面的了解并积累经验,协调他们的人际关系,为以后晋升做好准备。

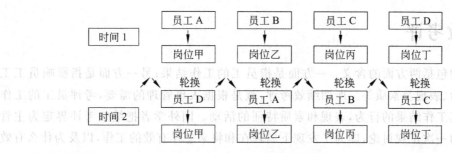

图 8-3 工作轮换示意图

3. 工作扩大化

工作扩大化是在不影响工作秩序和可能的前提下,在员工之间横向扩大工作范围,使一个员工除了承担本岗位的工作外,还可部分地承担相邻岗位的工作。图 8-4 表示工作扩大化的基本原理。

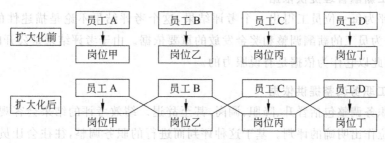

图 8-4 工作扩大化示意图

工作扩大化并未改变员工的工作性质,因此在处理与安排上必须注意不能让员工长期处于这种状态,否则就会有人批评说,工作扩大化只是使员工做更多工种的工作,并为企业提供裁减员工的机会。

4. 工作丰富化

工作丰富化的理论基础是赫茨伯格的双因素理论。这一理论认为:当工作中缺乏保健因素时,员工会产生不满情绪,而保健因素增加时,员工的不满情绪虽然会被消除,但并不会产生对员工的激励。当涉及工作内容本身的激励因素(如工作的挑战性、自主性、责任性、成就感等)增强时,就会提高对员工的激励水平,使员工能获得较高的工作绩效。

工作丰富化着眼于纵向扩大工作范围,从而丰富工作内容。具体方法有:创造与产品消费者接触的机会,让员工了解并尽快满足用户的需求;在工作设计中留出机动岗位,使员工能自行安排工作进度;实行弹性工作制,增加灵活性,提高工作生活质量;组合工作任务,使员工能从头到尾装配一个完整的产品等。

工作丰富化为员工提供较多的激励和满意的机会,可以使员工提高工作效率,减少厌烦不满的情绪,减少员工的跳槽和缺勤,从而提高整个组织的效率。当然工作丰富化在实施过程中,必须要支付更多的报酬,增加培训经费,从而增加经费的开支。

8.3 绩效考评

绩效一般包括两方面的含义:一方面是指员工的工作结果;另一方面是指影响员工工作结果的行为、表现及素质等。所谓绩效考评,就是根据人事管理的需要,考评员工的工作结果及影响其工作结果的行为,表现和素质特征的活动。国外学者把绩效考评界定为主管与下属之间的一次正规讨论,即为了发现下属现在和将来怎样有效的工作,以及为什么有效的工作而进行的正规讨论。因此,绩效考评同时也是一个工作信息沟通与反馈的过程。

8.3.1 绩效考评的作用

绩效考评作为人力资源管理的一个职能,为各项人事决策提供客观依据,其主要作用如下:

1. 为员工薪酬管理提供依据

绩效考评为每一位员工得出一个考评结果,这个考评结果不论是描述性的,还是量化的,都可以作为员工的薪酬调整和奖金发放的重要依据。由于考评结果是公开的,要获得员工的认同,因此以它作为依据是有说服力的。

2. 为员工职务调整提供依据

员工的职务调整包括晋升、降职、调岗,甚至辞退。绩效考评的结果会客观地对员工是否适合该岗位作出明确的评判。基于这种评判而进行的职务调整,往往会让员工本人和其他员工接受和认同。

3. 为员工培训提供依据

有效的员工培训必须针对员工目前的行为、绩效及素质同其职务规范、组织发展要求方面的差距进行,以确定培训目标、内容及方式。这样可以发现员工的长处与短处、优势与劣势,从而制订具体的培训计划。

4. 为员工奖惩提供依据

为了真正地鼓励员工向优秀者学习,防止不负责任的现象蔓延,要对忠于职守、踏实工作、成绩优秀者给予精神或物质的奖励,对不负责任、偷工减料、绩效低劣者给予惩戒。对员工绩效考评的结果则是管理者执行奖惩的重要依据。

5. 能帮助和促进员工自我成长

员工在工作中取得成绩和进步,通过绩效考评,得到组织的承认和主管的肯定,可以更好地激励其发挥技能和潜力。员工如存在不足和缺点,可以通过绩效考评来促使其认识到自己的差距,以起到鞭策的作用。

6. 能改进管理者与员工之间的关系

在绩效考评活动中,主管将考核与测评的情况,通过面谈和其他途径,向员工反馈,并听取员工的反映和看法,了解彼此对对方的工作期望,从而促进管理者与员工之间的沟通,进一步融洽双方的工作关系。

8.3.2 绩效考评的内容

绩效考评的具体内容取决于绩效考评活动的目的。在企业中绩效考评的典型做法是围绕员工的德、能、勤、绩四个方面内容来进行考评。

德：主要是指员工的道德品质、思想觉悟、政治倾向、价值取向等。

能：主要指员工从事工作的实际能力，包括技能、学识、智能和体能等。

勤：主要是指员工的工作态度和表现，包括出勤率、纪律性、干劲、主动性等。

绩：主要是指员工的工作效率及效果，包括员工完成工作的数量、质量、速度、效益等。绩与德、能、勤之间有着内在的因果关系，绩是作为企业对员工的最终期望，是考评的根本内容。

在国外，一些企业的绩效考评主要围绕三大方面：个人特征(包括技能、能力、素质、需要)、工作行为和工作结果，具体内容见表8-8。

表 8-8 某国外企业绩效考评内容三要素样例

个 人 特 征	工 作 行 为	工 作 结 果
职务知识	执行任务	销售额
强项	服从指导	生产水平
眼手协调	汇报问题	生产质量
商业知识	维护设备	损耗量
成就需要	维修记录	事故次数
社交需要	遵循规则	设备修理次数
独立能力	正常出勤	服务的顾客数
忠诚心	递交建议书	顾客满意度
正直	工作时不吸烟	
创造力		
领导能力		

8.3.3 绩效考评的方法

1. 员工比较法

员工比较法是一种传统的绩效考评方法，即对考评对象做出相互比较，从而决定其工作业绩的相对水平。这种方法一般有以下三种基本形式：

(1) 直接排序法

直接排序法是根据工作分析，将被考评岗位的工作内容划分为相互独立的几个模块，在每个模块中用明确的语言描述完成该模块工作需要达到的工作标准。同时，将标准分为几个等级选项，如"最好、较好、尚可、较差、最差"等，考评人员根据被考评人的实际工作表现，对每个模块的完成情况进行评估，总成绩即为该员工的考评成绩。

直接排序法一般只适用于小型企业的人员考评，而且被考评对象必须从事同一性质的工作。如果工作性质差异较大，或是对跨部门的工作人员进行考评，在操作时难度较大。

(2) 交替排序法

交替排序法是根据某些绩效要素，首先挑选出最好的与最差的员工，将之写在表 8-9 格中，然后从剩下的员工中再挑选出最好的和最差的，依次类推。

表 8-9　交替排序法的工作绩效评价等级

评价所依据的要素：

针对你所要评价的每一种要素，将所有雇员的姓名都列出来。将工作绩效评价最高的雇员姓名列在第 20 行的位置上；将评价最低的雇员姓名列在第 1 行的位置上，然后将次最好的雇员姓名列在第 19 行的位置上。将这一交替排序继续下去，直到所有的雇员都被排列出来。

评价等级最高的雇员

1. _____　　　11. _____
2. _____　　　12. _____
3. _____　　　13. _____
4. _____　　　14. _____
5. _____　　　15. _____
6. _____　　　16. _____
7. _____　　　17. _____
8. _____　　　18. _____
9. _____　　　19. _____
10. _____　　　20. _____

(3) 一一对比法

一一对比法是将每个被考评者就某一考评要素（如工作质量、工作数量等），与其他被考评者进行一一对比，较优者为"＋"，较差者为"－"，然后比较每个被考评者的得分，并排出次序。

一一对比法实质上是将全体被考评者看成一个有机系统。如果被考评者总数为 n，每一考评维度的对比次数就是 $n(n-1)/2$ 次。若考评 10 人，在每一考评维度上的对比次数就是 45 次，若考评维度有 4 个人，一次完整的考评活动就需要对比 180 次。因此，这种方法在操作时是比较烦琐费时的（见表 8-10）。

表 8-10　对比评估表

	A	B	C	D	E
A		＋	＋	－	－
B	－		－	－	－
C	－	＋		＋	＋
D	＋	＋	－		－
E	＋	＋	－	＋	
评估结果	中	优秀	差	差	中

(4) 强制分配法。强制分配法是根据正态分布原理，优秀的员工和不合格的员工的比例应该基本相同，大部分员工应该属于工作表现一般的员工。因此，在考评分布中，可以对优秀员工和不合格员工的人数作出强制规定。例如，优秀员工和不合格员工的比例均占

25%,其余50%属于普通员工。

强制分配法比较适合于被考评人数比较多的考评活动,操作起来也比较简单。由于其遵循正态分布规律,可以避免考评者主观上的偏宽和偏严等偏差。然而,由于该方法着眼于总体状况,缺乏具体分析,考评结论可能不够公正和公平。例如,某组被考评者总体绩效较高,则总会有一部分人在考评时要吃些亏。

2. 行为评价法

行为评价法是通过员工行为来考评绩效的方法,具体来说有以下几种不同的类型:

(1) 关键事件法。关键事件法是通过对员工在关键事件中的行为的记录来考评绩效的方法。采用此方法必须保持对被考评者的日常绩效记录,这种日常绩效记录与一般信息收集性的生产记录、出勤记录等有所不同,记录的项目不仅仅是具体的事件和行为,而且是重点记录突出的、与工作绩效直接相关的事件和行为。例如,某员工某一天由于疏忽大意,违反操作规程,造成多少经济损失;或者,某员工在某日执行任务中,充分发挥主观能动性,为企业赢得多少经济效益等。如此具体地记录员工日常的突出事件和行为,为考评活动提供了重要的客观依据。

(2) 行为观察量表。量表构建要先通过员工获得关键事件和行为,然后将行为分几个维度,并评定关键行为代表什么等级的工作表现。再将关键行为列成一张表,上级阅读这些行为观察量表并评价员工在多大频率上有这些行为。具体方法是用五级评分制,从 1 到 5 依次表示员工表现该种行为的百分比。评估完每个员工的具体行为后,对每个维度的得分求和得到该员工的整体得分。

(3) 行为差别测评法。行为差别测评法先通过一个类似于关键事件法的工作分析程序获得大量的描述句,描述从有效到无效的整体行为系列。再通过整理,根据相似性对项目进行分组,每一组项目具有一个概括性的描述,并将这些描述句作为"绩效标本"。之后,将这些"绩效标本"安排在问卷中,并发放给抽样产出的 20 位在职者和他们的上司。对问卷涉及的有效和无效行为的信息进行分析。最后据此制作测评表。

(4) 固定行为评价量表。固定行为评价量表是评价者记录员工的行为,然后和典范行为相比较,再给出员工行为的量化的评估。建立量表一般比较费时,因为需要确定工作的维度和每一维度下的典范行为及其在量表上对应的分数。评分方法有两种:一是上级给员工的每一个行为的评分,最后计算每一维度的平均得分;二是上级回顾员工的所有表现,得出一个总体的印象,将该印象与量表总的标准行为相比较后得出该维度的分数。固定行为评价量表的评价标准非常明确,量表给员工提供了好的和坏的行为样本,可以帮助员工改进工作表现。

3. 工作成果评价法

工作成果评价法包括以下两种方法:

(1) 目标管理法。目标管理法是通过主管人员与下属共同参与制定目标而实现组织目标的管理系统。这种方法先由主管人员和下属共同讨论和制定员工在一定时期内需达到的绩效目标,以及检验目标的标准;经过贯彻执行后,到规定期末,主管人员和下属双方共同对照既定目标,依据原定的检验目标的标准,测评下属的实际绩效,找出成绩和不足;然后双方本着合作互利、发扬优点克服缺点的原则,制定下一阶段的绩效目标。目标管理法一般适用于从事工作独立性强的人员考评,如管理人员、专业技术人员以及销售人员等。而对流水生产线上的工人就不适用目标管理法。

(2) 指数评估法。指数评估法是指通过更客观的标准(如生产率、出勤率、跳槽率等)来评估绩效。一般可分为定性评估和定量评估两种方法:定性评估包括产量质量状况、顾客满意度、原材料使用情况等;定量评估包括每小时产出数量、新增用户订单数和销售总额等。定量评估是指数评估法的主要依据。

8.3.4 绩效考评的实施

1. 确认考评活动中的人员构成

在绩效考评活动中起重要作用的人员有四类:考评者、被考评者、高层管理者以及人力资源管理部门的专业人员。这四类人员各司其职,相辅相成,构成绩效考评活动的人员有机整体。

2. 明确考评目的

绩效考评都有特定的目的和目标,如为了制订个人职业发展计划;作为奖惩分配的依据;作为改进绩效的依据;为人员配置、晋升和辞退提供依据;作为员工个体培训和开发的依据等。

3. 加强绩效考评的反馈

管理者如果忽略考评反馈的环节,那么被考评者不仅无申辩说明或补充的机会,而且也无法了解自身表现与组织期望之间适合程度,影响了被考评者绩效改善的效果。

考评反馈还是一门艺术,为了使反馈更具建设性和有效性,有关专家总结出考评反馈的一般准则:

(1) 观点、反应和知觉应该代表其本身,而不代表事实。
(2) 反馈应该是注重相关的绩效、行为或结果,而不是注重某个人。
(3) 反馈应该是联系特定的、可观察的行为,而不是一般的或整体的行为。
(4) 当反馈的内容是评估性的,应联系原定标准,作为评定好或坏的佐证。
(5) 反馈应该使用简洁明确的语言,以免引起误解和自卫心理。
(6) 反馈应该关心那些个人能够改进的事情等。

4. 做好绩效考评的面谈

考评面谈通常是在每年年终进行,不仅要对被考评者过去的工作进行总结,还要致力于发掘被考评者将来的潜能开发。绩效考评面谈一般有三种方式:

(1) 告知和推销方式。在考评面谈时,考评者向考评对象告知考评过程和结果,并向考评对象提出一些建议。这种面谈方式实质上是一种单向沟通,考评对象处于被动地位,容易形成自卫心理。

(2) 告知和聆听方式。在考评面谈时,考评者向考评对象告知考评过程和结果的同时,鼓励员工发表对考评的看法,并注意倾听考评对象的意见。这种面谈在一定程度上是一种双向沟通,但是在向考评对象告知考评情况时,仍有可能引起对方的自卫心理。

(3) 解决问题方式。在考评面谈一开始,考评者就鼓励考评对象识别其工作中的问题,在相互讨论中得出考评对象的工作绩效的评价,同时对讨论的问题提出解决的思路和方法。

这种面谈方式始终是一种双向沟通,考评者和考评对象处于平等地位,并注重考评对象下一步绩效的改进方法和计划。

> **决策借鉴**
> **设计绩效考评制度的要点**
> 　　绩效考评制度可以在企业与员工之间建立重要的桥梁。通过绩效考评制度的运作,要使企业与员工达到"双赢"的目的。为此,应掌握以下要点,再结合公司的经营理念,设计出适合本公司的绩效考评制度。
> 　　1. 员工的考绩考评制度要与公司的营运目标相结合,并取得全员共识。以目标从上而下、计划从下而上的方式,实现各部门充分沟通,定期检查,必要时按实际情况修正。
> 　　2. 每项职位都应建立工作说明书等重要人力资源管理工具,绩效考评时个人工作项目的设定,就是工作说明书上的主要工作内容。
> 　　3. 绩效考评制度应明确事先规划及事后检查的目的,如果一年考评一次,由于时间太长,有太多的因素无法掌握,因此,应按季考评,时时检查,改善工作。
> 　　4. 在设计绩效考评制度时要重视员工个体的差异性,用不同的标准来提升每个人的工作绩效,创造有挑战性的工作环境。
> 　　5. 主管与部属应有固定时间就工作进度、困难及工作内容等进行讨论与沟通。
> 　　6. 在目标及绩效考评标准设定以后,应注重从精神上对员工的激励。
> 　　7. 重视员工绩效与薪资调整的关联,设计"考评与薪资混合表",建立公平的游戏规则。
> 　　8. 从绩效考评中找出个别员工的教育培训需求,培养储备的人才,提供员工职业生涯规划的指标。
> 　　资料来源:人力资源管理杂志社编:《人力资源管理实务及案例》.

8.4 薪酬管理

　　薪酬管理是指组织对员工所付出的知识、技能、努力和时间的补偿。一般来说,以工作质量要求为主的报酬称为薪金,其劳动性质属于脑力劳动;而以工作数量要求为主的报酬则称为工资,其劳动性质属于体力劳动。薪酬是薪金与工资的总称,因为两者均为劳动报酬。而在我国,习惯上将薪金和工资都统称为工资。薪酬是人力资源管理中的重要内容,良好的薪酬制度可以帮助企业更有效地吸引、保留和激励员工,从而起到增强企业竞争优势的作用。

8.4.1 报酬和薪酬的构成

1. 报酬的构成

　　报酬是一个广泛的概念,主要是指作为个人劳动的回报而得到的各种类型的酬劳。报酬分为内在报酬和外在报酬两大部分。
　　(1) 内在报酬。内在报酬是指员工对由于工作本身所获得的满足感,具体包括以下内容:
　　① 能参与企业的各类决策。
　　② 自由分配工作时间及方式。
　　③ 较多的责任和职权。

④ 较有趣的工作。

⑤ 个人成长的机会。

⑥ 活动的多元化等。

内在报酬都是工作参与的结果,基于这方面的考虑,才会有工作丰富化、缩短工作日、弹性工作时间、工作轮换等做法的出现。

(2) 外在报酬。外在报酬是以物质形态存在的各种类型的报酬,包括直接薪酬、间接薪酬与福利、非财务报酬三类。

① 直接薪酬。具体包括基本工资、加班及假日津贴、绩效奖金、利润分享和股票期权等。

② 间接薪酬和福利。具体包括保健计划、非工作时间的付酬、服务及额外津贴。

③ 非财务报酬。具体包括偏爱的办公室装潢、宽裕的午餐时间、特定的停车位置、喜欢的工作、业务用名片、私人秘书和动听的头衔。

2. 薪酬的构成

薪酬主要是指企业因使用员工的劳动而付给员工的金钱或实物。薪酬分为直接薪酬和间接薪酬,直接薪酬包括基本工资、奖金、股权、津贴与补贴;间接薪酬即福利。

(1) 工资。工资的主要形式有以下几种:

① 基本工资。基本工资是员工得到基本货币收入,也是相对固定的收入。基本工资与岗位密切相关,也与个人的技能、经验和贡献有关。基本工资的高低与企业的经济实力、市场平均价格等有关。在我国采用的结构工资制中,基本工资较低而且平均,可以保障每一个员工能够维持最低生活水准。而随着市场经济的发展,人才竞争的加剧,许多企业都把提高工资水平作为吸引人才的一个有力措施。基本工资一般以小时工资、月薪、年薪等计时的形式出现。基本工资又可以分为基本工资、工龄工资、职位工资等。

② 激励工资。激励工资是工资中随着员工工作努力程度和劳动成果的变化而变化的部分。激励工资有类似奖金的性质,可以分为以下两种形式:一是投入激励工资,即随着员工工作努力程度变化而变化的工资;二是产出激励工资,即随着员工劳动产出的变化而变化的工资。具体形式有计件工资和销售提成等。

③ 成就工资。成就工资是当员工工作取得成效,为企业作出突出贡献后,企业以提高基本工资的形式付给员工的报酬。成就工资是工资的永久性增加,是对员工过去较长一段时间内所取得成就的认可。而激励工资则是一次性的,主要是与员工现在的表现和成绩挂钩的。

(2) 奖金。奖金是对员工超额劳动的报酬。奖金主要是用来奖励员工的优秀绩效,能起到对员工的激励作用,从而使他们保持或进一步提高绩效水平。奖金按时间来划分有月奖、季奖和年奖等,往往和员工个人、所在部门甚至组织在某一较短时间内的明确的绩效目标挂钩。

(3) 股权。股权是以企业的股权作为对员工的奖励,作为一种长期的激励手段,能够让员工为企业长期利润最大化而努力工作。例如,现在很多企业针对经营者和专业人员的投资回报率、市场份额等长期业绩目标,制订股票期权等长期激励计划,通过这种方式来保留和激励企业的优秀员工。

(4) 津贴与补贴。津贴与补贴是对员工在特殊劳动条件、工作环境中的额外劳动消耗和生活费用的额外支出的补贴。一般把与工作联系的补贴称为津贴,把与生活相联系的补偿称为补贴。常见的津贴有以下几类:为保障职工身体健康的津贴有井下津贴、高温津贴;为补偿职工特殊劳动消耗的津贴有野外津贴、船员津贴;为保障职工生活的津贴有探亲假津贴等;为鼓励职工提高科技水平和优秀工作者设立的津贴有科研津贴、优秀运动员津贴等。

(5)福利。福利是组织向员工提供的非报酬性的物质待遇,是一种劳动的间接回报。企业的福利形式繁多,一般有公共福利、个人福利、组织内部公共福利和生活福利四类。

① 公共福利。是由政府支持或提供,由国家法律或政府政策加以保障的福利。如医疗保险、失业保险、养老保险、伤残保险等。

② 个人福利。是由组织提供与员工选择相结合的福利项目。如辞退金、住房津贴、交通费、工作餐、人寿保险等。

③ 组织内部公共福利。是完全由组织提供的某一员工群体均可享受或有机会享受的福利项目。如带薪病假、集体旅游、组织自己认可的民间或国定的节假日,如中秋节、圣诞节等。

④ 生活福利。是组织为员工提供的生活方面的专项福利项目。如为员工提供法律服务、心理咨询、贷款担保、子女教育服务等。

8.4.2 企业工资制度

1. 技术等级工资制

技术等级工资制是根据各工种的技术复杂程度、劳动繁重程度、工作责任大小等因素划分为若干个技术等级,按技术等级规定相应的工资标准的制度。技术等级工资制由技术等级标准、工资标准和工资等级表三个部分组成。

(1)技术等级标准。技术等级标准是指按照生产岗位和工种的分类,对职工担任某项工作应具备的劳动能力进行规定的技术文件。技术等级标准是由应知、应会和工作实例三个要素构成。

① 应知,是指工人为完成某工种某一技术等级的全部工作所必须具备的专业理论知识。

② 应会,是指工人为完成某工种某一技术等级工作应具备的实际操作能力和工作经验。

③ 工作实例,是指根据应知应会的要求列出本工种某等级工人应该会做的典型工作项目。

(2)工资标准。工资标准又称工资率,是指单位工作时间(小时、日、月)规定的工资数额。它表示某一工资等级的货币工资水平。

在制定工资标准时,首先要合理确定最低等级工资标准;其次根据最低等级标准以及选定的各等级的工资等级系数,来推算出其他各等级的工资标准;最后分别确定各工种或岗位的工资起点等级和最高等级的界限。一般来说,技术复杂程度高、责任大、技术等级数目多的工种,等级起点高,等级线也长;反之,则起点低,等级线也短。某些繁重体力劳动,如搬运工等,其等级起点也可以适当高一些,但等级线不宜过长。

(3) 工资等级表。工资等级表是规定工资等级数目以及各工资等级之间差别的一览表。它由工资等级数目、各等级之间的工资级差,以及各工种的工资等级线三部分组成。

① 工资等级数目。它是根据各行业的生产特点、技术复杂程度和技术等级的要求来确定的。一般来说技术比较复杂,技术熟练程度差别比较大的工作,工资等级数目需要更多些;反之则少些。工资等级数目要同技术等级相对应,一个技术等级可以对应一个或几个工资等级。

② 工资级差。它是工资等级表中相邻两个等级的工资数额差距。在工资等级表中,低等级之间的级差一般较小,工资级别越高级差越大。工资级差通常有两种表现形式:一是绝对数表示法;二是相对数表示法,即以工资等级系数和级差百分比作为指标。

工资等级系数是各等级工资标准与最低一级工资标准之比。它表示各等级劳动的复杂程度。级差百分比是上一等级工资标准与相邻的下一等级工资标准之比。它表示相邻两个等级工资标准的比例关系。

③ 工种工资等级线。它是在工资等级表中,表明各工种所跨越的最低等级和最高等级的界限,即各工种在工资等级表中的起点和终点。一般来说,技术复杂,熟练要求比较高,责任较大的工种,其工资起点应该较高;反之则要低些。劳动复杂程度与熟练程度比较高的工种,工资等级线应该长一些;反之则短一些。对于劳动环境和条件比较艰苦、工作繁重,但技术要求不高的工种,工资起点可以稍高,但工资的等级线却不宜太长。

2. 职务等级工资制

职务等级工资制是企业对管理人员和专业技术人员所实行的按照职务规定工资的一种工资等级制度。一般采用一职数级、上下交叉的办法,即在同一职务内划分若干等级,相邻职务工资等级线上下交叉,员工都在本职务所规定的工资等级范围内评定工资。职务等级工资制是由职务序列、业务标准、职责条例以及职务工资标准组成的。

(1) 职务序列。一般来说,企业的经营管理职务序列可由正副厂长、总工程(会计、经济)师、正副处长、正副科长(正副车间主任)、科员、办事员等组成;专业技术职务序列可由高级工程(会计、经济)师、工程(会计、经济)师、助理工程(会计、经济)师、技术(会计、经济)员等组成。

(2) 业务标准。业务标准是各个职务的业务规范,是评定员工职务工资的主要依据。它由"应知"和"业务要求"所组成。应知是员工从事某项职务所应具备的专业知识,包括有关的理论知识以及必要的法规制度等知识。业务要求是指从事某项职务所应具有的业务能力与资历等。

(3) 职责条例。职责条例规定了承担各种职务的职员在其任职范围内的工作内容、权力、责任和义务,具体规定了各项职务的性质、范围、完成任务的标准等。

(4) 职务工资标准表。职务工资标准表是由一定数目的工资等级和与这些等级相适应的职务工资标准以及各种职务工资等级线组成的。

3. 岗位技能工资制

岗位技能工资制是按照工人在生产中的不同工种、不同岗位,分别规定不同的工资标准,凡能达到该岗位操作技能要求,并能独立操作者,可领取此岗位的工资。它主要适用于专业分工较细,技术要求相对简单或劳动条件比较艰苦的熟练工和普通工。

4. 浮动工资制

浮动工资制是以员工的工资等级相应的工资标准为基础,将其部分或全部工资浮动,按照员工劳动态度、贡献大小和企业经营成果好坏支付劳动报酬。企业实行浮动工资制,按其浮动幅度的大小可分为:小浮动,即拿出一部分标准工资与奖金合在一起浮动;半浮动,即拿出50%的标准工资与奖金合在一起浮动;全浮动,即将标准工资与奖金全部纳入浮动范围。

5. 结构工资制

结构工资制是按照工资的不同职能,把工资分解成若干个部分,相应规定不同的工资额,用以支付员工各种不同劳动消耗的报酬。结构工资制的内容一般包括基本生活工资、劳动技能工资、年功工资、效益工资、奖励工资、岗位津贴等。

8.4.3 薪酬制度的基本类型

薪酬管理的核心问题是如何科学合理地根据"劳"来确定员工的薪酬差别,即制定公平、公开、公正的薪酬制度。企业目前正在实行的薪酬制度基本上有以下四种类型:

1. 绩效型薪酬制度

绩效型薪酬制度主要是根据员工的动态业绩来决定支付报酬的多少。以业绩来衡量职工劳动的"劳",这对某些员工来讲是合理的。如装配工、营业员等的工作绩效与报酬直接挂钩,激励的效果比较明显,对工作的考核也比较容易实现。常见的形式有计件工资制,依据工人生产合格产品数量或工作量并按预定的单价标准计算应支付的劳动报酬。

绩效型薪酬制度的优点是激励效果明显,缺点是不利于提高员工的综合素质和开发员工的技能,容易造成员工的短期行为。

2. 技能型薪酬制度

这是我国20世纪五六十年代参照苏联以八级工资制为主的薪酬制度。企业定出技术等级及考核标准,并通过对员工的工作绩效与技能水平的综合评估来计量其"劳",从而确定其薪酬等级和支付相应的报酬。如果职工具备了更高的能力,可以向企业提出升级的要求,而高技能岗位是有限的,人人都要努力争取,经过优胜劣汰后才能上升一级。所以技能型薪酬制度是有利于人才成长和进步的,但也有一定的缺点,如有些工作比较艰苦,与绩效计量也不直接挂钩,工作责任却比较大,往往难于以技能为依据进行考虑,造成企业留不住人。

3. 资历型薪酬制度

这是以员工的年龄、工龄、学历、本专业工作年限等因素为依据的薪酬制度。如日本颇为流行的终身雇佣制,由于职工终身受雇,年龄越大的职工工龄也越长,劳动熟练程度与工作经验也越丰富,因此薪酬也越高。如果员工表现出色而被企业发现并较快地升职后,工资特别是底薪与同一资历的人员相差不大,仅仅在岗位津贴等待遇上有一定差别。如果一旦离开这一职务或岗位,岗位津贴与其他待遇随即取消。所以员工在薪酬待遇方面的争执不是很激烈,这样有利于形成员工的集体归属感,提高对企业的忠诚度。但这种薪酬制度强调资历,论资排辈,时间一长容易造成员工依赖于终身雇佣,消极等待工龄的增长,不利于人才流动等弊端。

4. 综合型薪酬制度

这是综合考虑多种因素来确定员工薪酬的制度。又可分成两种类型：

（1）职务技能型。这是目前企业应用最广泛的一种工资制度，以所任职务为主，考虑技能、责任、工作负荷、工作环境等因素来确定员工的薪酬，职务变动了薪酬也相应变动。常见的"职务工资制"、"岗位工资制"、"职位薪资定级标准"等均属于这一类型。由于这种制度既考虑了职务所需的技术等级要求，又考虑了不同职务的工作差异因素，所以能较好地体现出"劳"的不同分量，既有利于鼓励员工争上第一线的艰苦岗位，也有利于员工积极提高技能水平。当然这一薪酬制度也有缺点，由于职务与绩效挂钩不直接，容易造成高职位的人即使绩效平平也不会主动离职。

（2）职务、技能、资历、绩效复合型。这是把员工的职务与技能、资历、绩效等复合后作为薪酬的构成因素，经过综合考虑后来确定的薪酬制度。常见的"结构工资制度"就是这种复合型。这种制度由于考虑比较全面，有利于激励员工做出业绩，有利于职工队伍的稳定。但面面俱到的考虑，往往难以在一个业务复杂、工作分工较细的现代企业中满足不同岗位和不同职务的要求。

8.4.4 薪酬策略

企业的战略使命是要求企业永远能吸引优秀人才，发展人力资源。因此，企业的薪酬策略必须符合这一根本的要求。有很多企业制定薪酬政策的依据仅仅是眼前的"工资福利与企业的经济效益挂钩"。事实上，企业确定的薪酬水平不应该完全服从于市场价格，而应该取决于对三种因素综合评价：

（1）企业能够吸引并保留适当人员所必须支付的薪酬水平。
（2）企业有能力支付的薪酬水平。
（3）实现企业的战略目标所要求的薪酬水平。

在那些处于迅速成长阶段的企业中，经营战略是以投资来促进公司成长。为了与这个经营战略保持一致，企业的薪酬策略应该刺激形成一个有魄力的创业型的管理班子。要做到这一点，企业应该着重使高额薪酬与高中等程度的刺激和鼓励相结合，因为风险越大，薪酬越高。在处于成熟阶段的企业中，经营战略基本上以保持利润和保护市场为目标，因此，薪酬策略应该是基本工资和福利要大于市场水平。在处于衰退期的企业中，经营战略是收获利润并向别处投资，要实现这样一种战略目标，就必须使标准福利和低于中等水平工资相结合，并且重视成本控制，配合适当的刺激和奖励政策。表8-11描述了在不同的发展阶段企业应当采取薪酬策略。

表 8-11 薪酬策略与企业发展阶段的关系

组织特征	企业发展战略			
	初创阶段	增长阶段	成熟阶段	衰退阶段
人力资源管理特点	创新、吸引关键人才、刺激创业	招聘培训	保持一致性、奖励管理技巧	减员管理、强调成本控制
经营战略	以投资促发展	以投资促发展	保持利润和保护市场	收获利润并开展新领域投资

续表

组织特征	企业发展战略			
	初创阶段	增长阶段	成熟阶段	衰退阶段
风险水平	高	中	低	中—高
薪酬策略	个人激励	个人—集体激励	个人—集体激励	奖励成本控制
短期激励	股票奖励	现金奖励	利润分享、现金奖励	
长期激励	股票期权（全面参与）	股票期权（有限参与）	股票购买	
基本工资	低于市场水平	等于市场水平	大于/等于市场水平	低于/等于市场水平
福利	低于市场水平	低于市场水平	大于/等于市场水平	低于/等于市场水平

在企业内部还可以对不同年龄层次的员工采用不同的薪酬策略，表 8-12 简单阐述了薪酬策略与员工年龄层次的关系。

表 8-12　薪酬策略与员工年龄层次的关系

年龄层次	员工特点与需求	薪酬策略	薪酬组合
青年	有冲劲，无经验，向往物质利益和职业前途	鼓励创新，开拓	中等水平薪酬，与业绩挂钩的高奖金，低福利
中年	有经验，中坚力量，追求成就感，个人实现	鼓励充分利用经验和发挥技能	高薪酬，一定水平的奖金，中等水平的福利
老年	经验老到，守成，要求稳定，获得尊重	鼓励将经验传授与善始善终	中等水平薪酬，低水平奖金，及高福利

8.5　人力资源优化管理

为了确保经营活动能顺利进行，企业还应该不断改善劳动组织，在空间和时间上合理安排劳动力，使人力资源流向劳动效率更高的岗位，达到人力资源的优化管理。

8.5.1　人力资源优化的原则

搞好企业人力资源优化，应遵循以下原则：

1. 经济原则

企业人力资源组织要有利于推广和应用新的科学成果以及先进的管理方法，最有效地把劳动者与生产资料结合起来，保证最大限度地利用企业现有的人、财、物资源，减少劳动耗费和占用。

2. 协调原则

要使人力资源组织有利于劳动者之间彼此协调，相互关心，使他们在这个劳动组织中感到心情舒畅。另外，劳动组织形式的设置，要有利于人力资源的合理流动，使劳动者积极主动地分担劳动任务,自觉地承担责任,从而推动劳动组织自行地运转。

3. 安全原则

从生理方面使劳动组织与劳动者的主观条件相适应,积极为劳动者创造良好的工作环境和条件,使劳动强度、劳动环境以及劳动条件既有利于劳动者积极性的发挥,又能充分保障劳动者的健康与安全。

8.5.2 人力资源的组织管理

根据我国企业劳动组织的现状,其基本形式是生产班组和工作轮班,反映了劳动分工在空间和时间上的联系。

1. 生产班组

生产班组是在劳动分工的基础上,把在生产过程中互相协作的有关劳动者组织在一起的劳动集体。这个劳动集体是在一个工作地,对同一种劳动对象进行连续的生产活动,或者是按生产要求的顺序,对协同配合的多种劳动岗位进行生产活动的组合。

(1) 组成生产班组的原则:

① 按工艺专业化划分(也叫工艺原则)。它是按照工艺性质的不同来设置生产单位。在工艺专业化的生产班组里,集中着操作同类的工艺设备和进行相同的加工工艺的工人。

② 按产品专业化划分(也叫对象原则)。它是按照产品(零件、部件)的不同,分别设置最基本的生产单位。在对象专业化的生产班组里,集中为制造某种产品所需的各种设备和对产品按不同工艺进行加工的工人。

③ 综合性组合。在综合性的生产单位里,集中着多种工种或有关的专业工种。即把在工作上有相互紧密联系的有关工种或者专业工种组织在一起。

(2) 生产班组的管理。

① 生产班组的组织必须随着生产变化而变化。企业中采取哪种形式组织生产班组,要根据生产的需要和企业生产工艺的特点来决定。随着生产的发展和工艺过程的改变,生产班组也应该作相应的调整。

② 生产班组规模的大小适当,要有利于提高工效。生产班组的规模过大,容易把一些生产上无直接关系的工人集合在一起,造成窝工浪费;规模过小则难以发挥劳动协作的作用,影响生产任务的完成。

③ 合理组织劳动分工。在生产班组内,要根据生产工艺的要求对各个成员进行明确分工。如按工艺要求进行分工;按执行性和准备性的工作进行分工;按基本工作和辅助工作进行分工;按技术高低不同进行分工。

④ 根据先进合理的定员标准配备人员。要在保证有足够的工作量的前提下,以充分利用工时为标准,根据定员要求配备人员。

⑤ 加强生产班组的组织工作。生产班组的组织工作的内容一般包括:选好班组长,搞好班组民主管理;建立必要的规章制度,严格按工艺规程操作;注意班组成员间的团结协作等。

2. 工作轮班

工作轮班是在工作日内组织不同班次的劳动协作形式。它实现了劳动分工和协作在时间上的联系。工作轮班组织一般可以分为两种：一种是单班制，即每天组织一班生产；一种是多班制，即每天要组织两个或两个以上的工作班次轮流生产。

（1）工作轮班的主要形式

① 两班制。即每个工作日分早、中两个班组织生产，每班工作 8 小时。

② 三班制。即每个工作日分早、中、夜三班，每班工作 8 小时，中、夜班也可规定少于 8 小时。根据公休日是否组织生产或经营，三班制可分为间断性三班制和连续性三班制两种。

③ 四班制。即每个工作日分为四班组织生产。其中有四班 8 小时交叉作业制和四班 6 小时工作制。

（2）实行多班制生产要注意的问题

① 要合理配备各轮班人员的数量和质量。要注意各班的技术力量保持平衡，以达到均衡生产。

② 要合理安排上夜班的周期。由于各个轮班的工作条件有较大的差别，因此不能固定一部分工人长期从事夜班工作。

③ 要严格岗位责任制。各个轮班的责任要划分清楚，建立严格的交接班制度，并注意加强各班之间的协作。

④ 要为各班做好生产准备。特别是夜班生产，厂部、车间必须要有值班人员，以便处理和解决夜班的生产、生活问题。

8.5.3 人力资源的效率管理

人力资源的效率主要是指在劳动过程中人和物的最佳结合。即劳动者以尽可能少的劳动消耗完成更多的工作任务，不断提高劳动效率，从而提高企业的经济效益。

1. 劳动定额

劳动定额是在一定的生产技术和组织管理条件下，预先规定完成一件合格产品（或作业）所需要的时间标准或预先规定在一定时间内应该完成的合格产品（或作业）的数量标准。以时间表示的叫作时间定额或工时定额，以产量表示的叫作产量定额。劳动定额还可以采用看管定额的形式。看管定额是指一名工人或一个班组同时看管的机器设备数量或操作岗位的数目。

（1）劳动定额的分类。根据企业生产计划管理的需要，劳动定额按其用途可以分为以下几类：

① 计划定额。它是在企业现行定额的基础上，充分考虑计划期内生产技术和生产组织条件的改善、工人技术水平的提高、劳动生产率增长幅度等因素，对单位产品所规定的劳动消耗量。一般是指编制年度计划用的定额。

② 现行定额。它是根据企业现有的生产技术条件及工人技术熟练程度，以工序为单位制定的工时定额，主要用于平衡和核算生产能力，安排生产计划，确定工人工作量，计算工人的工资和奖金等。一般用于企业在日常生产中执行的定额。

③ 设计定额。它是根据产品技术资料和初步设计的年产量,采用概略时间标准或参考同类型产品设计定额,通过分析、比较、估算而得的。一般是指设计工厂规模时所使用的定额。

④ 不变定额。它是将现行定额固定下来后,保持一定时期(3年或5年)不变的定额。主要用于编制不变价格、计算产值和衡量企业历年劳动生产率的增长程度。

⑤ 工作定额。它是指企业的技术、经济、管理和服务等各种工作的必要劳动消耗量。如设计工作中设计某项新产品所需花费的劳动量。主要用于考核技术人员、管理人员、服务人员和辅助工人的工作效果,估计工作量。

(2) 劳动定额的制定方法。劳动定额的制定方法主要有以下几种:

① 经验估工法。这是由定额员和老工人及其他有关人员相结合,根据过去的实际工作经验,参考有关的技术资料,考虑到设备、工具和其他工作条件,对完成合格产品所需劳动量进行估算的一种方法。这种方法是按照普遍达到的水平估算的,简便易行,工作量小,制定的过程比较短。但是容易受估工人员的水平和经验的限制,制定出的劳动定额容易出现偏差,准确性较差。

② 统计分析法。这是指根据过去生产的统计资料,经过整理和分析,考虑今后企业生产条件的变化制订或修订定额的方法。这种方法的特点是简便易行,工作量小,以大量的统计资料为依据,有一定的说服力,比经验估工法更能反映实际情况。但是统计资料只能反映过去达到的水平,而且可能包括不合理的虚假的因素,往往影响定额的准确性。

③ 比较类推法。这是指通过与同类型的产品、工序或相似的零件定额标准,进行分析比较,制定劳动定额的方法。由于同类型的产品或工序会有相似的操作工序,从这些相似工序工时消耗中,找出其规律性,作为制定定额的基本依据。它的优点是制定定额的方法较为简便,便于保持定额水平的平衡。其缺点是标准性受典型定额的影响,工作量比较大。

④ 技术测定法。这是通过对技术组织条件的分析,在挖掘生产潜力和操作方法合理化的基础上,采取分析计算或现场测定制定定额的方法。这种方法的优点是:重视对生产技术组织条件和操作方法的分析,有一定的科学技术依据,制定的定额比较准确。但是这种方法比较复杂,工作量较大。

(3) 劳动定额的概率估算法。在用经验估工法制定劳动定额时觉得无把握,可根据已掌握的资料所提出的三个不同的工时数据:即先进的、保守的和有把握的3个工时,先用这3个工时来计算出平均工时定额和标准差,然后用概率论的方法来计算劳动定额,这样可以提高所制定的劳动定额的精确程度。

例如,完成任务 A 的先进工时为 a,保守工时为 b,有把握的工时为 c,则完成任务 A 的平均工时定额 $M=\dfrac{a+4c+b}{6}$,而标准差 $\sigma=\dfrac{b-a}{6}$。

假定定额工时服从以 M 为平均值、σ 为标准差的正态分布,则可根据公式 $N=M+\lambda\sigma$ 和正态分布表,估算出某一项定额工时下达后,完成任务的可能性是多少。正态分布表是用概率论的方法计算出数据列成的数表,使用时极为方便。有关数据参见表 8-13 所示。

表 8-13　正态分布表

λ	P(λ)	λ	P(λ)	λ	P(λ)	λ	P(λ)
-0.0	0.50	-1.3	0.10	0.0	0.50	1.3	0.90
-0.1	0.46	-1.4	0.08	0.1	0.54	1.4	0.92
-0.2	0.42	-1.5	0.07	0.2	0.58	1.5	0.93
-0.3	0.38	-1.6	0.05	0.3	0.62	1.6	0.95
-0.4	0.34	-1.7	0.04	0.4	0.66	1.7	0.96
-0.5	0.31	-1.8	0.04	0.5	0.69	1.8	0.96
-0.6	0.27	-1.9	0.03	0.6	0.73	1.9	0.97
-0.7	0.24	-2.0	0.02	0.7	0.76	2.0	0.98
-0.8	0.21	-2.1	0.02	0.8	0.79	2.1	0.98
-0.9	0.18	-2.2	0.01	0.9	0.82	2.2	0.99
-1.0	0.16	-2.3	0.01	1.0	0.84	2.3	0.99
-1.1	0.14	-2.4	0.01	1.1	0.86	2.4	0.99
-1.2	0.12	-2.5	0.01	1.2	0.88	2.5	0.99

例：已知完成某项任务的先进工时为 6 小时，保守工时为 14 小时，有把握的工时为 7 小时，试求：(1)给定工时定额 $N=9.3$ 小时，完成任务的可能性是多少？(2)要使完成任务的可能性为 0.9，下达的工时定额应该是多少？

解：因为 $a=6$ 小时，$b=14$ 小时，$c=7$ 小时，

所以
$$M = \frac{a+4c+b}{6} = \frac{6+4\times 7+14}{6} = 8(小时)$$

$$\sigma = \frac{b-a}{6} = \frac{14-6}{6} = 1.3(小时)$$

因为
$$N = M + \lambda\sigma$$

所以
$$\lambda = \frac{N-M}{\sigma} = \frac{9.3-8}{1.3} = 1$$

在正态分布表中，由 $\lambda=1$ 查得 $P(\lambda)=0.84$

即当给定工时定额 $N=9.3$(小时)，完成任务的可能性是 0.84。

因为要使完成任务的可能性为 0.9

所以在正态分布表中，由 $P(\lambda)=0.9$ 查得 $\lambda=1.3$

$$N = M + \lambda\sigma = 8 + 1.3 \times 1.3 = 9.7(小时)$$

即当要使完成任务的可能性为 0.9 时，下达的工时定额应为 9.7 小时。

由上例可见，只要我们掌握先进的、保守的和有把握的三个工时数据，通过简单的计算和查表，即可预先知道新的时间定额下达后，完成任务的可能性是多少，或者给定希望完成任务的可能性是多少，从而计算出新的时间定额。

2. 劳动生产率

劳动生产率是指劳动者在生产中的劳动效率，它是劳动者所生产的产品与所消耗的劳动时间之比。劳动生产率的提高意味着劳动时间的节约，表明用同样的劳动，可以生产出更多的产品。

(1) 提高劳动生产率的主要途径。工业企业提高劳动生产率的主要途径有：

① 大力开展科学研究，广泛采用先进技术。现代科学技术能使生产工具发生质的变化，从而使生产力获得飞跃发展。据统计，企业提高劳动生产率，大约有 60%~80% 是靠采用新的科学技术成果取得的。

② 不断改进企业管理，逐步实现管理现代化。现代化大生产的特点是生产部门的分工越来越细，专业化程度很高，通过科学组织生产提高企业管理的水平，这是提高劳动生产率的重要途径。

③ 加强科学文化教育，不断提高职工的科学文化水平。随着科学技术的发展，自动化生产日益普及和完善，体力劳动的比重将越来越少，而脑力劳动的比重将越来越多，企业职工的构成也向高技术工种转变。因此，提高劳动者的科学文化水平已成为提高劳动生产率的重要因素。

(2) 劳动生产率的考核指标。劳动生产率指标有两种表现形式：一种是用单位劳动时间内生产某种合格产品的数量来表示。因为劳动生产率水平的高低与单位劳动时间内的平均产量成正比例关系，所以叫作劳动生产率"正指标"。

$$劳动生产率（正指标）=\frac{合格产品产量}{劳动时间}$$

另一种是用生产单位产品所消耗的劳动时间来表示。因为劳动生产率水平的高低与单位产品平均劳动消耗量成反比例关系，所以叫作劳动生产率"反指标"。

$$劳动生产率（反指标）=\frac{劳动时间}{合格产品产量}$$

劳动生产率的两种表现形式是互为倒数关系的。它们之间只是表现形式上的不同，而无实质上的差别。它们从不同的角度来反映劳动生产率的水平，所以各有不同的作用。正指标被广泛用来说明各车间、企业、地区工业、工业部门和整个工业的劳动生产率水平。反指标一般在企业内部使用，主要用来表现劳动效率和制定劳动定额。

由于产品产量可以分别用实物单位、定额工时和价值单位来表示，所以劳动生产率也就有相应的三种计算形式：

① 用实物单位计算的劳动生产率。就是产品产量用吨、台、件来表示。例如，冶金企业以平均一个炼钢工人的钢产量（吨）来反映炼钢工人的劳动效率。这种表现形式比较简单明确，但只能用于生产同种产品的企业。

② 用定额工时计算的劳动生产率。就是完成的产品产量用定额工时来表示。例如，机械加工企业以生产工人每年、每月、每日完成的定额工时数来反映机械工人的劳动效率。但它只能适用于可以计算定额的工种，而且由于各种产品工时定额的准确程度不同，也会影响其准确性。

③ 用价值量计算的劳动生产率。就是完成的产品产量用不变价格计算的总产值来表示。如某工业企业生产工人平均每年生产价值若干元。这种方法能够在品种复杂、规格不一的情况下，计算整个企业、部门、地区以至全国的劳动生产率。但是，用总产值计算劳动生产率，会受产品转移价值大小的影响；而用净产值计算劳动生产率，虽可消除转移价值大小的影响，但计算方法比较复杂。

本章小结

人力资源是指能够为社会创造物质文化财富,为社会提供劳务和服务的人,具体包括人的体质、智力和道德素养等内容。

人力资源管理是研究组织中人与人之间的关系调整、事与事之间的关系协调以及人与事之间的匹配适应,以调动人力资源积极性,发挥人力资源潜能,提高人员工作效率,使得人尽其才、事得其人、人事相宜,最终实现组织目标的理论、方法、工具和技术的统称。

人力资源需求的预测方法主要有:德尔菲法;总体需求结构分析预测法;人力资源成本分析预测法;回归分析法。

常用的工作分析方法有以下几种:访谈法;问卷法;实地观察法;关键事件法。

工作设计的方法主要有以下几种:工作专业化;工作轮换制;工作扩大化;工作丰富化。

绩效考评的方法有:员工比较法;行为评价法;工作成果评价法。

技术等级工资制的构成内容包括:技术等级标准;工资标准;工资等级表。

劳动定额的制定方法主要有以下几种:经验估工法;统计分析法;比较类推法;技术测定法。

复习与思考

1. 什么是人力资源?什么是人力资源管理?
2. 人力资源需求的预测一般有哪些方法?
3. 常用的工作分析方法有哪几种?分别还有哪些具体形式?
4. 工作设计的方法主要有哪几种?各种方法的适用范围是什么?
5. 绩效考评的方法有哪些?每一种方法又具体包括哪些类型?
6. 技术等级工资制的构成包括哪几项内容?
7. 劳动定额的制定方法主要有哪几种?各自的优缺点是什么?

摩托罗拉的人力资源管理

跨国公司大多实行矩阵式管理,摩托罗拉人力资源部本身就是一个很复杂的矩阵结构。摩托罗拉人力资源部分为两大块,功能部门和业务部门。功能部门内又有8大职能。

——组织发展。根据业务发展方向,制订本地区员工的发展计划,然后具体实施。比如,根据公司的长远发展,预计5年以后本地需要哪些层次共多少名管理者?这些管理者从哪里来?公司内部可以供应多少,如何培养他们?还有多少需要来自外部?与此同时,还要考虑怎样留住人才、内部调动、激励方式等。在公司业务发生变化的时候，比如，两个部门要合并，或者合并进来一家公司，人力资源部就要负责重新设计组织结构。

——招聘。人力资源专业管理人员在招聘方面有细致的分工：有人专门负责从各种渠道挖掘人才；有人专门负责校园招聘；有人专门关注"平衡"，在有些国家可能主要侧重于平衡种族比例，在中国则主要是平衡男女比例。

——培训。摩托罗拉设有专门的培训机构，即摩托罗拉大学，它不但培训内部员工，也对外部客户开设培训课程。在培训内容上，有管理方面的，也有技术方面的。

——薪资福利。摩托罗拉有一整套非常完备的薪资福利制度，包括固定工资、浮动工资、奖金、保险、福利等。人力资源部每年都要进行市场调研，按工种、职位调查同行业的薪资水平，调查当地的经济增长速度，了解有多少大公司将进入当地投资以及整个市场形势如何等方面的信息，从而制定有竞争力的薪资福利体系。

——信息系统。把与人力资源有关的信息放在网上，使一些程序化的行政工作实现电脑网络自动化，员工可以随时查阅关心的人力资源政策以及个人信息资料。

——员工关系。这部分工作可以分为主动的和被动的两类。主动的，是指弘扬企业文化，提高员工团结向上的工作态度和主人翁精神。人力资源部有定期出版的刊物、每季度组织管理员工的聚会以及每周随机地推选几名员工与高层管理人员进行交流和沟通。被动的，如婚、丧、纠纷等事情的处理。此外，工会工作也放在这一块。

——保安。保护员工的人身安全以及公司有形和无形财产的安全。

——员工服务。包括对医务室、班车、餐厅、住房的管理。

也就是说，摩托罗拉的人力资源部，把相当于我国国有企业中的人事部、组织部、保卫部、后勤部、党委、工会等部门的职能都整合在了一起。

摩托罗拉人力资源部的另一大块职能工作在业务部门内部。摩托罗拉在主要部门都设有或大或小的人力资源机构，其主要任务是根据本业务部门的发展情况，研究解决相应的人力资源问题，比如将要招聘人员报给招聘部执行，上报考核结果并决定员工薪酬和培养计划等。它们既受该区域人力资源总监的管理，同时，还要向上一级业务部门的人力资源主管汇报，又要服从于该区域业务部门的发展需要。

在摩托罗拉公司工作，人力资源部门经常会与你沟通，帮助你设计自己的人生：你可能适合做什么？你未来的位置在哪里？要到达哪里？你已具备哪些条件？还有哪些方面需要努力？然后与你共同制订培训计划，在组织内为你提供各种条件和有助于你成长的机会。

摩托罗拉员工的流失率很低，只有6.6%。世纪之交，摩托罗拉在重大业务决策过程中犯了方向性错误，不得不精减人员，采取的也是自愿离职的方式，自愿离职者可以获得一笔补偿金。可是有些拿了钱走人的员工，在后来摩托罗拉招聘时，宁愿退回这笔补偿金，再度回归摩托罗拉。其实这些员工去同行哪家公司，得到的薪水应该都差不多，为什么要放弃凭空掉下来的补偿金呢？原来，薪酬可以比，而多年来形成的企业软环境却是不容易拷贝的。

在摩托罗拉公司工作，如果有谁的业绩一时不太如意，人力资源部就会分析：是不是他没有得到足够的帮助？是不是他的岗位不太适合他？是不是专业不对口？然后再与他沟通，给他适当的培训，或者换岗。总之，对事不对人，他业绩不好，公司仍要尊重他、培养他。在摩托罗拉，"以人为本，尊严至上"不只是口头上说说而已，而已成为整个人力资源管理乃至企业所有管理的出发点和基石。以此为出发点设立的绩效评估制度，对员工不再是一种刻薄的监督,而成为员工成长的里程碑和加油站。

讨论题:

结合摩托罗拉公司的案例说明人力资源管理的主要职能。

参考文献

1. 张德. 人力资源管理开发与管理(第 4 版). 北京:清华大学出版社,2013.
2. 商红日. 人力资源管理(第 2 版). 上海:上海人民出版社,2007.
3. 理查德·索普. 企业薪酬体系设计与实施. 北京:电子工业出版社,2003.
4. 黄维德,董临萍. 人力资源管理(第 3 版). 北京:高等教育出版社,2009.
5. 加里·德斯勒. 人力资源管理(第 12 版). 北京:中国人民大学出版社,2012.
6. 雷蒙德·A.诺伊. 人力资源管理:赢得竞争优势(第 7 版). 北京:中国人民大学出版社,2013.
7. 刘大卫. 人力资源管理案例精选——从入门到精通. 上海:上海交通大学出版社,2011.

第9章 价值工程

本章关键词

价值(value)　　　　　　　　　寿命周期成本(life cycle cost)
功能(function)　　　　　　　　强制确定法(forced decision)
价值工程(value engineering)　　最合适区域法(optimum value zone)
价值分析(value analysis)　　　 功能分析(function analysis)

互联网资料

http://www.boeing.com
http://www.tek.com
http://www.hp.com
http://www.valuefoundation.org/

价值工程在航天企业的应用二则

① 随着近年来任务量的不断增长,针对某型号电缆外协刻字成本不断上涨、交付时间较长等问题,企业通过技改项目引进了激光刻字机,并改进相关工艺,最终避免了外协加工效率低、周期长、成本高等缺点,提升了产品价值。

② 某型号的复合材料制品一直使用国外的高强碳纤维进行生产,近年来该碳纤维进口紧张,价格持续上涨。在经过企业价值工作小组的调研分析后,首先确定了价值分析的方法,进一步核定产品技术指标,充分对市场上供应的各类纤维产品进行调研,对各类纤维的性能指标和成本反复地进行核算和比较,最终确定了复合材料制品新的工艺方案。通过用另一种易采购、价格低的碳纤维替代,使成品完全可以达到复合材料制品的使用要求,大幅度地提高了产品价值。

资料来源:高晓莉.浅析价值工程在航天企业的应用.航天工业管理,2014(1).

任何一种产品只有很好地满足用户的需要，才能被用户接受以实现其使用价值和价值，企业的再生产才能得以顺利进行。因此，不断开发适销对路的新产品，更好地满足人们的物质与文化生活的需要，是一项事关企业生存与发展的战略任务。价值工程为科学地指导产品开发与评价提供了有益的思想和方法。

9.1 价值工程的基本原理

9.1.1 价值工程的基本概念

价值工程(value engineering，VE)，也称价值分析(value analysis，VA)，它是研究如何以最低的寿命周期成本使产品具有必要的功能，从而提高产品价值的一种有组织的创造活动。

价值工程这一定义，涉及价值工程的三个基本概念，即价值、功能、寿命周期成本。

1. 价值

价值工程中的"价值"不同于政治经济学中有关价值的概念，它是指投入与产出或效用与费用的比值，所以，价值的定义可用下式表示：

$$V = \frac{F}{C}$$

式中：V(value)——价值；
F(function)——功能；
C(cost)——成本。

价值工程中的价值，是一个特定的概念，是指消耗单位成本(费用)所换来的功能(使用价值)，是比较价值的简称。

人们购买商品常常会有"价廉物美"的要求，"物美"实际上就是反映商品的性能，质量水平；"价廉"就是反映商品的成本水平，顾客购买时考虑合算不合算，就是针对商品的价值而言的。假如有两种产品，功能完全一样，但成本不一样，我们就会认为成本低的产品价值高；如果这两种产品类型相同，成本一样，但功能有差异，我们肯定认为功能强的产品价值高。因此，这里所说的价值是比较价值的概念。

2. 功能

功能是指产品所具有的特定用途和使用价值，是构成产品本质的核心内容。

对一件产品而言，功能就是产品的用途与性能。如手表的功能是"指示时间"，电视机的功能是"收看图像和收听伴音"。任何一种产品都有着一定的功能，它是消费者购买的基本目的。正如价值工程的创始人麦尔斯指出："人们需要的不是产品本身，而是产品的功能。"确实，人们举不出任何一件人们所需要的但又没有适当功能的产品或服务。

一个产品可以具有多种功能，这些功能并不是同等重要的。所以，有必要对功能进行分类，以便抓住主要矛盾。

按功能的重要程度，可分为基本功能和辅助功能。基本功能是指丧失了该功能后就失去了基本使用意义的功能。例如，一架飞机的动力系统和驾驶操纵控制系统的功能就是飞机所必不可少的基本功能。辅助功能又称二次功能。对于发挥基本功能来说,辅助功能起直接支持作用。丧失了辅助功能不会失去系统的主要功能,但对系统的基本功能产生某种程度的影响,以致不能达到最佳状态。如飞机上的音响设备和空调设施等。

按功能的特点,可分为使用功能和外观功能。使用功能是给用户带来效用的功能,如地铁的使用功能是快速载客等。外观功能又称美学功能,它通过色彩、造型和图案等对消费者心理产生魅力。虽然外观功能并不影响产品的使用,但又不容忽视,必须重视。比如时装,质量上乘造型美观才能卖出好价钱。一般产品经常需要具备某种美学功用,有些服务项目则需要满足某种顾客显示身份的豪华要求。对有的产品,人们只追求其质量功能而不管其外观。如核反应堆的防护装置,只要安全,并不需要美观,有些产品,人们只追求其具有纪念或象征意义,并不要求它具有实质性的使用功能,如装饰品、艺术品,它们有时价值连城,无法用一般的眼光去估量。这类特殊的珍贵产品,不属价值工程研究范畴之列。

从用户的角度看,功能可分为必要功能和多余功能。必要功能是指用户所要求并承认的功能。基本功能就属于必要功能,它是一件产品的价值所在。如果一个服务项目、一套设计方案、一件产品,其中有某些服务步骤,某些零部件既无使用功能又无外观功能,则可称为多余功能或不必要功能。

3. 成本

价值工程中成本是指产品的总成本,即寿命周期成本。指该产品从调研、设计、制造、使用直至报废为止的产品寿命周期所花的全部费用,它的构成如图 9-1 所示。

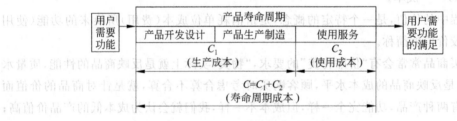

图 9-1 产品寿命周期成本构成图

由图 9-1 可见,产品寿命周期费用(成本)C 可分为两大部分,即由研制、生产阶段的产品制造成本 C_1,也就是用户购买产品的费用,包括产品的科研、试验设计、试制、生产、销售等费用及税利;使用阶段的费用构成产品的使用成本 C_2,它包括产品使用过程中的能耗费用、维修费用、人工费用、管理费用等,有时还包括报废拆除所需费用(扣除残值)。所以,寿命周期成本上升或降低,不仅关系到制造企业的利益,同时也是用户的要求,并和社会劳动的节约密切相关。比如,对于电冰箱来说,省电型冰箱并不会减少生产者的成本,但是它节省了用户的使用成本;无氟冰箱节省了社会成本(减少了污染),降低了产品寿命周期费用,既符合用户和企业的利益,也可使整个社会人力、物力、资源都得到合理利用和节约。只有总成本降低了,才能体现为整个社会的经济效果。如果仅仅是产品制造成本降低了,而产品的质量和性能差,使得产品的使用维护费用升高了,那么产品整个使用寿命期间的总费用可能反而更高。应当知道,降低产品的使用费用,除了可以提高产品的竞争能力之外,还具有重大的社会意义。一般机电等耐用产品,其使用费用远远高于生产费用。据统计,小汽车在 10 年内的使用费用将为购买费用的 2.5 倍,其他如电冰箱、洗衣机、空调机等的使用费用也为生产费用的 2 倍以上。由此可见,降低产品的使用成本是节约国家资源的重要途径。所以,价值工程应着眼于整个产品寿命周期费用。

9.1.2 价值工程的特征

价值工程有如下三个基本特征:

1. 价值工程是以提高价值为目的

价值工程不是为了单纯地强调提高产品的功能,也不是一味地追求降低成本,而是致力于功能与成本两者比值的提高。因此,价值工程要从用户利益、社会利益、企业利益相结合的观点出发,从事产品的开发与改进。

根据 VE 的基本公式,提高价值的途径有:

(1) 功能不变,成本降低。

$$V\uparrow = \frac{F\rightarrow}{C\downarrow}$$

保持功能不变但成本降低的措施可以是多种多样的,比如可以从工艺上降低成本入手,可以从改进产品结构上设法,还可以从寻找代用材料上考虑。产品向微型化、节能化、标准化发展多属此类。

(2) 功能提高,成本不变。

$$V\uparrow = \frac{F\uparrow}{C\rightarrow}$$

例如,日光灯灯具由喷漆改为烤漆,表面光洁度提高,防腐性能增强,工艺成本基本不变,可以认为是在成本不变的情况下提高功能。

(3) 功能大幅度提高,成本略有提高。

$$V\uparrow = \frac{F\uparrow\uparrow}{C\uparrow}$$

许多升级换代产品都属于这种情况。当生活水平不断提高时,消费者是愿意接受这种产品或服务的,如一体化激光打印机,多支出几百元可支持传真、复印、扫描等现代化办公功能。

(4) 功能略有下降,但成本大幅度下降。

$$V\uparrow = \frac{F\downarrow}{C\downarrow\downarrow}$$

例如,玻璃镜子由镀银改为镀铝,附着力略差,但成本降低很多,且节省了贵金属银。

(5) 功能提高,成本降低。

$$V\uparrow = \frac{F\uparrow}{C\downarrow}$$

这是最理想的提高价值的途径,但需要较深入的价值工程活动,不是唾手可得的。只有摆脱原有框框的束缚，切实以提高价值为核心，才能实现产品的改进。例如，复合地板成本下降强度增加，使得购销两旺。

以上五种途径，在我国均有应用，(2)、(3)、(5)是改善功能，(1)、(4)、(5)是降低成本。第五种途径最富有生命力，但是这五条途径中究竟选择哪一条，需要加强市场调查，分析研究社会消费水平和销售方向的变化，分析商品的消费性质和消费对象，从实际出发作出正确的决策。

总之，价值工程是以提高价值为目的，如因降低成本而引起产品的功能大幅度下降，损害用户利益，这样的降低成本不是价值工程的做法。同样，如片面追求提高功能使成本大幅度提高，结果使用户买不起，以致产品滞销或亏损出售，这样的提高功能也是不可取的。

2. 价值工程以功能分析为核心

价值工程之所以能取得显著效果，达到提高价值的目标，关键在于进行功能分析，通过功能分析，搞清产品的功能是否满足用户需要；搞清它的基本功能和辅助功能，弄清哪些功能是用户需要的，哪些是不需要的，哪些是由于设计上或制造上的需要而派生出来的。通过分析，搞清各功能之间的关系，找出解决的办法。

功能分析是价值工程活动中的重要手段，是核心，功能分析有如下作用：

(1) 通过功能分析，能够确定产品的必要功能，剔除不必要的多余功能

从用户使用的角度看，功能有必要的和不必要的，必要功能是用户所要求并承认的功能，对用户完全不用或过剩的功能就是不必要功能。不必要功能的所在，当然就会产生不必要的成本，在此情况下，价值是难以提高的。

日本的电子电器数码产品在保质期内的质量非常可靠。不过在超过期限以后，产品就不一定很耐用了。尽管如此，大多数消费者仍然会认为，佳能、松下的产品是高质量的。这种高质量，不是在于它的品质超过消费者的期望有多高，而是在于它在自己所承诺的范围内，能让消费者放心使用；不是在于他们把最高科技的技术运用在产品中，而是让这些应用于产品中的技术稳定地发挥出来。他们提供的，正是一种"合适的质量"。

再比如，日本的小轿车经常被认为车体不牢固，车身不大气。但它仍然通过了欧洲安全标准，并通过低油耗和小巧流畅的款式设计取得了不错的市场表现。这种善于平衡质量体系中薄弱环节的能力，也是在向消费者提供"合适的质量"。这样消费者在权衡的过程中，仍然会对产品有信心。

资料来源：姚成纲."合适的质量"是一种营销艺术．东方早报，2005年1月31日．

(2) 通过功能分析可以选择出最经济的实现方式

一种功能实现的方式往往是多种多样的，其中必然有一种最经济的方式。例如，顾客使用热水器是因为它能够供应热水，电热水器、燃气热水器和太阳能热水器同样都能供应热

水,因此它们可以相互替代。还有,人们购置鼠标是为了它可以帮助人们在电脑屏幕上定位,无论是机械式鼠标和光电式鼠标都可以做到这一点,于是人们就可以在两者之间进行选择。可是,具有相同功能而成分或结构不同的产品,其成本是不相同的,价值工程就是要通过对实现功能的不同手段的比较,抓住功能这一实质,寻找最经济合理的途径,达到降低成本,保证功能的目的。

(3) 通过功能分析可以创造出新的产品

在功能分析中,分析各种方式时,常常会发现没有被采用的方式,一旦实现这个方式后就会出现一个新产品。比如,发现了电子方式显示计时功能,从而发明了电子手表。

3. 价值工程是以集体的智慧进行改革和创新为基础

提高产品价值,涉及企业生产经营活动的各个方面,需要运用多种学科的知识和经验,因此,只有依靠各方面的专家和有经验的职工,才能获得成功。例如,要提高某项产品的价值,首先要改进设计,在此基础上,还要解决设计出来的产品怎样制造,制造时材料从哪里来,需要多少,怎样取得这些材料,这些材料和费用的关系怎样,等等。为了解决上述一系列问题,就需要把企业中从事设计开发、生产技术、制造、检查、采购、成本控制、销售、服务等有关人员组织起来,群策群力,依靠集体的智慧来完成预定的目标。

从方法论上讲,价值工程活动十分强调用系统的思想和系统的分析方法提高价值。不仅要把价值工程的研究对象本身当作一个系统来研究,而且,要把开展价值工程活动的全过程用系统工程的思想、原理和方法进行分析研究。

除了上述各种有组织的活动外,还包括价值工程活动本身的组织,即按照一定的程序开展工作。只有这样,才能有条不紊地进行。

上述三方面的特征是相互联系,互为条件,缺一不可的。这样来认识价值工程,有利于抓住事物的本质,有利于开展价值工程活动,从而取得更大的成果。

9.1.3 价值工程的工作程序

价值工程是不断提出问题和解决问题的过程,一般是围绕以下七个问题的提出、明确和解决而逐步展开的。这七个问题是:

(1) 这是什么?
(2) 这是做什么用的?
(3) 它的成本是多少?
(4) 它的价值有多大?
(5) 有其他方案能够实现这个功能吗?
(6) 这个方案的成本是多少?
(7) 新方案能满足功能要求吗?

顺序回答和解决这七个问题的过程,就是价值工程的工作程序和步骤。即选定目标对象,收集情报资料,进行功能分析,提出改进方案、分析和评价方案、实施方案、评价活动的成果。如表9-1所示。

表 9-1 价值工程的工作程序

阶段	价值工程实施步骤		提出问题
	基本步骤	详细步骤	
分析	功能定义	选择对象	这是什么？
		收集情报	
		功能定义	它的功能是什么？
		功能整理	
	功能评价	功能成本分析	它的成本是多少？
		功能评价	它的价值有多大？
		确定对象范围	
综合		创造	有无替代方案能实现同样功能？
评价	制订改进方案	概略评价	
		具体化调查	新方案能满足功能要求吗？
		详细评价	新方案的成本是多少？
		提案	

9.2 对象选择和收集情报

9.2.1 对象选择

凡是为获取功能而发生费用的事物，都可作为价值工程的研究对象，如产品、工艺、工程、服务或它们的组成部分等。但企业总不能对所有的产品、零件或工序、作业等都同时进行分析、研究，必须分清轻重缓急，按照一定原则，采取适当方法，选择确定价值工程对象。对象选择得当，价值工程可以事半功倍，选择不当，可能会劳而无功。

1. 选择对象的原则

选择价值工程对象时应遵循的一般原则有两条：一是优先考虑在企业生产经营上有迫切需要的或对国计民生有重大影响的项目；二是在改善价值上有较大潜力的产品或项目。

一般可以根据本企业的具体情况，有侧重地从设计、生产、工艺、销售、成本诸方面的因素中，初步选择价值工程活动的对象。

（1）设计方面。应选择结构复杂，笨重粗大，技术性能落后，高能耗、原材料消耗大、设备昂贵、设计时间紧促的产品或关键零件，以及造价高的成套机组，特别是正在研制的长远效益大的产品。

（2）生产制造方面。应选择量大面广、工艺复杂、工序烦琐、工艺落后、质量不高的产品。

（3）销售方面。应选择用户意见大、退货索赔多、销售量下降、竞争力差、需要巩固或扩大市场的，能够增加收益的产品。

(4) 成本方面。应选择市场有需求,但成本高、利润低、成本结构比重大、物耗高的产品或费用项目。

要增大企业的销售毛利幅度,不外乎提高价格或降低成本(或者两者并用)。所以,凡是毛利幅度缩减,销售额下降,或者市场份额扩大,销量看好的产品,都是实施价值工程的对象。

总而言之,一般应以产量大、质量差、成本高、消耗大、结构复杂、项目重要的作为价值工程活动的对象。

此外,当然还要考虑现实性和可能性,比如,有无足够人力、物力、时间,人才素质、情报来源、价值改善的潜力、预期经济效益以及其他经营方面的要求等,都应统筹考虑,以确定价值工程对象的数量和顺序。根据以上的标准来选择对象,就能以比较少的力量取得较大的效果。价值工程活动的成败在很大程度上取决于对象选择是否得当,所以,必须认真调查研究,正确选择。

2. 选择对象的方法

价值工程对象选择的方法很多,下面介绍几种常用的方法。每种方法各有其优缺点,企业应根据具体情况灵活运用。

(1) 经验分析法

经验分析法是根据价值工程人员的经验选择对象的方法。此法的优点是简便易行,考虑问题综合全面。缺点是缺乏定量依据,受工作人员的经验水平和态度影响较大。为了克服这种方法的缺点,应选择业务熟悉、经验丰富的人员,集体研究共同讨论确定。

(2) ABC 分析法

这是一种运用数理统计的分析原理,按照局部成本在总成本中比重的大小来选定价值工程对象的方法。通过对某一产品的全部零部件的成本比重进行分析,往往发现有少数几种零件在产品总成本中占的比重很大,即所谓"关键的少数"。如果将零件种数(或比率)与相应的累计成本值(或比率)的关系一一对应画在坐标轴上,就形成一条零件成本分配曲线图。再运用 ABC 分类原则,将曲线图分为 A、B、C 三个区域,就可相应地将零件分为 A、B、C 三类。A 类零件种件数少而成本比重大,是对产品成本举足轻重的关键零件类,应列为 VE 对象;B 类零件是次要零件类,有时亦可选(A+B)类作为 VE 对象;C 类零件虽然种数很多,但对整体成本影响不大,暂可不作专门研究;这一曲线图能直观地表达产品成本中的主次因素,所以,也称主次因素图或 ABC 分析图。这种分析方法又称为成本比重分析法。

ABC 的划分原则要按产品及成本的具体情况而定,大致可参照表 9-2 划分。

表 9-2 ABC 分类原则

类 别	成本比率/%	数量比率/%
A	70~80	10~20
B	20	20
C	10~20	60~80

下面以自行车书包架为例。书包架的零件成本分析表见表 9-3;零件成本分配比重曲线图见图 9-2。

表 9-3 书包架的零件成本分析

序号	零件名称	零件数量/件	累计件数	累计占总数/%	成本额/元	成本比率/%	累计成本比率/%	分类
1	外框	1	1	5.56	0.9132	41.98	41.98	A 类
2	支撑	2	3	16.67	0.5924	27.24	69.22	
3	横撑	4	7	38.89	0.2256	10.37	79.59	B 类
4	托架	1	8	44.44	0.1926	8.85	88.45	
5	接片	2	10	55.56	0.0870	4.00	92.45	C 类
6	夹杆	1	11	61.11	0.0740	3.40	95.85	
7	心轴	1	12	66.67	0.0530	2.44	98.29	
8	弹簧	2	14	77.78	0.0178	0.82	99.10	
9	5×12 铆钉	2	16	88.89	0.0178	0.82	99.92	
10	3×15 铆钉	2	18	100.00	0.0017	0.08	100	
	共计	18	—	—	2.1751	100		

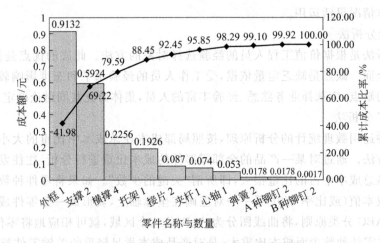

图 9-2 书包架的零件成本分配比重曲线图

以零件种数累计比率(%)为横坐标,成本累计比率为纵坐标,将 10 种零件按零件的成本比率的高低,依次标在坐标图上,连接各点就得到成本分配曲线。如果对象是不可分的连续产品或工艺时,可按成本的构成分类,如材料费、燃料动力费、工时费、管理费等,画出 ABC 曲线图。

外框及支撑的成本共占总成本的 69.22%,而零件种数仅占全部零件种数的 20%,故列为 A 类零件,接片、夹杆、心轴、弹簧、铆钉等 5 类零件数之总和占全部零件种数的 60%,而累计成本仅占总成本的 11.55%,故列入 C 类。横撑与托架介于 A 类与 C 类之间,可列为 B 类。

A 和 B 两类零件的成本之和占总成本的 88.44%,是影响书包架成本上升的关键零件,降低成本的潜力较大,故此在有足够力量的情况下,将 A 类及 B 类零件同时列为书包架价值工程的分析对象。

ABC 分析法可层层反复运用,比如可先用以找出 A 类部件,再从 A 类部件找出 A 类零件，进而找出 A 类零件中的 A 类费用。在产品品种多，或零件种类多的情况下使用主次因素图，更显得迅速、醒目、省事。ABC 分析法的应用范围不限于产品分析，在物资管理、编制生产作业计划等方面运用此法，同样能找出重点，便于分类控制。ABC 法的缺点是仅从成本比重大小的角度找 VE 对象，没有考虑功能因素，某些功能高而实际成本较低的零件，有可能因成本比率小而被列入 B 类或 C 类，因此，往往会漏掉成本上升虽比较小，但却需要改善功能的对象。

（3）百分比法

百分比法是通过分析产品的成本和利润两项技术经济指标所占的百分比来确定价值工程对象的一种分析方法。

例：某企业有 6 种产品，与同行业相比之下，发现企业的成本偏高而利润偏低。运用百分比法分析这 6 种产品的成本及利润，从中找出成本高利薄的产品进行分析（见表 9-4）。

表 9-4 百 分 比 法

产品	项目	成本		利润		本利对比	VE 选择
		元	%	元	%		
A		80	60.7	28	60.9	相当	
B		10	7.1	4	8.7	接近	
C		5	3.6	2	4.3	接近	
D		25	17.9	3	6.5	本高利薄	√
E		3	5.7	5	10.9	本低利厚	
F		7	5.0	4	8.7	本低利厚	
合计		140	100	46	100		

本例对比结果表明，产品 D 的成本比重大而利润比重小，是问题的症结，应作为价值工程对象，企业中各种费用，如运输费、燃料费、材料费、工具费、管理费等，都可用百分比法来发现问题，确定对象。这种方法具有较强的针对性和实用性。

百分比法亦可与 ABC 法联用。比如先用 ABC 法找出 A 类费用之后，再用百分比法找出其中某项费用作为 VE 对象。

（4）强制确定法

强制确定法（forced decision method，FD）是以功能重要程度作为选择 VE 对象的一种分析方法。它的出发点是，功能重要程度高的零部件，是产品中举足轻重的关键，应当着重分析，列为对象。

强制确定法分为 01 评分法和 04 评分法两种，评分时由熟悉产品的行家 5～10 人参加，各自独立打分，不讨论、不干扰。

01 评分法　先将构成产品的各零件（或功能）排列成矩阵，并站在用户的角度按功能重要程度进行一对一循环对比，两两打分，功能相对重要的零件得 1 分，不重要的得 0 分，每作一次比较必有一个得 1 分，另一个得 0 分，为防止功能系数中出现 0 的情况，用各加 1 分的方法进行修正，最后用修正得分除以全部零件的得分值总和，就得出各零件的功能重要度系数，此值大者，表明此零件（功能）相对重要度高，一般就可将它确定为 VE 对象。

运用范例

飞达钟表公司有四十余种机械手表品种,其主导产品是 SZ 女表,近期该女表销售量下降,造成公司效益下滑。公司决定对 SZ 女表开展价值工程活动。它们聘请了有关人员对该产品主要功能运用"01"评分法评分,汇总成表 9-5。

表 9-5 SZ 女表"01"评分表

功能名称	一对一比较打分						得分	修正得分	功能重要度系数/%	功能的重要度顺序
	正确计时	防水	防震	防磁	经久耐用	新颖美观				
正确计时	*	1	1	1	1	1	5	6	28.57	1
防水	0	*	1	1	0	0	2	3	14.29	4
防震	0	0	*	1	0	0	1	2	9.52	5
防磁	0	0	0	*	0	0	0	1	4.76	6
经久耐用	0	1	1	1	*	0	3	4	19.05	3
新颖美观	0	1	1	1	1	*	4	5	23.81	2
合计							15	21	100	——

04 评分法 01 评分法虽然能判别零件的功能重要程度,但评分规定过于绝对,准确度不高,故此,往往采用 04 评分法来求算功能重要度系数。

04 评分法的步骤、方法与 01 评分法基本相同,它也是采用一对一比较打分,但两零件得分之和为 4 分。04 评分法有 3 条评分规则:

① 功能非常重要的零件,打 4 分,另一个相对不重要的得 0 分;
② 功能比较重要的零件打 3 分,另一个功能比较不重要的打 1 分;
③ 两个功能同样重要的零件各打 2 分。

各零件的得分平均值(S_i)除以全部零件的得分值之和就得到零件的功能重要系数(f_i)。

例:运用 04 法评算设备保养 4 项作业的功能重要度:如表 9-6 所示。

表 9-6 04 评分法

作业名称（或功能名称）	一对一比较打分				得分值(S_i)	功能重要度系数(f_i)	作业的重要度顺序
	调整	清洁	润滑	紧固			
调整	*	3	3	2	8	0.333	1
清洁	1	*	1	1	3	0.125	4
润滑	1	3	*	2	6	0.250	3
紧固	2	3	2	*	7	0.292	2
合计	4	9	6	5	24	1.00	——

可见调整作业对该类设备来说是重要的,应首先列为分析对象。若评分工作由 m 个人进行,则上表中的 S_i 值应为平均得分值。

9.2.2 收集情报

价值工程对象选定以后,紧接而来的工作,就是情报的收集。价值工程中的情报是指对实现目标有益的知识、情况和资料。价值工程的目的是提高价值。价值工程的各个步骤又有自己的具体目标。为了实现目的和目标所采取的任何行动和决策,都离不开必要的情报,一般地说,情报越多,价值工程对象的价值提高的可能性越大。因为通过情报,可以进行有关问题的分析对比,经过对比则往往可以发现问题与差距;可以使人受到启发、打开思路;可以找到解决问题的方向和方法;可以找到提高价值的依据和标准。因此,在一定意义上可以说,价值工程成果的大小取决于情报的数量和质量。

1. 情报的内容

情报收集的内容应围绕价值工程对象的要求。不同的对象,要求不同的情报,如果以产品为对象,一般应收集以下几方面的情报,见表 9-7。

表 9-7 情报内容表

项 目	内 容
用户方面	使用目的、使用条件、使用环境、维护保养条件、操作标准,用户对产品的意见等。如是消费品尚需了解用户的经济收入、身份、民族习惯、审美观等
市场方面	市场需求、市场容量、竞争产品的价格、利润、销售量、质量指标、用户反映等
技术方面	本产品设计、创造等技术档案,国内外同类产品的设计方案、产品结构、加工工艺、设备、材料标准、成品率及其成本、新技术、新工艺、新材料、三废处理、国外专利、产品目录等
经济方面	产品成本的构成,包括生产费用、销售费用、运输储存费用、零部件的成本、外购件、协作件的费用等
本企业的基本情况	经营方针、生产能力、经营情况、技术经济指标等
政府和社会方面	有关法律、条例、政策、防止公害、环境保护等

资料来源:孙霞,价值工程. 深圳:海天出版社,2000 年 4 月,第 46 页。

2. 对情报的要求

首先,情报要准确可靠。不准确、不可靠的情报,会给价值工程活动造成困难和错误,达不到预期效果,甚至失败。因此,对收集的情报,必须仔细分析,加以判断,剔除不可靠和错误的情报,将可靠的情报整理分类列出,对于需要而尚未收集到的情报应列出备忘,以便在价值工程活动过程中继续收集。

其次,情报必须提供及时。即使能得到大量准确可靠的情报,如果不及时,也不能使价值工程活动得到应有的效果。情报的价值不仅取决于其数量和质量,还取决于提供的时间。情报只有在最需要的时候提供才有价值。

最后,情报的全面性。收集情报必须全面、系统、完整,方能有实际意义。

收集情报是价值工程实施过程中不可缺少的重要环节。通过资料、信息的收集、整理和汇总、分析,使人们开阔思路、发现差距、开拓创新,使价值工程活动加快速度、提高效率、减少费用、增大效益。因此,收集信息情报的工作,不仅是选择对象的需要,而且是整个价值工程活动的基础。

为了确保实现情报搜集的目的性、可靠性、全面性、及时性,需要加强情报搜集的计划性,认真编制情报搜集计划。情报收集计划一般包括情报内容、情报来源、收集情报的时间、收集情报的方法和确定收集情报的人员等。

9.3 功能分析与评价

9.3.1 功能分析

功能分析是价值工程活动的核心。如前所述,通过功能分析,确定分析对象的功能和成本,进而计算其价值。功能分析包括功能定义、功能分类、功能整理以及功能评价等几项内容。

1. 功能定义

任何产品都具有特定的功能,这是产品之所以存在的理由,也是产品之间相互区别的基本特征。价值工程中的功能定义是指对价值工程对象及其构成要素的作用要用简明准确的语言来描述。

(1) 功能定义的目的

价值工程的特点是从对象的功能出发对事物的功能进行本质的思考。在评价方案时,是以最低成本为尺度,衡量产品是否实现了用户所要求的功能。在方案决策时,不是停留或局限于现有结构和实现手段方面的讨论和研究,而是从用户对功能的要求出发,对实现功能的手段进行创造性的思考。可见,功能定义的目的是为了抓住功能的本质,把握住用户的要求,简洁地、定量地表达功能,以利扩大思路,为功能评价与方案创造打好基础。

(2) 功能定义的方法

要用简明准确的语言来描述分析对象的功能。功能定义一般由一个动词和一个名词组成,例如:

变压器→变换(动词)电压(名词)

润滑油→减少(动词)摩擦(名词)

千斤顶→支撑(动词)重量(名词)

取暖器→增加(动词)热量(名词)

一个零部件可能有一个或一个以上的功能,不同的零部件又可能有相同的功能。以自行车为例。自行车的功能是代步,自行车三角架的功能是承受人重,固定各部件,保持强度;前叉的功能是固定前轮,固定前挡泥板,保持强度、控制方向;车把的功能是定向,维持方向,固定刹车等。

(3) 功能定义的要求

在功能定义时,并非完全拘泥于简单的谓—宾结构,必要时也可加些限制词,但不要过于复杂,应以简明扼要为准则。表述功能定义有三点基本要求。

① 功能定义必须简明准确

功能定义必须简明准确,而不复杂、冗长,更不可模棱两可,如钟表的功能可以定义为指示时间，千斤顶的功能可以定义为顶起重量，等等。

② 功能定义的表达要适当地抽象

功能定义的表达要有利于打开设计思路，开拓解决问题空间，应适当地加以抽象。在一般情况下，抽象的语言具有更大的思考范围，易于提高思考的质量。在思考受到限制时，可考虑将定义的动词部分改得抽象些，这样思路就会开阔，容易产生更多的设想，创造出新的方案。例如"夹紧工作件"这一功能，若定义为"螺旋加压"，从"螺旋"这个概念出发，联想的就是丝杆螺旋，这样思路就会被限制得很窄。如用抽象一点的概念，"机械加压"，这样除"丝杆加压"外，还可以用"偏心压紧"、"弹簧压紧"等其他机械手段，思路就宽了一些。如果再改成"形成压力"这个更抽象的概念，思路就可能更宽，就会想出诸如气压、液压、电磁力或其他更多的形成压力的手段，甚至设想出与传统产品结构不同的新原理、新结构。

③ 功能定义中的名词宜定量化

名词定量化是指尽量使用可测定数量的词汇来表示功能定义。如调整距离（m），改变重量（kg），稳定加速度（m/s^2）等。例如，给桌腿功能下定义时，用支承重量比支承桌面为好，因为重量是可以测定的名词，而桌面是无法测量的名词。

2. 功能整理

功能整理是用系统的思想，分析各功能间的内在联系，并按照一定的逻辑关系，将众多的功能组成一个体系，给出功能体系图，发现和删除多余的功能，把握住功能改善区域，确定功能等级，从而确定价值工程的工作范围。

产品的功能是由产品的整体结构来实现的。每种产品往往可以分成许多不同的组成部分。各个组成部分又各自具有不同的功能。为了便于分析研究，必须将各种功能加以系统的整理。功能整理的目的是找出并排除不必要功能，补充不足功能，进一步明确和修正功能定义。

功能整理是价值工程的重要环节，针对各具体产品，可以选择相应的功能整理方法。功能分析系统技术（function analysis system technigue，FAST）是一种常用方法。其主要步骤如下所述。

（1）确定基本功能

可以通过回答三个问题来拟定基本功能：

① 它的作用是必不可少的吗？

② 是主要目的吗？

③ 如果它的作用改变了，它的制造工艺和零部件也全部改变了吗？假若回答是肯定的，则这个功能就是基本功能。

（2）逐个明确功能逻辑关系

一个产品的许多功能之间，存在着所属关系和并列关系。在功能整理中，要逐个明确各功能间的逻辑关系。

功能的所属关系亦称目的和手段的关系，目的功能称为上位功能，手段功能称为下位功能。一个功能对它的上位功能来说是手段，对它的下位功能所来说则是目的。

功能的并列关系是指对于较为复杂的功能系统，在上位功能之后往往有几个并列的功能存在，这些功能处于同等地位，都是为了实现共同目的而必须具备的手段。这些并列的功能又可能各自形成一个子系统，构成一个或几个功能区域，称为"功能区"。

(3) 绘制功能系统图

无论功能关系简单或复杂,任何产品的功能都是成系统的。在产品内部存在着大大小小的功能,按照一定的内在逻辑关系结合在一起,就形成了功能系统,将功能之间的上下或并列关系,顺序排列下去,上位功能在左,下位功能在右,就得到表示功能关系的功能系统图。

功能系统图的一般模式如图 9-3 所示。

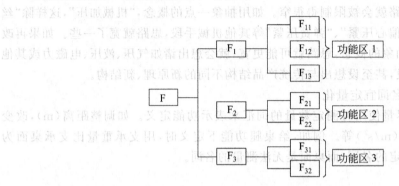

图 9-3　功能系统图

功能系统图的作用很大,在功能评价和研究改进方案时,可以沿着图中各功能的顺序,逐个功能地予以分析和评价。

9.3.2　功能评价及其方法

功能定义、功能分类、功能整理是对功能进行定性分析,这对于以功能分析为中心的价值工程活动来说是远远不够的,还必须对功能进行定量分析。功能评价就是采取一定的技术方法对功能进行定量分析,用一个数值来表示功能的大小或重要程度。功能评价的目的是探讨功能的价值,找出最低的功能区域,明确需要改进的具体功能范围和重点对象。

常用的功能评价方法有三种：功能评价系数法；功能成本法；最合适区域法。

功能评价的一般步骤大致分为五步：

(1) 计算功能评价系数 F_i 或功能评价值 F；

(2) 计算成本系数 C_i 或目前成本 C；

(3) 求出价值系数 V_i 或功能价值期望值；

(4) 计算成本降低幅度,即改善期望值；

(5) 选择价值工程重点研究对象,并确定改进顺序。

1. 功能成本法(绝对值法)

功能成本法又叫功能价值法,即用某种方法找出实现某一功能的功能评价值,并以此作为评价功能的基准,同实现该功能的目前成本相比较,根据其比值对这一功能进行评价。这种方法的关键是确定功能值 F,把功能设定为可以与成本统一核算的单位。

功能成本法的基本程序是：

第一步,计算功能领域的目前成本 (C)

为了能够分析每一功能领域的价值,通常还要将成本分摊到相关的功能领域中。一个零部件往往有多种功能,一个功能可能涉及许多零部件。

零部件的现实成本是客观的。但计算功能领域的现实成本都要加入主观判断。例如,自行车零部件的现实成本都是很明确的。这些零件都具有一定的外观功能,每个零件中有多少成本是属于提供外观功能的,并不能全部依靠材料成本计算,因为其中还有造型等难以定量的因素,这只有靠人为地分摊估计数值。

第二步,确定功能评价值(F)

(1) 功能评价值

在价值工程活动中的核心公式:$V_i = \dfrac{F_i}{C_i}$中,C(成本)是有账可查,或是可以相当准确地测算出来的;而F(功能),它本是个抽象的概念,往往很难用数量来正确度量,更难将各项不同的功能加总起来。因此,必须寻找一个可以适用并可以加总的表示功能的量。这个量就称为功能评价值(F)。

这方法实际上是一种用成本来度量功能的方法。因为,实现某一功能总要付出一定的成本,在一个设计方案中,为实现某一功能而实际付出的成本,称为该功能在该设计方案中的现实成本,而实现该功能的方式、方法可有许多种,不同的方案中,实现该功能的成本也就不同,其中最低者,称为实现该功能的最低成本。由于我们要以这最低成本作为评价基准去评价功能的成本情况,所以功能的最低成本称为功能评价值。在企业中常常以这一最低成本作为实现该功能的成本目标,所以也称作目标成本。

实现一个功能的最低成本 F 与实现该功能的现实成本 C 的比值,作为评价各种方案的一个指标。

(2) 确定功能评价值的方法

① 经验估计法

这种方法是集中价值分析人员的经验和可能掌握的技术情报,设想出尽可能多地实现产品功能的方案,预测各方案的成本,从中选出最低者作为目标成本(功能评价值)。

② 实际调查法

实际调查法是调查企业内外完成同样功能的产品实际资料,广泛收集它们的现实功能数据及成本资料,从中选出功能实现程度相同但成本是最低的产品,再以 x 轴代表功能实现程度,y 轴代表成本的坐标图上画"×"。然后把图中的最低两点连成一条直线。例如,在图9-4中功能实现程度为F,在几种不同成本的产品中可以选其中最低成本 C 作为功能实现程度为 F 的最低成本。图中C'点为现实成本,而目标成本为C,则成本降低幅度为$C'-C$。

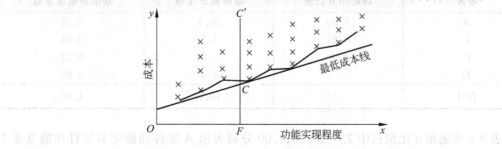

图 9-4　实际调查功能—成本图

实际调查法的优点在于最低成本线的确定是根据实际价值标准,有实际的技术条件保证使之实现,因而比较可靠。缺点是这样得来的最低成本值可能偏保守,而且此法费时、费力、效率较低。

第三步,计算功能价值系数(V),确定重点功能改进对象。

算出功能目前成本和确定了功能评价值之后,即可根据 $V_i = \dfrac{F_i}{C_i}$ 计算功能价值系数,其结果可能有三种情况:

① $V_i \approx 1$,这表明实现该功能的目前成本与目标成本相适应,是一种比较理想的状况。

② $V_i < 1$,这表明该功能的目前成本高于目标成本,应作为功能改进的对象,降低目前成本,使 V_i 趋近于 1,结合计算成本降低幅度,把成本降低幅度大的功能作为重点改进对象。

③ $V_i > 1$,这表明用较少的成本实现了规定的功能。在这种情况下,可保持目前成本,或在成本允许的条件下,适当提高其成本。

2. 功能评价系数法(相对值法)

功能评价系数法是采用各种方法对功能打分,求出功能重要系数,然后将功能重要系数与成本系数相比较,求出功能价值系数的方法。

功能评价系数法的基本程序是:

第一步,确定功能重要度系数(F_i)。

功能重要度系数是各个功能(或零件)的得分与全部功能(或全部零件)得分之和的比值,计算公式为:

$$F_i = \dfrac{F_i}{\sum F_i}$$

确定功能重要度系数的方法主要有强制确定法、最合适区域法、基点分析法、倍数确定法等。这里主要介绍倍数确定法。

倍数确定法。它是根据各零件之间功能重要程度的比值来确定功能评价值的。具体步骤为:第一步,用环比法确定各零件功能重要度比值;第二步,算出各零件的功能修正比值;第三步,将各零件的修正比值分别除以所修正比值总和,求出各零件的功能重要度系数。其计算过程见表 9-8。

表 9-8

零件	功能相互比值	功能修正比值	功能重要度系数
A	7.00	10.5	0.55
B	0.25	1.5	0.08
C	6.00	6.0	0.32
D		1.0	0.05
合计	—	19.0	1.00

表 9-8 功能相互比值栏中 7.00、0.25、6.00 分别表示 A 零件功能比 B 零件功能重要 7 倍,B 零件功能比 C 零件功能重要 0.25 倍,C 零件功能比 D 零件功能重要 6 倍。功能修正

比值栏中以 D 零件为基准,比值定为 1,C 零件比 D 零件重要 6 倍,故修正比值为 6×1=6。依次类推,得出 B、A 零件的修正比值分别为 1.5 和 10.5。

第二步,计算成本系数(C_i)。

查出各个零件的目前成本,相加后得到成本总和,然后用成本总和分别去除各零件的单项成本,得到该零件的成本系数,计算公式为:

$$成本系数(C_i)=零件或功能单元现实成本(C_i)/现实成本总和(\sum C_i)$$

计算成本系数时,有两种情况必须注意:一种是功能成本系数;另一种是零件成本系数。属何种情况,依确定功能重要系数的对象而定。以功能为对象确定功能重要系数,就必须计算功能成本系数,若以零件为对象确定功能重要系数,则必须计算零件成本系数。

第三步,计算价值系数(V_i),确定重点改进对象。

见表 9-5 的 SZ 女表,各功能现实成本如表 9-9 所示。预计目标成本 150 元是通过市场调查预测及企业内部生产技术条件分析确定的。试确定 SZ 女表各功能的价值系数和功能改进目标。

表 9-9 SZ 女表功能成本系数和价值系数表

功能名称	功能评价系数	现实成本/元	成本系数	价值系数	按功能评价系数分配的目标成本/元	功能成本期望降低的幅度/元
	①	②	③=②/200	④=①/③	⑤=150×①	⑥=②-⑤
正确计时	0.285 7	56	0.280 0	1.020	42.85	13.15
防水	0.142 9	75	0.375 0	0.381	21.43	53.57
防震	0.095 2	18	0.090 0	1.058	14.28	3.72
防磁	0.047 6	20	0.100 0	0.476	7.14	12.86
经久耐用	0.190 5	14	0.070 0	2.721	28.58	−14.58
新颖美观	0.238 1	17	0.085 0	2.801	35.72	−18.72
合计	1.00	200	1.00		150	50

作为价值工程改进对象的功能为防水和防磁,其中防水为重点改进对象。

3. 最合适区域法

最合适区域法是功能评价系数法的进一步发展。它也是根据价值系数的大小来选择改进对象的方法。所不同的只是在考虑价值系数相同或相近的零件时,注意到功能重要系数和成本系数绝对值的大小,绝对值大的从严控制,绝对值小的可适当放宽。这是因为在价值系数相同或相近的情况下,由于绝对值的大小不同,改进后对企业的整体效果不一样。例如,有两个零件 a 和 b,它们的功能系数和成本系数分别为:

$$F_a = 0.004\ 5 \quad F_b = 0.45$$
$$C_a = 0.009 \quad C_b = 0.9$$

但它们的价值系数却同为 $V_i=0.5$。很明显,零件 b 成本偏高,功能偏低,应列为价值工程重点,而零件 a,虽价值系数远小于 1,但其成本本来就不高,没有太大的利润,故不应与零件 b 同等对待。

日本东京大学的田中教授认为,如果同时把一个产品所有的零部件的功能系数和成本系数画在一个坐标系内,则每一零部件都将对应着坐标平面的一个点(见图 9-5)。在直线 $C=F$ 上的点,因其价值系数为 1,故不是价值工程的重点,对直线 $C=F$ 附近的点,则应视成本系数的大小区别对待。在原点附近的点(如 A、B),可以适当放宽要求,而对远离原点的点(如 F),尽管它的价值系数接近于 1,但因其成本系数过高,也应视为价值工程的重点。田中认为,应该找出一个如图 9-5 的阴影部分所示那样的区域,区域内的点不作为价值工程的重点,而在该区域外寻找价值工程的重点对象。由于该区域内的点的价值情况比较适当,故称该区域为"最合适区域"。

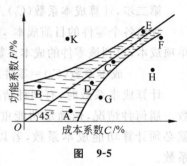

图 9-5

9.4 方案创新与方案择优

9.4.1 方案创新及其方法

通过功能系统分析确定价值工程对象,仅是发现问题,只有通过方案创新与评价,并经方案实施后,才算解决问题。

所谓方案创新就是针对价值工程改进的对象,依据建立的功能系统图、功能特性和功能的目标成本,通过创造性的思维和活动,创造出各种不同的实现功能要求的方案。提出改进方案的方法很多,不拘泥于形式,以能够充分发挥人们的主观能动性及创造性为目的。这是由于价值工程的创新工作需要依靠集体相互启发、共同努力才能完成。

方案创新常用的技术方法有以下几种:

1. 头脑风暴法

头脑风暴(brain storming,BS)法也称为灵机一动法。它是通过一种特殊的小型会议,参加会议的人围绕某一课题相互启发、相互激励、相互补充,从而引起创造性设想的连锁反应,产生许多创造性的成果(详见第 3 章第 3 节)。

2. 哥顿法

哥顿(gordon)法是美国人哥顿发明的。这种方法也是采取会议形式,与头脑风暴法不同之处在于:除主持人外,与会者一开始并不知道会议到底要解决什么问题。会议开始时,主持人并不把解决的问题具体摊开,而只是把问题抽象地提出,要求大家海阔天空地提各种方案,到一定火候,再把问题稍具体一些。随着问题的逐渐明确,方案也越来越集中。采用这种方式,有可能产生大量的方案,也有可能诱发出十分新颖的方案。例如,某厂要设计一种新型的剪草机,会议主持人先提出"用什么办法可以把一种东西断开?"当提出很多设想后,再进一步明确提出"用什么办法可以把一种东西割断?"最后再具体提出"用什么方式可以把草剪断?"这种由抽象一步步走向具体的过程,被形象地称为"抽象的阶梯"。

实行哥顿法的关键是会议主持人要善于引导和启发,揭开具体问题要选择适当的时机。

3. 类比法

把一些表面上毫不相干,但在某一点上还有类似之处的一些事情联系在一起,进行自由联想,从中受到启发、暗示,从中找出解决问题的途径,这种创造思维方法叫类比法。比如,有时采用直接类比,即搜集与我们所要解决的问题有类似之处的其他事物、知识或技巧,从中找出可借鉴之处。我们可以从人类已经创造出的东西中寻找可以类比之处,也可以从自然界存在着的动植物的机理中寻求可比之处。有时,也可以采用象征类比。即通过对某些神话、传说、人的幻想等虚构内容中的一些东西进行反复思考,探讨其技术上的可实现性。比如,我们要研制一种新的门锁,电影《阿里巴巴》中有一个场面:阿里巴巴一念咒,山洞大门就开了。于是,我们就可能联想到:念咒—声音—声波—声电转换—声控门锁。

4. 德尔菲法

价值工程采用此法进行方案创新。做法是依靠一些价值工程专家和有关技术、经济、管理专家,背靠背提出方案,代替面对面的会议,使不同的意见充分发表,克服专家会议的缺陷,最后经过整理分析,提出可行的最优方案(详见第3章第3节)。

5. 希望点列举法

该法是让人们对某产品的希望和要求提出大胆的设想,从大量想入非非的设想中,寻求出优秀的创造发明方法。

希望点列举法的应用范围十分广泛。市场上许多新产品都是根据人们的"希望"研制出来的。根据人们希望而制成的伞有:希望遮阳避雨的阳伞;希望携带方便的折叠伞;希望两人撑的椭圆形双人伞;希望打开时能听歌取乐的会唱歌伞;希望打开伞就能闻到香味的香味伞;希望具有产生热能的太阳能伞;希望能防身的保护伞。此外,人们希望一种不用纽扣的穿着方便的衣服,就发明一种尼龙褡扣衣服;人们希望有两种颜色以上的笔,就发明双色或三色笔;人们希望一种装置,天热室温降低,天冷室温升高,就发明了空调器;人们希望不用煤、煤气烧水煮饭,就发明了电炉、太阳能灶、微波炉;人们希望在旅行中能喝上开水,就发明水壶连体加热器。

6. 逆向思维发明法

逆向思维是从事物相反的方向、相反的角度、相反的程序、相反的原理、相反的运动形式进行思考,从而启发人们解决问题的新思路、新设想。

9.4.2 方案评价

在方案创造阶段提出的设想和方案是多种多样的,且可能数量较多,要对它们进行优选,就必须对各个方案的优缺点和可行性作分析、比较、论证和评价,并在评价过程中对有希望的方案进一步培植及完善,这个过程称为方案评价。方案评价阶段要回答:"新方案能满足要求吗?""新方案的成本是多少?""新方案是否最优?"等疑问。

方案评价有技术评价、经济评价和社会评价等内容。技术评价是对方案的功能的必要性及必要程度(如性能、质量、寿命等)和实施的可能性进行分析评价。经济评价是对方案实施的经济效果大小(如成本、利润、节约额等)进行分析评价。社会评价是对方案给国家和社会带来影响或后果(如环境污染、生态平衡、国民经济效益等)的分析评价。社会评价的内容亦可以包含在广义的技术评价和经济评价之中,有时为了突出社会效果,亦可单独评价。为了从总体上权衡利弊,还要对这三者进行综合评价,即价值评价。无论是概略评价或详细评价,都包括技术评价、经济评价和社会评价3个方面的内容。一般可先作技术评价,再分别作经济评价及社会评价,最后作综合评价及优选。方案评价内容如图 9-6 所示。

图 9-6　方案评价的内容

9.4.3　方案的编写与检查

经过评价、优选得到的方案,要经过再次检核和编写提案,呈报审批,然后付诸实施。

在编写提案之前对方案作进一步的系统测试和检核,是为了再次确认方案的先进性、效率性和可行性。通过检核、测试之后,就可将方案内容及有关技术经济资料和预测收益等编写成正式提案,向决策层呈报。编写时要有侧重、有技巧,需采取适当的提案形式。

对提案审批负有直接责任的管理部门应组织方案审查,并由决策者根据审查结果签署是否可以付诸实施的决定性意见。对于决定付诸实施的提案,应根据提案内容和主客观条件,制订定施计划,组织实施及跟踪检查。方案实施结束后,要对方案取得的技术、经济效果进行鉴定,定量地确认方案的先进性、效益性和适用性。成果的技术效果要用直接有关的技术指标或功能指标来评算。成果的经济效果要根据使用者的情况而定。除了常规指标外,一般还要计算成本降低或效益增加方面的指标。最后要总结经验,奖励先进,汇总资料,以利再战。

本章小结

通过本章的内容,了解价值工程的基本原理、价值工程的特点、价值工程的程序及价值工程在各领域的应用。价值工程是实现企业自身经营目的和消费者谋求得到物美价廉商品的系统管理方法,价值工程是引导人们既从成本又从功能出发去研究产品或服务,引导人们既从技术又从经济去考虑开发产品的手段。在当今科学技术日新月异、市场竞争加剧,资源短缺日益突出的今天,价值工程具有广阔的应用前景。

复习与思考

1. 何谓价值工程?提高价值的主要途径有哪些?
2. 价值工程为什么要以功能分析为核心?
3. 在价值工程中为什么要研究产品寿命周期费用?
4. 价值工程活动围绕哪些基本问题展开?

5. 功能定义的概念是什么？怎样进行功能定义？试举例说明。

6. 设某公司对甲产品确定为价值工程的分析对象，现用强制确定法，将甲产品的主要零部件评分列表如下：

零件名称	A	B	C	D	E	F	得分	修正得分	评价系数
A	*	1	0	1	1	1			
B	0	*	0	1	1	1			
C	1	1	*	1	1	1			
D	0	0	0	*	1	1			
E	0	0	0	0	*	1			
F	0	0	0	0	0	*			
合　　计									

试根据上表资料，求出甲产品各零件的评价系数。设甲产品的目前成本为 385 元，其中，A 零件的目前成本为 100 元，B 零件 60 元，C 零件 140 元，D 零件 25 元，E 零件 50 元，F 零件 10 元，试根据上表资料求出成本系数，另根据甲产品计划规定的预计成本 320 元，求出各零件的成本降低指标，并根据价值系数进行分析，提出甲产品进行价值分析的对象和重点。

7. 某产品的目标成本为 6 元，该产品由 A、B、C、D、E、F、G 七种零件组成。各零件的功能评价和现实成本列表如下：

零件名称	功能评分值	功能重要度系数	现实成本/元	成本系数	目标成本/元	价值系数	成本期望降低的幅度/元
A	5		1.85				
B	6		3.08				
C	2		0.5				
D	4		0.83				
E	0		0.43				
F	3		0.15				
G	1		0.56				
合计	21		7.4				

试应用价值工程进行分析，确定价值工程的对象和重点。

8. 填下表，确定价值工程的对象和重点。

零件	功能相互比值	功能修正比值	功能重要度系数	现实成本/元	成本系数	目标成本/元	价值系数	功能成本期望降低的幅度/元
A	3.50			28				
B	0.50			15				
C	2.00			18				
D	1.20			13				
E				6				
合计						60		

案例分析：改进 M1432A×1000 万能外圆磨床前罩的价值分析

某厂 M1432A-15B-307 前罩系采用铁皮冲压件，据 34 家用户反映，工作加工精度不准，原因是铁皮罩壳定位性差。改进的方案有三种：一是改进铁皮罩；二是改为铝罩壳；三是改为铸铁罩壳。三种方案的有关资料见表 9-10、表 9-11。试运用价值工程选取最优方案。

表 9-10

项目	铁皮	铝	铸铁
前罩重量/公斤	9.3	13	31.2
单件成本/元	34.04	77	25.4

表 9-11

	项目	铁皮罩	铝罩	铸铁罩
1	成本评价	成本较低	成本最高	成本最低
2	加工简易程度	用冲模，外协切边	加工轻易	有白口铁弊病
3	材料	进口铁皮	有色金属	一般 00 号铸铁
4	主功能评价	定位性差	定位性好	定位性好
5	劳动程度	轻巧	一般	太重，劳动强度大
6	外形要求	不能做到倾角	能满足倾角要求	能满足倾角，但表面较粗糙
7	目前使用范围	φ320 系列 M7120A	MQ1350A	MG1432A

分析：

1. 功能分析及价值系数计算

（1）功能定量评分

项目	进刀定位	劳动保护	防尘	外观	小计	功能系数
铁皮罩壳	1	1	1	0	3	0.24
铝罩壳	2	1	1	1	5	0.38
铸铁罩壳	2	1	1	1	5	0.38
小计					13	1

注：主功能（进刀定位）以 2 分为满分，辅助功能以 1 分为满分。

（2）价值系数的确定

项目	功能系数	目前成本	成本系数	按功能分配成本	应降低的成本指标	价值系数	总评
铁皮罩壳	0.24	34.04	0.25	32.74	−1.30	0.96	
铝罩壳	0.38	77.00	0.56	51.85	−25.15	0.68	
铸铁罩壳	0.38	25.40	0.19	51.85	+26.45	2	最优

(3) 进行技术经济综合对比

项目	技术综合评价						技术综合系数	成本系数	技术经济综合价值系数
	加工简易	材料来源	主功能评价	劳动强度	外形要求	小计			
铁皮罩壳	1	0	0	2	0	3	0.20	0.25	0.80
铝罩壳	2	1	2	1	2	8	0.53	0.56	0.95
铸铁罩壳	0	2	1	0	1	4	0.27	0.19	1.42*

* 为最优方案

2. 初步评价及建议

铁皮罩壳价值系数分别为 0.80~0.96，比铝罩壳的 0.68~0.95 效用高。而铸铁罩壳价值系数分别为 2~1.42，初步可定为最优方案。但如果采用铸铁罩壳，尚存在一些技术问题，例如采用 00 牌号铸铁容易产生白口铁以及铣刀耗损大等，必须指定专人或小组进一步解决，并要采用相应的措施。

参考文献

1. 罗伯特·B.斯图尔特,邱菀华. 价值工程方法基础. 北京：机械工业出版社,2007.
2. 金占明. 企业管理学(第 3 版). 北京：清华大学出版社,2010.
3. 邬适融,陈其林. 工商企业生产营运管理. 山西：山西经济出版社,1999.
4. 杨建昊,金立顺. 广义价值工程. 北京：国防工业出版社,2009.
5. 孙继德. 建设项目的价值工程(第 2 版). 北京：中国建筑工业出版社,2009.

第10章 网络计划技术

项目(project)　　　　　　　　　任务分解(work breakdown)
计划评审术(PERT)　　　　　　　关键路线法(CPM)
最早开始时间(early start time)　　最迟开始时间(late start time)
时差(time difference)　　　　　　时间—费用优化(time-cost optimization)
时间—资源优化(time-resource optimization)

http://www.pmcn.net
http://www.softexam.cn
http://www.luweisoft.com/

网络计划技术在我国建筑业的应用

　　网络计划技术从20世纪50年代产生以来,很快就引起了发达国家政府的重视,各国政府采取的一系列措施有效地促进了网络计划的应用推广。美国是网络计划技术的发源地,美国政府于1962年就规定,凡与政府签订合同的企业,都必须采用网络计划技术以保证工程进度和质量。

　　国内外大量施工实践证明,应用网络计划技术组织与管理施工一般能缩短工期20%,降低成本10%左右。我国于1965年引进网络计划技术,然而该项技术在我国建筑业的应用却不容乐观。资料显示:中央直属和省级施工企业,虽然管理水平较高,每年应用网络计划组织施工比例也仅达40%左右;地市级施工企业每年应用网络计划组织施工比例在15%左右;而县级及其以下施工企业,技术管理水平较差,每年应用网络计划组织施工比例仅为5%左右。而且,实行网络计划管理的企业也大部分局限于计划编制阶段。

　　资料来源:陶登科.网络计划技术在中国发展应用的最佳模式.低温建筑技术,2009(7).

10.1 网络计划技术概述

10.1.1 网络计划技术的发展

网络计划技术是20世纪50年代中期发展起来的一种科学的计划管理技术，它是运筹学的一个组成部分。网络计划技术最早出现在美国，1957年美国杜邦公司在建设化工厂时，组织了一个工作组，并在兰德公司的配合下，提出运用图解理论的方法制订计划。它不仅明确表示出工序和时间，而且还表明了两者之间的相互关系，于是给这种方法被定名为"关键线路法"(critical path method, CPM)。1958年美国海军特种计划局和洛克希德航空公司在规划和研制"北极星"导弹的过程中，也提出一种以数理统计学为基础、以网络分析为主要内容、以电子计算机为手段的新型计划管理方法，即"计划评审术"(program evaluation and review technique, PERT)。这两种方法在世界各国逐步得到普遍的应用。此后在这两种方法的基础上又有人提出了图解评审法(graphical evaluation and review technique)，决策关键线路法(decision critical path method)等，形成了一个大类的网络计划管理技术。

我国对网络计划技术的推广与应用也较早，20世纪60年代初期，著名科学家华罗庚、钱学森相继将网络计划方法引入我国。华罗庚教授在综合研究各类网络方法的基础上，结合我国实际情况加以简化，于1965年发表了《统筹方法评话》为推广应用网络计划方法奠定了基础。近几年，随着科技的发展和进步，网络计划技术的应用也日趋得到工程管理人员的重视，且已取得可观的经济效益。如上海宝钢炼铁厂1号高炉土建工程施工中，应用网络法，缩短工期21%，降低成本9.8%。广州白天鹅宾馆在建设中，运用网络计划技术，工期比外商签订的合同提前四个半月，仅投资利息就节约了1 000万港元。

10.1.2 网络计划技术的基本原理

1. 网络计划技术的基本原理

网络计划技术是一种通过网络图的形式来表达一项工程或生产项目的计划安排，并利用系统论的科学方法来组织、协调和控制工程或生产进度和成本，以保证达到预定目标的一种科学管理技术。

网络计划技术的基本原理是：利用网络图来表示计划任务的进度安排，反映其中各项作业(工序)之间的相互关系；在此基础上进行网络分析，计算网络时间，确定关键路线和关键工序；并且利用时差，不断改进网络计划，以求得工期、资源和成本的优化方案。

2. 网络计划技术的优点

与传统的甘特图相比，网络计划技术有许多明显的优点：

(1) 作业之间的逻辑关系非常严密。网络计划技术能充分反映作业之间的相互联系和相互制约关系。

(2) 所提供的是动态的计划概念。网络计划技术能告诉我们各个作业的最早可能开始时间、最早可能结束时间、最迟必须开始时间、最迟必须结束时间、总时差、局部时差等时间参数，而横道图只能表示出作业的开始时间和结束时间，只提供一种静态的计划概念。

(3) 可以区分关键作业和非关键作业。在通常的情况下，当计划内有10项作业时，关键作业只有3~4项,占30%~40%;有100项作业时,关键作业只有12~15项,占12%~15%;有1 000项作业时,关键作业只有70~80项,占7%~8%;有5 000项作业时,关键作业也只不过150~160项,占3%~4%。因此,项目负责人和相关领导只要集中精力抓住关键作业,就能对计划的实施进行有效的控制和监督。

(4) 可以将计划项目分解为许多分支系统。对于一项规模较大的计划项目,可以先分解成若干个分支系统,然后再对各个分支系统进行控制,由局部优化达到整体优化。

(5) 可以有效地控制工期。在工程项目的实施过程中,经常会发生一些条件的变化,例如,天气的变化、原材料价格的变动、设备的意外故障等,网络计划技术能适应这种变化。采用网络计划,在不改变作业之间的逻辑关系,也不必重新绘图的情况下,只要收集有关变化的情报,修改原有的资料,经过重新计算和优化,就可以得到优化以后的新计划方案。

(6) 能够和先进的电子计算机技术结合起来。网络计划技术从计划的编制、优化到执行过程中的调整和控制,都可借助电子计算机来进行,从而为计划管理现代化提供了基础。

3. 网络计划技术的应用范围

网络计划技术的应用范围很广,它特别适用于一次性的大规模工程项目,如电站、油田建筑工程、大型水利工程、国防建设工程、大型科研项目、技术改造及技术引进项目等;在工业企业生产与计划管理中,适用于新产品开发试制、生产技术准备计划、设备大修理、大型工艺装备制造以及单件小批生产的组织,如造船、发电机组及大型雷达的制造等。一般来说,工程项目越大,协作关系越多,生产组织越复杂,网络计划技术就越能显示其优越性。

10.2 网络图

10.2.1 网络图的构成要素

一项工程或规划总是由多道工序组成的。如果已经有了现成的计划,就可以依照这个计划和各工序的衔接关系,用箭头来表示其先后顺序,画出一个各项任务相互关联的箭头图,再标上时间,通过计算找出关键工序,并用粗双线画出关键线路,这个箭头图就称为网络图。

网络图是网络计划技术的基础,它一般由作业、事项和线路三部分组成。

1. 作业

作业也称为活动或工序,它是指在工程项目中需要消耗资源并在一定时间内完成的独立作业项目。如"产品设计"这项作业既要有一定的时间来完成,又要有设计人员、设计图纸、设计资料、绘图工具等资源。在网络图中用一条实箭线"→"表示作业。箭尾表示作业的开始,箭头表示作业的结束。箭线上面边标上作业名称或作业符号,下面标明作业完成所需的时间。作业的内容可多可少,范围可大可小。

2. 事项

事项也称节点或时点,是箭线之间的交接点,用圆圈"○"表示,并编上号码。它是指一项作业开始或结束的瞬间。网络图中,第一事项称作始点事项,它表示一项任务的开始,最后一个事项称作终点事项,表示一项任务的结束。一个网络图只有一个始点事项和一个终点事项,介于网络始点事项与终点事项之间的事项都称做中间事项,中间事项连接着前面作业的箭头和后面作业的箭尾。因此,中间事项的时间状态既代表前面作业的结束,又代表后面作业的开始。

3. 线路

线路是指从网络始点事项到达网络终点事项的任一条连续的线路。在一条线路上,把整个活动的作业时间加起来,就是该线路的总作业时间。每条线路所需的时间长短不一,其中持续时间最长的线路称为关键线路。整个计划任务所需的时间就取决于关键线路所需的时间。需要说明的是,一个大型网络图,有时关键线路可能有多条。

4. 虚作业

在网络图中,有时还设置一些"虚作业",它既不消耗资源,又不占用时间,仅仅为了准确地表示作业之间的逻辑关系,在网络图中,一般用虚线箭头表示虚作业。

10.2.2 网络图的绘制

1. 网络图的绘制规则

绘制网络图一般应遵循以下基本规则:

(1) 有向性,无回路。即各项活动顺序排列,从左到右,不能反向。另外,网络图中不允许出现循环线路。箭线从某一结点出发,只能从左到右前进,不允许逆向前进而形成闭环线路。例如,某新产品试制项目,经过设计(A)、制造(B)、试验(C)后,再进行批量生产(E),如果发现达不到要求,需要重新设计(D),则网络图要按图 10-1(b)绘制,而不能按图 10-1(a)绘制。

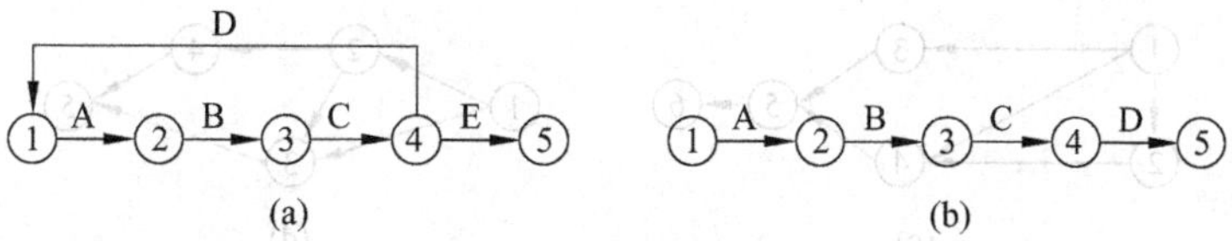

图 10-1

(2) 节点编号,从小到大,从左到右,不能重复。网络图中的节点要统一进行编号,以便于识别和计算。编号顺序由小到大,一般允许采用非连续编号法,即可以空出几个号跳着编,适当留有余地,以便当节点有增减变化时,可以进行局部的调整改动,不至于打乱全部编号。为了便于对网络图进行分析研究,把某项工作开始事项的号码,也就是箭尾结点的号码,用 i 表示;把某项工作结束事项的号码,也就是箭头节点的号码,用 j 表示。i~j 表示相邻两个节点的编号,i 必须小于 j,节点编号不能重复。

(3) 两点一线。即相邻两个结点之间只允许画一条箭线。如果在两个相邻节点之间有好几个作业需要平行进行,则必须引入虚箭线。例如,有一项排管工程,在挖土工序(A)完成以后,为了加快进度,让排自来水管工序(B)和排煤气管工序(C)同时进行,然后再搞复土工序(D)。图 10-2(a)是错误的画法,必须如图 10-2(b)那样,引用虚工序,才能使工序之间的逻辑关系得到恰当的表述。

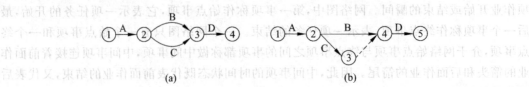

图 10-2

(4) 箭线首尾都必须有节点,不能从一条箭线的中间引出另一条箭线来。如图10-3(a)是错误的,图10-3(b)是正确的。

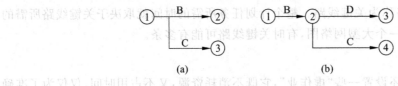

图 10-3

(5) 源汇唯一。每个网络图中只能有一个始点事项和一个终点事项,不能出现没有先行作业或没有后续作业的中间事项。如果在实际工作中出现几道工序同时开始或同时结束,可合理运用虚作业,将没有先行作业的中间事项与始点事项连接起来,将没有后续作业的中间事项与终点事项连接起来。如图10-4(a)及(b)的画法都是错误的,应分别改为图10-4(c)及(d)。

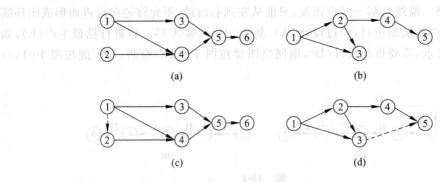

图 10-4

(6) 明确工序之间的逻辑关系。各条箭线之间的衔接关系应理解为:只有在指向某一事项的各条箭线其工作全部完成以后,从该事项引出的箭线才能开始。如图10-5中,只有在A工序完成以后,C工序才能开始,只有在B工序完成后,才能开始D和E;同样,也只有在C、D、F三道工序全部完成以后,G工序才能开始。

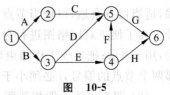

图 10-5

2. 网络图的绘制步骤

(1) 任务的分解。任何一项工作都是由很多具体的工序或活动组成,绘制网络图首先应根据对工作任务的性质、目标和内容的了解,把整个工作分解为一定数目的工序,并确定每道工序的具体要求和内容。工序分解的繁简程度,应视管理的需要而定。对于高层管理部门来说,需要通过网络图纵观全局,掌握关键,组织协调,工序可以分解得粗一些;对于基层单位来说,将运用网络图来具体组织和指挥,就需要把工序分解得比较细一些。对于工程周期较长的大型项目,常常可以由粗到细绘制三套网络图,以满足各方面的需要。

(2) 工序的逻辑分析。任务分解以后,还必须对各道工序逐一进行分析。包括工序的先后次序,每道工序的紧前工序和后续工序,哪些工序可以平行作业,哪些工序可以交叉作业,以及完成每道工序所需要的时间等。在上述分析的基础上,列出工序关系明细表。

例:某厂要维修一台机器,已知各工序关系明细表如表 10-1 所示。

表 10-1

工序代号	工序名称	紧后工序	工序时间(小时)
A	拆卸	B、C	4
B	清洗	D	2
C	机头检修	I	6
D	部件检查	E、F	2
E	零件加工	G	8
F	零件修理	G	5
G	涂油上漆	H	3
H	安装	I	4
I	运行试验	—	4

(3) 绘制网络图。在列出工序关系明细表以后,就可以按明细表所列的工序清单着手画图。画图可以采用顺推法,即从第一道工序开始,以一条箭线代表一道工序,依照先后顺序和绘制原则,由左向右一箭接着一箭画下去,直到最后一道工序为止。在箭与箭的分界处接上圆圈,再在第一道工序的箭尾处和最后一道工序的箭头处画上圆圈。画图也可以采用逆推法,即从最后一道工序开始,由右向左沿着紧前工序一箭一箭退着画,直到第一道工序为止。同一项任务,用上述两种方法画出的网络图是相同的。一般机器制造企业习惯于按反工艺顺序安排计划,采用逆推法较为方便;而建筑安装等企业则大多采用顺推法。

绘制网络图除了要求把工序之间的逻辑关系正确表达以外,还要注意一些技术性要求。如画面应该清晰、简单,箭线最好画成水平线或具有一段水平线的折线,尽量少画斜线,避免出现交叉线,以求整个画面布局合理,重点突出。

由表 10-1 绘制的网络图,可以参见图 10-6。

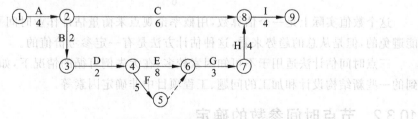

图 10-6 机器维修网络图

10.3 网络时间参数的计算

作为组织与控制工程项目进度的计划方法,在把工程项目绘制成网络图的基础上,要进行各项时间参数的计算,以便对工程项目中各项作业在时间上作出科学的安排。网络时间参数包括各项作业的作业时间;节点的最早开始时间和最迟结束时间;作业的最早开始和最早结束时间;作业的最迟开始和最迟结束时间以及总时差等。

10.3.1 作业时间的确定

作业时间就是在一定的生产技术条件下,完成一项活动或一道工序所需要的时间,它是按标准操作的方法制定出来的,直接关系到工程的工期长短,是工程安排进度的依据,其单位一般采用日或周。但是,在实际作业中,有些工程项目往往是一次性的,无法事先测定时间标准,没有详细的定额资料作参考。因此,确定作业时间的方法主要靠经验估计,大致有两种方法:

1. 单一时间估计法

这种方法是对各项作业的作业时间只确定一个时间值。估计时应参照过去从事同类活动的统计资料,进行对比、分析和类推,力求确定的作业时间既符合实际情况,又具有先进性。它适用于有同类作业或类似产品的时间作参考,不可知因素较少的重复性作业,一般不考虑偶然因素对完成作业内容的影响,如零件装配、管道安装、土木建筑等。

2. 三点估计法

这种方法是对各项作业的作业时间,预先估计三个时间值:最乐观的完工时间、最保守的完工时间和最可能的完工时间,然后求出作业时间平均值。计算公式如下:

$$T = \frac{a + 4m + b}{6}$$

式中:T——作业时间平均值;

a——最乐观的完工时间;

b——最保守的完工时间;

m——最可能的完工时间。

例:有一个工序在条件顺利时,最快可能 6 小时完工;在条件困难的情况下要 14 小时才能完工;估计最可能的是 7 小时完工,则该工序的作业时间平均值为:

$$T = \frac{6 + 4 \times 7 + 14}{6} = 8(小时)$$

这个数值实际上是一个估算数,用概率论观点来衡量估计作业时间平均值,偏差是不可能避免的,但是从总的趋势来看,这种估计方法是有一定参考价值的。

三点时间估计法适用于不可知因素较多,在无先例可循的情况下,如新产品开发中常遇到的一些新结构设计和加工的问题、工程项目中非确定因素等。

10.3.2 节点时间参数的确定

节点本身不占用时间,只是表示某项作业应在某一时刻开始或结束。节点时间参数有两个:节点的最早开始时间和节点的最迟结束时间。

1. 节点的最早开始时间

节点的最早开始时间是指从该节点开始的各项活动最早可能开始作业的时刻,在此时刻之前,各项活动不具备开始作业的条件。它的计算是从网络图的始点事项起算,通常将始点事项的最早开始时间规定为零,然后顺着节点编号顺序计算其他各节点的最早开始时间。

若节点只有一条箭线进入时,则箭头节点的最早开始时间等于该箭尾节点的最早开始时间加上该箭线的作业时间;若同时有很多箭线进入时,则对每条箭线作上述计算之后,取其中最大数值为该节点的最早开始时间。

$$T_{E(j)} = \max[T_{E(i)} + T_{E(ij)}]$$

式中:$T_{E(j)}$——箭头节点的最早开始时间;

$T_{E(i)}$——箭尾节点的最早开始时间;

T_{ij}——活动 $i \sim j$ 的作业时间。

例:试计算图 10-7 中各节点的最早开始时间。

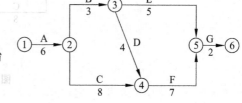

图 10-7

TE(1)=0

TE(2)=0+6=6

TE(3)=6+3=9

TE(4)=max{9+4=13,6+8=14}=14

TE(5)=max{9+5=14,14+7=21}=21

TE(6)=21+2=23

2. 节点的最迟结束时间

节点的最迟结束时间是指以该节点为结束的各项活动最迟必须完成的时刻。若在此时刻不能完成,势必影响后续作业的按时完成。节点的最迟结束时间的计算是从终点事项开始算起,终点事项的最迟结束时间是工程项目的总工期,其实也就是终点事项的最早开始时间。然后按节点编号的反顺序计算其他节点的最迟结束时间。

若节点只有一条箭线流出时,则箭尾节点的最迟结束时间等于箭头节点的最迟结束时间减去该箭线的作业时间。若节点有多条箭线流出时,则每一条箭线都作上述计算后,取其中最小值为该节点的最迟结束时间。

$$T_{L(i)} = \min[T_{L(j)} - T_{(ij)}]$$

式中:$T_{L(i)}$——箭尾节点的最迟结束时间;

$T_{L(j)}$——箭头节点的最迟结束时间;

$T_{(ij)}$——活动 $i \sim j$ 的作业时间。

例:试计算图 10-7 中各节点的最迟结束时间

TL(6)=TE(6)=23

TL(5)=23-2=21

TL(4)=21-7=14

TL(3)=min{21-5=16,14-4=10}=10

TL(2)=min{10-3=7,14-8=6}=6

$TL(1)=6-6=0$

在计算各节点的最早开始时间和节点的最迟结束时间以后,应将计算好的结果分别标明在网络图的各个事项的旁边,我们给最早开始时间加上方框"□"的记号,给最迟结束时间加上三角"△"的记号,以示区别。如图10-8所示。

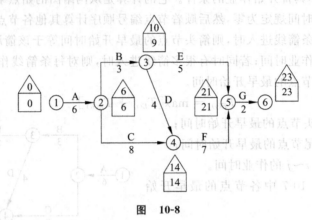

图 10-8

10.3.3 作业时间参数的确定

每项作业的时间参数有四个:作业的最早开始时间,作业的最早结束时间,作业的最迟结束时间,作业的最迟开始时间。

1. 作业的最早开始时间

作业的最早开始时间用 $T_{ES(ij)}$ 表示,它等于该作业的箭尾节点的最早开始时间。即:

$$T_{ES(ij)} = T_{E(i)}$$

2. 作业的最早结束时间

作业的最早结束时间用 $T_{EF(ij)}$ 表示,它等于该作业的最早开始时间与该作业的作业时间之和。即:

$$T_{EF(ij)} = T_{ES(ij)} + T_{(ij)}$$

3. 作业的最迟结束时间

作业的最迟结束时间用 $T_{LF(ij)}$ 表示,它等于该作业的箭头节点的最迟结束时间。即:

$$T_{LF(ij)} = T_{L(j)}$$

4. 作业的最迟开始时间

作业的最迟开始时间用 $T_{LS(ij)}$ 表示,它等于该作业最迟结束时间与该作业的作业时间之差。即:

$$T_{LS(ij)} = T_{LF(ij)} - T_{(ij)}$$

10.3.4 作业时差的计算和关键线路的确定

1. 作业时差及其计算

计算和确定各项作业或工序各种时间参数,其目的之一是为了分析各项作业在时间配合上是否合理,有无潜力可挖。在一项工程中,有些活动环环相扣,如果一环脱节就会影响全局。但也有一些活动,它们在一定的条件下,开始或结束时间早一点或晚一点,对后续活动和整个计划的完成没有影响,这说明完成这些活动在时间上有一定的机动性。这个可以机动使用的时间长短取决于时差的计算。

作业时差,是指在不影响整个任务完工时间的条件下,某项作业或工序在执行中间可以推迟的最大延迟时间。它是非关键作业所具有的,即非关键作业在完成期限上都有一定的宽裕程度和机动范围。作业时差一般分为单时差和总时差两种。

作业的单时差是指在不影响下道工序最早开始条件下,完成该工序所宽裕的时间。计算公式如下:

$$S_{单(ij)} = T_{ES(jk)} - T_{EF(ij)}$$

式中:$S_{单(ij)}$——作业 $i\sim j$ 的单时差;

$T_{ES(jk)}$——紧后作业的最早开始时间;

$T_{EF(ij)}$——作业 $i\sim j$ 的最早结束时间。

单时差在网络图的作业线路中,只能在本作业加以利用,而不能转让给其他作业利用。因此,单时差为零的作业不一定是关键作业。某项作业如果要利用时差,首先要利用单时差,不够时再考虑利用总时差中的其他部分。

作业的总时差是指在不影响下道作业最迟开始条件下完成该作业所宽裕的时间。也就是说,若某一作业有总时差,该作业的开工时间不一定要在该作业的"最早开工时间"开工,它可以向后推迟,只要推迟时间不超过作业的总时差,整个计划任务仍然可以按时完工。

作业的总时差等于作业的最迟开始时间减去最早开始时间或者等于作业的最迟结束时间减去最早结束时间。计算公式如下:

$$\begin{aligned}S_{总(ij)} &= T_{LS(ij)} - T_{ES(ij)}\\ &= T_{LF(ij)} - T_{EF(ij)}\end{aligned}$$

式中:$S_{总(ij)}$——作业 $i\sim j$ 的总时差;

$T_{LS(ij)}$——作业 $i\sim j$ 的最迟开始时间;

$T_{ES(ij)}$——作业 $i\sim j$ 的最早开始时间;

$T_{LF(ij)}$——作业 $i\sim j$ 的最迟完成时间;

$T_{EF(ij)}$——作业 $i\sim j$ 的最早完成时间。

作业总时差是以不影响整个计划任务的完成时间为前提条件的,它可以储存在该线路之中,也可以将本作业的一部分或全部机动时间转让给其他作业利用。当某作业占用了这部分机动时间后,在线路上的其他作业就不能再加以利用。总时差是作业时差中机动时间最长的一种时差。

2. 关键线路的确定

作业总时差计算的目的是确定关键作业和关键线路。总时差为零的作业称为关键作业,将关键作业连起来就构成某一项计划任务的关键线路,它是网络图上时间最长的线路。关键线路上各项关键作业的作业时间之和即为整个计划任务的总工期。因此,整个计划任务的完工期取决于关键线路的时间。由于关键线路上各项作业的总时差均为零，故每项作业必须按规定的时间开工和完工，否则将影响其后续作业的按期开工和完工，从而最终影响整个计划任务的按时完成。网络计划技术通过时间参数的计算，可以确定影响整个计划任务的关键线路。执行者掌握了关键线路，就会做到心中有数，将管理的重点放在关键线路上，有效地安排人力、物力和财力，保证计划任务按期完成。

关键线路是在一定的条件下形成的，当各工序的作业时间及其前后逻辑关系等条件发生变化时，关键线路也将随之变化。在一个网络图中，有时可能出现多条关键线路。关键线路多表明该工程计划安排的日程比较紧。因此，对关键线路必须严格控制，加强管理，以保证计划任务的按期完成。

例：试根据图10-8的资料列表计算各工序的总时差，并在网络图上用粗双线画出关键线路。如表10-2和图10-9所示。

表 10-2

作业名称	节点编号		作业时间	作业最早开始与完成时间		作业最迟开始与完成时间		总时差	关键作业
	i	j	$T_{(ij)}$	$T_{ES(ij)}$	$T_{EF(ij)}$	$T_{LS(ij)}$	$T_{LF(ij)}$	$S_{总(ij)}$	
A	1	2	6	0	6	0	6	0	√
B	2	3	3	6	9	7	10	1	
C	2	4	8	6	14	6	14	0	√
D	3	4	4	9	13	10	14	1	
E	3	5	5	9	14	16	21	7	
F	4	5	7	14	21	14	21	0	√
G	5	6	2	21	23	21	23	0	√

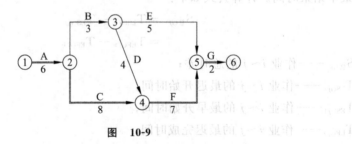

图 10-9

在图10-9中可以看出，作业A、C、F、G是关键作业，关键线路是：

①—A/6—②—C/8—④—F/7—⑤—G/2—⑥

该工程项目的总工期为23天。

10.3.5 指定工期的完工概率

在非确定型网络中，各项作业或工序的作业时间一般采用三点时间估计法来求得平均值，它具有随机的性质，也会有一定的偏差，因而使得整个工程项目或计划任务的总工期也具有随机性质。如果我们对整个工程项目的完工期是指定的，即规定期限，那么通过一定的方法计算,可以求得在指定完工期的条件下,计划任务按规定日期完工的可能性有多大?这就是指定工期的完工概率问题。

在一个网络图中,关键线路是由各项关键作业组成的。由于关键作业的作业时间是一个概率分布,因而关键线路完工期也是一个概率分布。假设网络计划中所有作业或工序都是相互独立的,而关键线路包括了许许多多作业,这些活动的数量足够大,以致每个活动的作业时间对于关键线路完工期来说影响很小,我们就可以应用中心极限原理去分析关键线路的长度,即关键线路完工期的概率分布接近一个正态分布。

关键线路的长度,即整个工程项目或计划任务的完工期的均值与方差,可以按以下公式计算:

$$T_{CP} = \sum_{i=1}^{n} T_{Ei}$$

$$\sigma_{CP}^2 = \sum_{i=1}^{n} \sigma_i^2$$

式中:T_{CP}——关键线路长度的均值;

σ_{CP}^2——关键线路长度的方差;

T_{Ei}——各关键作业的作业时间平均值;

σ_i^2——各关键作业的作业时间方差;

n——包含在关键线路中的关键作业的数目。

式中:
$$\sigma_i^2 = \frac{\left(\frac{a+2m}{3} - \frac{a+4m+b}{6}\right)^2 + \left(\frac{2m+b}{3} - \frac{a+4m+b}{6}\right)^2}{2} = \left(\frac{b-a}{6}\right)^2$$

于是,我们就可以利用上述原理进行指定工期完工概率的计算。公式如下:

$$P = \varphi\left(\frac{T_D - T_{CP}}{\sigma_{CP}}\right)$$

式中:P——指定工期的完工概率;

T_D——指定工期;

T_{CP}——关键线路长度的均值;

σ_{CP}——关键线路长度的标准差;

$\varphi(\lambda)$——表示标准正态分布随机变量的函数。

例:某工程项目的网络图如图 10-10 所示,试计算该项目在 20 天内完工的概率是多少?如果完工的概率要求达到 95%,则指定完工期应该规定为多少天?

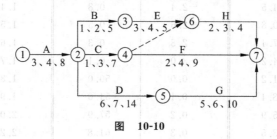

图 10-10

根据以上网络图的资料,计算出有关各项数据,如表10-3所示。

表 10-3

作业名称	作业时间估计			作业时间平均值 $T_E=\dfrac{a+4m+b}{6}$	方差 $\sigma^2=\left(\dfrac{b-a}{6}\right)^2$	关键作业
	a	m	b			
A	3	4	8	4.5	$\dfrac{25}{36}$	√
B	1	2	5	2.3		
C	1	3	7	3.3		
D	6	7	14	8	$\dfrac{64}{36}$	√
E	3	4	5	4		
F	2	4	9	4.5		
G	5	6	10	6.5	$\dfrac{25}{36}$	√
H	2	3	4	3		

$$T_{CP}=\sum_{i=1}^{n}T_{Ei}=4.5+8+6.5=19(\text{天})$$

$$\sigma_{CP}^2=\sum_{i=1}^{n}\sigma_i^2=\frac{25}{36}+\frac{64}{36}+\frac{25}{36}=\frac{114}{36}$$

$$\sigma_{CP}=\sqrt{\frac{114}{36}}=1.8(\text{天})$$

已知 $T_D=20$(天)。

所以 $P=\varphi\left(\dfrac{20-19}{1.8}\right)=\varphi(0.56)$

根据标准正态分布表,可以非常容易地求得该值。参见表10-4所示。

表 10-4

λ	(P)概率/%	λ	(P)概率/%	λ	(P)概率/%
−0.0	50.0	−1.8	3.6	1.0	84.1
−0.1	46.0	−1.9	2.9	1.1	86.4
−0.2	42.0	−2.0	2.3	1.2	88.5
−0.3	38.2	−2.2	1.4	1.3	90.3
−0.4	34.5	−2.4	0.8	1.4	91.9
−0.5	30.8	−2.6	0.5	1.5	93.9
−0.6	27.4	−2.8	0.3	1.6	94.5
−0.7	24.2	−3.0	0.1	1.7	95.5
−0.8	21.2	0.0	50.0	1.8	96.5
−0.9	18.4	0.1	54.0	1.9	97.1
−1.0	15.9	0.2	57.9	2.0	97.7
−1.1	13.5	0.3	61.8	2.2	98.6
−1.2	11.5	0.4	65.5	2.4	99.2

续表

λ	(P)概率/%	λ	(P)概率/%	λ	(P)概率/%
−1.3	9.7	0.5	69.1	2.6	99.5
−1.4	8.0	0.6	72.6	2.8	99.7
−1.5	6.7	0.7	75.8	3.0	99.9
−1.6	5.5	0.8	78.8		
−1.7	4.5	0.9	81.6		

查标准正态分布表,得 $P=70\%$。

于是得出该项目在 20 天内完工的可能性为 70%。若要求完工概率达到 95%,则查表也可得:

$$\frac{T_D - 19}{1.8} = 1.65$$

$$T_D = 1.65 \times 1.8 + 19 = 22 (天)$$

因此,如果要求完工概率达到 95%,则指定工期应该规定为 22 天。

为了比较工程完工的难易程度,对所求得的概率还可以进行评价,参见表 10-5 所示的相对比较值予以评价。

表 10-5

概率/%	工程完工难易程度的评价
0~4	极难
5~14	困难
15~49	较难
50~84	容易
85~94	更易
95~100	极易

10.4 网络计划的优化与调整

在运用网络计划技术编制工程计划时,不仅要考虑时间问题,还要考虑资源情况和费用问题。时间、资源、费用这三者是相互联系、相互制约的。我们的目的是要求得一个时间短、资源耗费少、费用低的计划方案。

所谓优化就是根据预定目标,在满足约束条件的要求下,按某一衡量指标寻求最优方案。网络计划优化就是利用作业的总时差不断改善网络计划的最初方案,使之获得最佳工期、最低费用和对资源的最有效利用。

10.4.1 网络计划优化的内容和原则

1. 网络计划优化的内容

网络计划的平衡与优化的主要内容有以下几方面:

(1) 在规定的日期内,对工程项目的每一项作业所需要的资源计算出合理的用量,并做出在日程上的进度安排。

(2) 当资源有限制时,应全面统筹规划各个作业,以保证总工期的完成。

(3) 及时适当调整总工期,使资源得到合理的利用。

2. 网络计划优化的原则

在网络计划的平衡与优化过程中,各个作业每日所需要的资源数量,一般可采用工程进度表(横道图)来表示,为了计算上的简便,通常都是用一种专业人员或者是一种物资,单列一个进度表进行平衡和优化,网络计划平衡和优化的原则如下:

(1) 要优先保证关键线路上关键作业对资源的需求量。

(2) 充分利用时差,来错开各项作业的开始时间,平衡并协调各项作业的人力和物力。

(3) 具有时差值较大的作业可推迟开工时间,以减少每日所需的资源数量。

3. 网络计划优化的判别标准

(1) 从时间进度方面考虑,应使网络图的各条可行线路中关键线路长度接近非关键线路长度,使松散的网络结构趋于紧凑。时间进度方面的判别标准有:

① 工程预计完成时间是否趋于最短。

② 工程预计完成时间是否符合或接近任务规定日期。

③ 当预计完成日期不满足规定日期要求时,要判别任务在规定日期完成的可能性,也就是判别实现任务规定日期的难易程度。

(2) 从费用方面考虑,要在时间流的有向矢量图中寻求一个工程费用最少的进度周期,或在缩短工程周期中使追加费用最少。

(3) 从资源利用方面考虑,要充分利用统筹网络提供的信息,均衡地分配和使用资源,使资源利用最大化。

10.4.2 网络计划优化的方法

网络计划的优化,根据具体目标的不同,常用的方法有时间优化、时间—费用优化、时间—资源优化等。

1. 时间优化

时间优化,是指在人力、材料、设备、资金等资源基本有保证的情况下,应尽量缩短工程周期,提高系统的经济效益。特别是经过判别,计划的预计周期大于上级的规定周期,且有时差可用时,应立即着手调整网络、缩短工程进度。

缩短进度的方法有三种:

① 调整工序之间的衔接关系,将关键工序进一步分解,采取平行作业或交叉作业,通过改变网络结构以缩短生产周期;

② 对网络结构不作丝毫改变,设法缩短关键作业的作业时间;

③ 利用时差,从非关键路线上抽调部分人力、物力和财力资源集中于关键路线,以缩短关键工序的作业时间。

无论采取哪一种方法都要根据具体的情况采取对策。不能生搬硬套。通常可供选择的技术、组织措施有：

（1）最积极的措施是采用新工艺、新技术，以缩短活动的作业时间，特别是关键活动的作业时间。

（2）利用非关键作业上的时差，适当调配人力、设备和其他资源，支援关键作业。

（3）尽量采用标准件、通用件、预制件等，以缩短设计周期和制造周期，组织平行作业以缩短工期。

（4）在人力资源有保证时，增加工作班次，改一班制为多班制，以缩短工程周期。

现举例说明时间优化的步骤和方法。

例：已知某工程项目网络图如图 10-11 所示，试进行网络计划的时间优化，要求把总完工期压缩为 22 天。

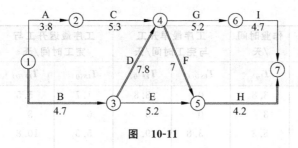

图 10-11

从网络图中可以看出，该工程的关键线路是：

①—B/4.7—③—D/7.8—④—F/7—⑤—H/4.2—⑦

总完工时间是 23.7 天。进行时间优化的步骤如下：

步骤1：将要求完工期 22 天作为网络终点事项的最迟完成时间，并以此为基础重新计算各项作业或工序的最迟结束和最迟开始时间及时差。计算的数据如表 10-6 所示。

表 10-6

作业名称	节点编号		作业时间/天	工序最早开工与完工时间/天		工序最迟开工与完工时间/天		总时差/天
	i	j	$T_{(ij)}$	$T_{ES(ij)}$	$T_{EF(ij)}$	$T_{LS(ij)}$	$T_{LF(ij)}$	$S_{总(ij)}$
A	1	2	3.8	0	3.8	1.7	5.5	1.7
B	1	3	4.7	0	4.7	-1.7	3	-1.7
C	2	4	5.3	3.8	9.1	5.2	10.8	1.7
D	3	4	7.8	4.7	12.5	3	10.8	-1.7
E	3	5	5.2	4.7	9.9	12.6	17.8	1.7
F	4	5	7	12.5	19.5	10.8	17.8	-1.7
G	4	6	5.2	12.5	17.7	12.1	17.3	-0.4
H	5	7	4.2	19.5	23.7	17.8	22	-1.7
I	6	7	4.7	17.7	22.4	17.3	22	-0.4

步骤2：进行分析。从表 10-6 中的计算结果表明，有些工序出现负时差，并出现负时差线路。出现负时差的线路即为应该赶工的线路。出现负时差的线路是：

线路	总完工期	总时差
B→D→F→H	23.7 天	−1.7 天
B→D→G→I	22.4 天	−0.4 天

其余线路均没有出现负时差，如：

A→C→G→I	19 天	
A→C→F→H	20.3 天	
B→E→H	14.1 天	

在上述两条出现负时差的线路上，有两道工序是共同的，即 B、D 工序。于是可以在 B 工序上采取措施压缩 1.7 天，这样从原来的 4.7 天压缩为 3 天，就可以把负时差消去。

步骤 3：按照新的作业时间，重新计算网络图的各时间参数，如表 10-7 所示。

表 10-7

作业名称	节点编号		作业时间/天	工序最早开工与完工时间/天		工序最迟开工与完工时间/天		总时差/天	关键工序
	i	j	$T_{(ij)}$	$T_{ES(ij)}$	$T_{EF(ij)}$	$T_{LS(ij)}$	$T_{LF(ij)}$	$S_{总(ij)}$	
A	1	2	3.8	0	3.8	1.7	5.5	1.7	
B	1	3	3	0	3	0	3	0	√
C	2	4	5.3	3.8	9.1	5.5	10.8	1.7	
D	3	4	7.8	3	10.8	3	10.8	0	√
E	3	5	5.2	3	8.2	12.6	17.8	9.6	
F	4	5	7	10.8	17.8	10.8	17.8	0	√
G	4	6	5.2	10.8	16	12.1	17.3	1.3	
H	5	7	4.2	17.8	22	17.8	22	0	√
I	6	7	4.7	16	20.7	17.3	22	1.3	

从表 10-7 中可以看出，在 B 工序上压缩 1.7 天后，就能保证整个工程项目的完工期缩短到 22 天。

2. 时间-资源优化

时间-资源优化，是指在一定的工期条件下，通过平衡资源，求得工期与资源的最佳结合。时间-资源优化是一项工作量较大的作业，往往难以将工程进度和资源利用都能够做出合理的安排，常常是需要进行几次综合平衡后，才能得到最后的优化结果。时间-资源优化主要靠试算，其基本工作步骤是：首先，将网络图改变为根据日程进度绘制的线条图；其次，统计出每一天资源占用的数量；最后，依据有限资源条件和优化目标，在坐标图上利用非关键工序的时差，依次调整超过资源约束条件的工作时期内各项作业的开工时间，直到满足平衡条件为止。由于资源不同，要求不同，具体优化方法也不相同。时间-资源优化的方法按优化的目标分一般有两种情况。

（1）有限资源，以最短工期为目标的优化方法。在一定的时期内，一个单位或部门的人力、物力和财力资源总是有一定限量的，编制网络计划，必须对资源问题加以统筹安排，并利用各作业所具有的时差进行调整，以资源限制为约束条件，以压缩工期为目标，改善网络计划的进度安排，通常也称为"资源有限、工期最短"的优化方法。

(2) 工期不变,以资源需要量均衡为目标的优化方法。均衡施工,是指在整个施工过程中所完成的作业量和所消耗的资源尽可能保持均衡。反映在施工进度计划中,是作业量进度动态曲线、劳动力总需要量动态曲线和各种材料需要量动态曲线等都尽可能不出现短时期的高峰或低谷。

下面以人力资源的平衡为例,介绍时间-资源优化的方法。

例:设某工程项目的网络计划如图 10-12 所示。

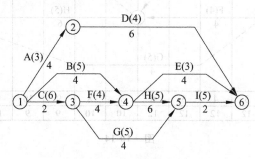

图 10-12

图 10-12 中,箭线上方的代号是活动名称,括号内的数字为每天所需的工人数;箭线下方的数字为活动所需时间。约束条件是每天可调用工人不超过 12 人,而且要求总工期在 14 天以内按期完工。

步骤 1:根据各项活动的最早开工时间画出施工日程图,如图 10-13 所示。

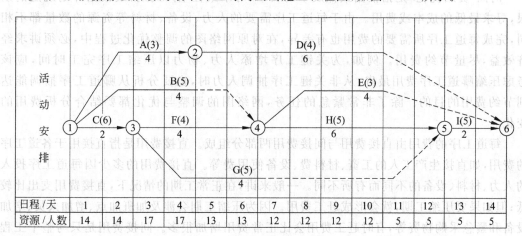

图 10-13

图 10-13 中的活动安排栏内,粗实线表示关键工序的进度,细实线表示非关键工序的进度,虚线为工序的时差。

步骤 2:统计出每一天资源占用的数量。从以上的施工日程图可以看出,每天对工人的需要量是不均匀的,最多达 17 人,最少仅 5 人。为了使人力资源负荷均匀,充分发挥其作用,且保证每天工人需要量不超过 12 人,故必须进行网络计划的调整。

步骤 3:利用时差,削峰填谷,进行劳动力资源的平衡。我们可以利用各工序的时差,调整活动的开工时间,以达到资源均衡使用的目的。利用施工图日程表,可以方便地进行调整。调整后的施工图如图 10-14 所示。

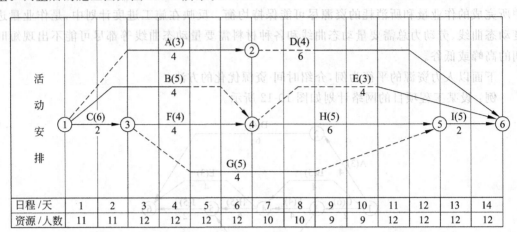

图 10-14

从图 10-14 可以看出,在规定工期 14 天内完工的前提下,每天所需的人员不超过 12 人,施工工人的使用已达到基本平衡的要求。因此,本方案体现了人力资源优化的效果。

3. 时间-费用优化

时间-费用优化,是指根据最低成本的要求,寻求最佳生产周期;或根据计划规定的期限,寻求最低的成本或费用。由于每道工序需要的人力、设备、材料等资源的数量都不相同,完成每道工序所需要的费用也有差异,在对原网络图的调整优化过程中,必须讲求经济效益,尽量节约费用。例如,为关键工序增添人力、物力以压缩工序完工时间,应该考虑压缩哪道工序费用最省;从非关键工序抽调人力时,也要分析从哪道工序抽调能达到节约费用的目的。除了非常紧急的任务,网络图的调整与优化都要结合分析费用的变化。

每道工序的费用由直接费用与间接费用两部分组成。直接费用是指直接用于各道工序的费用,如直接生产工人的工资、材料费、设备使用费等。直接费用的多少因每道工序投入的人力、材料、设备的不同而有所不同。一般来讲,在正常工期的情况下,直接费用支出比较低;但如果要压缩工期,就会形成赶工费用。因为压缩工期会涉及加班加点、增加人员、增加设备和紧急采购物资等,有时赶工费用会比正常费用增加很多。间接费用是只与整个工程周期长短有关,而与各道工序没有直接关系的费用。如管理人员的工资、办公费等,通常都是根据各道工序完成时间的长短按比例分摊的。

在一般情况下,压缩工期会引起直接费用的增加和间接费用的减少;延长工期会引起直接费用的减少和间接费用的增加。时间-费用的优化应着重分析直接费用与工序完成时间之间的关系,再结合分摊的间接费用来研究总费用的优化。

对直接费用进行优化之前,必须掌握每道工序的赶工费用率,即每道工序压缩一个单位时间,直接费用相应增加的幅度。我们把网络图上原来规定的每道工序的完成时间称为正常时间,按正常时间完成该工序所需的直接费用称为正常费用,它应该是该工序最低的直接费用。各道工序能够压缩到的最短完工时间称为赶工时间,这时按赶工时间要求完成该工序所需的直接费用称为赶工费用。赶工费用率是指压缩单位工序时间所需增加的直接费用。其公式如下：

$$赶工费用率 = \frac{赶工费用 - 正常费用}{正常时间 - 赶工时间}$$

进行时间-费用优化的基本方法是：首先压缩关键线路上赶工费用率最低的工序的作业时间，然后逐步逐次优化。下面通过例题来具体说明时间-费用优化的步骤。

例：某厂规划一工程项目，其作业顺序、正常及赶工时间、正常及赶工费用如表10-8所示。假设工程的间接费用为每天1 000元，试根据有关数据进行时间-费用优化，确定最低工程总费用及相应的最佳工期。

表 10-8

作业名称	紧后作业	作业时间/天		直接费用/千元		赶工费用率/（千元/天）
		正常	赶工	正常	赶工	
A	C、D	6	3	4	5	1/3
B	E	5	3	3	4	1/2
C	G、F	7	5	4	10	3
D	I	5	2	2	3	1
E	G、F	6	2	4	7	3/4
F	H	6	4	3	6	3/2
G	I	9	5	6	9	3/4
H	—	2	1	3	4	2
I	—	4	2	3	5	1

进行时间-费用优化的步骤如下：

（1）根据作业明细表绘制网络图，如图10-15所示。

（2）按正常作业时间确定关键线路，计算总工期及工程总费用。

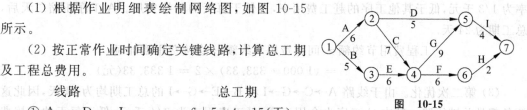

图 10-15

线路	总工期
① A→D→I	6+5+4=15（天）
② A→C→G→I	6+7+9+4=26（天）
③ A→C→F→H	6+7+6+2=21（天）
④ B→E→G→I	5+6+9+4=24（天）
⑤ B→E→F→H	5+6+6+2=19（天）

由于线路②即A→C→G→I的总工期最长，该线路即为关键线路。

总工期 = 26 天

总费用 = 直接费用 + 间接费用
= 31 000 + 1000 × 26 = 57 000（元）

（3）计算各道工序的赶工费用率，分别填入前面表10-8中。

（4）列表进行时间-费用优化，如表10-9所示。

表 10-9

赶工费用率\路线	工序	A	B	C	D	E	F	G	H	I	总工期	优化(一)	优化(二)	优化(三)	优化(四)
		1/3	1/2	3	1	3/4	3/2	3/4	2	1					
① A→D→I		6			5					4	15	13	13	12	11
② A→C→G→I		6		7				9		4	26*	24*	20*	19*	18
③ A→C→F→H		6		7			6		2		21	19	19	18	18
④ B→E→G→I			5			6		9		4	24	24*	20*	19*	18
⑤ B→E→F→H			5			6	6		2		19	19	19	19	18
赶工限额/天		3	2	2	3	4	2	4	1	3					
优化 (一)		1	2	2	3	4	2	4	1	3		4/3			
优化 (二)		1	2	2	3	4	2	0	1	3			1		
优化 (三)		0	1	2	3	4	2	0	1	3				1/6	
优化 (四)		0	1	2	3	4	2	0	1	2					0

表中分析说明:

(1) 将已知的线路、赶工费用率、总工期等分别填入表 10-9 中。表中的赶工限额是正常时间减赶工时间的差数,即工序可以缩减的天数。

(2) 第一次优化。由于 A→C→G→I 是关键线路,总工期为 26 天,非关键线路最长的是 B→E→G→I,总工期为 24 天,可以考虑先压缩二天。在关键线路上,A 工序的赶工费用率为 1/3 千元,低于其他工序的赶工费用率,且低于每天的间接费用。A 工序压缩二天后,总工期为 24 天。

工程费用节约额 = 间接费用节约额 - 直接费用增加额
= (1 000 - 333.33) × 2 = 1 333.33(元)

(3) 第二次优化。由于线路 A→C→G→I 和 B→E→G→I 的总工期均为 24 天,因此这两条都是关键线路。其中 G 工序为合用工序,赶工费用率为 3/4 千元,低于每天的间接费用。可将 G 工序压缩 4 天,总工期为 20 天。

工程费用节约额 = (1 000 - 750) × 4 = 1 000(元)

(4) 第三次优化。在两条关键线路上,A 工序和 B 工序各压缩一天,总工期为 19 天。

工程费用节约额 = (1 000 - 333.33 - 500) × 1 = 166.67(元)

(5) 第四次优化。在两条关键线路上,合用工序 I 的赶工费用率为 1 千元,压缩一天后,工程费用丝毫没有节约,但总工期可缩短为 18 天。

由于关键线路之一的 A→C→G→I 再压缩工期也不能降低工程总费用,所以优化至此结束。经过优化后的总工期为 18 天,比赶工前缩短 8 天。

最低工程总费用 = 赶工前的工程总费用 - 工程费用节约额
= 57 000 - (1 333.33 + 1 000 + 166.67)
= 54 500(元)

10.5 网络计划的计算机方法

本节以会展计划为案例,介绍网络计划的计算机方法。

例:光明农贸公司拟在市中心地区举办绿色食品系列大型会展,计划网络清单如表 10-10 所示。

表 10-10

工序代号	作业内容	时间/天	紧前工序
A	市场调研	3	
B	资金筹措	4	
C	批文申报	2	A
D	场地选择	5	A
E	财务预算	3	B,D
F	展商与展品落实	7	B,D
G	展区规划	4	C,E
H	人员招聘与培训	5	C,E
I	广告与票务	6	F,G
J	展品物流	11	B,D
K	现场布置	3	J
L	剪彩开展	1	K

试计算总工期,列出关键路线。

所绘制的网络图如图 10-16 所示。

网络计划问题可以转化成规划求解的模型,对于复杂的网络计划总工期和关键路线的求得很方便。

规划模型:

设模型中下标 i 节点到 j 节点的工序,简称工序。

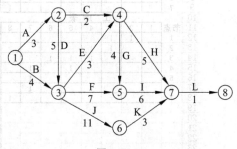

图 10-16

已知时间常数 a_{ij} 为工序 ij 的时间。

增添工序 0-1 逻辑值 c_{ij}: $c_{ij}=1$ 表示工序 ij 存在, $c_{ij}=0$ 表示工序 ij 不存在。

决策变量:x_{ij} 为 0-1 变量($i=1\sim8, j=1\sim8$)

$x_{ij}=1$,表示工序 ij 为关键路线中的工序。

$x_{ij}=0$,表示工序 ij 不是关键路线中的工序。

目标函数:(总工期最长) $\text{Max } S = \sum_{i=1}^{7}\sum_{j=1}^{8} a_{ij}x_{ij}$

约束条件:$x_{ij} \geq 0$ ($i=1\sim7, j=1\sim8$) (决策变量非负性)

$x_{ij} \leq c_{ij}$ ($i=1\sim7, j=1\sim8$) (关键工序存在性)

$\sum_{j=1}^{8} x_{1j} = 1$ (首节点出发的工序必有、仅有一为关键工序)

$\sum_{i=1}^{7} x_{i8} = 1$ （走向末关键工序的工序必有、仅有一为关键工序）

$\sum_{i=1}^{7} x_{ij} = \sum_{j=1}^{8} x_{ij} (j=i, j, i=2 \sim 7)$（关键工序节点有指向必有出发，关键路线不间断）

图 10-16 表示运用 Excel "规划求解" 工具解决上述模型的界面。

第一步：键入工期表，a_{ij} 为工序 ij 的时间；

第二步：键入工序表，c_{ij} 为工序 ij 的逻辑值，做法上只要将上述不等于零的 a_{ij} 改成 1 键入对应的单元格中；

第三步：设定 L3：S9 为 0-1 决策变量 x_{ij}，

设定目标函数（总工期），T1="SUMPRODUCT(B3：I9,L3：S9)"，

设定 M10：R10 为决策变量 x_{ij} 的行和，

设定 T3：T9 为决策变量 x_{ij} 的列和；

第四步：然后在主菜单 "工具" 中选择 "规划求解"，并在对话框用鼠标 "点取" 的方式输入各目标函数、可变单元格所在的位置以及约束条件，然后按 "求解" 键即可得如图 10-17 结论。

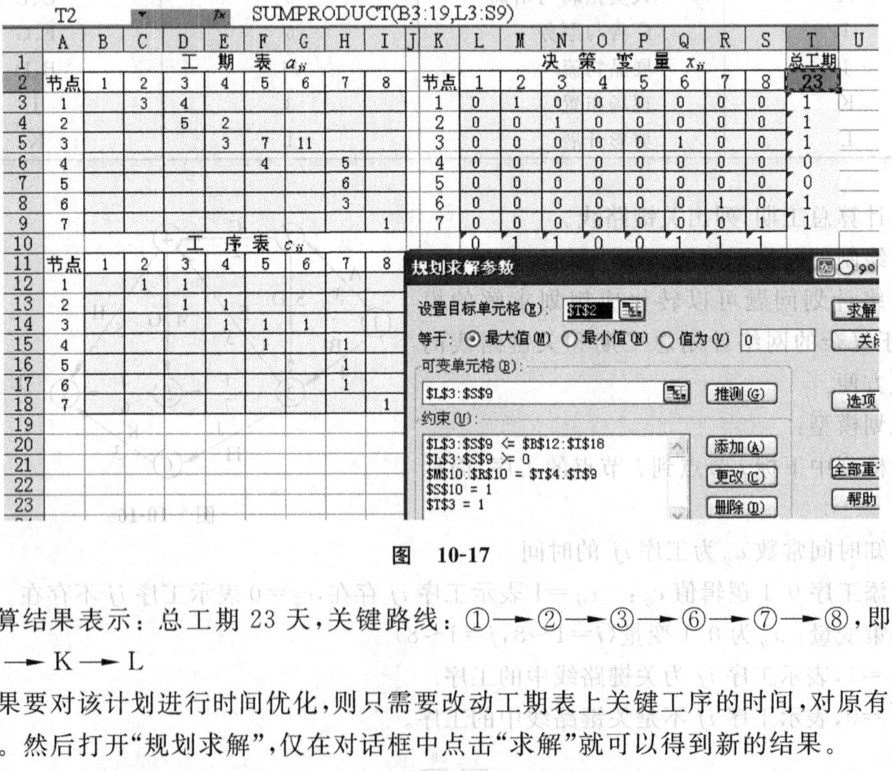

图 10-17

计算结果表示：总工期 23 天，关键路线：①→②→③→⑥→⑦→⑧，即 A→D→J→K→L

如果要对该计划进行时间优化，则只需要改动工期表上关键工序的时间，对原有决策变量清零。然后打开 "规划求解"，仅在对话框中点击 "求解" 就可以得到新的结果。

例如，现要求缩短总工期一天，不妨选择时间最长的 J 工序，改动工期表 a_{36} 为 10，按上做法，得到新的结果：总工期 22 天，原关键路线不变，增加关键路线：

①→②→③→⑤→⑦→⑧，即 A→D→F→I→L

若 B 工序资金筹措遇到问题，时间增加 5 天为 9 天，则工期表中键入 a_{13} 为 9，对原有决策变量清零。然后打开 "规划求解"，在对话框中点击 "求解" 就可以得到新的结果（见图 10-18）：

总工期 24 天，关键路线变为：①→③→⑥→⑦→⑧，即 A→B→J→K→L

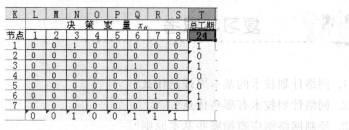

图 10-18

总之，有了最初设定计算的"规划求解"工作表，可根据计划的变化情况进行调整测试，改变条件即可看到结果，以便于寻找合适的方案。

本章小结

网络计划技术是一种通过网络图的形式来表达一项工程或生产项目的计划安排，并利用系统论的科学方法来组织、协调和控制工程或生产进度和成本，以保证达到预定目标的一种科学管理技术。

网络计划技术有许多明显的优点：

（1）作业之间的逻辑关系非常严密。

（2）所提供的是动态的计划概念。

（3）可以区分关键作业和非关键作业。

（4）可以将计划项目分解为许多分支系统。

（5）可以有效地控制工期。

（6）能够和先进的电子计算机技术结合起来。

绘制网络图一般应遵循以下基本规则：

（1）网络图中不允许出现循环线路。

（2）网络图中的节点要统一进行编号，以便于识别和计算。

（3）相邻两个节点之间只能有一条箭线。

（4）箭线首尾都必须有节点，不能从一条箭线的中间引出另一条箭线来。

（5）网络图一般只有一个始点事项和一个终点事项，不能出现没有先行作业或后续作业的中间事项。

（6）各条箭线之间的衔接关系应理解为：只有在指向某一事项的各条箭线其工作全部完成以后，从该事项引出的箭线才能开始。

网络计划平衡和优化的原则如下：

（1）要优先保证关键线路上关键作业对资源的需求量。

（2）充分利用时差，来错开各项作业的开始时间，平衡并协调各项作业的人力和物力。

（3）具有时差值较大的作业可推迟开工时间，以减少每日所需的资源数量。

复习与思考

1. 网络计划技术的基本原理是什么？
2. 网络计划技术有哪些优点？
3. 绘制网络图应遵循哪些基本原则？
4. 确定作业时间通常有哪几种方法？它们是如何进行估算的？
5. 结点最早开始时间和结点最迟完成时间是如何确定的？
6. 每项作业的时间参数有几个？它们分别是如何计算的？
7. 设某工程的作业明细表如下所示：

作业名称	A	B	C	D	E	F	G	H	I
紧后作业	B,C	D,E,F	E,F	G,H	G,H	H	I	I	—
作业时间/天	5	4	3	7	5	6	2	8	4

要求：

(1) 绘制网络图；

(2) 计算节点最早开始及最迟结束时间；

(3) 计算工序的最早开始时间和最早结束时间，最迟开始时间和最迟结束时间；

(4) 计算工序的总时差，并求出关键路线和总工期。

8. 设有以下作业明细表：

作业名称	A	B	C	D	E	F	G	H
紧后作业	D	E,F	H	G	G	—	—	—
作业时间/天	4	1	4	2	1	2	3	3
需要人数/人	12	8	8	4	8	8	7	13

要求：

(1) 绘制网络图；

(2) 在9天总工期内，对20名劳动力进行平衡。

9. 已知以下作业明细表：

作业名称	紧前作业	作业时间/天		
		a	m	b
A	—	2	5	4
B	—	3	12	21
C	A	5	14	17
D	B	2	5	8
E	B	6	15	30
F	C,D	1	4	7

要求：

（1）绘制网络图；

（2）计算 27 天内工程的完工概率。

参考文献

1. 邬适融,陈其林. 工商企业生产营运管理. 山西：山西经济出版社,1999.
2. 陈文安,穆庆贵,胡焕绩. 企业管理(第 7 版). 上海：立信会计出版社,2013.
3. 高福聚. 工程网络计划技术. 北京：北京航空航天大学出版社,2008.

第11章 现代企业物流

物流(logistics)
物流管理(logistics management)
供应链(supply chain)
物料消耗定额(material consumption quantity)
物料需求计划(material requirements planning,MRP)
制造资源计划(manufacturing resources planning,MRPII)
库存控制(inventory controlling)
经济订购批量(economic ordering quantity,EOQ)
第三方物流(third-party logistics,3PL)

 互联网资料

http://www.chinawuliu.com.cn
http://www.c56.cn
http://www.ism.ws
http://www.ejctrans.com

北京工业物流自营比重偏高

根据2012年对北京市工业企业物流状况调查,工业企业的物流模式根据企业整体战略考量以及物流服务的品质,呈现出以自营与外包兼有的模式为主,完全外包以及完全自营为辅的格局。企业中拥有一定物流设备设施的占84%,反映出企业比较重视支撑物流业务运作的投入;其中,自有仓储与租用仓储面积比为3.8:1,表明企业物流业务运作除了需要自有的设施来保障,还需整合一定的外部资源。根据调查,有70%以上有外包物流业务的工业企业认为整体运营效率与质量呈现出不同程度的提升,这反映出工业企业把主要精力都放在主业(生产、研发、销售等),而将辅业逐渐剥离来提升

> 企业的物流运营质量,从而为提升企业综合竞争力提供支持。
> 　　2012年,北京市全市规模以上工业企业自运货运量1.1亿吨,占总货运量的33.5%。工业自营物流在长距离、大批量运输中处于劣势,货物在库、在途时间长、周转缓慢,难以和具有专业化物流模式企业的规模效益相比。与专业物流企业相比,北京工业企业自营物流费用较高。2012年,全市主营业务收入8 000万元及以上的工业企业运输费用和配送、流通加工及包装费用分别为152.4亿元和19.5亿元,占企业物流费用的比重分别为65.3%和8.4%,高于专业物流企业运输成本和配送、流通加工及包装成本占物流成本的比重50.5%和1.3%。
>
> 资料来源:杨洋.考量北京工业物流转型.投资北京,2014(1).

11.1　物流和企业物流

　　物流的概念和理念随着社会经济的进步及科学技术的飞速发展正在发生深刻的变化。企业物流是企业生产经营活动的重要组成部分,具有其自身的构成要素和特点,提高企业物流的管理水平对于创造利润、增强市场竞争力具有重要的意义。

11.1.1　物流与现代物流

　　中文的"物流"一词源于日语,在日语中"物流"是"物的流通"一词的简称,意思是具有物理性质的流通。1986年,美国物流管理协会对物流(logistics)所做的定义是:"物流是以满足客户需求为目的的,为提高原料、在制品、制成品,以及相关信息从供应到消费的流动和储存的效率和效益,而对其进行的计划、执行和控制的过程。"由此可以看出,当前提到的物流的特点是突破了商品流通的范围,把物流活动扩大到生产领域,因此有人称为供应链。现代物流是人们为满足某种需要而组织社会物质运动的总称,是货物流动、信息传递、价值增值等的过程,功能整合、过程整合和资源整合是物流理念最本质的核心内容。

　　现代物流活动是由一系列创造时间价值和空间价值的经济活动——如需求预测、订单处理、客户服务、分销配送、物料采购、存货控制、交通运输、仓库管理、工业包装、物资搬运、工厂和仓库或配送中心的选址、零配件和技术服务支持、退货处理、废弃物和报废产品的回收处理等——组成的,具有实质流动、实物存储、信息流动和管理协调四个关键组成部分。物流始终伴随着采购、生产和销售的价值链过程,是交易和生产过程中必不可少的重要组成部分,从这一角度出发,物流具有以下特点:

　　(1) 系统性。物流是一个完整的运作过程,各个物流环节以及物流要素有机关联组成动态的物流系统,又包含了物的流通和信息的流通两个子系统。同时作为社会流通系统的重要组成部分,物流与商流、资金流和信息流具有同等重要的价值,它不是完全独立的领域,受到多种因素的制约。

　　(2) 复杂性。物流系统拥有大量的资源,包括物质资源、人力资源、资金占用等,单就物的流通中所包含的运输、保管、包装、流通加工等环节来看,也不是简单的流程,而是具有复杂结构的物流链。在物流活动的过程中,又贯穿着大量的信息流动,收集处理也非常复杂。同时基于实现价值增值的目标,对物的流通和信息流通的集成要求越来越高,也不断增加着物流的复杂性。

(3) 高成本。在物的流通环节就包含了运输、保管、包装、装卸和流通加工等综合成本，在信息流通中，信息量的急剧增长和大量先进技术的运用，使成本不断增加。由于物流高昂的成本，才被视为降低成本的"第三利润源泉"，同时由于其价值增值的功能，才使得现代物流系统获得越来越多的资金投入。

(4) 生产和营销的纽带。在社会流通中，通过物流活动架起了企业通向市场、服务客户的桥梁，相应的物流功能性活动跨越了生产和销售领域。

11.1.2 企业物流管理和任务

1. 企业物流及其管理的内涵

(1) 企业物流。企业是为社会提供产品或服务的经济实体，企业物流是指在企业生产经营过程中，物料从原材料供应，经过生产加工到产出成品和销售，以及废弃物的回收利用的完整循环过程。

企业物流按照企业的业务性质可以分为两类，即生产企业物流和流通企业物流，我们在本章中所讨论的主要是前者，所以上述的概念也主要是针对生产企业而确定的。

企业物流的作业目标是快速反应、最小变异、最低库存、追求质量及整合运输等，总之是追求企业物流的合理化，提高企业物流的管理水平对于创造利润、增强市场竞争力具有重要的意义。

(2) 企业物流管理。企业物流管理是企业对所需原材料、燃料、设备工具等生产资料进行有计划的组织采购、供应、保管、合理使用等各项工作的总称。企业物流管理根据物资运动过程的不同阶段，可分为供应物流管理、生产物流管理、销售物流管理、回收物流管理等，内容极为丰富，本章只能择要介绍。而从物流要素角度又可分为运输管理、储存管理、装卸搬运管理、包装管理、流通加工管理、配送管理、信息管理及客服管理等。

2. 企业物流管理的基本任务

企业物流管理的基本任务是自觉运用商品价值规律和遵循有关物料运动的客观规律，根据生产要求全面地提供企业所需的各种物料，通过有效地组织形式和科学的管理方法，监督和促进生产过程中合理、节约地使用物料，以达到确保生产发展、提高经济效益的目标。具体来说有几方面的任务，见图 11-1。

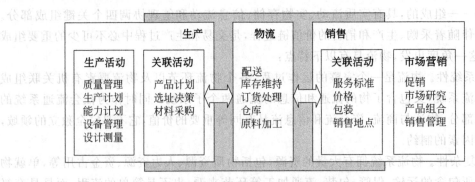

图 11-1　物流与生产和销售的关系

(1) 通过科学的物料供应管理，控制物料的供需。企业所需的物料品种繁多，数量各不相同，又需要通过其他许多企业生产和供应的活动来实现，所以要在认真调查本企业的实际需要和做好物资信息的收集、反馈的基础上,科学地采购供应物料,保证有计划、按质、按量、按时、成套地供应企业所需要的物料,以保证生产正常地进行。

(2) 通过科学地组织物料的使用,控制物料的耗用。企业的产品成本中物化劳动部分所占比重一般高达 60%~80%;物料储备资金占企业全部流动资金的 60% 以上。因此,在提供实物形态的各种物料的过程中,降低产品成本便成为物流管理的重要任务之一。这就需要在保证质量的前提下,尽量地选用货源充足、价格低廉、路途较近、供货方便的货源;制定先进合理的物料消耗定额,搞好物料的综合利用,努力降低单耗。

(3) 通过合理地组织物料流通,控制物料的占用时间。积极推广、应用现代科学技术,提高物料采、运、供、储等各项业务工作水平。物料管理工作的科学性,是保证物料供应、提高工作质量和效益的关键。因此,要在系统规划的基础上,提高员工的思想、技术素质,激发他们的积极性、创造性;广泛采用先进技术和工具,加快有关作业的标准化、机械化、自动化进程;不断完善工作方式与方法;认真改进有关的计量检测手段,使各项业务工作日益现代化。

11.2 物料采购与供应管理

物料的采购和供应历来就是企业生产的前提,习惯上把位于生产物流前的物流活动统称为供应物流,包括确定物料需求数量、采购、运输、流通加工、装卸搬运、储存等活动,而供应物流不仅仅是保证供应的问题,也是以最低成本、最少消耗、最快速度来保证生产的物流活动,因此有效解决供应商、供应方式等问题尤其重要。

11.2.1 物料供应计划

随着全球采购、在线采购、供应链管理等的兴起,企业物料采购的流程也在不断重组,但传统的基本流程仍然适用于许多物料采购活动,可以用图 11-2 来表示。

图 11-2 采购流程简图

其中,企业物料供应计划是企业组织采购的重要依据,其主要内容是:

1. 确定物料需用量

企业物料的需用量是指计划期内保证生产正常进行所必须消耗的经济合理的物料数量,是按照每类物料的品种、规格、用途分别计算的,其基本方法是直接计算法,即根据计划生产数量和物料消耗定额来确定,比较准确,应尽量采用,其计算公式如下:

某种物料需用量=计划产量×(1+废品率)×单位产品消耗定额-计划回用废品数量

另外,还有间接计算法,又称比例计算法,是按一定的比例、系数来估算物资需用量。主要用于不适合制定消耗定额的物料或用量不大的辅料,也可用于生产计划确定前的估算。其基本公式如下:

某种物料需用量＝上年实际消耗量/上年产值×计划年度产值
　　　　　　　×(1－可能降低的百分比)

2. 期初库存和期末库存量的确定

期初库存量一般是根据编制计划时的实际盘点数，以及预计到货量和耗用量计算出来的，其计算公式如下：

计划期初库存量＝编制计划时实际库存量＋计划期初前到货量
　　　　　　　－计划期初前耗用量

期末库存量是根据供应情况和生产任务来预算的。在实际工作中，期末库存量通常采用 50%～75% 的经常储备量加上保险储备量来确定。

3. 编制物料平衡表和物料采购计划

在上述的基础上可以编制平衡表，对需要的资源进行综合平衡，它除了按实物量表示外，还可以按货币量来表示，以同成本计划和财务计划相衔接，其一般格式见表 11-1。

表 11-1　20××年物料平衡表

材料名称	计量单位	上年实际消耗量	年初已有资源				需用量	年末储备	企业内部可利用资源	采购量
			合计	年初库存	合同结转	在途与待验				
		①	②	③	④	⑤	⑥	⑦	⑧	⑨＝⑥＋⑦－②－⑧
甲										
乙										
……										
合计										

然后可按物料的类别加以汇总，编制物料采购计划，可以是年度的，还可以是按季度、月度生产任务的要求，把企业所需物料需求进一步具体化，作为组织订货采购的依据，周期越短计划就要越周密。物料采购计划应包括各种物料的采购量和文字说明两部分，其中采购量的计算公式如下：

某种物料采购量＝物料需用量＋计划期末库存量
　　　　　　　－计划期初库存量－企业内部可利用资源

11.2.2　运用层次分析法选择供应商

物料供应计划确定以后，要通过采购来具体落实，经济合理地组织采购，对提高产品质量、降低费用和产品成本、加速资金周转等，都有着重要的作用。订货采购应做到在开展货源调查、掌握市场行情的基础上，择优采购。所谓择优采购包含两层含义：一是要采购到质量最恰当合适的物料(注意不是质量越高越好)；二是采购到价格费用最低的物料。我们应充分掌握资料，拟订多项方案，论证后进行决策。其中运用层次分析法选择供应商是物料供应管理中行之有效的方法。

假设有四个指标用来评价供应商，即质量、价格、服务与交货期，并有四个供应商即 S1、

S2、S3 和 S4 可以考虑,应用层次分析法(the analytic hierarchy process,AHP)求解。这个问题的评价尺度与层次建立如图 11-3 所示。

评价尺度

评价描述	评分
极端重要	9
很重要	7
明显重要	5
稍微重要	3
同样重要	1

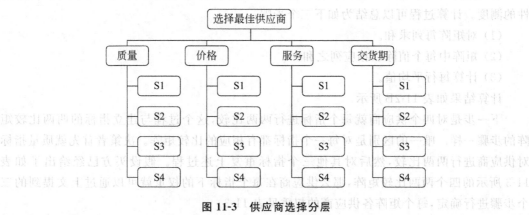

图 11-3 供应商选择分层

买方必须进行一系列两两比较来确定指标的相对重要性。如果买方认为质量对价格的重要性在同等重要和稍微重要之间,则数值 2 可以表达这个判断。如果价格比服务稍微重要,则可选择数值 3。假设判断具有传递性,则质量相对于服务的重要性可用数值 6 来描述。

然而,判断不一定总能保持完全的一致性。例如,假设质量对于服务的重要性介于稍微重要与明显重要之间,即应用 4 来描述这一判断。如果买者认为质量和价格均比交货期更为重要,都是 3 分,而服务相对于交货期处于同样重要与稍微重要之间,也就是 2 分。这些信息可以用表 11-2 所示的两两判断矩阵来表示。矩阵中的对角线上的数据都是 1,其余数据为相应判断值的倒数。

表 11-2 两两比较矩阵及计算:评价指标

A. 初始矩阵

	质量	价格	服务	交货期
质量	1	2	4	3
价格	1/2	1	3	3
服务	1/4	1/3	1	2
交货期	1/3	1/3	1/2	1
和	25/12	11/3	17/2	9

B. 调整后的矩阵

	质量	价格	服务	交货期	权重(行均值)
质量	12/25	6/11	8/17	3/9	0.457
价格	6/25	3/11	6/17	3/9	0.300
服务	3/25	1/11	2/17	2/9	0.138
交货期	4/25	1/11	1/17	1/9	0.105
					和 1.000

注：调整后的数据是由原数除以相应列之和得到的，而权重为横栏平均数

利用矩阵中的数据可以得到指标权重的准确估计值。权重提供了对每个指标相对重要性的测度。计算过程可以总结为如下三个步骤：

（1）对矩阵每列求和。
（2）矩阵中每个值除以相应列之和。
（3）计算每行平均值。

计算结果如表 11-2B 所示。

下一步是对四个供应商就每个指标进行两两比较，这个过程与建立指标的两两比较矩阵的步骤一样。唯一的区别是对每一个指标都有相应的比较矩阵。决策者首先就质量指标对供应商进行两两比较，然后对其他三个指标重复上述过程。假设买方已经给出了如表 11-3 所示的四个两两比较矩阵，那么供应商在每个指标下的权重就可以通过上文提到的三个步骤进行确定，每个矩阵各供应商的权重见表 11-3。

表 11-3 供应商层次单排序

	S1	S2	S3	S4		S1	S2	S3	S4
a) 质量指标排序					c) 服务指标排序				
S1	1	5	6	1/3	S1	1	5	4	8
S2	1/5	1	2	1/6	S2	1/5	1	1/2	4
S3	1/6	1/2	1	1/8	S3	1/4	2	1	5
S4	3	6	8	1	S4	1/8	1/4	1/5	1
权重	0.297	0.087	0.053	0.563	权重	0.597	0.140	0.124	0.050
b) 价格指标排序					d) 交货期指标排序				
S1	1	1/3	5	8	S1	1	3	1/5	1
S2	3	1	7	9	S2	1/3	1	1/8	1/3
S3	1/5	1/7	1	2	S3	5	8	1	5
S4	1/8	1/9	1/2	1	S4	1	3	1/5	1
权重	0.303	0.573	0.078	0.046	权重	0.151	0.060	0.638	0.151

层次分析法的最后一步可以总结为表 11-4。这张表展示了总排序结果是如何得到的。这个过程被称为简单加权平均。对每一个供应商而言，在四个评价指标下的权重已经求出

(见表11-4)。这四个权重乘以相应指标的权重累加后就得到供应商的排序总分。每个供应商的总分代表了选择该供应商所能获得的总的利益。在本例中，供应商1(S1)总分0.325，被判断为最好，因此本例应该选择供应商1。

表 11-4 供应商层次总排序

	质 量	价 格	服 务	交 货 期	权重
S1	(0.457)(0.297)	+(0.300)(0.303)	+(0.138)(0.597)	+(0.105)(0.151)	=0.325
S2	(0.457)(0.087)	+(0.300)(0.573)	+(0.138)(0.140)	+(0.105)(0.060)	=0.237
S3	(0.457)(0.053)	+(0.300)(0.078)	+(0.138)(0.214)	+(0.105)(0.638)	=0.144
S4	(0.457)(0.563)	+(0.300)(0.046)	+(0.138)(0.050)	+(0.105)(0.151)	=0.294
					和 1.000

运用层次分析法有很多优点，其中最重要的一点就是简单明了。层次分析法不仅适用于存在不确定性和主观信息的情况，还允许以合乎逻辑的方式运用经验、洞察力和直觉。也许层次分析法的最大优点是提出了层次本身，它使得买方能够认真地考虑和衡量指标的相对重要性。

供应商确定以后，还要根据合作情况对其作出评估，完善合作关系，建立采购认证体系，实现供应物流的质量管理。

11.2.3 准时采购方式与供应

在传统的物流供应流程中，在确定供应商后，还需要订货、订货跟踪、验收入库、发放供应等流程，其中后两项比较复杂，还产生相应的搬运、储存问题。例如物料的验收入库，要把好数量关、质量关和单据关，无误后才能办理入库登账立卡等手续，并将入库通知单连发票、运单等一起送交财会部门。而物料的发放供应比较普遍推行的是定额供料制度，仓库按定额供料凭证所列的品种、规格、数量、质量要求供料；对超定额要求补发的物料，必须经过规定的审批手续才能补发。而新兴的准时采购与供应方式相比之下有较大的优越性。

1. 准时采购与供应的含义和特点

准时(just-in-time)战略根源于多品种小批量生产线的生产要求，是为了生产中消除库存和不必要的浪费而进行持续性改进的结果。在JIT中要保持生产物流连续性、平行性、均衡节奏性、柔性等组织生产的要求，位于生产物流前端的采购物流必须是准时化的。企业从"准时"的战略高度重视其采购、生产、销售各环节，就形成了准时采购、准时供应战略。

准时采购与供应是准时化生产系统的一个重要部分。其基本思想是制造商与供应商签订"在需要的时候，向需要的地点，提供能保证质量的所需要数量的物料"的协议。这意味着供应商可以随时（必须是需要的准时）向制造商提供采购物料。与传统的早在生产之前就把采购物料大批量送到企业仓库的采购和供应方法相比，准时采购、准时供应的核心要素有：减小批量、频繁而可靠地交货、提前期压缩并且可靠、一贯地保持采购物料的高质量。

准时采购相对于传统采购的区别，如表11-5所示。

表 11-5 准时采购方式和传统采购的对比

比较因素	传统采购	准时采购
供应商的选择	采用较多的供应商,协调关系,质量不易稳定	采用较少的供应商,关系稳定,质量较稳定
供应商评价	合同履行能力	合同履行能力,生产设计能力,物料配送能力,产品研发能力等
交货方式	由采购商安排,按合同交货	由供应商安排,确保交货准时性
进货检查	每次进货检查	由于质量得到保证,无进货检查
信息交流	信息不对称,容易"暗箱操作"	采购、供应双方高度共享准确实时信息,快速、可靠、易建立信任
采购批量与运输	大批量采购,配送频率低,运输次数相对少	小批量采购,供应商配送频率高,运输次数多

可见准时采购的特点突出表现在:采购商与少数供应商建立了稳固的战略合作伙伴关系,采购物资直接进入制造部门,企业和供应商之间的外部协同提高了供应商的应变能力。

2. 准时采购与供应的物流体系

在由一系列供应商、制造商(采购商)组成的供应链中,准时生产是缩短生产周期、降低成本和库存,同时又能以最快的交货速度满足客户需求的有效的做法,而供应商的"准时供应"则是"准时生产"的关键所在。采购供应的速度、效率、订单的执行情况会直接影响到本企业是否能够快速灵活地满足客户的需求。

(1) 准时采购与供应的物流体系是建立在以订单为驱动力的采购流程

在传统的供应模式中,采购的目的是为了补充库存,即为库存采购。所以物流往往是从供应商仓库到制造商的仓库,再根据生产计划从仓库到生产工艺各个环节。在这个过程中,物料的搬运、等待时间占去了产品生产周期的大部分时间。物流费用也很高,直接增加了生产成本。而如果是以订单为目的采购,即生产制造订单的需求是在客户的需求订单的驱动下产生的,则相对而言,物流可以直接从供应商生产线到制造商生产线(前提是供购双方作为一个利益共享的供应链上的上下游关系,且都具备了JIT的理念和运作能力),于是物流费用就在准时响应用户需求的同时由于"恰到好处"的流动而相应减少了。最终,库存为零是准时采购与供应的"最高境界"。

为此需要对制造商的采购活动进行以下几个方面的改进和提高:

第一,和供应商建立一种新的、有不同层次的、长期的、互惠互利的固定合作关系。

第二,通过提供信息反馈和教育培训,促进供应商准时采购与供应的物流体系质量改善和质量保证。

第三,参与供应商的产品设计和产品质量控制过程。

第四,协调供应商的资源分配计划。

为此对供应商的供应活动也有以下几个方面需要进行改进和提高:

第一,协助拓展制造商的多种策略,对制造商出现的问题做出快速及时的反应。

第二,及时报告所发现的可能会影响用户服务的内部问题。

第三,保证高质量的售后服务。

第四,基于用户的需求,不断地改进产品和服务质量。

(2) 准时采购的物流体系的建立应满足以下原则

第一,灵活——物流体系能够快速适应需求量波动及需求结构的改变,并能方便地进行调节。

第二,连续——物料从供应商连续不断地向制造商流动,不断消除不连贯流程,达到物流无"瓶颈"的状态。

第三,简洁——整个厂内物资移动距离应尽可能短,路线清晰明确,以减少遗失、受损及工时消耗。

第四,均衡——物料在采购、生产、销售各环节之间分别建立各自的流量单位及节拍,通过各环节的转换,大体上有一个波幅不大、频率均匀的线性流量,步调一致,且具有自我调节功能,以便能在事前、事中和事后削峰填谷。

11.2.4 物料需求计划(MRP)

物料需求计划(material requirement planning, MRP)20 世纪 60 年代初期出现在美国,是一种应用计算机来计算物料需求和生产作业计划的一种科学方法。长期以来,制造业在传统生产方式下生产成本高,周期长,传统的生产和管理方式使企业资源利用处于低水平。同时,传统的生产、管理方式由于数据管理不统一,信息传输不及时,计划调整能力,零部件配套性差,使企业准时交货率低,企业对市场应变能力差。从而出现企业产值增长但效益下降的逆向反差。

美国著名生产管理和计算机应用专家欧·威特和乔·伯劳士在 20 世纪 60 年代对 20 多家企业研究后提出 MRP 的方法。由于运用 MRP 不需要高深的理论和复杂的数学方法,因而得到美国生产和库存管理协会的大力推广,并迅速被美国企业应用。

同时,MRP 的管理思想很快被计算机软硬件商所接受,大力研制更新、效率更高的 MRP 软件,使产品的销售价格不断降低。对实施 MRP 的美国企业调查显示:库存量减少 25%~30%;库存周转率提高 50%;准时交换率提高 55%;装配车间劳动生产率提高 20%~40%;采购资金节约 5%;生产周期缩短 10%~15%;全员劳动生产率提高 10%~15%。这样,企业在应用 MRP 的投资费用,一般在二年至三年就可予以回收。由于使用 MRP 能给企业带来明显的效益,因而又刺激 MRP 的发展和推广应用。

我国自 20 世纪 70 年代开始对 MRP 引进、介绍以来,目前已有很多企业试用 MRP 的生产管理方法。随着改革开放的深化,企业越来越认识到现代生产管理技术对实现企业管理现代化的重要作用。随着 MRP 管理思想和方法在企业的应用,必将提高我国企业管理水平,增强企业的市场应变能力和经济效益。

1. MRP 的基本原理

物料需求计划(MRP)的基本原理是:根据产品的生产量,计算出构成这些产品的零部件与原材料的需求量与需求时间;根据物料需求的时间和生产(订货)周期确定各零部件开始生产(订货)的时间。当计划的执行情况有变化时,还能根据新情况分别轻重缓急,调整生产优先顺序,重新编制出符合新情况的作业计划。

物料需求计划的内容是编制零件的生产(采购)计划。然而要正确编制零件生产(采购)

计划,必须首先落实产品的出产进度计划,即主生产计划(MPS),这是 MRP 展开的依据。MRP 还必须掌握产品的零件结构,即物料清单(BOM),才能把主生产计划展开成零件计划;同时,还必须掌握库存数量,才能准确计算出零件的采购数量。因此,MRP 的依据是主生产计划、物料清单和库存信息。

物料需求计划的目标是:保证按时供应用户所需产品,及时取得生产所需要的原材料及零部件;保证尽可能低的库存水平;保证企业各生产单位生产的零部件、外购配套件的供应在时间和数量上与装配需求紧密衔接。

2. MRP 的工作程序

运用 MRP 主要在于计算工作量大,并不需要很深的数学方程式,其工作原理和步骤大致如下:

(1) 编制生产计划和主生产计划。运用 MRP 主要依据生产计划大纲规定的主生产计划,在计划中应明确规定生产的产品品种、数量、规格、交货期等资料。

(2) 编制产品结构图和各种材料、零部件明细表。产品结构图,是从最终产品出发,将其作为一个系统来考虑,即其中包含多少个零部件所组成,每一个产品从总装→部装→部件→零件分成几个等级层次,而每一层次的零部件又有多少个小零件所组成。产品结构越复杂,零部件等级层次越多,其所需的各种材料和零部件越具体。

(3) 正确掌握材料、零部件库存资料。包括各种材料、零部件实际库存量、安全储备量等资料。其实际库存量,应通过实际盘点来解决,以保证库存数据正确性。如果库存资料发生错误,必将影响 MRP 计算的准确性。

(4) 规定各种材料零部件的采购交货日期、订货周期、订购批量。交货日期应以保证生产作业计划进度要求;订货周期按供应条件实际需要确定;订购批量可以按经济批量法确定或按计划要求不限批量。

(5) 经 MRP 计算,确定各种物料总需要量和实际需要量。其中总需要量按产品结构图和明细表逐一计算得出;实际需要量就是总需要量扣除实际库存量。

(6) 按照物料实际需要量、订购批量和订货周期,发出采购通知单。如果物料中某些零部件属于自制生产的,应向有关生产部门发出生产指令。MRP 的工作流程如图 11-4 所示。

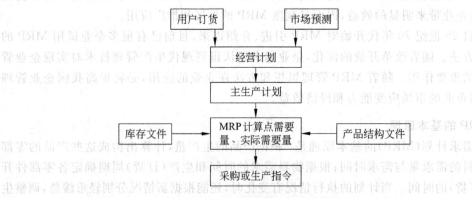

图 11-4　MRP 工作流程图

11.3 生产物流管理

物料一旦进入生产过程即成为在制品，它按照产品生产工艺的顺序，经过各个生产环节、各道工序的加工，由半成品变为制成品。在我国，企业的物料消耗费用一般要占到产品成本的70%以上。生产阶段物流管理是整个物流过程中十分关键的一环，控制物耗，充分发挥物资的效能直接决定着企业经济效益的高低。

物料消耗定额指在一定的生产技术组织条件下，制造单位产品或完成单位生产任务所必需消耗的物料数量标准。先进合理的物料消耗定额不仅是编制物料供应计划的重要依据，也是科学地组织物料发放工作的重要依据；此外，先进合理的物料消耗定额，结合必要的考核和奖励办法，能促使职工更合理地使用物料、节约物料。先进合理的物料消耗定额是建立在先进的技术水平和管理水平基础上的。随着定额的贯彻执行和不断改进完善，也能促使企业不断改进设计和工艺，改善生产组织和劳动组织，提高工人的操作水平。

11.3.1 消耗定额的构成和制定

1. 物料消耗定额的构成

它是指从取得物料直到制成成品为止整个过程中物料消耗的各个组成部分，包括：

① 构成产品（零件）净重的消耗，属物料有效消耗部分。

② 工艺性损耗，是指在加工过程中由于改变物料物理、化学成分所产生的物料消耗；如下料过程中的料头、边角余料，锻造中产生的氧化铁等。可通过工艺水平的提高而降低消耗。

③ 非工艺性损耗，是指由于生产中产生废品，运输保管不善等非工艺技术原因产生的耗损，是由于管理不善造成的，应力求避免或减少到最低限度。

根据以上物耗构成，物料消耗定额，可分为工艺消耗定额和物料供应定额两种。工艺消耗定额仅包括产品净重和工艺性消耗两部分，是发料和考核的依据。物料供应定额，是在工艺消耗定额的基础上，按一定比例加上各种非工艺性消耗，它是企业计算物料申请量和采购量的依据。

工艺消耗定额和物料供应定额可用下列公式表示：

单位产品（零件）工艺消耗定额 = 单位产品（零件）净重 + 各种工艺性消耗的重量
单位产品物料供应定额 = 工艺消耗定额 × （1 + 材料供应系数）
材料供应系数 = 单位产品非工艺性消耗 ÷ 工艺消耗定额

2. 物料消耗定额的制定

有技术计算、统计分析和经验估计三种基本方法。技术计算法是根据产品图纸和工艺文件计算物料的有效消耗和工艺性消耗，从而确定合理的消耗定额。这种方法科学、准确，但工作量大。统计分析法是根据过去的物料消耗统计资料，并考虑到现在和未来生产技术组织条件的变化而制定出物料消耗定额的方法。这种方法简便且有依据，但必须具备全面可靠的统计资料。经验估计法是根据产品实物与技术文件，凭技术人员、管理人员和工人的经验判断来确定物料消耗定额的方法。这种方法简便易行，但不够准确。在实际工作中，往往把上述方法结合起来运用。

在实际生产中,物料消耗定额,是按主要原材料、辅助材料、燃料、动力、工具等分别制定的。由于各企业的工艺性质不同,制定的具体方法各不相同。

定额制定以后,应该加以整理、汇总,形成必要的定额文件,作为施行定额管理的依据。物料消耗定额一经确定,就应严格执行。应建立完善的责任制度,生产部门要按定额领料和用料,在生产任务完成后,要结合经济活动分析,进行物料消耗分析。工艺技术部门要编制各种产品的下料卡片和制定节约物料的技术组织措施。物料部门要按定额采购和供应物料,并配合财务部门检查分析定额执行情况的准确程度和物料利用率等。财务部门要按定额编制产品成本计划,分析财务活动,并从经济上促进定额的严格执行。为了贯彻执行定额,还必须建立和健全物料损耗的原始记录和统计工作制度。要随着技术组织条件的变化,或者产品的设计和原料配方的改变,适时地修改定额,使之保持先进合理的水平。

11.3.2 降低生产物料消耗的主要途径

(1) 改进产品设计和产品结构。其作用主要在于降低单位产品的物料消耗标准。在保证和提高产品质量的前提下,设计出重量轻、体积小、功能高的产品,就能从根本上节约物料耗用,因而这是控制物料消耗最积极、最主要的途径。具体地说,可通过三个方面来直接或间接地节约物料消耗:通过降低产品净重,做到功能不变,消耗下降,成本下降;通过提高产品的使用价值,做到消耗不变,成本不变,功能提高;通过改革产品结构,做到功能不变,零件减少,消耗降低。

(2) 采用先进工艺,减少工艺性损耗。工艺性损耗是物料消耗的一个重要构成部分,采用先进工艺,尽可能减少工艺性损耗,就可以更好地降低物料消耗。比如在机械制造厂中,采用少切削、无切削的加工方法,如模锻代替自由锻造、采用粉末冶金、精密铸造、精密锻造等新工艺,不仅能大量节约金属材料,节约加工工具和机床设备,而且还能提高产品质量和劳动生产率。

(3) 采用新材料和代用料。在保证产品质量的条件下,研究采用新材料和代用料,是减少物料消耗、降低产品成本的重要措施。因此,企业要尽量采用资源多的材料代替资源稀缺的材料,一般金属材料代替贵金属材料,合成材料代替金属材料,边角余料代替整料等。

(4) 实行集中下料,推广套材下料方法。能从全局需要着眼,最大限度地减少边角余料,提高材料的利用率。

合理落料问题

益生制造工厂有一批长度为5m的钢管(数量相当大),为制造零件的需要,要将其截成分别为1 400mm、950mm、650mm的管料,而且三种管料要按2∶4∶1的比例配套生产。

把一根钢管截成几段需要的管料时,一般要产生残料。例如,把5m长的钢管截成1 400mm 的3根和650mm 的1根,要剩残料150mm;如果截成1 400mm 的2根和950mm 的2根,要剩残料300mm。现在的问题是如何截分才能使截下来的三种管料,既能配套,又能使残料最少。

根据各种可能列出8种截法在表11-6中(残料明显多的就不再列出来了)。挑选其中一种省料的截法(例如截法5),当然可以使残料最少,但是不能满足配套要求。所以,我们必须同时采取若干种截法,配合起来,在完成配套要求的条件下,使总残料最少。

表 11-6

截	法	1	2	3	4	5	6	7	8	比例
	1 400mm	3	2	2	1	1	0	0	0	2
长度	950mm	0	2	0	3	1	5	3	1	4
	650mm	1	0	3	1	4	0	3	6	1
残料 mm		150	300	250	100	50	250	200	150	
截料管数(根)		x_1	x_2	x_3	x_4	x_5	x_6	x_7	x_8	

用 $x_i (i=1,2,\cdots,8)$ 表示采用第 i 种截法的钢管数目,那么

截出的 1 400mm 的管料数目是：$3x_1+2x_2+2x_3+x_4+x_5$

截出的 950mm 的管料数目是：$2x_2+3x_4+x_5+5x_6+3x_7+x_8$

截出的 650mm 的管料数目是：$x_1+3x_3+x_4+4x_5+3x_7+6x_8$

根据配套要求,它们应该分别是 $2a,4a,a$（a 是套数）。这时候残料 $S=150x_1+300x_2+250x_3+100x_4+50x_5+250x_6+200x_7+150x_8$

所以这个问题的数学形式是：

决策变量：$x_i(i=1,2,\cdots,8)$ 表示采用第 i 种截法的钢管数目；a 为重复的套数；

目标函数：$\min S = 150x_1+300x_2+250x_3+100x_4+50x_5+250x_6+200x_7+150x_8$

约束条件：$3x_1+2x_2+2x_3+x_4+x_5=2a$

$\qquad 2x_2+3x_4+x_5+5x_6+3x_7+x_8=4a$

$\qquad x_1+3x_3+x_4+4x_5+3x_7+6x_8=1a$

$\qquad x_i \geq 0$,为整数,$(i=1,2,\cdots,8)$

$\qquad a \geq 1$,为整数

在 Excel 工作表中分别作目标函数和约束条件的"自定义函数",然后选择"规划求解"工具进行计算,图 11-5 为求解的结果。

第一步：设定 B6：I6 为决策变量 x_i；即组合方案中各种截法所取的管根数；

第二步：设定目标函数(总残料),

$\qquad$ "J11"=B5*B6+C5*C6+D5*D6+E5*E6+F5*F6

$\qquad\qquad$ +G5*G6+H5*H6+I5*I6

"J6"为套数 a；

第三步：设定约束条件,即组合方案中所得到的短料段数；

$\qquad$ 1 400mm："J8"=B2*B6+C2*C6+D2*D6+E2*E6

$\qquad\qquad$ +F2*F6+G2*G6+H2*H6+I2*I6

$\qquad$ 950mm："J9"=B3*B6+C3*C6+D3*D6+E3*E6+F3*F6

$\qquad\qquad$ +G3*G6+H3*H6+I3*I6

$\qquad$ 650mm："J10"=B4*B6+C4*C6+D4*D6+E4*E6

$\qquad\qquad$ +F4*F6+G4*G6+H4*H6+I4*I6

设定 K8=2*J11(2a), K9=4*J11(4a), K1=1*J11(1a)

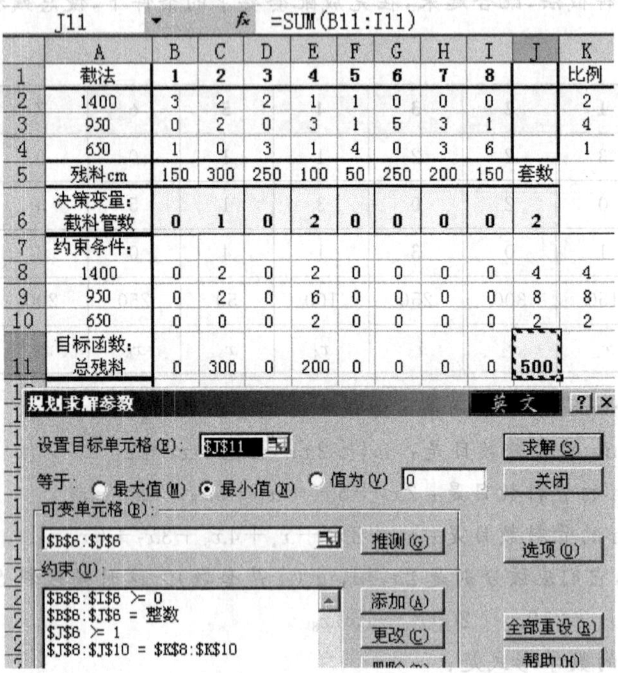
J11 =SUM(B11:I11)

	A	B	C	D	E	F	G	H	I	J	K
1	截法	1	2	3	4	5	6	7	8		比例
2	1400	3	2	2	1	1	0	0	0		2
3	950	0	2	0	3	1	5	3	1		4
4	650	1	0	3	1	4	0	3	6		1
5	残料cm	150	300	250	100	50	250	200	150	套数	
6	决策变量：截料管数	0	1	0	2	0	0	0	0	2	
7	约束条件：										
8	1400	0	2	0	2	0	0	0	0	4	4
9	950	0	2	0	6	0	0	0	0	8	8
10	650	0	0	0	2	0	0	0	0	2	2
11	目标函数：总残料	0	300	0	200	0	0	0	0	500	

图 11-5

第四步：然后在主菜单“工具”中选择“规划求解”，并在对话框用鼠标“点取”的方式输入各目标函数、可变单元格所在的位置以及约束条件，然后按“求解”键即可得如图3结论。

计算结果告诉我们：每批取6根，按照截法2取1根、截法4取2根，重复2套，则可满足上述要求，即得到：4根1 400mm、8根950mm、2根650mm，而且残料最小，仅为500mm。

(5) 加强物料的运输保管工作，尽量减少物料在流通过程中的损耗。物料在储运过程中，会发生一定的损耗，特别是那些容易散失、锈蚀变质的物料更是如此，要特别注意加强运输保管工作。

(6) 回收利用废旧物料。在企业生产过程中，不可避免地会产生一部分废料。如下料过程中产生的锯屑、料头、边角余料，切削加工过程中产生的切屑等。设备装置、仪表、工具及其他低值易耗品等，由于使用磨损也会丧失原有使用价值，或已不适应原来生产技术要求而被报废。旧物料及时地进行回收、修理利用，以充分发挥物料的效用，也是节约物料和解决企业生产需用物料缺口的一项办法。

案例 美的基于MRPII的物流管理

美的与Oracle公司合作实施的MRPII项目在诸多方面取得成效：如系统中的供应链计划(supply chain plan)利用分销清单和来源准则同步计划整个生产流程，使生产和采购随时响应市场的需求，避免了生产采购的盲目性，解决了新订单不能及时交货、库存产品积压和库存资金占用太多等一系列问题，令企业能对市场迅速反应，从而及时调整产品结构，缩短了生产周期，提高了企业的生产率。至于物流管理，由于美的集团生产所需物料达上万种之多，项目实施之前，物料和账务管理十分烦琐，容易出现错误，原材料采购也随意性较大，从而造成计划不能贯彻执行、物料短缺或不配套，给采购、生产及销售环节都造成损失。Oracle 的物料管理系统支持用户按自己的需要定义仓库结构并进行控制，还可以灵活地按批次、系列号和版本号管理物料，Oracle Inventory 通过 ABC 分析和严格的周期性盘点使库存保持准确无误，企业还可以随时运用产品提供的自动数据采集功能来捕获所有的物料处理信息，为企业提供精确度更高的物料管理信息。项目实施后，美的能通过市场所提供的信息来确定物料的需求时间和需求量，并结合国内外市场的物料供应情况和企业自身的生产经营信息，来最终确定物料的采购提前期、最佳订货批量和制品定额，使企业的物流、资金流和信息流得到统一的管理。

资料来源：中国机械网物流频道 www.jx.cn。

11.4 物资储备的管理

由于生产与供应不可能完全做到同步、同量地进行，因此有必要事先存储一定的物资量，以保证生产的顺利进行；但物资的存储也不是越多越好，库存过多会占用过多的资金，使企业的流动资金减少，物资储备的管理首先要解决的就是制定合理的储备定额并在此基础上进行库存控制。

11.4.1 物资储备控制的标准

物资储备控制标准就是物资的储备定额，是指在一定条件下，为保证生产顺利进行所必需的、经济合理的物资储备数量标准。

物资储备定额的作用有四点：

（1）它是编制物资供应计划和采购订货的主要依据。物资供应计划中的储备量，是根据储备定额计算的，确定了储备量后，才能根据需要量确定采购量并组织采购。

（2）它有助于掌握和监督企业库存动态，使库存经常保持在合理的水平上。

（3）它是企业核定流动资金的重要依据。确定先进合理的物资储备定额，就能节约有限的资金，加速资金的周转。

（4）它是确定企业现代化仓库容积和储运设备数量的依据。

工业企业的物料储备定额，主要可分为以下三种：

（1）经常储备定额。是指某种物资在前后两批进厂的供应间隔期内，为保证生产正常进行所必需的、经济合理的物资储备数量。

（2）保险储备定额。是指为预防物资到货误期或物资的品种、规格不合要求，为了保证生产正常进行而储备的物资数量。

（3）季节性储备定额。是指物资的生产或运输受季节影响，为保证生产正常进行而储备的物资数量。在实际生产中，凡是已建立季节性储备的物资，就不需要再考虑经常储备和保险储备了。

物资储备定额的制定可用通用公式来表达，即

$$M = r \times D$$

式中：M——物资储备定额；

r——该物资平均每天需用量(通常用计划期某物资需求量除以计划期工作天数求得);

D——该物资合理储备天数(如 D 为经常储备天数或保险储备天数或季节性储备天数时,M 就是相应计算的经常储备定额或保险储备定额或季节性储备定额)。

而物资合理储备天数的确定可根据实际情况来确定,或根据历史统计资料,用加权平均法求出:

平均供货间隔天数 = 经常储备天数

$= \sum$(每次入库数量 × 每次进货间隔天数)$/\sum$ 每次入库数量

平均误期天数 = 保险储备天数

$= \sum$(每次误期时入库数量 × 每次误期天数)$/\sum$ 每次误期时的入库数量

此外,经常储备定额也常用经济订购批量法来计算,但需具备一个前提条件,就是企业能自行决定采购的量和采购时间。将在下面库存控制中详细讲到。

11.4.2 库存控制的方法

物资储备定额只是给出了问题的一个方面,它回答了生产要顺利进行,仓库中应该备有多少存货。但另一方面,在进行库存决策时,还应考虑以下费用:

(1) 存储费用。如仓储费、管理费、保险费等。

(2) 订购费用。是指订货与收到物品的成本,如采购时间、运输成本、接收成本等。

(3) 缺货费用。当需求大于持有的库存供应量时,就会发生缺货费用,包括未实现销售的机会成本,丧失信誉,延迟装料及其他类似成本等。

而在实际的库存控制中,主要是回答以下两个问题:即什么时候进行订购和订购量为多少?这两个问题涉及与库存量相关的四个参数:订购点,又称定货点,即提出定货时的库存量;订购批量,即每次订购的物资数量;订购周期,即前后两次订购的时间间隔;进货周期,即前后两次进货的时间间隔。定货周期与进货周期一般是不同的,这是由于从提出订购到收进货物要经过一段时间,这段时间称为备运时间。

在实际工作中,物资库存的基本方法主要有以下几种:

1. 定量库存控制法

定量库存控制法又称订购点法,即预先制定一个订购点的库存量水平,当库存量降低到订购点的存量水平时,即能够自行发出订购单。它是一种以固定订购点和订购批量为基础的库存量控制方法。它采用永续盘点方法,对发生收发动态的物资随时进行盘点,当库存量降低到订购点时就提出订购,每次订购数量相同,而订购的时间不固定,由物资需要量的变化来决定,其关键是正确地确定订购点:

订货点量 = 备运时间需用量 + 保险储备量

= 平均每日需用量 × 平均备用天数 + 保险储备量

定量库存控制法的优点是:能经常掌握物资库存动态,及时提出订购,不易出现缺货;保险储备量较少;每次订购量固定,能采用经济订购批量;盘点和订购手续比较简便,尤其便于应用计算机来进行控制。缺点是订购时间不固定,难以作出周密的采购计划;不适用需用量变化大的物资,不能及时调整订购数量;不利于各种物资合并采购,因而会增加订购费用和订购工作量等。这种方法一般适用于价格较低、需用量较稳定、备运时间较短的物资。

2. 定期库存控制法

定期库存控制法是指订购的时间预先固定,如每月订购一次,而每次订购数量则不固定,随时根据库存的情况来决定。是以固定检查和订购周期为基础的一种库存量控制方法。它对库存物资进行定期盘点,按固定的时间检查库存量并随即提出订购,补充至一定数量。

订购批量的计算公式如下:

订购批量 = 订购周期需要量 + 备运时间需要量 + 保险储备量
　　　　 －（现有库存量 + 已订未到量）
　　　 =（订购周期天数 + 平均备运天数）
　　　　 × 平均每日需用量 + 保险储备量 －（现有库存量 + 已订未到量）

式中订购周期是指两次库存检查并提出订购的时间间隔,是影响订购批量和库存水平的主要因素。现有库存量为提出订购时的库存量。已订未到量是已经订购能在下次订购前到货的数量。

定期库存控制法的优点是:可以按规定的时间检查物资库存量,然后把各种物资汇集起来一起组织订购;有利于降低订购费用;减少订购工作量。但与定量库存控制法相比,保险储备量要相应增加,而且盘点手续较繁。它一般适用于必须严格控制的重要物资;需要量大而且可以预测的物资;发料烦琐难以进行连续库存动态登记的物资。

3. 定期定量混合控制法

定期定量混合控制法也称最高和最低库存量控制法。它是以规定的最高库存量标准和最低库存量标准为基础的一种库存量控制法,即 Ss 控制法。S 是最高库存量,s 是最低库存量。这种方法是定期库存控制法和定量库存控制法的混合物,是一种不严格的订购点法。它由3个参数组成,即检查周期、订购点和最高库存量。实行定期检查,当实际盘点库存量等于或低于订购点时就及时提出订购,而订购量是可变的。如果检查时实际盘点库存量高于订购点时,就不能发出订购单,这是区别于定期库存控制法的最主要之点。当采用这种方法时,订购点除了包括备运时间需要量和保险储备量外,还包括检查周期需要量。

订购点(s) = 备运时间需要量 + 检查周期需要量 + 保险储备量
备运时间需要量 = 平均备运天数 × 平均每日需用量
最高库存量(S) = 检查周期需要量 + 订购点库存量
订购批量(Q) = 最高库存量 － 现有库存量

定期定量混合控制法比定期库存控制法订购次数少,每次订购的规模较大,因而订购费用较低,但库存水平较高,保险储备量也相应地要多一些,以适应供需情况的变化。这种库存量控制方法主要适用于需要量一般较少,但有时变动较大的物资。

4. 经济批量控制法

经济批量法通过研究物资订购费用、存储费用与订购次数、订购数量之间的关系,对订购费用与存储费用进行最优化决策。它的使用前提有以下几项假设:

① 一定时期内企业订购某种物资的总量是一定的；

② 对各种物料的需求是相互独立的，不考虑物料之间的联系；

③ 物料需求具有连续性，且相对稳定；

④ 库存一旦低于订货点，企业能立即发出订货。

求经济订购批量即是求以何批量进行订购时年库存总成本最少。

(1) 基本经济订购批量模型

TC = 年存储费用 + 年订货费用

= 一次订货量 /2 × 年单位存储费用 + 年需求总数 / 一次订货量 × 单次订货费用

TC 式对订货量求导，并令导数为零，可得出总成本函数值的最小的订货量，即经济订购批量点，公式如下：

$$经济批量 = \sqrt{\frac{2 \times 每次订购费用 \times 年需用量}{单位物资年存储费用}} = \sqrt{\frac{2 \times 每次订购费用 \times 年需用量}{物资单价 \times 年存储费用率}}$$

应用范例

某厂全年需要某种材料 10 000 件，每批订货成本 250 元，价格每件 10 元，存储费用率为 12.5%。求：①经济订购批量。②订购间隔期。③年最低订储总费用。④采用定量订购方式。定购周期为 4 天，保险储备量 60 件，则库存量应降至什么水平提出订货(注：一年以 360 天计)?

解：①经济订购批量：

$$经济订购批量 = \sqrt{\frac{2 \times 250 \times 10\ 000}{10 \times 0.125}} = 2\ 000(件)$$

② 订购间隔期：

$$定购次数 = 10\ 000/2\ 000 = 5(次)$$

$$订购间隔期 = 360/5 = 72(天)$$

③ 年最低订储总费用：

年最低订储总费用 = 250 × 5 + 2 000/2 × 10 × 0.125 = 1 250 + 1 250 = 2 500(元)

④ 订购点：

定量库存控制公式：

订购点 = 平均每日需用量 × 备用天数 + 保险储备量

= 10 000/360 × 4 + 60 = 171(件)

从该计算还可获知，经济订购批量时，订购成本和存储成本达到相同。

为了直观地表示各类费用和经济批量、最佳订购次数之间的关系，同时避开总费用函数式的建立和最小值的导数求解，可以利用 Excel 表格作经济批量的图解法。注意，在此的自变量 x 是年订货次数，其与经济批量的关系是：经济批量 = 全年用量/年订货次数，可在表格中直接找到。

第一步：最佳经济批量的表格计算，用自定义函数在各单元格中键入：

在 A 列规则地输入订货次数若干项。

每次订货量 = 全年需要量/全年订货次数 ——B2"=10 000/A2"

平均存货量 = 每次订货量/2 ——C2"=B2/2"

年保管费总额 = 平均存货量 × 单价 × 存储费用 ——D2"=C2*10*0.125"

年订货费用＝全年订货次数×每次订货成本　　——E2"＝A2＊250"
年存货费用总额＝年保管费总额＋年订货费用　　——F2"＝D2＋E2"

第二步：选定 B2：F2，按住 F2 右下角小十字往下拖曳进行循环计算可得各列计算值。
第三步：鼠标选定后三列，在工具栏"插入"中选取"图表向导"。在图表类型中选择"折线图"，用"下一步"确认，立即可得"经济批量的图解"，见图 11-6。

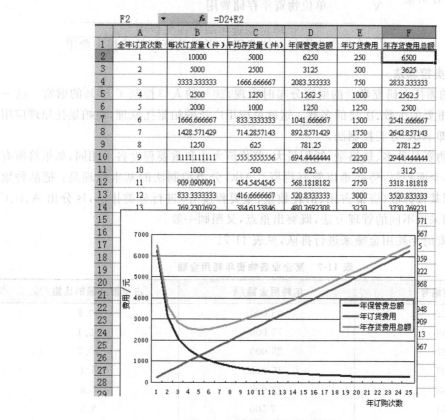

图 11-6　最佳经济批量的确定

从图 11-6 上可以看出：总费用最小的年订货次数为 5，对应的最佳经济批量为 2 000 件，总费用为 2 500 元，此时年保管费用等于年订货费用。随着年订货次数的变化，年存货费用总额的变化趋势一目了然。

(2) 不允许缺货，一次订购分批进货的经济批量模型

在企业的生产过程中，不少物资是一次订货分批进货，这就形成一边进货入库，一边耗用出库的状态。这时的经济批量公式应调整为：

$$经济批量 = \sqrt{\frac{2 \times 每次订购费用 \times 年需用量}{物资单价 \times 年存储费用率 \times \left(1 - \frac{每日耗用量}{每日进货量}\right)}}$$

(3) 允许缺货的经济批量模型

如果生产不均衡，供货又没有绝对保证，此时除了要权衡订购费用、存储费用外，还要考虑缺货费用，确定三者总费用最小的批量：

$$经济批量 = \sqrt{\frac{2 \times 每次订购费用 \times 年物资需用量}{单位物资年存储费用}}$$

$$\times \sqrt{\frac{单位物资年存储费用 + 单位物资年缺货损失费用}{单位物资单位时间缺货损失费用}}$$

$$最大存货量 = \sqrt{\frac{2 \times 每次订购费用 \times 年物资需用量}{单位物资年存储费用}}$$

$$\times \sqrt{\frac{单位物资年缺货损失费用}{单位物资年存储费用 + 单位物资年缺货损失费用}}$$

5. ABC 分类控制法

19 世纪,帕累托在研究米兰的财富分布时发现,20%的人口控制了 80%的财富。这一现象被概括为重要的少数、次要的多数。这就是应用广泛的帕累托原理,而帕累托原理应用于库存管理中即 ABC 分类控制法。

企业所需物资品种多、规格杂、耗用量大,其价值大小和重要程度各不相同,如果将所有物资同等对待,全面控制,势必难以管好物资。ABC 分类控制法的基本原理是:把品种繁多的物资,按照某种标准(资金占用、消耗数量、重要程度等)进行分类排队,区分出 A、B、C 三类物资,分别采用不同的管理方法,既突出重点,又照顾一般。

如根据物资的年耗用金额来进行排队,见表 11-7。

表 11-7 某企业各物资年耗用金额

物质编号	年耗用金额/¥	占全部金额的比重/%
22	95 000	40.8
68	75 000	32.1
27	25 000	10.7
03	15 000	6.4
82	13 000	5.6
54	7 500	3.2
36	1 500	0.6
19	800	0.3
23	425	0.2
41	225	0.1
合计	233 450	100.0

采用 ABC 分类法把物资按年耗用金额分成三类:A 类物资的品种约为 15%,B 类为 35%,C 类为 50%。观察上表会发现,表中的 A 类物资占 20%(10 种物资中有 2 种物资属于 A 类物资),B 类物资占 30%,C 类物资占 50%。分析过程和结果见表 11-8。

表 11-8 物资的 ABC 分类

类别	物资编号	年耗用金额/¥	占全部金额的比重/%
A	22,68	170 000	72.9
B	27,03,82	53 000	22.7

续表

类　别	物　资　编　号	年耗用金额/¥	占全部金额的比重/%
C	54,36,19,23,41	10 450	4.4
合计		233 450	100.0

ABC 分类的结果并不唯一，分类的目标是把重要的物资与不重要的物资分离开来。具体的划分取决于具体的库存问题以及企业相关人员有多少时间可以用来对库存进行管理，时间多的话企业可适当增多 A、B 两类物资的数量。

对物资的分类，其目的在于根据分类结果对每类物资采取适宜的控制措施：

(1) A 类物资虽品种不多，但耗用资金多、价值高或者消耗量大，占用仓库面积多。应对这类物资进行重点管理，一般宜采用定期库存控制方式，尽量缩短订货间隔期；详细按品种、规格、型号制定储备定额；要使保险储备量保持在最低水平；对物资的收发要有详细的日常记录，对库存应经常进行检查。

(2) B 类物资的特点和重要性介于 A、C 两类物资之间。对 B 类物资，企业应根据实际需要和自身的条件进行宽严适中的管理。一般宜采用定量库存控制方式，即当库存量降至订购点时订购；按类别制定储备定额；定期检查库存；对物资的收发应有总账记录；保险储备维持在适中水平。

(3) C 类物资虽品种繁多，但资金耗用较少，或是不经常领用。对 C 类物资，可以进行一般管理：按定量订购方法，一般半年或一年订购一次，不必采用储备定额，只需控制金额，可不检查库存，可适当加大保险储备量。

11.5　第三方物流管理

11.5.1　第三方物流的概念

尽管目前在概念的解释上还存在一些差异，但一般来说第三方物流(third-party logistics, 3PL)可以理解为物流的实际需求方(第一方)和物流的实际供给方(第二方)之外的第三方，通过合同全部或者部分利用第二方的资源向第一方提供的物流服务。如图 11-7 所示。

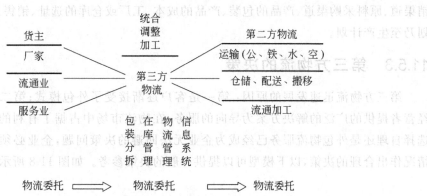

图 11-7　第三方物流概念图

11.5.2 第三方物流的服务内容

第三方物流的业务可以分为三个层次,集中在以下方面(见表11-9),现择要介绍。

表 11-9

基本业务	附加值业务	高级的物流服务
仓储	运价谈判 订单处理	库存分析报告
长途运输	货物验收 产品回收	库存控制
市内配送	仓库再包装、加工	分销中心的建立
装卸搬运	代理货保 代收款	供应链的设计建立

(1) 基本业务。大型的第三方物流服务商可以提供整套的仓库服务。长途运输指提供运输距离超过200公里以上的直达运输服务。市内配送即物流服务商按客户的要求,将货物从城市中央仓库(或分销配送中心)送到客户指定的地点,一般为店铺和消费者。复杂的配送往往需结合订单处理的过程,要求服务商应具有一定的规模和配送的覆盖区域。

(2) 附加值业务。订单处理包括订单收取或记录、货物查询、订单确认、发货通知以及缺货处理等一系列的工作步骤,可以减少企业的人力成本和中间环节。货物验收是仓储功能的附加值服务,加快了货物的周转。仓库再包装和加工减少了企业对生产能力的固定投入(人员和设备),缩短了生产周期,实现了"销售地生产"。专业的第三方物流公司在货物规模和内部管理上都具有一定的优势,由其代理保险,可以节省企业的支出,也省去了出险索赔时的麻烦。

(3) 高级的物流服务。除了日常的库存报告,专业的第三方物流公司还应能为客户提供其产品的新鲜度报告、滞销产品报告、库存价值ABC报告等对客户进行物流计划、决策十分有价值的分析报告;应能按照客户的公司目标、市场营销策略、库存和客户服务政策,帮助企业控制库存水准,制定库存点货物的补足体系;应能利用自身的网络,协助企业制定客户服务政策和库存政策,建立或取消库存点(特别是分销中心),调整货物运送的路线;能利用自身的规模、资金和网络及管理知识的优势,对客户整个供应链的建设提出建议,包括经销渠道、原料采购渠道、产品的包装、产品的成本、工厂或仓库的选址、销售预测、综合物流计划乃至生产计划。

11.5.3 第三方物流的决策

第三方物流迅速发展的原因:第一是客户逐渐接受了外包模式;第二是以第三方物流经营者提供的广泛的解决方案为导向的服务,在物流市场中占据了有利的地位。因此企业选择自理还是外包物流服务已经成为企业无法回避的决策问题,企业必须根据自身和市场情况作出合理的决策,以下模型可以提供一般的决策参考。如图11-8所示。

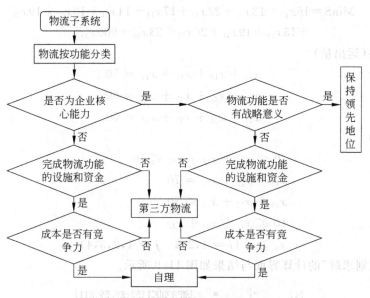

图 11-8　自理物流与外包物流决策模型

11.6　物流管理中运输策略的计算机求解

本节以一个案例来介绍物流管理中运输策略的计算机求解。

设有三个煤矿供应煤炭给四个地区。各煤矿的产量、各地区的需求量以及从各煤矿运送煤炭到各地区的单价如表 11-10 所示。试求出将产量分配完，又使总运费最低的煤炭调运方案。

注：本案例是需求量可在一定范围内变动的运输策略问题。若需求量与供应量相等，则模型中的不等号可用等号表示。

表　11-10　　　　　　　　　　　　　　　　　　　　　　单位：(万元/万吨)

煤矿\地区	甲	乙	丙	丁	产量/万吨
A	16	13	22	17	50
B	14	13	19	15	60
C	19	—	20	23	50
最低需求/万吨	30	70	0	10	
最高需求/万吨	50	70	30	不限	

上述问题可以归结为这样的线性规划模型：

设表中从 i 煤矿运往 j 地区的价格每万吨为 a_{ij} 万元，

注：设 $a_{34}=900$ 是以一个较大数保证 $x_{34}=0$

决策变量：x_{ij} 为从 i 煤矿运往 j 地区的运输量 ($i=1,2,3$　$j=1,2,3,4$)。

目标函数：(最小的运费) Max $S = \sum_{i=1}^{3}\sum_{j=1}^{4} a_{ij} x_{ij}$

即： $MinS = 16x_{11} + 13x_{12} + 22x_{13} + 17x_{14} + 14x_{21} + 13x_{22} + 19x_{23}$
$+ 15x_{24} + 19x_{31} + 20x_{32} + 23x_{33} + 900x_{34}$

约束条件（运出量）

$$x_{11} + x_{12} + x_{13} + x_{14} = 50$$
$$x_{21} + x_{22} + x_{23} + x_{24} = 60$$
$$x_{31} + x_{32} + x_{33} + x_{34} = 50$$

（运入量）

$$30 \leqslant x_{11} + x_{21} + x_{31} \leqslant 50$$
$$x_{12} + x_{22} + x_{32} = 70$$
$$x_{13} + x_{23} + x_{33} \leqslant 30$$
$$10 \leqslant x_{14} + x_{24} + x_{34}$$
$$x_{ij} \geqslant 0 \ (i = 1,2,3 \quad j = 1,2,3,4)$$

Excel"规划求解"的计算界面与结果如图 11-9 所示。

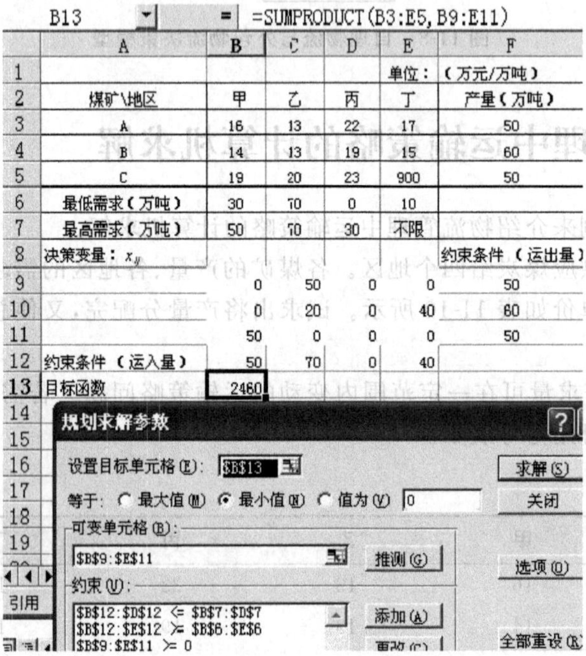

图 11-9 Excel"规划求解"的计算界面

本章小结

现代物流是人们为满足某种需要而组织社会物质运动的总称，是货物流动、信息传递、价值增值等的过程，功能整合、过程整合和资源整合是物流理念最本质的核心内容。

企业物流管理是企业对所需原材料、燃料、设备工具等生产资料进行有计划的组织采购、供应、保管、合理使用等各项工作的总称。

根据物资运动过程的不同阶段,可分为供应物流管理、生产物流管理、储备物流管理、销售物流管理等。企业供应物流管理的主要工作有制订物料供应计划、选择供应商和供应方式;企业生产物流管理的主要工作是控制物料消耗,充分发挥物资的效能;企业储备物流管理的主要工作是确定企业先进、合理的物资储备量和物资订购方式。

物料需求计划(MRP)是一种应用计算机来计算物料需求和生产作业计划的一种科学方法。目的是保证按时供应生产所需要的原材料及零部件;保证尽可能低的库存水平;保证企业各生产单位生产的零部件、外购配套件的供应在时间和数量上与装配需求紧密衔接。

第三方物流是物流的实际需求方(第一方)和物流的实际供给方(第二方)之外的第三方,通过合同全部或者部分利用第二方的资源向第一方提供的物流服务。

 复习与思考

1. 企业物流管理的基本任务有哪些?
2. 降低物料消耗的主要途径有哪些?
3. 试述 ABC 库存控制法。
4. 比较定量与定期库存控制法的优缺点。
5. PCQ 股份公司选定三个指标用来从三个潜在的供应商中挑选一个最佳供应商。三个指标是操作水平、生产能力和产品质量。请利用以下数据用层次分析法选择最佳供应商。(见表 11-11、表 11-12)。

表 11-11 评价指标两两比较

	操作水平	生产能力	产品质量
操作水平	1	1/3	1/5
生产能力	3	1	4
产品质量	5	1/4	1

表 11-12 供应商两两比较

操作水平	S1	S2	S3
S1	1	3	4
S2	1/3	1	3
S3	1/4	1/3	1
生产能力	S1	S2	S3
S1	1	2	1/5
S2	1/2	1	1/2
S3	5	2	1

产品质量	S1	S2	S3
S1	1	1/5	1/4
S2	5	1	2
S3	4	1/2	1

6. 设某厂制造一零件，年计划产量为 36 000 件。该零件的长度为 540 毫米，最大直径 25 毫米，零件最大直径的加工余量为 5 毫米，零件两端各留 1.5 毫米的加工余量；选用直径 30 毫米，长 3 000 毫米，重量 24 千克的棒材锯成毛坯，每个锯口长度为 2 毫米；在加工中不需留夹头。加工制造这种零件，计划期技术上不可避免的废品率为 3%，其废料不能用于制造同一零件，无须计算回收费料数量。该钢材的供应间隔天数为 30 天（不需使用前准备天数，计算期末库存量时，按经常储备定额的 50% 作为平均库存储备量），保险储备天数为 10 天。编制计划时实际库存量为 8920 千克，计划期初之前的到货量和耗用量相等。企业在计划期内，可利用的内部资源用于制造该种零件的钢材为 474 千克。试根据上述资料，计算该物料的需用量和供应量。

7. 某商贸公司对进货做一些简单的裁料加工工作。将进货一批宽度为 3 米的卷筒纸，再将这种大卷筒切成宽度分别为 1.6 米、1.1 米和 0.7 米的小卷筒纸。市场对这三种小卷筒的需求分别为 1：2：4。问应以怎样的方法切割，才能使得既经济又符合市场需求（要求切割后残料最少）？

最小残料		1	2	3	4	5	比例
截法							
长度	1.6m						1
	1.1m						2
	0.7m						4
残料 m							
裁料筒数/根							

(1) 建立线性规划的数学模型。
(2) 计算机求解。
(3) 最少残料的裁料方案：_____。总残料：_____。

8. 某公司每年需要 A 原料 7 200 吨，每次订购费用为 1 800 元，每吨原料年保管费用为 50 元，分别用经济批量公式和 Excel 表的图解法求：
(1) 总费用最小的经济批量。
(2) 全年订购次数。
(3) 总费用。

9. 某公司要从甲城调出蔬菜 2 000 吨，从乙城调出蔬菜 1 100 吨，分别供应 A 地 1 700 吨、B 地 1 100 吨、C 地 200 吨、D 地 100 吨，单位运输费用已知。假定运费与运量成正比，则如何安排调拨运输计划，能使得总的运输费用为最小？

供\需	A	B	C	D	
甲	21	25	7	15	
乙	51	51	37	15	总供应
甲					2 000
乙					1 100
总需求	1 700	1 100	200	100	

（1）建立线性规划的数学模型。
（2）计算机求解。
（3）最少费用的运输方案：_____。
总费用：_____。

案例分析

Bruegger's 面包圈店

Bruegger's 面包圈店制造和出售各种面包圈，有无馅的、加洋葱的、加栗子和加提子的。此外，它还制作并出售多种风味的奶油干酪。面包圈是该店的主要经济来源。烤面包业是一个高达 30 亿美元市场的行业。面包圈的顾客群体很庞大。不仅因为它的脂肪含量较低，也因为它能填饱肚子，味道也不错！投资者喜欢这个行业是因为预期利润率很高：做一个面包圈成本只要 0.10 美元，但是售价却至少可以到 0.50 美元。尽管近年来也有面包圈店由于经营不善发展得不好，Bruegger's 的生意却一直很兴旺；已雄居全国第一，其连锁店多达 450 家，出售面包圈、咖啡以及三明治成品与半成品。Bruegger's 的许多连锁店通常都能达到年均 80 万美元的销售额。

面包圈的生产方式是根据风味进行批量生产。每种风味只制作一天的需要量。Bruegger's 的面包圈的生产都始于同一个加工车间，在那里，面粉、水、酵母、调味品等基本成分都在一台特制的搅拌设备中充分搅拌。生面完全和好后，再送往另外一台机器成型，出来的就是一只只单个的面包圈。面包圈成型后就被送上冷藏车运往个分支商店，一抵达商店，就马上卸下并储备。最后的两个加工步骤是将面包圈在一壶煮沸的水和麦芽中煮一分钟，以及在火炉中焙烤 15 分钟。

对成功企业来说，质量是一个很重要的方面。顾客主要是依据其外貌（大小、形状与光泽）、味道和软硬度判断面包圈质量。此外，顾客对购买过程中体会到的服务也很敏感。Bruegger's 对运作过程各阶段的质量都投入了大量精力，从选购原料、监控搅拌过程、使设备处于良好的运作状态，一直到监控加工过程各步骤的输出。各商店员工都被告知，要密切注意观察已变形的面包圈，一旦发现就将它们剔除出去（变了形的面包圈被送回主车间，再次将它们切片、包装，然后仍然送回商店出售，如此一来，残次品便可大大降低）。各商店的雇员都是经过精挑细选和严格培训才上岗的，因此这些人完全有能力胜任店内的关键设备的操作，以及向顾客提供高水平的服务。

在公司的运作过程中，车间内的原材料与面包圈半成品库存很少，商店里的面包圈库存也极少，原因之一是为保持产成品的绝对新鲜，需要持续不断地向商店供应新鲜产品；原因之二则是降低成本,库存最小意味着所需存储空间也较少。

思考题:

1. Bruegger's 面包圈店在车间与零售店的库存都很少。请列举出采取该策略的优点与风险所在。

2. 订购面包圈配料应采用何种库存模式?你认为在决定一个批量应该生产多少个面包圈时,哪种模式最恰当?

3. Brueggers's 的面包圈制造设备统一放置在加工车间里。另外一种可能的模式是各个商店都有一台自己的制造设备。采用第二种方式的优势何在?

资料来源:威廉·J.史蒂文森.运营管理.第 285 页.

参考文献

1. 道格拉斯·兰伯特等.物流管理(修订版).北京:电子工业出版社,2008.
2. 森尼尔·乔普瑞,彼得·梅因德尔.供应链管理——战略、规划与运营(第 2 版).北京:社会科学文献出版社,2003.
3. 骆温平.第三方物流.北京:高等教育出版社,2007.
4. 威廉·史蒂文森等.运营管理(第 11 版).北京:机械工业出版社,2013.
5. 金占明,白涛.企业管理学(第 3 版).北京:清华大学出版社,2010.

教师服务

　　感谢您选用清华大学出版社的教材！为了更好地服务教学，我们为授课教师提供本书的教学辅助资源，以及本学科重点教材信息。请您扫码获取。

》 教辅获取

本书教辅资源，授课教师扫码获取

》 样书赠送

企业管理类重点教材，教师扫码获取样书

 清华大学出版社

E-mail: tupfuwu@163.com
电话: 010-83470332 / 83470142
地址: 北京市海淀区双清路学研大厦 B 座 509

网址: http://www.tup.com.cn/
传真: 8610-83470107
邮编: 100084

致任课老师

感谢您选用清华大学出版社的教材！为了更好地服务教学，我们为授课教师提供本书的教学辅助资源，以及本学科重点教材信息。请您扫码获取。

》教辅获取

本书教辅资源，授课教师扫码获取。

》样书赠送

纺织服装类重点教材，教师扫码获取样书。

清华大学出版社

E-mail: tupfuwu@163.com
电话: 010-83470332 / 83470142
地址: 北京市海淀区双清路学研大厦B座509
网址: http://www.tup.com.cn/
传真: 8610-83470107
邮编: 100084